1 MONTH OF FREE READING

at

www.ForgottenBooks.com

By purchasing this book you are eligible for one month membership to ForgottenBooks.com, giving you unlimited access to our entire collection of over 1,000,000 titles via our web site and mobile apps.

To claim your free month visit: www.forgottenbooks.com/free1023432

* Offer is valid for 45 days from date of purchase. Terms and conditions apply.

ANNALEN

DES

HISTORISCHEN VEREINS

FÜR DEN NIEDERRHEIN,

INSBESONDERE

DIE ALTE ERZDIÖCESE KÖLN.

―――

FÜNFUNDFÜNFZIGSTES HEFT.

―――

KÖLN, 1892.
J. & W. BOISSERÉE'S BUCHHANDLUNG.
(FRZ. THEOD. HELMKEN.)

DAS GRÄFLICH VON MIRBACH'SCHE ARCHIV ZU HARFF.

Urkunden und Akten

zur Geschichte rheinischer und niederländischer Gebiete.

Im Auftrage

des

Grafen Ernst von Mirbach-Harff

bearbeitet

von

Leonard Korth.

Erster Band

1144 bis 1430.

KÖLN, 1892.

J. & W. BOISSERÉE'S BUCHHANDLUNG.
(FRZ. THEOD. HELMKEN.)

1500
.764
.416   (1892)   HEFT 55

Vorwort.

> „Nur durch übersichtliche Publication ihres wesentlichsten Inhaltes werden die Archive ihren Zweck als historische Quelle erreichen.'
> J. Fr. Böhmer an J. v. Hormayr 1836.

Die Veröffentlichung von Archiv-Inventaren ist eine so oft ausgesprochene und so nachdrücklich begründete Forderung der historischen Wissenschaft, dass sie einer Rechtfertigung heute nicht mehr bedarf. Es ist auch zur Genüge bekannt, mit wie grossem Eifer man in den Nachbarländern schon seit Jahrzehnten dem Verlangen der Geschichtsfreunde nach planmässigen Uebersichten über den Inhalt der Archive entgegen gekommen ist. Die Jahresberichte, die der Deputy Keeper of the Public Records in England dem Parlament erstattet, die französischen Inventaires des archives départementales und nicht zuletzt die trefflichen Leistungen in Belgien und in den Niederlanden, an denen auch die kleineren Gemeinwesen selbständig betheiligt sind, haben eine fast unübersehbare Fülle historischer Quellen erschlossen[1]. Sind wir in Deutschland diesen Beispielen erst spät, und häufig zögernd gefolgt, so dürfen wir in der Gegenwart nicht nur ganz besonderer Rührigkeit, sondern auch grosser Vorzüge in der technischen Behandlung des Stoffes uns rühmen.

Man mag es vielleicht beklagen, dass die staatlichen Archiv-Verwaltungen noch immer dem Abdrucke eigentlicher Repertorien sich wenig geneigt erweisen, allein der Forscher findet doch nicht nur bei der Arbeit an Ort und Stelle die bereitwilligste Förderung, man hat auch thatsächlich zugestanden, dass die Archive

---

[1] K. Höhlbaum, Mittheilungen aus dem Stadtarchiv von Köln Heft 1, (1882) S. 1 ff.; Heft 4 (1884), S. I ff.

in erster Reihe der Wissenschaft gehören. In Preussen ist bereits eine stattliche Reihe von Urkunden und Akten, allerdings in Gruppen geschieden und unter bestimmte Gesichtspunkte gebracht, der Oeffentlichkeit dargeboten worden; in Bayern hat man durch etliche summarische Zusammenstellungen dem Bedürfnisse entgegen zu kommen gesucht, und der ehemalige Leiter des Reichsarchivs zu München hat in den letzten Jahren selber die Frage aufgeworfen, ob gegen den Nachtheil, welchen die Freigebung der Repertorien verursachen könne, nicht viel schwerer der Verlust wiege, den Staat und Wissenschaft durch deren Verheimlichung erleiden[1]; in Baden vollends ist gerade das General-Landesarchiv der Mittelpunkt für jene emsigen und wohlorganisirten Bestrebungen geworden, die auf eine Ausbeutung sämmtlicher archivalischen Fundstätten des Grossherzogthums gerichtet sind.

Dürfen wir von einer Archivbewegung in den deutschen Städten reden, so ist ganz unzweifelhaft Köln an die Spitze zu stellen. Die Zeitschrift, die Konstantin Höhlbaum dort im Jahre 1882, zunächst ohne jede äussere Unterstützung, in's Leben rief, hat nicht bloss der rheinischen wie der gemeindeutschen Geschichtsforschung eine Fülle von Belehrung aus zahllosen Urkunden und Akten vermittelt, sie hat ganz besonders auch die Anschauungen von der Bedeutung der Archive und von dem Berufe des Archivars geklärt und gehoben.

Zu derselben Zeit, als diese Anregungen von Köln ausgingen, um bald an anderen Orten, wie in Frankfurt und in Aachen, sich wirksam zu erweisen, begann Karl Lamprecht über die Bestände einer grossen Zahl von Urkunden-Sammlungen Westdeutschlands und der Nachbargebiete in gedrängter Kürze Bericht zu erstatten[2]. Und mit diesem Unternehmen stand es wiederum in engem Zusammenhange, dass bald nachher durch ein wohl geordnetes Verzeichniss wenigstens ein befriedigender Ueberblick über die gewaltigen Schätze des königlichen Staatsarchivs zu Düsseldorf ermöglicht wurde[3].

---

1) Fr. v. Löher, Archivlehre. Grundzüge der Geschichte, Einrichtungen und Aufgaben unserer Archive (Paderborn 1890), S. 278.
2) Westdeutsche Zeitschrift für Geschichte und Kunst Bd. 1 (Trier 1882), S. 390 ff.
3) Rheinisches Archiv. Wegweiser durch die für die Geschichte des Mittel- und Niederrheins wichtigen Handschriften, I. Theil: Der Niederrhein, bearbeitet von Th. Ilgen (Westdeutsche Zeitschrift, Ergänzungsheft II [1885]).

Vorwort.

*Eine Repertorisirung aller Archive der Provinz, insbesondere auch der städtischen, kirchlichen und privaten Sammlungen, nach dem ausgezeichneten Vorbilde das in Baden gegeben ist, wurde seitdem an manchen Stellen in Anregung gebracht und erwogen, allein feste Gestalt gewann der Plan erst, als ihn vor etwa Jahresfrist der **Historische Verein für den Niederrhein** zu dem seinigen machte und zugleich mit dem Archivar der Stadt Köln Dr. **Joseph Hansen** in Berathungen eintrat, die sehr bald zu günstigen Ergebnissen geführt haben.*

Unter den Arbeiten, welche der Verein hiernach auf sich genommen hat, wird die Inventarisirung der grossen Hausarchive des niederrheinischen Adels sicherlich eine ganz hervorragende Stelle einnehmen müssen.

Es mangelt uns in Deutschland auf dem Gebiete der Familiengeschichte keineswegs an Leistungen von allgemeinem Werthe, an vortrefflichen Darstellungen und Quellensammlungen, in denen eine reiche urkundliche Ueberlieferung niedergelegt ist, und insbesondere darf auch in den Rheinlanden die Zahl der genealogischen Werke, die weit über ihre nächsten Zwecke hinaus der historischen Wissenschaft überhaupt schätzbare Dienste leisten, als eine ganz erhebliche bezeichnet werden. Von diesen Publikationen hat jedoch keine die Absicht gehabt, den thatsächlichen Reichthum der Archive, aus denen sie geschöpft haben, auch nur annähernd nachzuweisen, und so vermögen sie für vollständige Uebersichten, wie sie etwa im benachbarten Luxemburg für die Sammlung Reinach und für das Archiv von Klerf geschaffen sind [1], *einen unmittelbaren Ersatz nicht zu gewähren.*

*Das Verdienst, zum ersten male ein rheinisches Familien-Archiv von aussergewöhnlicher Mannigfaltigkeit und Bedeutung seinem ganzen Inhalte nach der wissenschaftlichen Forschung zugänglich gemacht zu haben, gebührt dem **Grafen Ernst von Mirbach-Harff**. Durch ihn war das Werk, dessen erster Band gegenwärtig an das Licht tritt, bereits verständnissvoll angeregt und wirksam gefördert, als im Schosse des Historischen Vereins jene oben erwähnten rühmlichen Beschlüsse gefasst wurden.*

Im Frühjahr 1890 unterzog ich mich der erfreulichen Aufgabe, die im Schlosse Harff vereinigten archivalischen Sammlungen neu

---

1) *Chartes de la famille de Reinach; Archives de Clervaux (Publications de la Section historique de l'Institut R. G.-D. de Luxembourg Bd. 33 [1879]; Bd. 36 [1883]).*

zu ordnen und zugleich ein ausführliches Repertorium auszuarbeiten, dessen Veröffentlichung der Historische Verein für den Niederrhein mit dankenswerther Bereitwilligkeit zugesagt hatte. Ausdrücklich glaube ich hervorheben zu sollen, dass ich damals keineswegs völlig verworrenen oder auch nur ganz unbekannten Schätzen gegenüber trat. Schon das praktische Bedürfniss hatte jederzeit darauf hingewiesen, bei der äusseren Anordnung der Archivalien ein bestimmtes System inne zu halten, dessen Spuren denn auch in fragmentarischen Katalogen und in alten Signaturen noch erkennbar sind. Vor etwa zwei Jahrzehnten wurde sodann durch Joseph Strange, dem die Freunde des rheinischen Alterthumes damals bereits eine Handausgabe des Caesarius von Heisterbach verdankten, für einen beträchtlichen Theil der Archivalien mit emsiger Sorgfalt eine Neuordnung durchgeführt, die neben den praktischen Rücksichten ganz besonders genealogische Gesichtspunkte zur Geltung kommen liess.

An die Stelle dieser Einrichtungen ist nunmehr ein Ordnungsplan getreten, der in seiner Einfachheit mit wenigen Worten sich veranschaulichen lässt.

Die Einzel-Archive, über deren Herkunft und Geschichte im zweiten Bande dieses Werkes ein genauer Bericht erstattet werden soll, sind zu einem Gesammt-Archive vereinigt worden.

Die Urkunden — in der heute üblichen Beschränkung des archivalischen Begriffes auf besiegelte Pergamenturkunden, Entwürfe oder glaubwürdige Einzelabschriften — sind von den Akten, mit denen sie vordem in Bündel zusammengeschnürt waren, durchweg getrennt und sämmtlich in eine einzige chronologische Ordnung und in eine einzige, über den ganzen Bestand sich erstreckende Nummerfolge gebracht. Sie bilden in ihrer Gesammtheit das Haupt-Urkunden-Archiv (H. U. A.). Soweit aber mit voller Sicherheit ihre ursprüngliche Zugehörigkeit zu einem Einzel-Archive oder zu einer besonderen Urkundengruppe sich feststellen liess, ist dies durch eine zweite Signatur ersichtlich gemacht, mit deren Hilfe sonach in jedem Augenblicke die Rekonstruktion der Theil-Archive zu bewirken ist.

Aus der Masse der Akten sind zunächst ausgeschieden und in eigenen Abtheilungen zusammengefasst: Ahnentafeln und Stammbäume mit ihren Belegen, Flurkarten, Rechnungen, Urbare und Weistümer. Besondere Gruppen bilden ferner diejenigen Aufzeichnungen, welche, ohne familiengeschichtlichen Zusammenhang, Angelegenheiten des Reiches und der rheinischen Territorien behandeln. Alles übrige ist nach den Namen der Güter und Familien alphabetisch und innerhalb der einzelnen Namen wiederum chronologisch angeordnet. Für das gesammte Akten-Archiv besteht nur eine einzige Nummerfolge.

Als Wegweiser durch das Urkunden-Archiv wie durch die Akten-Abtheilung sind die gedruckten Inventare zu dienen bestimmt.

Die Codices, welche ihren Aufbewahrungsort bei den Archivalien gefunden haben, sind von der Bearbeitung ausgeschlossen worden; ich möchte jedoch an dieser Stelle darauf hinweisen, dass sich unter ihnen die bereits vor vielen Jahren von H. Loersch ausführlich besprochene, am 6. Mai 1295 in Köln abgeschlossene Handschrift des Sachsenspiegels[1] befindet sowie das von J. Gildemeister (als Manuskript) herausgegebene Fragment eines sonst nicht bekannten rabbinischen Kommentars zum Buche Hiob[2]. Ein noch dem zwölften Jahrhundert angehörendes Bruchstück von Willibalds Vita Bonifatii gedenke ich demnächst an anderem Orte mitzutheilen[3]. Ueber die nicht zahlreichen, jedoch sehr werthvollen Geographica endlich soll am Schlusse des zweiten Bandes berichtet werden.

In diesem Zusammenhange gestatte man mir auch noch ein Wort über die äusseren Einrichtungen, die hier, Dank einer wahrhaft grossartigen Munificenz, geschaffen werden konnten.

Das Archiv hat in einem nach Westen hin gelegenen, freundlich beleuchteten Gewölbe des mächtigen, im Jahre 1348 erbauten Schlossthurmes eine durchaus würdige und angemessene Stätte gefunden. Als Schutz gegen Feuchtigkeit hat sich in dem unmittelbar über dem Weiher befindlichen Raume ein auf das rohe Mauerwerk aufgetragener Firniss von Ochsenblut trefflich bewährt. Um in der kalten Jahreszeit ein Sinken der Temperatur unter 10° R. zu verhüten, ist eine entsprechende Anzahl von Caloriferen eingelegt worden, die mit der Centralheizung des westlichen Schlossflügels in Verbindung stehen.

Bei den Gestellen, auf denen die Archivalien ruhen, ist in mustergiltiger Weise ausschliesslich Eisen und Glas zur Verwendung gebracht: starke Spiegelscheiben sind in ein Geschränk von zierlichen aber tragkräftigen Schienen eingefügt.

---

1) H. Loersch, Ueber die älteste datirte Handschrift des Sachsenspiegels, Zeitschrift für Rechtsgeschichte Bd. 11 (Weimar 1873) S. 267 ff.

2) Gildemeister setzt das Manuskript in das Jahr 1350. Die Edition ist nur in wenigen Exemplaren gedruckt.

3) Es enthält Theile der Kapitel 6, 7 und 11 in sehr guter Recension, vgl. Mon. Germ. SS. Bd. 2, S. 341 ff.

Die eigentliche Verpackung der Urkunden und Akten sucht für deren Erhaltung wie für den Fortbestand der geschaffenen Ordnung möglichst grosse Sicherheit zu gewähren, ohne doch die Benutzung irgendwie umständlich zu machen.

Jede Urkunde erhält auf der Rückseite unten rechts in rother Schrift das aufgelöste Datum; alsdann wird sie, nachdem die Siegel vorsichtig vom Staube gereinigt sind, in einen fest schliessenden, aber leicht zu öffnenden Umschlag gelegt, dessen Grösse für alle Pergamente von nicht gerade abnormen Verhältnissen die gleiche ist. Der Umschlag trägt wiederum das Datum, ausserdem aber die laufende Nummer und gegebenen Falles die Signatur des Theil-Archivs.

Die Akten sind sämmtlich, mit grosser Mühe freilich, aber auch zu dauerndem Nutzen, nach Zusammengehörigkeit und Zeitfolge geheftet und innerhalb der einzelnen Faszikel foliirt worden. Auf dem vorderen Deckel befinden sich ausser der laufenden Nummer zwei Schildchen, von denen das obere gedruckt den Namen der Familie, des Gutes u. s. w. zeigt, während auf dem anderen ein kurzer schriftlicher Vermerk über Datum und Inhalt unterrichtet.

Die Urkunden werden liegend, die Akten stehend aufbewahrt; als Behälter für beide dienen leichte, jedoch dauerhaft gearbeitete Pappkasten, die so eingerichtet sind, dass sie ohne die Gestelle zu verlassen, durchmustert werden können. Was sie enthalten, ist aussen deutlich und übersichtlich bezeichnet.

Dem Ordnungsplane, dessen einfache Grundzüge so eben entwickelt worden sind, schliesst die gegenwärtige Veröffentlichung auf das engste sich an. Sie verzeichnet in chronologischer Folge zunächst das Urkunden-Archiv, sodann mit aller Knappheit, welche die Menge des Stoffes gebietet, die alphabetische Reihe der Akten. Eine etwas grössere Ausführlichkeit schien bei den Reichssachen, Weistümern und Urbaren gestattet, von denen die wichtigsten selbst in vollem Wortlaute mitgetheilt werden. Ueber die Zusammensetzung des Archivs und die Geschichte seiner einzelnen Theile wird das Schlusswort in zusammenhängender Darstellung handeln. Vielleicht ist dort auch ein Hinweis auf die vielfachen Ergebnisse der ganzen Arbeit gestattet. Ausführliche Register und Glossare endlich werden die Benutzung thunlichst zu erleichtern suchen.

Mit dieser Disposition steht es in scheinbarem Widerspruche, dass der erste Band des Werkes weit eher einer eigentlichen Regesten- und Urkundensammlung gleich sieht als einem blossen kurzgefassten Archiv-Inventare. Ich möchte jedoch zu meiner Entschuldigung vor *allem betonen, dass die grösste Zahl der vollständig abgedruckten Texte nach irgend einer Richtung hin von allgemeiner Bedeutung ist. Das gilt nicht nur von den wenigen Stücken öffentlichen Charakters, sondern vor allem von den ländlichen Privaturkunden, die, wie ich glaube, nur selten in gleich grosser Menge und Mannigfaltigkeit zusammengetragen sind. Gerade an der Vielgestaltigkeit des Inhaltes und der diplomatischen Fassung ist denn auch der Versuch gescheitert, auf sie die Formeln anzuwenden, die Aloys Schulte mit grossem Scharfsinne für die Privaturkunden städtischer Herkunft eingeführt hat*[1]*. Und so wird es am Ende doch niemand tadeln, dass, wenigstens für den Zeitraum des gegenwärtigen Bandes, der nächste Zweck des Unternehmens hinter grösseren Gesichtspunkten in etwa zurückgetreten ist. Vielleicht zieht auch die Sprachforschung einigen Nutzen aus der ungemeinen Verschiedenartigkeit der Dialekte, die hier auf engem Raume vertreten sind.*

Die Regesten sind, auch wo sie nicht als Ueberschriften dienen, so knapp wie möglich gefasst, doch habe ich es sorgsam vermieden, um der blossen Kürze willen der Sprache Gewalt anzuthun oder undeutlich zu werden. Wo es dem leichteren Verständnisse dienlich oder sonst wünschenswerth erschien, ist der Wortlaut des Textes in die Inhaltsangabe aufgenommen. Die Eigennamen habe ich in den selbständigen Regesten nach der Schreibweise der Vorlage wiedergegeben, sofern es sich nicht etwa um unzweifelhaft feststehende Formen handelte.

Eine fortlaufende sachliche Erläuterung, wie sie mir bei innerlich zusammenhängenden Urkundengruppen unerlässlich scheint, war in diesem Falle schon durch die bunte Mannigfaltigkeit des Stoffes ausgeschlossen. Es liessen mich aber zudem selbst hier, an dem Orte einer grossen, mit wissenschaftlichem Sinne gewählten Bibliothek nicht selten die litterarischen Hilfsmittel im Stiche, und wenn mir auch nicht, wie dem seligen Strange, die Benutzung des unerschöpflichen Lacomblet versagt blieb, so ist doch von den neueren Hervorbringungen geschichtsforschender Thätigkeit nicht immer ausreichende Kunde zu mir gedrungen.

Wenn anfänglich die Absicht bestand, verwandtes Material aus fremden Archiven zur Ergänzung heranzuziehen, so ist darauf doch bald verzichtet worden, weil selbst bei grossem Zeitaufwande die wünschenswerthe Vollständigkeit sich nicht hätte erreichen lassen.

---

1) *Urkundenbuch der Stadt Strassburg Bd. 3 (1884), S. XXXIII ff.*

Ich erinnere mich jedoch in dankbarer Gesinnung, mit wie grosser Bereitwilligkeit die Vorstände der Königlichen Staatsarchive zu Düsseldorf und Koblenz den Nachforschungen ihre Hilfe zugesagt hatten. Zu nennen habe ich aber auch meinen Freund Herrn Pfarrverwalter Karl Füssenich in Morken, der mit seiner gründlichen Kenntniss der Ortsgeschichte mir immer zur Seite stand.

Es ist bereits oben ausgesprochen worden, dass die gegenwärtige Veröffentlichung nicht etwa den Weg zu völlig ungehobenen Schätzen weise. Seit langen Jahren ist das Schloss Harff weithin bekannt als ein hervorragender Sitz gelehrten Schaffens und nicht die Geschichte der rheinischen Heimath allein hat von dieser Stätte aus reiche und nachhaltige Förderung erfahren. Vermag nunmehr dieses Werk neue Anregungen zu gewähren und in dem Geiste, der hier immerfort gepflegt worden ist, unsere Kenntniss der Vergangenheit zu erweitern und zu vertiefen, so gebührt der Dank dafür einzig seinem hochherzigen Begründer, der selber dem Vorzuge des erlauchten Namens den schlichteren Ruhm wissenschaftlicher Erfolge hinzufügt.

Schloss Harff am h. Weihnachtsfeste 1892.

Leonard Korth.

1144. — Arnold I. Erzbischof von Köln bestätigt dem S. Marien-(Ueberwasser-)Stifte in Münster und dem Kloster S. Kosmas und Damian zu Liesborn den gemeinschaftlichen Besitz des von dem Bischofe Warner von Münster geschenkten Hofes Würm, nachdem der Laie Harpern von Buekestella zum Verzicht auf seine Ansprüche gezwungen worden.
1ᵃ⁻ᶜ (Leiffarth 1ᵃ⁻ᶜ).

In nomine sanctę etᵃ individue trinitatis. Ego Arnoldus dei gratia sanctę Coloniensis ęcclesię humilis minister. in perpetuum. | Officii nostri est et desiderii, pro posse nostro ęcclesię nobis commissę pacem ad presens dare et in futurum dei cooperante adiutorio providere. | Notum igitur futuris et presentibus qui aqua et spiritu sancto renati sunt, esse volumus, quia christianissimus homo Warnerus Monasteriensis ęcclesię venerabilis episcopus curtem quandamᵇ Wormam ob remedium animę suę ęcclesię sancte Marię in Monasterio et ęcclesię beatorum martyrum Cosme et Damiani in Lisbernen communem habendam in perpetuum licita et legitima traditione cum omnibus quę ad eandem curtem spectant, silvis pratis rivis pascuis agris cultis et incultis molendinisᶜ dedit. Verum nec silentio voluimusᵈ hoc preterire, quod quidam secularis vir Harpernus de Buekestellaᵉ diu eandemᶠ curtem invaserat et tam

---

a) *et fehlt in* C.
b) *Von einer Hand 17. Jhdts. übergeschrieben:* bei Leiffert. — B Wormam nomine.
c) B *hat statt* molendinis *von dunklerer Tinte auf Rasur:* ac decimis.
d) CD volumus.   e) C Buckestella.   f) A candam.

1) Nach R. Wilmans, Westfälisches Urkundenbuch Bd. 3 no. 429 Anm. 1 nennt eine Urkunde vom Jahre 1386 (Staatsarchiv Münster, Ueberwasser no. 137) dieses Gut „de hoff tho Leiffart in dem lande van Gulke"; vgl. auch J. Strange, Beiträge zur Genealogie der adligen Geschlechter Heft 5 (Köln 1867), S. 55 Anmerkung, und oben Anm. b. Das Dorf Würm besass bereits 1137 eine Pfarrkirche, welche Mutterkirche der Kapelle zu Prummern war, vgl. die Urkunde des Bischofs Warner von Münster bei H. A. Erhard, Regesta hist. Westfaliae Bd. 2 no. 223; J. H. Kaltenbach, Der Regierungsbezirk Aachen (Aachen 1859) S. 396.

supranominatum Monasteriensem episcopum quam[g] venerabilem fratrem nostrum Balduinum Lisbernensis[h] monasterii abbatem iniusta sua pervasione multum et diu fatigaverat. Verum divina cooperante iusticia eundem malefactorem ab iniusticia sua compescuimus et ad recognoscendum peccatum suum dictante veritate et iusticia eum coegimus. Facta igitur pace de. supradicto Harperno traditionem legitimam venerabilis episcopi Warneri banno et auctoritate officii nostri confirmavimus et tam in memoriam quam munimentum perpetuum[i] presentem paginam scribi et imagine nostra signari precepimus. Servantibus igitur pacem huic suprascriptę donationi sit pax in terra et in cęlis vita perpetua, violatoribus autem quoadusque resipiscant maledictio et anathema. Huius rei sunt testes: Arnoldus cancellarius [1]. Walterus[k] maioris ęcclesię decanus[2]. Bruno Xanctensis prepositus. Gerhardus[3] Bothnensis[l] prepositus. Theobaldus sancti Severini prepositus[4]. comes Adolfus[m] de Monte. Gozwinus de Heimesberg[n]. Walterus advocatus de Suesaz[o][5]. Henricus comes de Colonia[6] et alii multi boni et honesti testimonii viri, Actum est autem anno ab | incarnatione domini M. C. XL. IIII. regnante glorioso rege Romanorum Cunrado[p], Innocentio papa ęcclesiam regente[q] in deo, domino Iesu Christo suaviter | omnia disponente cui laus et gloria in secula seculorum. amen.

A. Original auf Pergament, liniirt, regelmässig geschrieben, von dem durchgedrückten Siegel des Erzbischofs nur die obere Hälfte erhalten: Arnold barhaupt auf dem Faldistorium, mit Stab und

---

g) AB quamquam. h) AD Lisbergensis C Litergensis.
i) ACD quam in perpetuum. k) B Waltherus C Wolterus. l) So ABC.
m) BC Adulfus D Arnoldus. n) B Hinnesberg. o) B Suesatta.
p) B Conrado. q) D regnante *ohne* ecclesiam.

1) Der Kanzler Arnold ist gleichzeitig Dompropst, s. z. B. die Urkunde von 1142, Lacomblet, Urkundenbuch Bd. 2 no. 347: ‚Arnoldus cancellarius et maioris ecclesie prepositus'.

2) Der Domdekan Walther erscheint 1135—1150, Lacomblet Urkb.

3) Gemeint ist Gerhard von Sayn Propst des S. Cassius-Stiftes in Bonn (1126—66).

4) Unter diesem Propste Theobald erhielt das Stift S. Severin im Jahre 1138 die Dekanie im Mülgau, Binterim und Mooren, Die alte und neue Erzdiözese Köln Bd. 3, S. 116 f.

5) Walter I. Vogt zu Soest (1144—73) vgl. z. B. J. S. Seibertz, Urkundenbuch zur Landes- u. Rechtsgeschichte des Herzogthums Westfalen Bd. 1 no. 45, 47 u. ö.

6) Der kölnische Stadtgraf (Greve).

Buch, Umschrift: Arnoldv... rchieps. *Rückaufschriften 15. Jhdts.:* Up den hoff to Worme; De eo quod Arnoldus archiepiscopus Coloniensis quendam dictum Harpernum compescuit. *Signatur:* A de anno 1144; *Inhaltsangabe von der Hand des Grafen Johann Wilhelm von Mirbach († 1849).*

B. Orig. (?) Perg., von anderer gleichzeitiger Hand, blasser, ohne Linien, mit Spuren des durchgedrückten Siegels; Rückaufschrift 15. Jhdts.: Privilegium domini Arnoldi archiepiscopi Coloniensis de curte in villa nomine Worma; *Sign.:* A VI. *Die oben vermerkte, auf Rasur eingetragene Abänderung* ac decimis *statt* molendinis *in Verbindung mit dem Schriftcharakter lassen B als eine, wenn auch nur wenig später interpolirte Kopie erscheinen; das Siegel kann einer echten Urkunde entnommen gewesen sein, vgl. H. Bresslau, Handbuch der Urkundenlehre für Deutschland u. Italien Bd. 1 (Leipzig 1889), S. 975 f.*

C. Transsumt von 1301 November 4, unten n. 15.

Gedruckt: H. A. Erhard, Regesta historiae Westfaliae Bd. 2 (Münster 1851) S. 35 n. 244 "nach einem von dem Domkapitel und dem Official zu Münster aufgenommenen Transsumte vom J. 1288." Diesem Transsumte (D) wie demjenigen von 1301 (C) scheint unser Exemplar A zu Grunde zu liegen.

1244. — Gerhard von Randerath beurkundet, dass er als Vogt des Hofes Würm den Ritter Dietrich von Siersdorf und dessen Angehörige bestimmt habe, nach Empfang einer Abfindungssumme von 15 Mark allen Ansprüchen auf die Waldungen daselbst gegenüber dem Kloster Liesborn und dem S. Marienstifte in Münster zu entsagen.

2 (Leiffarth 2).

Universis presentem litteram inspecturis .. Gerbardus de Randenrode[1] salutem in auctore salutis. Noverint universi quorum scire interest, quod cum Theodericus miles de Sestorpe[2] super lingnis attinentibus curie ecclesiarum Lesbernensis et sancte Marie in Monasterio que Worma dicitur, in qua ius advocacie nos habemus, dictam curiam plurimum infestaret, tandem post plurimas

---

1) Ueber ihn vgl. Aeg. Müller, Die Herrschaft Randerath, Zeitschr. des Aachener Geschichtsvereins Bd. 1 (1879) S. 194 f.
2) Von (Klein-)Siersdorf in der Pfarrei Würm.

dicti militis infestationes nobis mediantibus idem Theodericus accepta a dictis ecclesiis quindecim marcarum summa omni actioni et iuri si quod sibi in prefatis lingnis competere videbatur, dampnis eciam et iniuriis, siqua occasione dicte dissensionis sustinuisset, una · cum uxore sua Alheyde et filio Godefrido necnon filia sua eiusque marito coram nobis et aliis viris honestis penitus renunciavit, firmiter promittens una cum uxore et supradictis heredibus suis, quod super premissis dictam curiam in Worma de cetero nunquam molestabunt. Ut igitur hec rata et inconvulsa permaneant paginam hanc inde conscriptam sigillo domini de Heymesberge, nostro et filii nostri Lodewici cautum duximus roborari. Testes huius rei sunt: Lodewicus plebanus in Worma; frater Lutmundus procurator curie ipsius. laici: Henricus dominus de Heymesberge. Lodewicus filius noster. Lambertus advocatus de Heymesberg. Renherus miles de Palude. Remboldus de Hunzthorpe advocatus. Otgerus de Gelinkerike et frater eius Gerhardus de Laken. Philippus de Hunzthorpe. Balduwinus de Randerode. Gerhardus de Hunzthorpe. Remboldus Luscus[1] et alii quam plures. Acta sunt hec anno domini M. CC. quadragesimo quarto.

Aus dem Transsumt von 1301 November 4, unten no. 16.
Gedruckt: R. Wilmans, Westfälisches Urkb. Bd. 3, S. 230 no. 429 aus zwei Transsumten von 1282 und 1288; J. Strange, Beiträge zur Genealogie der adligen Geschlechter Heft 5 (Köln 1867), S. 126.

1273 September 15., Bonn. — Erzbischof Engelbert von Köln fällt einen Schiedsspruch zwischen seinem Verwandten Johann von Löwenburg einerseits, dem Burggrafen Johann von Wolkenburg, seinem Bruder Ludwig, Johann von Dollendorf und Lambert von Honnef andererseits, insbesondere wegen des Besitzes von Löwenburg und der Waldgerechtsame zu Honnef[2].   3 (Wolkenburg 1).

---

1) Ueber die Beziehungen des Geschlechtes Luscus zu den Herren von Heinsberg vgl. Anm. 2 zu no. 5 von 1280 Januar 25. Ein ‚Renboldus de Hunsdorp miles' erscheint 1264 April 3 bei J. H. Hennes, Urkb. des Deutschen Ordens Bd. 2 (Mainz 1861) no. 174 als Vogt Ludwigs von Randerath.

2) Vgl. hierzu H. Loersch, Zur Geschichte der Herrschaft Löwenberg, Annalen des Hist. Ver. f. d. Niederrh. Heft 37 (1882), bes. S. 192 f.;

Nos Engelbertus dei gracia sancte Coloniensis ecclesie archiepiscopus sacri imperii per Ytaliam archicancellarius notum facimus universis, quod nos super questionibus et controversiis que hactenus inter | Johannem de Lewenberg consangwineum nostrum ex una parte et Johannem burgravium de Wolkenburg, Lodowicum fratrem suum, Johannem de Dollendorp et Lambertum de Hunefe ministeriales | nostros et eorum amicos et parentes ex altera vertebantur, super quibus in nos ex utraque parte exstitit compromissum, dicimus et pronunciamus: quod Johannes de Lewenberg predictus castro suo Lewenberg et omnibus bonis suis de quibus fuit eiectus, restituatur. De nemore et silva de quibus questio vertebatur pronunciando dicimus, quod predictus Johannes de Lewenberg maneat in possessionibus iuribus et consuetudinibus nemoris et silve de Hunefe in quibus fuerunt bone memorie Henricus quondam comes Senensis, Henricus quondam dominus de Hensberg et Theodericus frater dicti Johannis, adicientes, quod similiter .. milites et .. filii militum ac parrochiani alii de Hunefe remaneant in possessionibus iuribus et consuetudinibus in quibus fuerunt temporibus predictorum Henrici comitis Senensis, Henrici domini de Hensberg et Theodcrici fratris ipsius Johannis nunc domini de Hensberg et eciam Johannis predicti[1]. Si vero alicui parcium predictarum videretur sibi preiudicium fieri per alium in nemore et silva memoratis, illud ostendere tenetur coram nobis aut archiepiscopo Coloniensi qui pro tempore fuerit et requirere ac consequi ius suum. Quod si facere negligeret et nobis pretermissis aut successore nostro contra id quod per nos pronunciatum est veniret, infringendo aliquid premissorum, penam incideret ducentarum marcarum coloniensium denariorum, medietatem nobis aut nostro successori et aliam medietatem parti pronunciatum huiusmodi observanti solvendarum, quas nos et nostri successores cum hiis qui pronunciatum nostrum observaverint requirere tenemur a parte infringente et compellere ad solvendum. Elegerunt eciam partes predicte Johannes pro se, quod si veniret contra nostrum pronunciatum, quod nos eum contra predictos ministeriales nostros iuvare

---

Lückerath, Die Herren von Heinsberg (Programm der höheren Stadtschule zu Heinsberg 1889) Thl. 2, S. 8.

1) Wenige Jahre später, am 16. April 1278, schenken Johann von Löwenberg und seine Frau Gisela einen Theil ihrer Besitzungen zu Honnef der Abtei Heisterbach, Lacomblet, Urkb. Bd. 2 no. 713.

nec .. dux Lymburgensis nec .. comes de Monte nec T*heodericus* frater suus nec .. comes Senensis nullatenus deberemus. Dicti vero burgravius et eorum adiutores elegerunt, quod nec nos nec aliquis successorum nostrorum ipsos iuvabimus contra Johannem memoratum si fortassis contra hoc nostrum venirent pronunciatum. In cuius rei testimonium et roboris firmitatem sigillum nostrum una cum sigillis venerabilis patris domini .. Paderburnensis episcopi .. ducis Lymburgensis, Theoderici de Hensberg et Johannis de Lewenberg supradicti presentibus litteris duximus appendendum. Actum et datum Bunne XVII. kalendas octobris anno domini M. CC septuagesimo tercio.

Orig. Perg., 3 Pressel, 1 Siegeleinschnitt. Signatur 17. Jhdts.: Num. 1. Wolckenburgh. Lit. A., *Inhaltsangaben 17. Jhdts.*

Gedruckt: Chr. J. Kremer, Akademische Beiträge zur Gülch- und Bergischen Geschichte Bd. 1, Urk. no. 7, fehlerhaft. — Verzeichnet: L. v. Ledebur, Archiv f. deutsche Adelsgeschichte Bd. 2 (1865) S. 257.

1280 Januar 25. — Goswin Herr von Born und sein erstgeborener Sohn Oist beurkunden, dass Philipp von Effelt, der Bruder des Ritters Gottfried von Heinsberg genannt Luscus, die Güter zu Effelt, welche er von ihnen empfangen, seinerseits dem Praemonstratenserinnenkloster zu Heinsberg geschenkt habe.

4 (Effelt 1).

In nomine sancte et individue trinitatis. Gozwinus dominus de | Burne et Oist filius suus primogenitus[1] omnibus ad quos presens | scriptum pervenerit rei inscripte memoriam in perpetuum. Quoniam hominum memoria labilis est, cogit perversorum audatia, ut ea qe fiunt scripture memoria perhennentur. Noverint igitur universi, quod Philippus de Effilt, frater Godefridi militis de Heynsberg dicti Lusci[2] ordinavit nobiscum, quod nos de communi

---

1) ‚Gozwinus dominus de Burne, Oysto de Burne' 1285 Dezember 24, Lacomblet Urkb. Bd. 2 no. 813; H. J. Wolters, Codex diplomaticus Lossensis (Gent 1849), no. 297.

2) Bereits am 22. April 1256 erscheinen ‚Godefridus Luscus, Philippus frater suus', Lacomblet, Urkb. Bd. 2 no. 425; aus einer Urkunde von 1282, a. a. O. no. 775 geht hervor, dass die Lusci Lehnsleute der Edelherren von Heinsberg waren: ‚Godefridus miles dictus Luschus et Heilsvindis uxor eius

consensu liberorum nostrorum donavimus eidem et uxori sue Efce proprietatem universorum bonorum sitorum in Effilt que de manu nostra in feodo tenebat. Ipse quoque Philippus et predicta uxor sua Efce iuncta manu et pari consensu contulerunt eadem bona et proprietatem eorundem que suis communibus denariis comparaverant ecclesie sancte Marie apud Heynsberg ordinis Premonstratensis pro salute animarum suarum et omnium progenitorum suorum iure proprietatis in perpetuum possidenda[1]. Nos quoque et filii nostri et omnes quorum interest effestucavimus sicut in talibus fieri est consuetum. Affuerunt cum hec fierent: dominus Anselmus decanus Suestrensis[3] et Johannes canonicus ecclesie in Udelenberge[4] filius predicte Efce. item Richwinus de Langinrode et Godefridus dictus Luscus et Gisilbertus coquinarius de Heynsberg milites. item Godefridus filius sepedicti Godefridi Lusci et Alardus de Erpenne et plures alii fide digni. Ut igitur utraque donatio rata maneat et inconvulsa scriptum hoc predicte ecclesie sancte Marie in Heynsberg dedimus appensione sigillorum nostrorum firmiter communitum. Datum anno domini M. CC. septuagesimo IX. in conversione sancti Pauli apostoli.

Orig. Perg., die beiden anhangenden Siegel in grünem Wachs an weissen Hanffäden stark beschädigt: 1. dreieckiger Schild mit drei Sparren auf gegittertem Grunde, von der Umschrift nur zu lesen, ‚Sig . . .'; 2. glatter dreieckiger Schild, drei Sparren und Turnierkragen, von der Umschrift erhalten: Hostonis militis de Borne. *Rückaufschrift 14. Jahrhdts.*: † de bonis in Effeltere [monialibus in Heinsberg donatis]: *Signatur 16. Jhdts.*: b xxxiiij. *18. Jhdts.* no. 12; Donatio des von Baexen ahn das closter zu Hinßberg no. 28.

---

nostri fideles . . Gisilbertus miles et Philippus de Effelt germani sepedicti Godefridi'. Dieser Giselbert erscheint unten als ‚coquinarius de Heinsberg'.

1) Im Jahre 1282 verkauft Ritter Gottfried Luscus den Präemonstratenserinnen seinen Hof zu Laffelt, südwestl. von Heinsberg, nebst 114 Morgen Acker, Lacomblet a. a. O. no. 775; J. H. Kessel, Zeitschr. d. Aachener Gesch.-Ver. Bd. 1, S. 252.

2) Vgl. Wilhelm Graf von Mirbach, Zur Territorialgeschichte des Herzogthums Jülich (Programm der Rhein. Ritter-Akademie Bedburg 1882) Thl. 2 S. 24.   3) Süsteren.

4) Odilienberg. Bei der Reichstheilung vom 8. August 870 erhielt Ludwig der Deutsche ‚abbatiam Suestre, Berch' etc. Mon. Germ. Leges. Bd. 1 S. 547.

[1282—1335] Juli 25., Limburg (an der Lahn). — Johann (I.) Herr von Limburg verzichtet auf Schadenersatz für die beim Schlosse Drachenfels erfolgte Gefangennahme seines Bürgers Adam.

5 (Drachenfels 1).

Nos Iohannes dominus de Limpurch universis quorum intererit notum facimus et | sub tenore presencium publice protestamur, quod nos pro Adam opidano | nostro prope castrum de Drachenvels captivato et pro omni dampno ac perdicione illic eidem allatis pro nobis et amicis nostris renunciamus pure et simpliciter in hiis scriptis. In cuius rei evidenciam sigillum nostrum apposuimus huic scripto. Datum apud Limburch in die sancti Iacobi apostoli.

Orig. Perg. mit anhgdm. wenig verletztem, rundem Reitersiegel, auf dem mit 7 Schindeln (4:2:1) belegten Schild ein zweiseitig geschachter Querbalken, Umschrift: .... m domini Johannis ..... ur ..

Zur Datirung: Johann Herr von Limburg, nach dem Wappen von Limburg an der Lahn, erscheint 1282—1335, vgl. u. a. Grote Stammtafeln S. 146; unsere Urkunde gehört der Schrift nach eher dem 13. als dem 14. Jh. an.

1283 Januar 17., Lüttich. — Das Allodial-Gericht zwischen S. Maria und S. Lambert zu Lüttich beurkundet, dass Humbert von Herstal ein Allod von 9½ Bonnar Acker und 1 Bonnar Wiese zwischen Saive und Hougnies, welches er laut vorgebrachter Urkunde von seinem verstorbenen Bruder Heinrich gekauft, gegen einen Zins von 23 Mud Spelt dem Johann de la Tour übertragen habe.

6 (Saive 1).

A tos cheas ki ces presens lettres veront et oiront li homes delle chise deu[1] salus | et conissanche de veriteit. Conute chose soit a tos k en lau de grasce m. cc. | quatrevins et dois le dimengue apres les otavles delle treme[2] vinrent pardevant nos entre

---

1) „homes delle chise deu, homines de casa dei' nennen sich die Vertreter des Allodial-Gerichtshofes zu Lüttich, vgl. St. Bormans, Les seigneuries allodiales du pays de Liége (Lüttich 1867), S. 10 ff.; Ducange, Glossarium s. v. cise denkt an assise, assisia.

2) epiphania domini, dies tredecimus.

sainte Marie et sain Lambier a Liege[1] Humbiers de Harsta li fils mon singnor Rogier de Harsta chevalier ki ja fut d une part et messires Gilhes de Raboseies chevaliers et Jehans condist del Tur ses parens d atre et la provat Humbers desurdis par chartre bien parlante et bien saelee [a] del saeal mon singnor Renir jadi archiprestre de Liege[2] k ilh astoit bien avestis et bien aireteis si ke por lui desireteir et atrui aireteir de noef boniers et demi, de terre erule et d un bonier de preit et assez pres delle moitie del molin ki tos est alus et ki gisent entre Seve et Hougneies[3] et kilh avoit trestout lalu desur dit bien aquis et bien acheteit a foimens Henri de Harsta son frere ki ja fut, si tost kilh ot chu proveit ilh emprontat trois tenans a Alissandre del Tur le frere Jehan del Tur desur dit; apres chu kilh les ot empronteis messires Gilhes chevalirs desur dis reconut ens elour presenche et pardevant nos kilh n avoit nul droit en trestout lalu devant dit ne riens ni clameve et chu fu mis ens enostre warde. Et par tant ke li chose fust plus ferme et plus estable Humbiers desur dis reportat ens elle main mon singnor Gilhon chevalier desur nomeit teil droit ke messires Gilhes avoit ens el alu devant dit, se point javoit, et messires Gilhes le reportat tantost ens elle main cheli Humbier desur dit et aows de Jehan del Tur se nevoir desur nomeit et le werpit. En tel jor et en tel ore mimes Humbiers desur dis rendit en lausage a cheli Jehan del Tur desur nomeit trestot lalu devant dit et por vint et trois muis despeate iretavles bon paiement a dois deniers pres delle melhore et a le mesure de Liege a paier chascun an denens le saint Andrier et a livrer a cost de cheli Jehan del Tur denens les murs de Liege tot en teil point, ke chilh Je-

---

a) *Vorher durchstrichen* saiales.

1) „Inter sanctum Lambertum et sanctam Mariam [*Notre-Dame aux-Fonds*] ubi de consuetudine antiqua et prescripta solet fieri guerpitio et affectio allodiorum', Bormans a. a. O. S. 8 Anm.

2) Das Auftreten des Erzpriesters von Lüttich als Besiegler der Gerichtsurkunden ist nicht ständig, wie eben der gegenwärtige Akt beweist, vgl. Bormans a. a. O. S. 12 f.

3) Die Gemeinde Saive an der Saivelette, etwa 10 Kilometer östlich von Lüttich gelegen, bildete den Hauptort einer kleinen Herrschaft gleichen Namens. Ueber diese handelt jetzt, zum Theil unter Benutzung des Harffer Archivs, E. Poncelet, La seigneurie de Saive (Bulletin de l'Institut archéologique Liégeois, tome XXII, Liége 1892).

hans les paat a Henri de Harsta desur dit tant kilh vikat et kilh les at puis paies a cheli Humbier desur nomeit; et si fut Jehans del Tur ens em pais comandeis si ke drois et lois ensengne. Et tot la furent lis troi tenans cheli Alissandre desur dit et ki lor drois evorent, a savoir sunt Amelotes de Raboseies, Hannons Grans Varles et Gilhons ses freres.[1] Et si furent homme delle chise den a savoir sunt Philepeas Dokires citains de Liege ki totes ses choses devant dites mist ens elle warde des homes et des tenans devant dis, mes sires Gilhes chevaliers et Alissandres del Tur desur nomeis et maistres Gilhes de Sormuse vestis de saint Remi ki siet deleis Doleben, Godars de Harsta li freres Humbier, Otheles de Frangneies, Thumas de sain Martin, Gilhes li fis monsingnor Gilhon chevalier desur dit, Jehan li Sors, maistres Alars li notaires[2] et plusor atres. Et par chu ke chu soit ferme chose et estable nos maistres Jakemes de Cyney officias de la curt le prevost de Liege etant kom li prevosteit est vaghe a la requeste des homes delle chise den desur dis avons pendut a ces presens letres le saeal de nostre curt desur dite en tesmongnage de veriteit. La date est desur dite.

Orig. Perg. mit 1 Pressel, auf dem Bug links: M. Alardus Pilas. *Rückaufschriften 14. u. 15. Jhdts*: ‚Humbier de Harsta (de 9 bonniers de terre preis (?) et molin a Sebe)'. ‚De Henbier de Harsta de 23 mui despeate.' ‚? .. de Save .. Gilhe de Rabozeiez *Signatur 17. Jhdts*. B. 45.

1287 März 24, Würzburg. — König Rudolf verkündet die Satzungen eines Landfriedens.

7 (Reichsangelegenheiten 1).

Disú satzunge[a] des lantfrides[b] haben wir Rûdolf Rômescher[c] kûninch[d] und ein merer des rigbes[e] mit gunst uud mit rate der[f] erberen herren des cardinales[g] des legates[h] und der fursten[i] beider

---

a) L satzungen.   b) L lantfridis.   c) L ein Romeschir,
d) L kunig, C kunnich.   e) L riches.   f) L des.   g) L cardinalis.
h) L legatis.   i) L und der fursten und der herren geistlicher uud weltlicher gesezzet zu Würzeburg.

1) Poncelet, La seigneurie de Saive S. 19.
2) Dèr unten genannte Alardus Pilas.

geistlicher und wereltlicher gesetzet ze Wirzpurch in^k dem gebotten hove als hie nach geschriben[1] stat.

1. Wir setzen des ersten^m und gebieten bi des rîghes hulden und mit der fursten rat und ander des rîghes holden und getrúwen: Swelich sun sinem vatter von sinen burgen oder von anderm sinem gûte verstôzet oder brinnet oder roubet oder zû sines vatters vienden sich | machet mit eiden oder mit trúwen, daz es uf sines vatters ere gât oder uf sin verderbenûz, bezúget in des sin vatter zu den heiligen vor sinem richtere mit zwein semperen mannen die nieman mit rechte verwerfen kan, der sun sol sin verteilet eygens und lehens und varendes gûtes und genzelichen alles des gûtes ewelichen des er von vatter oder von mûter erben solte, also daz im weder richter noch vatter noch mûter niemer wider helfen mach, daz er dehain recht zû dem gûte iemer gewinnen múge.

2. Swelich sun uf sines vatter lip ratet oder in urlúgelichen angrifet mit untrúwen oder mit gevankenúze oder in dehainen bant leget daz vanchnúze heiset, wirt er des vor sinem richter erzúget, als hie vor geschribet ist, derselbe sun si êlos ind rechtelos ewechlichen, also daz er niemer wider chomen mach zu sinem rechte mit dehainen dingen. Alle die dies ouch der vatter ze zúge nimt vor dem richtere uber alle die sache die hie vorgeschriben sint, die sulen des nicht uberich werden weder durch sippe noch durch dehainer hande sache, si gesten dem vatter der warheit; der des nicht tûn wil, den sol der richter darzû twingen, es en si, daz er vor dem richter swer uf die heiligen, daz er darumbe nicht en wisse.

3. Hat der vatter dienstman oder eigen lúte von der rate oder von der hilfe der sun dirre dinge dehaines tût wider sinen vatter die hie oben geschriben sint, bezúget daz der vatter uf si vor sinem richtere als hie vor geschriben ist selbe dritte zû den heiligen, dieselben sint êlos und rechtelos eweliche; der vatter mag aber sich nicht bereden der dinge, er bezúge ê den sun, als da vor gescbriben ist.

4. Bezúget er da nah die dienstman oder die eigenlúte, der richtere in des gerichte ez geschehen ist sol sie zu achte tûn und sol niemer darus lazen, si gelten dem vatter sinen schaden mit der zwigúlte den er von ir rate oder vor ir hilfe genomen hat, und dem richtere sin recht. Und dieselben, hant sie leben von dem

---

k) L zu. l) L gescriben. m) LC wir setzen und.

vatter, dú lehen sulen ledich sin dem vatter zehant so er si bezúget und sol er es in niemer wider gelihen, und lihet er es in wider, sol er so vil as der lehen ist, dem richter geben ane widerrede. An allen disen sachen, die hie vor geschriben sint, mach ein iegelicher seinper vriman der sin recht hat behalten, er si fúrste oder anders ein hôch man dem vatter helfen bezúgen swaz er weiz; ein dienstman mach es ouch bezúgen mit anderen dienstmannen, ein eygener mit sinem genozen, ein gepower mit sinem genozen; ein iegelich friman hilfet wol eynem dienstman ob er ez weiz.

5. Ist aber daz der vatter von venkenúze oder von ander êhafnôt dize recht nicht gevorderen mach, so sol ez siner mage einer tůn und sol darnach beweren zu den heiligen, daz den vatter ehaftige nôt irrite daz er dar nicht komen mach und sol die nôt nemmen; und swenne er daz beredet, so sol im recht umb die clage beschehen an des vatters stat, also ob der vatter selbe da were.

6. Ein dienstman hilfet ez ouch wol einem sinem ungenozen, die nideren mugen ez den hoheren nicht gehelfen. In gelicher wis als wir von dem vatter han geseit, also willen wir daz man dazselbe von der můter verstê.

7. Wir setzen und gebieten, swaz schaden ieman geschicht, daz er dazselbe nicht richte, er clagh es allererst sinem richter und volge siner clage an daz ende als recht ist, ez en si, daz er da zehande si ze nôtwer sines libes und sines gutes; swer sich anders richtet dan hie vor geschriben ist, swaz schaden er darumbe ieman tůt, den sol er im zwivalt gelten, und swaz schaden im geschehen ist, der sol gar verlorn sin und sol niemer dehaine clage darnah gewinnen.

8. Swer aber sin clage vollefûret als da geschriben ist, wirt ime nicht gerichtet und mûz er durch nôt sinen vienden widersagen, daz sol er bi tage tůn und von dem tage daz er im widerseit hát unz an den vierden tach sol er im dechainen schaden tůn weder an libe noch an gůte, so hat er dri ganze tage vride. Ouch sol der dem da widerseit wirt unz an den verden tach decheinen schaden tůn dem der im widerseit hat.

9. An swederem diese setze gebrochen wúrde der sol sinem richter clagen und sol der richter ienem vorgebieten selbe oder mit sinem botten und mach sich derselbe dem da vorgebotten ist nicht entschuldigen selbe siben de seinper lúten vor dem richter, so ist er êlos und rechtelos ewelichen als daz er niemer kome zů sinem rechte.

10. An sweme der lantfride gebrochen wirt, bezúget er daz uf die heiligen vor sinem richter mit dem der den hantfride[1] gemachet hat und mit zwein andern seinper mannen die ir recht behalten habent, daz der hantfride an im zebrochen si, der richter sol ienen ze achte tûn der den hantfride gebrochen hat und sol in niemer us der achte gelazen an des clegers wille oder er verliese dú hant darumbe.

11. Ist aber der hantfride mit dem tôtslage gebrochen, so sol des mage einer der da erslagen wart, clagen und sol den mort bereden als da vorschriben ist; und swenne er daz beredet, so sol man ienen niemer us der achte gelazen, er gebe den lip darumbe und sol elos und rechtelos sin.

12. Wil aber der der[a] den hantfride gemachet oder entphangen hat im des gerichtes nicht gestan daz der fride an im gebrochen si, dem sol der richter gebiten bi unsern hulden daz er im helfe sines rechtes oder er mûz sweren uf den heiligen, daz er sin nicht enwizze, lât aber er es durch sippe und durch dechainer hande dinch, er ist uns und dem richter der hant schuldich.

13. Wir setzen und gebieten bi unseren hulden, daz alle unser fúrsten und alle die die gerichte von uns habent rechte richten als des landes sitte und gewoneit si und dazselbe gebieten den, die gerichte von in habent; swer das nicht tût, uber den willen wir richten scherpflichen als recht ist, und swaz uns uber in erteilet wirt, des enwillen wir nicht lazen nach nieman ubersehen noch nieman schônen; und gebieten ouch unseren fúrsten, daz si mit der bûze twingen die von inen gerichte habent daz si rechte richten und der bûze nicht enlan die in erteilet wirt.

14. Wir setzen und gebieten, daz dechain richter ieman ze achte tû wan offenlichen und daz dechain richter ieman us der achte laze, er neme die gewisheit, daz dem clagere gerichtet werde

---

a) der *über der Zeile.*

1) Die Ausgabe der Mon. Germ. Leges Bd. 2, S. 449 liest an dieser und den folgenden Stellen: ‚lantfride', der mir vorliegende Text zeigt jedoch deutlich ‚hantfride': es handelt sich um den der Urfehde verwandten gelobten Frieden des deutschen Rechts, vgl. z. B. den Absatz 73 des Rheingauischen Landrechts: „Wer einen vreden gibt mit der hant und denselben vreden brichet den er hette gegeben mit sinre eigen hant, wirt er des uberwunnen als recht is, er virluset 20 phunt und sin eer" u. s. w. J. Grimm, Weisthümer Bd. 1, S. 543.

nah des landes gewonheit; tût ez der richter nicht, so sulen wir uber in richten als recht ist. Wir geloben, daz wir dazselbe gehalden.

15. Wir setzen und gebieten, swaz iegelichem richtere gewettet wirt, daz er den achter us der achte lât daz er daz gar neme und des nicht laze, durch daz die lûte dester ungerner in die achte chomen. Wir willen ouch selbe unsers rechtes nicht lazen.

16. Wir setzen und gebieten, daz man die pfalburger allenthalben laze, wir willen in unseren stetten dehainen haben.

17. Wir gebieten und setzen, daz ieman dehainen muntman habe.

18. Wir verbieten ouch bi unseren hulden, daz ieman den anderen durch daz lant beleite umb dehain gût, er habe dan daz geleite von dem riche, daz armen und richen dester sicherlicher varen und gevliezen mûgen.

19. So gebieten wir, daz nieman dehainen nûwen zol noch geleite mache noch nemen sol weder uf lande noch uf wazzer und daz alle die zôlle, die mit unrechte gehôhet sint anderes dan si von alter gesetzet sint, daz dû selbe hôhunge abe si und der zol belibe als er von rechte sol; swer da wider tût, der hat den lantfriden gebrochen und umb den brûch so ist er in der achte und in des bapstes banne den er jergeliches kúndet an dem grûnen dunrestage und in des legates banne den er uber unrechte zôlle ze Wirzpurch in dem concyly gekúndet hat.

20. Nieman sol ouch deheinen zol nemen wan ze rechte und da man in ze rechte nemen sol; swer daz brichet, den sol man haben vor eynen strâzrôuber. Wir setzen und gebieten, daz alle die zôlle die sit keyser Frideriches ziten uf gesetzet sint uf wazzer oder uf lande von sweme si gesetzet sint, daz sie gar abe sin, es en si daz der der in da hat, bereden mûge vor dem riche, daz er in ze recht haben sôle.

21. Alle die die zôlle nement uf wazzer oder uf lande, die sulen den wegen und den brúcken ir recht halten mit machene und mit bezzerunge, und van den si nement den zol die sulen si befriden und beleiten nach ir macht als verre ir gerichte gat, daz si nicht verliesen. Swer dise bot ze drin malen brichet, wirt er sin bezúget vor gerichte als recht ist, der zol sol dem riche ledich sin. Man sol die rechte lantstraze varen und sol nieman twingen den anderen von der rechter strazen.

22. Swa zwene mit einanderen urlúgent und der eine oder si beide geleite habent, swer den ze leide die straze ane grifet

wirt er des mit rechte bezûget, uber den sol man richten als uber einen strâzrouber.

23. Swer bûrge oder stette oder decheinen bú machen wil, der sol dat mit sinem gûte tûn oder mit siner lûte gûte, und nicht mit siner lantlúte gûte. Swer daruber dechainen zol oder chein ungelt nimt in dechainer stat oder uf cheiner strazen, uber den sol man richten als uber einen strâzrouber.

24. Alle die múnzen die sit keyser Friderches tode gemachet sint, von sweme si gemachet sint, die sulen gar abe sin, es bezûge denne vor dem riche der si da hat, daz er si ze rechte haben sol.

25. Swer uf iemans pfenninge dechein valsch sleht oder hat geslagen, den sol man haben vur eynen valscher.

26. Swer ouch ein ander mûnze machete oder slûge dan von dem riche von alter herkomen ist, swi gewere oder gût die were, ez si an gewichte gemalde oder swere, den sol man vor eijnen velscher haben, und swenne er des mit rechte uberzúget wirt, sol er sin lantrecht verlorn haben.

27. In swelhes herren gerichte oder geleite, es sie uf wazzer oder uf lande, ein choûfman oder sus ein man beroubet wird von des herren gesinde, amptman, burchman oder dienstman der der herre geweltich ist an alle argeliste, daz sol der herre in des gerichte oder geleite der geroubet ist, gelten. Wirt aber ieman beroubet in eynes herren gerichte oder geleite und daz daz nicht geschehe von sinem gesinde, amptman, dienstmann oder burchman, dem sol der lantfride beholfen sin daz wider ze tûne.

28. Wir setzen ouch und gebieten vestecliche, daz swa ez noch geschehe durch brúche des lantfridis die nesten die dabi gesessen sint da der bruch geschehen ist, den lantfriden beschirmen und helfen weren, und vermûgen es die nicht, so sulen es die tûn, die darnach die nesten sint, und darzû solen wir den helfen ob es nôt ist.

29. Wir gebieten ouch vestecliche, daz man in allem Rômschem riche an geistlichem dingen nach gebote und nach rate der erchebischolf sich halte und der bischolf und der erchepriester nah geistlichem rechte, und swér dawider ist, den sol man haben vor einen ungeloubichen man [1].

---

1) Hier folgt in dem Texte der Mon. Germ. als Artikel 30: ‚Man soll ouch wertlich gerihte an sime rehte lazen'.

31. Wir gebieten vestecliche und als recht ist, daz der gôtteshúser vôgte den gotteshúseren vorsin und si schirmen uf ir vogtey als es gegen got wol ste und ouch unseren húlden und sich an der gotteshúser gût also halden da ir vogtey da ist, daz uns dechain groze clage von in chome. Swer des nicht en tût, komet es uns ze clage, so willen wir ez richten also vesteclichen als recht ist, daz wir darane nieman schônen wellen.

32. Wir willen ouch und gebieten, daz uber ein chlôster oder uber ein gotteshús nicht dan ein vôcht si als lange der lantfride wert, und swer des nicht en wolte oder da wider tete, den sol des der lantfride twingen und swenne der lantfride us geit, so sol ez nieman an sinem rechte schaden.

33. Wir verbieten ouch bi unseren hulden, daz nieman durch chaines vogtes schulde noch im ze leide der gotteshúser gût daz ir vogtey ist weder brinne noch roube noch pfende: swer daz daruber tût, wirt er des uberzûget als recht ist vor dem richtere, den sol man ze achte tûn und sol in us der achte nicht lazen, er gelte den schaden dristunt als tûre als der ist und sullen die zwei tail dem gotzhuse werden und daz dritte tail dem vogte.

34. Wir verbieten ouch daz nieman pfende an des richters urlob, swer ez daruber tût, uber den sol man richten als uber einen strâzrouber.

35. Wir setzen und gebieten, swer wizzentlich roub oder diebe gût koúfet oder rouber oder diebe wizzentliche beheltet und nicht achter sint, wird er des bezûget vor dem richter nah rechte, so sol er ze dem ersten den schaden zwivalticlichen gelten dem er getan ist, er si dúbich oder roubich; wirt er ez bezûget, daz er es mer dan ze einem male habe getan, ist ez ein roub so sol man uber in richten als uber einen rouber, ist iz dúbich, so sol man uber in richten als uber einen dïep.

36. Wir verbieten, daz nieman dechainen achter gehalte wizzentliche; swer ez daruber tût, wirt er ez bezûget, man sol uber in richten als uber einen achter; mach aber er sich entreden mit siben semperen mannen daz er es nicht enwizze daz er ein achter was, er sol unschuldich sin. Swer dechainem achter wert oder schirmet swa man in anegrifet, wirt er des bezûget ze rechte, man sol uber in richten als uber einen achter. In sweliche stat der achter komet, da sol man sin nicht behalten noch dechainen chouf geben noch vergeben noch sol umb in nicht koufen noch en sol in nieman schirmen,' man sol in miden an allen dingen. Haltet

in* ein stat gemeinliche oder wizzentliche, ist si umbemurit, der richter sol si nider brechet und sol uber den wirt der in behaltet richten als uber einen achter und sol sin hus zerfûren; ist aber dú stat ungemúrit so sol si der richter brinnen, setzet sich dú stat dawider, stat und lûte sint rechtelos. Mach der richter da nicht gerichten, so sol er ez chúnden dem kúninge der sol es von des riches gewalt twingen. ||

37. Wir setzen daz des riches hof habe einen hoverichter der ein vriman si, der sol [an demselben ampte ze minnestem ein jar beliben ob er sich]* recht und wol halte; der sol auch alle tage ze gerichte sitzen, an die sunnentage und ane groze heilige tage, und sol allen lúten richten die im clagen und von allen lúten ane fúrsten und ander hohelúte swa ez get [an ir lip oder an ir recht oder an ir erbe][b] oder an ihr lehen, daz willen wir selbe richten. Swer ouch mit gerichte verderbet wirt, darumb sol nieman dechain vientschaft haben; swer aber darumbe ieman veht, der sol in desselben schulde sin und in derselben missetat als derselbe was der da verderbet ist. Unser hoferichter sol ouch nieman vertragen ern tû iz danne mit unserem sunderlichem gebott. Er sal ouch nieman ze achte tûn noch us der achte lazen, wan daz sullen wir selbe tûn und wellen ez anders nieman gestaten daz er sich damit uberlade.

38. Wir gebieten ouch, daz man alle vorgebot mit brieven tû und brieve daruber gebe wie man von gerichte scheide, umb daz daz man mit dem brieve unter des hoverichters ingesigele bereden mûge daz vorgebot und dú zil und die tage die vor gerichte genomen sint.

39. Swer den lantfride nicht enswert in eynem manete nach dem so er gechundet wirt offenlich in dem bischtum da er sitzet, swaz deme geschiht, daz sol nieman richten weder mit geistlichem noch mit wereltlichem gerichte und swaz in geschiht mit rate oder mit getate, an libe oder an gûte, daz sol nieman richten.

40. Swer ouch den lantfride swert und in darnach brichet, der sol in verzehen nachten den brúch bezzeren und wider tûn so er sin gemant wirt von dem der da richter ist; tût er des nicht, so sol er meineydich sin und sol in der erchebischolf oder der bischolf in des bischtûm er sitzet ze banne tûn und der chûninch

---

a) in *über der Zeile.*
b) *Schrift in der Falte abgesprungen, ergänzt mit Hülfe der Drucke.*

ze achte tůn und der furste oder der grave in des gerichte er sitzet ze achte tůn und sulen die banne und die achten niemer abe gelazen werden er habe dan den bruch gebůzet und gebezzeret. Swer ouch den, der von brúche des landfrides meineydich bennich oder achtlich wirt, behaltet húset oder behovet acht tage, so ez im verbotten wirt, der sol in denselben schulden sin als der ist, den er wizzentliche nach dem gebote behuset und behalten hat.

41. Es sol ouch nieman die lúte halten oder husen, die nu uberseit sint oder noch uberseit werdent die schedelich sint dem lande. Swer si aber inderthalben achte tagen darnach so si ime verbotten wúrden nicht enlieze, der sol den lantfride gebrochen haben und in die vorgenante bůze vallen, achte und ban.

42. Swer den lantfride brichet und den bruch nicht ufrichten wil und darumb von dem lantfride besezzen wirt oder die, die den lantfriden gesworn hant davon ze schaden bringet, den sol der lantfride twingen, daz er mit allen sinen vesten und mit sinem gůte, ie den man nach siner maze, sinen schaden abe lege als verre sin gůt gelangen nach.

43. Diese satzunge[1] und dise recht sol man allezit stete halten und sol man ouch darnah richten, wan si von alter her chomen sint und mit rechte und mit gůnste und mit rate der fursten gesetzet sint. Sich verbindet aber ze disem male ze disem lantfriden mit eyden nieman wan von hinnen unz sante Johannes mes des baptisten und von danne uber drú jar. Daz hant[a] die fúrsten vrien graven dienstman und gemeinliche des riches getrúwen und holden zu den heiligen gesworn, also doch, daz iederman, er si fúrste grave vrie ritter man dienstman, burge stete veste, pfaffen und leyen, bi irme rechte beliben.

44. Swaz ouch die fúrsten und die lantherren in irme lande mit der herren rate setzen und machen disem lantfride ze bezzerunge und ze vestenunge, daz mugen si wol tůn und damit brechent si des lantfrides nicht. Und ze einem rechtem urkúnde so haben wir unser chúnincliches ingesigel an diesen brief gehenket.

Dirre lantfride wart gemachet und der brief wart gegeben[b] und geschriben zů dem offenhove in dem concilio ze Wirzpurch an unser vrouwen abent der in der vasten stet, dů man zalte

---

a) hant *über der Zeile.*   b) gegebem.
1) Mon. Germ. a. a. O.: ‚Dise sazzunge dirre vride'.

von unsers herren gottes gebúrde túsent zweihundert und siben und achtzich jar.[1]

Orig. Perg., 59 cm hoch und 55 cm breit, liniirt, die Umfaltung 5 cm, mit Einschnitt für das Siegel; auf der Rückseite unten links von einer Hand 13. Jhdts: kuninc Rudolfis gesecchede; *Rückaufschrift 17. Jhdts:* keyssers Rudulphi edict krafft der sohn so gegen sein vatter ungebührlich handelet enderbt seyn solle; vom jahr 1287.

Originale der Landfriedensurkunde sind ausser in Harff nur noch erhalten in den Stadtarchiven zu Lübeck und zu Köln. Das Lübecker Exemplar liegt dem Abdrucke der Monumenta Germaniae, *Leges Bd. 2, S. 448—452 zu Grunde, auf dem Kölner Texte, dem unsere Vorlage sprachlich am nächsten steht, beruht der Druck bei* Ennen, *Quellen zur Geschichte der Stadt Köln Bd. 3, no. 280; vgl.* Böhmer, *Regesten König Rudolfs no. 910, wo auch die älteren Ausgaben aufgeführt sind;* Mittheilungen aus dem Stadtarchiv von Köln *Heft 4 no. 486.*

Ueber den Inhalt der Urkunde und über ihr Verhältniss zu den früheren und späteren Landfriedensgesetzen vgl. u. a. W. Wyneken, Die Landfrieden in Deutschland von Rudolf von Habsburg bis Heinrich VII (Göttinger Dissertation, Naumburg 1887), S. 7 ff.

1290 Januar 5. — Die Ritter Rutger von Rheidt, Hermann, Schultheiss zu Siegburg, Siegfrid von (Rhein) Cassel und Sibodo Scharl sowie Wilhelm von Troisdorf, Tilmann von Troisdorf, Lambert ehemaliger Schultheiss und Tilmann, Sohn des ehemaligen Schultheissen Tilman verbürgen sich mit 150 Mark dem Burggrafen [Heinrich] von Drachenfels zu Händen der Ritter Hungin und Lambert von Honnef für die rechtzeitige Rückkehr des auf vier Wochen aus der Haft entlassenen Kölner Bürgers Heinrich Gryn.

8 (Drachenfels 2).

.. Nos.. Rutgerus dictus de Reyde,[2] Hermanus scultetus in Syberg, Syfridus de Cassele et Sibodo dictus Scharl milites | Wil-

---

1) Der Text der Mon. Germ. fügt noch hinzu: 'und in dem virzehendem jare unsers riches'.

2) 'Rutgerus miles de Rheide frater nobilis advocati Coloniensis' besiegelt am 31. März 1288 einen Verzicht der Gebrüder von Millendonk, Lacomblet, Urkb. Bd. 2 no. 647, Anm. 3.

helmus de Drustorp, Tilmannus de Drustorp, Lambertus quondam scultetus in Siberg et Tilmannus filius Tilmanni quondam | sculteti ibidem notum facimus universis et presentibus publice confitemur, quod nos unanimiter pro Henrico dicto Gryn cive Coloniensi a.. burgravio de Dragginvels captivato[1] ad manus .. dicti .. Hungin et Lamberti de Hunfe[2] militum ex parte et nomine dicti .. burgravii promisimus et obligati sumus pro centum marcis et quinquaginta coloniensium denariorum legalium et bonorum pactis et condicionibus subnotatis, ita videlicet, quod ipse .. burgravius ipsum .. Henricum a dominica die proxima post festum epiphanie domini ad quatuor septimanas immediate extunc subsequentes induciabit et emittet a vinculis et ad oppidum Sibergense sub suo conductu et securitate adducet, et extunc nos fideiussores predicti pro dicta pecunia erimus firmiter et in solidum obligati. Si vero, quod absit, dictus Henricus termino predicto videlicet quatuor septimanarum elapso ad vincula non rediret, tunc nos fideiussores predicti moniti ab ipso burgravio sub tribus hospiciis in Siberg honestis et bonis unum vel omnia, ubi manere et honeste iacere poterimus nobis ab ipso burgravio demonstrandis intrabimus ad iacendum more bonorum fideiussorum abinde nullatenus recessuri donec eidem burgravio foret plenarie satisfactum vel cum ipsius per omnia voluntate. Est eciam hoc adiectum, quod si aliquis nostrum fideiussorum necessitate corporali seu dominorum vel aliqua alia consimili et evidente impediente et retardante ad iacendum debito termino non intraremus nec intrare possemus alium loco nostri honestum virum qui cum honore pro tali absente iacere posset, ibidem ponere deberemus tamdiu quo usque huiusmodi impedimentum declararetur et extunc dictus .. fideiussor absque contra-

---

1) Die Gefangenschaft steht wohl im Zusammenhange mit der Schlacht von Worringen, an der Burggraf Heinrich als erzbischöflicher Vasall hervorragenden Antheil genommen, s. u. a. W. Graf v. Mirbach, Beiträge z. Gesch. der Grafen von Jülich, Zeitschr. des Aachener Gesch.-Ver. Bd. 12 S. 171f., vgl. die Bürgschaft des Domdekans Wikbold für Heinrich Overstolz vom 27. Februar 1292, unten no. 10; J. Strange, Beiträge Heft 5, S. 3 gibt die Daten unrichtig an. Es mag noch darauf hingewiesen werden, dass der Burggraf bereits vor dem 8. Juni 1305 bei Guntersdorf wieder einen Zusammenstoss mit kölnischen Bürgern hatte, Quellen z. Gesch. d. St. Köln Bd. 3 no. 530.

2) Am 25. Februar 1300 nimmt Lambert von Honnef sein Eigengut bei Lind von dem Grafen von Berg zu Lehen, Lacomblet, Urkb. Bd. 2 no. 1046.

diccione qualibet reintrare in locum pristinum teneretur. Preterea
est adiectum, quod Adolfus dapifer de Monte[1] ipsum Henricum . .
Dragginvels tempore sui reditus ad vincula reducere debet; quo
facto nos fideiussores predicti erimus absoluti, et si terminum suum
contigerit prolongari, quamdiu prolongatus fuerit, tamdiu in fide-
iussione stabimus supradicta, omni dolo et fraude exclusis in hiis
penitus et amotis. .Et ut . . sepedictus burgravius certitudinem
habeat pleniorem, nos fideiussores predicti presentes litteras ipsi
burgravio dedimus sigillo Lamberti de Hunefe militis predicti ad
peticionem nostram appenso firmiter roboratas. Et ego *Lambertus*
predictus profiteor, quod ad peticionem fideiussorum dictorum sigillum
meum apposui huic scripto. Datum anno domini M°CC°.LXXX
nono in vigilia epiphanie domini.

*Orig. Perg. mit abhangendem sehr verletztem Siegel: Rechtsschräg-
balken durch Schild und Schildeshaupt, Umschrift:* S. LA. . . .
ҚVNЄFЄ. *Signatur 17. Jhdts.:* Quetancie. Drachenfeltz, Lit. A
no. 1. G., *kurze Inhaltsangabe.*

1291 Juni 24. — Erzbischof Siegfrid von Köln weist dem Burg-
grafen Heinrich von Drachenfels den Betrag von 300 Mark auf den
Zoll zu Königswinter an und verspricht, falls die Zahlung nicht er-
folgt, den Ort Unkel nebst Zubehör ihm zu verpfänden.

9 (Drachenfels 3).

Nos Sifridus dei gratia sancte Coloniensis ecclesie archiepi-
scopus sacri imperii per Ytaliam archicancellarius | notum facimus
universis presentes litteras inspecturis, quod nos tenemur et ob-
ligati sumus Henrico burgravio | de Draginvels fideli nostro karis-
simo in trecentis marcis coloniensium denariorum bonorum et
legalium duodecim solidis pro marca qualibet computatis nobis ab
eodem . . burgravio numeratis traditis et assignatis et in utilitatem
ecclesie nostre conversis. Quas quidem trecentas marcas eidem
burgravio et heredibus suis deputamus et assignamus recipiendas
in medietate thelonii apud Wintere; quod si dictum thelonium
apud Bunnam vel alibi transferri contingeret, similiter idem[a] bur-

---
a) idem idem.

1) Adolf von Stammheim, z. B. ‚Adolfus de Stamheim dapifer' 1260
Juli 6., Lacomblet Urkb. Bd. 2 no. 493.

gravius et heredes sui dictas trecentas marcas ibidem sine omni difficultate et impedimento recipient et levabunt. Actum est eciam et concordatum inter nos, quod si infra crastinum cinerum proximo futurum idem burgravius vel heredes sui dictas trecentas marcas in theoloniis predictis non receperint nec recipere possent, extunc villa nostra Unkele cum iuribus iurisdicconibus^a censibus pratis, pascuis redditibus nemoribus ac suis attinentiis universis eidem burgravio et suis heredibus remanebit et erit obligata pro trecentis marcis antedictis vel defectu earundem, receptis in sortem computatis. Volumus etiam, quod successor noster qui pro tempore fuerit ad premissorum observantiam eidem burgravio et heredibus suis sit et maneat obligatus, quem etiam ad hoc obligamus per presentes pro eo quod idem^b burgravius in necessitate^c et utilitate evidenti nostra et ecclesie nostre Coloniensis nobis mutuavit trecentas marcas antedictas. In cuius rei testimonium et robur has nostras patentes litteras ipsi burgravio dedimus nostri sigilli munimine roboratas. Datum in die nativitatis beati Johannis baptiste anno domini M°. CC° nonagesimo primo.

Orig. Perg. mit Pressel, Signatur 17. Jhdts.: A no. 2. Wolckenburgh Lit. A num. 2; *Inhaltsangabe.*

1292 Februar 27, Köln, am Judenkirchhofe. — Wikbold Dekan des Domstiftes und Archidiakon zu Köln verbürgt sich dem Burggrafen Heinrich von Drachenfels mit 100 Mark für die rechtzeitige Rückkehr des aus der Gefangenschaft beurlaubten Kölner Bürgers Heinrich Overstolz. 10 (Drachenfels 4).

Nos *Wicboldus* dei gracia maior in Colonia decanus[1] et archidyaconus recognoscimus et presentibus protestamur, quod nos |̵ Henricum dictum Overstolz civem Coloniensem apud Henricum burcgravium de Drakenvelz excredidimus pro | centum marcis coloniensium denariorum usque ad octavas penthecosten proximo futuras, ita

---

a) *iuridicionibus.* b) *Verbessert aus* quidem. c) *Ursprünglich* necessitatibus.

1) In der grossen Zeugenaussage vom 5. Juli 1290 über die Schlacht bei Worringen heisst Wikbold ‚scolasticus ecclesie Coloniensis, electus in decanum eiusdem ecclesie', am 6. September desselben Jahres erscheint er als ‚decanus', Lacomblet, Urkb. Bd. 2 no. 892 u. 895.

videlicet, quod si dictus Henricus Overstolz Drakenvelz captivitatem non reintraret in octava predicta, nos una cum domino Rutgero plebano sancti Albani Coloniensis[1] oppidum Bûnnense intrabimus ad iacendum, inde nullatenus recessuri quousque dicte centum marce eidem bûrcgravio fuerint persolute. In cuius rei testimonium sigillum nostrum presentibus est appensum. Et ego Rûtgerus plebanus sancti Albani predictus sigillo eiusdem domini mei[2] decani Coloniensis utor in hac parte. Datum et actum prope civitatem Coloniensem iuxta cimiterium Iudeorum feria quinta post dominicam invocavit anno domini M°. CC°. nonagesimo primo.

Orig. Perg. mit anhangdm. verletzt. Siegel: Prälat auf dem Faldistorium, mit Stola, in der rechten eine Palme, in der linken das Evangelienbuch, Umschrift zerstört. Rücksiegel: Brustbild des h. Petrus mit zwei Schlüsseln und Buch, Umschrift: secretum maioris decani coloniensis. Signatur 17. Jhdts.: Drachenfeltz Lit. A sub no. 1., *Inhaltsangabe.*

1295 Oktober 1. — Walram von Jülich Herr von Bergheim und seine Gemahlin Imagina machen Welter von Glessen zum Lehnsmanne und seinen Bruder Rutger zum Burgmanne von Bergheim, indem sie deren Besitzungen zu Glessen von Bede und Schatz befreien und 40 Morgen davon als Allod entgegennehmen.

11 (Herzogthum Jülich 1).

Nos Walramus de Iuliaco dominus de Bergheym et Ymagina uxor eius legitima[3] notum facimus universis publice protestantes,

---

1) Der Pfarrer Rutger von S. Alban wird am 23. November 1290 im Testamente des Heinrich von Lövenich, Stiftsherrn an S. Aposteln erwähnt; dieser bezeichnet ihn als seinen „concanonicus", Quellen z. Gesch. d. St. Köln Bd. 3 no. 344.

2) Der Ausdruck „domini mei" deutet hin auf das Patronatsrecht des Domdekans über die Pfarre S. Alban, vgl. L. Korth, Liber privilegior. maioris ecclesie Coloniensis (Westdeutsche Zeitschrift, Ergänzungsheft 3) S. 132 Anm.

3) Walram II. von Jülich Herr von Bergheim stirbt vor dem 31. Oktober 1312, vgl. Lacomblet, Urkb. Bd. 3 S. 86, Anm. 1. Seine Witwe Imagina (Meina) aus dem Hause Molenark bezieht bis zum 12. November 1325 eine Leibrente von der Stadt Köln, vgl. Mittheilungen aus dem Stadtarchiv von Köln Heft 5 ff. (Register).

quod Welterus | et Rutgerus de Glessene fratres se fidelitate et homagio nobis astrinxerunt prestito suo iuramento ut est consuetum, ita videlicet, quod Welterus supradictus | noster effectus est fidelis, Rutgerus vero noster castrensis in Bergheim[1]; pro qua fidelitate a[a] dictis fratribus nobis facta ipsos et eorum heredes infeodamus in hunc modum, quod nec nos nec nostri heredes nullam peticionem vel exactionem de duobus mansibus et quindecim iurnalibus terre arabilis quos habent in campis de Glessene, quod vulgariter hoifsgůt dicitur iustam vel iniustam exigemus[b] vel recipiemus, vecturas[c] banvin dictis bonis nullatinus inponemus. Insuper ut dicti duo mansus et quindecim iurnales dictis fratribus et eorum heredibus a nobis et a nostris heredibus liberi[d] a qualibet exactione, ut est supradictum, permaneant, dederunt eidem fratres nobis de dictis agris quadraginta iurnales terre arabilis sitos circa curtim nostram quam habemus iuxta Glessene, quos quadraginta iurnales nobis allodiaverunt, census pensiones vel si qua iura solvere debuerunt, in bona sua residua recipientes. In cuius rei testimonium presentes litteras nostras Weltero et Rutgero predictis dedimus sigillo nostro communitas. Acta sunt hec coram viris honestis Harperno domino de Hemersbag[2]. Arnoldo de Gymenich militibus[3]. Lodovico de Stummele et Reynardo dicto de Boystorp castrensibus nostris, anno domini M. CC. lxxxx. quinto in festo beati Remigii confessoris.

Orig. Perg. mit 2 Presseln, Rückaufschrift (Inhaltsangabe) 17. Jhdts.

1296 August 31. — Das Allodialgericht zwischen S. Maria und S. Lambert zu Lüttich beurkundet, dass Humbert von Herstal dem Lütticher Schöffen Gilars delle Change eine Erbrente von 23 Malter

---

a) ad.   b) exhyemus.   c) vexaturas.   d) libera.

1) Dieser Eingang der Urkunde nebst der Zeugenreihe ist ungenau abgedruckt bei Kremer, Akadem. Beiträge Bd. 3, Urk. no. 193.

2) ‚Harpernus nobilis vir de Hemersbag' ist am 29. November 1280 Zeuge beim Verkaufe des Hofes Junkersdorf, Lacomblet, Urkb. Bd. 2 no. 743.

3) Arnold von Gymnich der jüngere begegnet u. a. in dem Ehevertrage Heinrichs von Schinnen mit Guderadis von der Stessen vom 24. Dezember 1285 unter den ‚proximi' des Brautpaares, Lacomblet, Urkb. Bd. 2 no. 813.

Spelt übertragen hat, welche Johann de la Tour de Wandres von 9½ Bonnar Acker und 1 Bonnar Wiese zu Hougnies und Pont bei der halben Mühle zu Saivelette zahlt. **12 (Saive 2).**

A tous cheaus ki ces preseus letres vierunt et orunt li hommes delle chise dieu[1] salut et connoistre veriteit. Sachent tuit ke | lan de grasce M. CC. nonante et sis le nuit delle sain Gile vinrent par devant nos entre sainte Marie et sain Lambert | a Liege Humbiers de Harstailh li freres Godar de Harstailh d une part et Gilars kondist delle Change skevins de Liege d atre part; la afaitat Humbiers desur dis a Gilar delle Change devant nomeit vint e trois muis despealte par an irretavles ke Jehans delle Tur de Wandres li devoit sor nuef bonir et demi de terre erile et sor 1 bonir de preit pou plus ou pou moins et aseis pres delle moitie de molin a Sevelet ki tos est alues terre et preis et molins. Des queis 9 bonirs et demi de terre desor dis gisent dois bonirs desoir Hogneis et chinq jornas sor le preis et en Gombier vaz, dois bonir et demi et trois jornas deleis le voie de molin derir le corti sengnor Gilon de Raboseies chevalier et un bonir en dois pieches et seth jornas en Sart; et li bonirs de preit gist a Pont. Et li afaitat assi li dis Humbiers trois s(ols) de cens par an irretavles ki gisent sor 1 corti de terre a Brechues et ke Buckars li pessires tint et est alues. Apres chu ilh Humbiers devant dis li quitat et li werpit to lalu devant nomeit et i fut li dis Gilars ens empais comandeis si ke drois et lois porte et conut par devant nos Humbiers de Harsta desur dis quilh astoit bin avestis et bin airreteis si ke por lui desireteir et atrui aireteir de tot lalu devant dit et ke li dis alues n astoit de rins encombreis, et chu mist ens en nostre warde sire Jakemes de Lardir skevins de Liege ki le vesture en fist si ke maires; et to la furent avek li hommes delle chise dieu, a savoir sont si Jakemes del Cor, Gerars Pipeles, Jehans de Lardir[2] et Jehans Lureles skevins de Liege, Meris de Pawon, Evrars Pangnon delle Rameie, Gerars Dagars Divev, Hanes de Lurs, Colins Mailhars, Hanes Kekeles li fis Ralbesin Kekeler, Pirons li fis sengnor Jakemin del Cor et plusurs atres.

---

1) Ueber ‚li hommes delle chise dieu' vgl. oben no. 6 Anm. 1.
2) Der Lütticher Schöffe Jean de Lardier erscheint u. a. 1277 Mai 19 als Mitglied des Allodialhofes J. G. Schoonbroodt, Inventaire des chartes du chapitre de S. Martin à Liége (Lüttich 1871) S. 29 no. 101.

1296 September 9. — Lowis li Blons de Flemale, Schwiegersohn Humberts von Herstal, und Tonete de Fontaines willigen in die Uebertragung.

En apres lan de grasce desur dit lendemain delle nostre dame ki est ens el mois de septembre vinrent par devant nos entre sainte Marie et sain Lambert a Liege Lowis li Blons de Flemale ki at le filhe Humbier de Harsta desor dit et Toncte de Fontaines dune part et li dis Gilars delle Change datre part; la quitarent li dis Lowis et Tonete a dit Gilar delle Change de quant quilh peorent avoir ne demandeir por eaus ne por autrui a 23 muis despealte devant dis et chu mist ens en nostre warde Baduins de Liwon si ke maires et furent la avek li hommes delle chise dieu a savoir sont: Gerars Rostis et Goffines se freres, Jehans del Cor, Hanes, Lambete, Bedechens et Gilons enfant a Baduin de Liwon desor dit, Ameles li fis, Gerar Nadelet, Gerars de Skendremale et plusurs atres. Et por chu ke chu soit ferme choise et estable nos li .. hommes delle chise dieu desor dis ki fumes et a l une vesture et a l atre avons fait saeleir ces presens letres del saial nostre sengnor Thiri archiprestre de Liege dont nos usons en temengnage de veriteit. Les dates sont desur dites.[1]

Orig. Perg., das verletzte Siegel zeigt die Gestalt eines Geistlichen mit Buch, kreisrundes Rücksiegel: Taube mit Oelzweig, Umschrift: Ave Maria gra. plena; *rechts auf dem Bug:* magr. A. Pilos.[2]

[c. 1297.] — Hermann von Argendorf Burgmann zu Neuerburg leistet vor den Edeln Hermann von Rennenberg und Johann Airsceit Ritter von Neuerburg Verzicht auf das Erbe, das sein Schwestermann Dietrich von Limperich dem Burggrafen Heinrich von Drachenfels verkauft hat. 13 (Drachenfels 5).

Noverint singuli ac universi quibus presens scriptum contigerit intueri, | quod ego Hermannus de Argendorp urbanus in

---

1) Vgl. E. Poncelet, La seigneurie de Saive S. 19.
2) Es ist der Notar Alardus Pilas, der auch die Urkunde vom 17. Januar 1283, oben no. 6, ausgefertigt hat.

Novo Castro[1] coram hon*orabilibus* | viris videlicet Hermanno nobili de Rennenberg et Johanne nobili dicto Airsceit milite de Novo Castro[2] super hereditate quam Theodericus sororius meus de Limberg vendidit Henrico burgravio de Monte Draconis pro me et meis heredibus pure et integre abvestucavi, dolo et fraude penitus exclusis. Acta sunt hec coram viris honorabilibus predictis, cum propter pericula corporum et rerum mearum .. burgravio predicto personaliter non valeo comparere. Et ut talis vendicio a posteris maneat inconvulsa, presentem litteram sigillis honorabilium virorum videlicet domini Hermanni militis nobilis de Rennenberg et Johannis nobilis de Arsceit predicti castri confero subfulcitam[a].

Orig. Perg. mit 2 verletzten abhangenden Siegeln, beide dreieckig, 1: Sparren auf schräg gegittertem Grunde, Umschrift: ..... m· nobil' viri . rnoldi (!) de Re .... 2: Querbalken, Umschrift: Sigillum Johannis de Ars..... tis. Signatur 17. Jahrhunderts: Drachenfelz Lit. A n. 1.

Die Schriftzüge der Urkunde weisen auf den Ausgang des 13. Jahrhunderts hin. Hermann von Rennenberg begegnet von 1292 ab; das fremde Siegel, das er gebraucht, ohne dass dies im Texte hervorgehoben ist, gehört möglicherweise seinem 1292 bereits verstorbenen Vater Arnold an, vgl. Görz, Mittelrheinische Regesten Bd. 4 no. 1973; 2285; 2477. Einen weiteren Hinweis auf die Ausstellungszeit gewährt eine Rückaufschrift 17. Jahrhunderts: „Anno 1297 ut patet ex litteris abbatissae in Meschede". *In der That überträgt im Jahre 1297* ‚Theodericus filius Hermanni militis quondam advocati in Limperg' *mit Genehmigung der Äbtissin Agnes von Meschede dem Burggrafen Heinrich von Drachenfels seine Ansprüche und Rechte auf den Hof zu Limperich, J. Strange,*

---

a) subsulcitam.

1) Die Neuerburg an der Wied war durch die Gräfin Mathilde von Sayn als reichsunmittelbarer Besitz im Jahre 1250 von der Uebertragung an die kölnische Kirche ausgenommen worden, befand sich aber später doch unter der Hoheit des Erzbischofs und am 28. Mai 1297 leistete Graf Wilhelm von Neuenahr dem Kölner Stuhle den Lehnseid, vgl. Mittelrheinisches Urkb. Bd. 3 no. 1051; A. Görz, Mittelrheinische Regesten Bd. 4 no. 2642; Hermes, Die Neuerburg an der Wied (Neuwied 1879). Hermann von Argendorf wird der durch den Grafen von Neuenahr bestellte Burgmann sein.

2) Ein Johann Airsceit erscheint als Ritter von der Neuerburg bereits 1239, Görz, Mittelrheinische Regesten Bd. 4, no. 114.

Beiträge zur Genealogie der adligen Geschlechter Heft 9, S. 52 f.; eine Lehnserneuerung vom 4. März 1343 s. unten no. 37 (Drachenfels no. 15). Das Königliche Staatsarchiv zu Münster enthält, wie Herr Archivrath Dr. L. Keller mich gütigst wissen lässt, keine älteren Nachrichten über die Güter des Stiftes Meschede zu Limperich; erst dem Jahre 1412 entstammen Urkunden, nach denen die Kanoniker Besitzungen daselbst der Abtei Siegburg verkaufen und ‚advocatus curtis in Lymburgh' *ist damals Burggraf Godart von Drachenfels; vgl. auch Annalen des Hist. Ver. f. d. Niederrhein Heft 54, S. 17 Anm. 3.*

1300 September 11. — Der Edle Hermann von Molenark und seine Frau Megtildis bescheinigen dem Burggrafen Heinrich von Drachenfels den Empfang einer Abschlagszahlung von 50 Mk. nebst Schadenersatz auf die am 1. Oktober fällig werdenden 100 Mk. indem sie zugleich seine Bürgen freisprechen.   **14** (Drachenfels 6).

Universis presencia visuris et audituris nos Hermannus nobilis de Molenarken | et Megtildis uxor nostra cupimus esse notum, quod dominus Henricus burgravius castri in Drag|genevels persolvit nobis quinquaginta marcas denariorum cum omni dampno quod supervenit de centum marcis denariorum quos nobis persolvere tenebatur in festo beati Remigii proximo nunc futuro et clamamus omnes fideiussores quos predictus Henricus burgravius nobis posuit et constituit pro predictis quinquaginta marcis denariorum et pro dampno quod supervenit liberos et solutos. In cuius rei testimonium sigillum nostrum presentibus duximus apponendum. Datum anno domini M. trecentesimo dominica[a] proxima post nativitatem beate Marie virginis.

Orig. Perg. mit abhgdm. Siegel: zwei geschachte Querbalken, darüber ein Turnierkragen. Rückaufschrift 16. Jhdts.: Quitant. *Signatur 17. Jhdts.:* Drachenfeltz Lit. A no. 1.

1301 November 4. — Otto, erwählter und bestätigter Bischof von Münster transsumirt die Urkunde des Erzbischof Arnold I. von Köln vom Jahre 1144 über den gemeinschaftlichen Besitz des S. Marien-

---

a) *Vorher durchstrichen* sabbato.

stiftes zu Münster und des Klosters S. Kosmas und Damian zu Liesborn an dem Hofe zu Würm (oben no. 1).

15 (Leiffarth 3).

Otto dei gracia Monasteriensis .. episcopus electus et confirmatus uuiversis ad quos presentes littere pervenerint salutem in domino sempiternam. Noveritis nos litteras reverendi | patris et domini sancte Coloniensis ecclesie .. archiepiscopi vero ipsius sigillo sigillatas vidisse, audivisse et (de) verbo ad verbum legisse, formam que sequitur continentes:
Folgt no. 1.
In cuis rei testimonium sigillum nostrum presentibus est appensum. Datum anno domini M. CCC. primo sabbato proximo post festum omnium sanctorum.

Orig. Perg. mit Pressel; *Rückaufschrift 15. Jahrhunderts*: ‚Dyt is eyn breff up den hoff to Worme'; etwas später: ‚De eo quod Otto episcopus Monasteriensis vidit litteras Arnoldi episcopi Coloniensis B.'; *Aufschrift 18. Jhdts.*

1301 November 4. — Lubertus von Langen Dekan und Gerhard von Münster Kantor des Domstiftes zu Münster transsumiren die Urkunde Gerhards von Randerath vom Jahre 1244 (oben no. 2).

16 (Leiffarth 4).

Lubertus de Langhene dei gracia .. decanus maioris ecclesie Monasteriensis et Gerhardus de Monasterio .. cantor ibidem universis ad quos presentes littere pervenerint salutem in | domino sempiternam. Noveritis nos litteras nobilis viri .. Gerhardi domini de Randenrode veris ipsius ac domini de Heimesberge sigillis sigillatas vidisse, audivisse et de verbo ad verbum legisse, formam que sequitur continentes:
Folgt no. 2.
In cuius rei testimonium sigilla nostra presentibus sunt appensa. Datum anno domini M. CCC. primo sabbato proximo post festum omnium sanctorum.

Orig. Perg., zwei Pressel, die Siegel ab; *Rückaufschriften 15. Jhdts.*: ‚7 De eo quod Ludbertus de Langen decanus vidit litteras Gerhardi'; ‚d. Der van Leysboren vidimus'; *Inhaltsangaben 18. Jhdts.*

1303 Mai 1. — Philipp Abt von Rommersdorf und Heinrich Burggraf von Drachenfels tauschen mit einander Wiesen, Waldungen und einen Weinberg im Banne von Königswinter.

17 (Drachenfels 7)

Universis presentes litteras visuris et audituris nos .. Philippus dei paciencia .. abbas totusque conventus ecclesie beate Marie virginis | iu Rûmersdorph ordinis Premonstratensis Treverensis dyocesis pro nobis et nostra ecclesia ex una parte, et nos Henricus burggravius de Drag|ginvels et Katarina coniuges pro nobis et nostris heredibus ex parte altera cupimus esse notum presentibus pûblice protestantes, quod considerata utilitate nostra ex utraque parte, nos abbas et conventus predicti tradidimus et tradimus iu hiis scriptis ex causa perpetui concambii sive permutacionis burggravio et Katarine coniugibus predictis permutantibus et recipientibus pro se et suis heredibus tria prata nostra sita infra terminos ville de Winteren[1], quorum primum dicitur An der Hevenkulin, secundum Under Bucharts Bûrne, tercium vero quod est medium inter prata predicta, et partem nemoris nostri que vocatur An der Hevenkulin cum omni iure ad eadem prata et predictum nemus modo aliquo pertinente seu nobis competente ex eisdem. Et nos Heynricus burggravius et Katarina coniuges predicti ex eadem causa perpetui concambii seu permutacionis tradidimus et tradimus per presentes pro nobis et nostris heredibus quibuscunque vineam nostram que dicitur Hunderbûsin sitam infra terminos ville de Winterin prefate cum omni iure et actione, usu et requisicione ipsius seu nobis eius occasione seu nomine quomodolibet competente, et nemus nostrum quod est Anstark in Broyg nomine et racione perpetui concambii sive permutacionis cum omni iure suo tradidimus et tradimus in hiis scriptis ecclesie supradicte, accedente ad supra premissa omnia et singula filiorum nostrorum Gobilini videlicet et Rûtgeri expresso consensu et libera voluntate. Cuius vinee et nemoris .. nos Heinricus burggravius et Katarina coniuges antedicti .. dictis abbati et conventui, .. nos abbas et conventus memorati dictorum pratorum nostrorum et nemoris nostri accipiendi et deinceps retinendi possessionem corporalem hinc inde ad invicem dedimus et damus per presentes plenariam potestatem, renun-

---

1) Vgl. J. Wegeler, Die Praemonstratenser-Abtei Rommersdorf (Koblenz 1882), S. 31.

ciantes hinc inde omni excepcioni iuris et facti que nobis vel alteri nostrum posset aliquatenus suffragari. Quod perpetuum concambium sive permutacionem et omnia suprascripta promittimus bona fide una pars alteri inviolabiliter imperpetuum observare et non contra facere vel venire per nos vel per alios modo aliquo, ingenio sive causa. In cuius rei testimonium sigilla nostra .. abbatis videlicet et conventus nec non et burggravii presentibus sunt appensa. Datum anno domini M. CCC. tercio in die beatorum Philippi et Jacobi apostolorum, presentibus .. scabinis de Winterin videlicet .. Costantino dicto Dervot, Henrico filio advocati, Arnůldo filio Embriconis, Hedenrico piscatore, Thelmanno dicto Wise et aliis quam pluribus fide dignis.

Orig. Perg. mit 2 Presseln und 2 Siegeleinschnitten; Signatur 17. Jhdts.: Wolckenburgh Lit. A num. 3.

1303 November 18. — Wilhelm Graf von Berg sühnt sich mit dem Knappen Arnold von Wissersheim, welcher seinen Diener den Lombarden Bertram aus Siegburg gefangen gesetzt hatte, sowie mit den Rittern Burggraf Heinrich von Drachenfels und Lambert von Honnef, indem er sich zugleich zur Wiederverleihung der entzogenen Lehen bereit erklärt.   18 (Drachenfels 8).

Universis bas presentes litteras visuris et audituris nos .. Wilhelmus comes de Monte notum facimus profitendo | quod nos cum Arnoldo de Wyssirsheym armigero qui Bertrammum Lombardum famulum nostrum de Syberg[1] cum quibus|dam suis in hac parte complicibus captivavit et pro tempore captivatum detinuit, necnon cum Henrico de Draggenvels burgravio et Lamberto de Hunephe militibus super omnibus controversiis inimiciciis et rancore occasione dicte captivitatis inter nos ex una parte et ipsos ex altera quibuscumque modis subortis sumus amicabiliter concordati, ita quod nos ex nunc in antea dictis controversiis inimiciciis et rancori occasione captivitatis predicte tam factis quam verbis hactenus exortis renunciamus et effestucamus pure simpliciter et de

---

[1] Ein gleichfalls in Siegburg ansässiger Lombarde Richard, Bürger von Este quittirt am 25. Mai 1308 über die Rückzahlung einer Anleihe von 3000 Mark, die Graf Wilhelm († April 1308) bei ihm aufgenommen hatte, Lacomblet, Urkb. Bd. 3 no. 61; s. auch unten no. 30.

plano nec contra predictos aut eorum aliquem occasione premissa suscitabimus denuo questionem, consencientes et promittentes, ut si ipsorum aliqui feoda sua a nobis prius habita rehabere voluerint et tenere, ipsa rehabeant sicut prius[1], et iure homagii nobis maneant obligati, omni dolo et fraude in hiis penitus exstirpatis. In quorum omnium robur et testimonium presens scriptum eisdem sigilli nostri munimine dedimus roboratum.   Anno domini M. trecentesimo tercio in octava beati Martini hyemalis.

Orig. Perg. mit Pressel; Signatur 17. Jhdts.: Drachenfeltz Lit. A no. 1.

1305 April 10. — Ludolf von Dyck Domherr zu Köln bekennt, seinem Freunde, dem Burggrafen Ritter Heinrich von Drachenfels 100 Mk. zu schulden und stellt für die Rückzahlung auf S. Martin den Bonner Schultheiss Johann von Virneburg als Bürgen.

19 (Drachenfels 9).

Notum sit omnibus, quod ego Ludolphus de Dycka canonicus Coloniensis teneor et | obligatus sum honesto viro domino Henrico borgravio de Draggenvels militi | amico meo speciali[a] in centum marcis coloniensis pagamenti grosso[b] thuronensi pro octo denariis computato persolvendis eidem in festo beati Martini hyemalis michi ex speciali[a] favore mutuatis et creditis ab eodem[2]. Et ut magis cautum inde existat dedi et statui eidem Iohannem de Virnenborg . . scultetum Bunnensem consanguineum meum principalem debitorem et fideiussorem pro me, si aliquis defectus esset in me, quod deus avertat, quod dictus Johannes monitus a dicto borgravio vel eius certo nuncio opidum Bunne intrabit hospicium honestum sibi a dicto borgravio demonstrandum ad iacendum more bonorum fideiussorum; et cum per duos menses continue iacuerit, amplius

---

a) *Abbreviatur* spali.   b) *Vorher* colon *durchstrichen*.

1) Burggraf Heinrich von Drachenfels trug von dem Grafen Wilhelm von Berg seit dem 25. Februar 1300 den Hof Bayert (Beyenrode) in der Pfarrei Winterscheid, Lambert von Honnef seit demselben Tage eine Hufe bei Lind zu Lehen, Lacomblet Urkb. Bd. 2 no. 1045, 1046.

2) Kurz vorher, am 25. Februar 1305, hatte Ludolf dem Domkapitel seine Besitzungen zu Hemmerden um 610 Mark verkauft, Korth, Liber privilegior. maior. eccl. Colon. no. 321.

non iacebit, sed extunc ipse Iohannes ipsi borgravio satisfaciet et dictas centum marcas ad voluntatem suam conquiret, et si aliquis defectus esset[a] in Iohanne predicto, extunc ex habundanti ipse borgravius sine offensa mea potest capere pignôra mea sive sit in equis sive aliis quibuscunque. In cuius rei testimonium sigillum meum cum sigillo mei Iohannis me ad premissa obligantis premissis sunt appensa. Datum vigilia palmarum anno domini M.CCC quarto.

Orig. Perg. mit Bruchstücken von 2 abhgdn. Siegeln: 1. Schild mit 3 Wecken (2:1) . . udolfi de Dick.; 2. *3 Andreaskreuze (2:1)* Si . . . culteti d . . . . e. *Signatur 17. Jhdts.:* Drachenfeltz Lit. A no. 1.

1308 Januar 4. — Johann (I.) Herr von Kuik verspricht, Rudolf von Reifferscheid schadlos zu halten, falls ihm der Graf von Jülich oder andere genannte Edele ihre Bürgschaft verweigern sollten.

20.

Universis presentes litteras visuris et audituris nos Iohannes dominus de Kûyc[1] notum facimus, si aliquis | de subscriptis scilicet domino Gerardo comite Iuliacensi, Iohanne domino de Rifferscheit, Craftone | de Griffensteyn, Gerardo burgravio de Odenkirgen, Iohanne filio . . domini de Rifferscheit predicti, Iohanne de Morse, Conrado Hoickinc, Hermanno de Levendale et Rabodone de Eymelhûsen pro nobis noluerit fideiubere ex parte Rodolfi de Rifferscheit secundum quod in litteris suis quas super hoc dedit continetur et ipse Rodolfus cum suis fideiussoribus manserit obligatus, qualecunque dampnum ipse Rodolfus et sui . . fideiussores sustinuerint, de hoc ipsos relevare et indempnes conservare promittimus bona fide per presentes quibus sigillum nostrum est appensum in testimonium super eo. Datum anno domini millesimo ccc^{mo} septimo feria quinta proxima post festum circumcisionis domini.

Orig. Perg. mit abhgdm. Siegel: Reiter nach links mit Wappenschild, Umschrift: S. Iohannis . . . *Rücksiegel mit Wappenschild:*

---

a) defectus esset *auf Rasur*.

1) Johann I. von Kuik starb am 13. Juli 1308, vgl. J. Wap, Geschiedenis van het land en der heeren van Cuyk (Utrecht 1858), S. 123.

2 *Querbalken, der obere mit 3, der zweite mit 2 Vögeln besetzt, im Schildesfuss 3 Vögel, 2:1, Umschrift:* Secretum domini de Kuc. *Rückaufschrift 14. Jhdts.:* Kuyc.

1319 Oktober 23, Godesberg. — Erzbischof Heinrich II. von Köln ersucht den Burggrafen Rutger von Drachenfels, einen ihm zugehenden Brief zu besiegeln und dessen Inhalt dem Herrn [Rainald] von Valkenburg zu verbürgen, indem er ihn zugleich für den Nothfall seines Beistandes versichert[1].   21 (Drachenfels 10).

Henricus dei gracia sancte Coloniensis ecclesie archiepiscopus sacri imperii per Italiam archicancellarius | Rûtgero burgravio de Drachenvels fideli suo dilecto salutem et omne bonum. | Sicut alias sic et nunc te seriose rogamus, quatenus litteram quam .. lator presencium tibi assignaverit sigilles et .. domino de Valkenburg promittas contenta in eadem. Nos promittimus tibi, quod in eisdem tibi, si necesse fuerit, fideliter assistemus. Datum Gudensberg anno domini M· CCC^{mo}. decimo nono in die beati Severini.

Orig. Perg. mit Bruchstück des abhängenden Sekrets: Brustbild des Erzbischofs mit dem Virneburger Schilde; Rückaufschrift 15. Jhdts.: Eyn bedebreiff., *Signatur 17. Jhdts.:* Drachenfels n. 2.

1321 Mai 13. — Heinrich von Bell, Dekan des S. Apostelstiftes, Heinrich Grin, Schöffe, und Bruno vom Spiegel, Stiftsherr von S. Kunibert zu Köln, entscheiden zwischen dem Kloster S. Maria Magdalena einerseits, dem Knappen Hermann von Merkenich andererseits über Güter zu Merkenich.   22.

Universis presentes litteras visuris et audituris Henricus de Bella dei gracia decanus ecclesie sanctorum Apostolorum Coloniensis et Henricus dictus Grin scabinus | et civis Coloniensis ac Bruno

---

1) Das Schreiben bezieht sich wohl auf die vor der Wahl Friedrichs von Oesterreich zwischen Reinald und dem Erzbischofe getroffenen Abmachungen wegen des Ueberganges der Aachener Propstei vom Bruder des Valkenburgers auf den Neffen des Erzbischofs, den Trierer Archidiakon Gerhard, vgl. die Verträge von 1314 Juli 3 und September 24, Lacomblet, Urkb. Bd. 3 no. 135 und 137.

de Speculo canonicus ecclesie sancti Kuniberti Coloniensis salutem et cognoscere veritatem. Noveritis quod existente questione | inter religiosas dominas . . priorissam et . . conventum monasterii beate Marie Magdalene Coloniensis ex parte una et Hermannum de Mirkenicg armigerum civem Coloniensem ex altera super quibusdam bonis sitis apud Mirkenicg et censu eorundem[1], dicte partes hinc et inde mediantibus nobis ita concordaverunt et convencionem fecerunt bona fide, stipulacione sollempni et legitima interveniente, quod predicte . . priorissa et . . conventus dabunt predicto Hermanno nomine iusti precii pro bonis et censu predicto octuaginta[a] marcas denariorum Colonie currencium, talibus condicionibus, quod de dictis octuaginta marcis solvent et dabunt dicto Hermanno in parato quadraginta marcas dicti pagamenti et residuas quadraginta marcas retinebunt [tamdiu][b] donec dictus [Herm]annus[b] det et assignet eisdem . . priorisse et . . conventui litteram patentem domini de Alpeym sigillatam sigillo eiu[sdem conti]nentem[b], quod ipse [dominus][b] de Alpeym predicta bona libera et quita faciet et dictum Hermannum ab[solv]et[b] ab omni onere feodi et vassallatus in quibus dicta bona erant ipsi domino de Alpeym astricta et dictus Hermannus racione ipsorum bonorum tamquam vassallus fuit obligatus[2]. Postquam vero ipse Hermannus eandem litteram super liberacione dictorum bonorum dictis . . priorisse et . . conventui, ut predictum est, dederit, tunc ipse . . priorissa et . . conventus de residuis quadraginta marcis predictis prefato Hermanno sine protractione satisfacere tenebuntur. Adiectum est eciam premissis, quod si dictus Hermannus predictam litteram non dederit, ut est predictum, nichilominus ipse Hermannus predictas quadraginta marcas residuas petere non poterit nec aliquis . . heredum suorum eas requirere debebit, nisi predicta littera liberacionis bonorum predictorum sit assignata . . dominabus predictis. Et

---

a) octovaginta.   b) *Löcher im Pergament.*

1) In Merkenich besass das Kloster der Weissen Frauen (S. Maria Magdalena) einen Hof, welchen schon am 16. Juli 1241 Graf Heinrich von Sayn, am 11. Oktober 1255 Dietrich, der älteste Sohn von Kleve, von allen Lasten und Diensten befreit hatten, Lacomblet, Urkb. Bd. 2 no. 256 und Anm. 2; andere Güter hatte dort seit 1285 das Stift S. Kunibert, a. a. O. u. 182.

2) Hermann von Merkenich zählt zu den 27 Vasallen, deren Lehnsdienste der Edelherr Heinrich von Alpen am 17. Februar 1334 mit Genehmigung des Erzbischofs der Propstei von S. Andreas verkauft, Lacomblet, Urkb. Bd. 3 no. 277.

quicquid factum est de supraportacione honorum predictorum et renunciacione census bonorum eorundem per dictum Hermannum et eius uxorem ac liberos ipsorum in iudicio de Mirkenicg hoc ratum et firmum manebit perpetuis temporibus in futurum. Et quia nos .. decanus et Henricus scabinus ac Bruno canonicus predicti premissis condicionibus interfuimus vocati et rogati a partibus prenotatis, sigilla nostra ad preces parcium predictarum hinc et inde presentibus litteris duximus apponenda in testimonium premissorum. Datum et actum anno domini M.^{mo} CCC^{mo}. vicesimo primo ipso die beati Servacii confessoris.

Orig. Perg., 1 Siegeleinschnitt, 2 Pressel; Rückaufschriften 15. Jhdts.: ‚Van Myrkenich' ‚Al doet ind verleghen'.

1322 März 28. — Johann von Soeven und Gottschalk von Wiehl (Schöffen zu Siegburg) beurkunden, dass Ritter Rutger Burggraf von Drachenfels dem Arnold de Aquila für ein Darlehen von 130 Mark Wein zu liefern versprochen und dafür genannte Bürgen mit der Verpflichtung zum Einlager in Siegburg gestellt hat.

23 (Drachenfels II).

Nos Iohannes de Soyven et Goscalcus de Wele presentibus publice profitemur, quod .. dominus Rûtgerus bûrgravius de|Draggivelz miles coram nobis constitutus nobisque ad hoc vocatis in testimonium et rogatis recognovit se teneri et obligatum esse | ex causa mutui probo viro Arnûldo dicto de Aquila et eius heredibus in centum marcis et triginta marcis pagamenti, tribus hallensibus pro duobus denariis computatis, in festo omnium sanctorum nunc proximo futuro cum meliori cremento suorum vinorum secundum estimacionem duorum discretorum virorum Adulphi de Mendin militis et Iohannis de Merheim armigeri persolvendis, constituens eisdem ad maiorem securitatem premissorum fideiussores honestos viros infra scriptos, utpote predictum Adulfum de Menden, Wilhellimum de Drûstorp milites, prefatùm Iohannem de Merheym, Adulphum dictum de Monte, Lambertum de Mondorp atque Constantinum de Siberg armigeros; qui se simul et in solidum erga dictum Arnûldum et eius heredes fideiussorie obligantes fide prestita corporali promiserunt pro dicto domino Rûtgero milite in hunc modum, quando moniti fuerint a dicto Arnûldo vel eius heredibus seu eius certo nuncio necnon exhibitore presencium propter aliquem defectum solucionis dicte pecunie, extunc simul unum honestum hospicium Siberg (intrabunt) more ac iure bonorum fideiussorum iacendo ad comestus[a] vel quivis eorum ponet unum famulum bone nacionis cum equo uno pro se iacendo ibidem ad comestus[a] in omni forma superius[b] expressa, inde non exituri nec aliquis eorum partem suam solvendo seu exhibendo liberabitur donec nominato Arnuldo seu eius heredibus de prefatis denariis, ut est premissum, fuerit plenarie satisfactum; et si aliquis dictorum fideiussorum ante solucionem dicte pecunie decesserit, quod absit, extunc dictus Rûtgerus miles infra quindenam alium fideiussorem subrogabit eque bonum, alioquin alii fideiussores superstites moniti ad iacendum intrabunt Siberg[c] quousque talis fuerit substitutus, omni dolo et fraude penitus exclusis in premissis. In cuius rei testimonium atque fidem nos dicti scabini,[d] sigilla nostra presentibus duximus apponenda. Et ego dictus Rûtgerus miles fateor sigillum meum ad observanciam omnium premissorum huic scripto appendisse. Sub quibus sigillis nos dicti fideiussores ad observanciam huiusmodi fideiussionis, ut premittitur, in solidum obligantes, recognoscimus omnia et singula premissa esse vera et ea sine dolo penitus adimplere. Datum .. anno .. domini millesimo trecentesimo vicesimo secundo dominica qua cantatur iudica me domine.

Orig. Perg. mit 2 anhgdn. wenig verletzten S., 1 Pressel: 1. Drache, Umschrift: S. Rutgeri burgravii de Drackivelz; *2. zwei Rechtsschrägbalken, Umschrift* S. Goscalci d ... le scabi. Syb'gen. *Sign. 17. Jh.:* Drachenfeltz Lit. A no. 3.

1325 Januar 13. — Konstantin Moyrhart und seine Frau Cristina Bürger zu Köln verpflichten sich, der Nonne Petrissa im Kloster der Weissen Frauen daselbst zum Entgelt für deren Verzicht auf ihr elterliches Erbe eine jährliche Rente von 4 Mark zu zahlen. **24.**

Universis presentes litteras visuris et audituris .. Costantinus dictus Moyrhart et Cristina eius uxor legitima .. cives Colonienses ex | parte una et .. Petrissa filia quondam Gerardi dicti Keyselinch monialis monasterii sancte Marie Magdalene Albarum Dominarum | in Colonia ex parte altera cognoscere veritatem. Noveritis quod mediantibus amicis nostris communibus inter nos

---

a) commestus.   b) suplus.   c) Sibergig.   d) scabinni.

ordinatum est, concordatum et conventum, quod ego Petrissa monialis predicta resignavi et resigno, supraportavi et supraporto testimonio presencium litterarum omnem hereditatem pro parte mea michi competentem de bonis a parentibus meis relictis tam intra civitatem Coloniensem quam extra ubicunque locorum ipsa pars hereditatis mee sita est, ita quod dictus Costantinus et Cristina eius uxor, mea cognata, eandem partem meam eiusdem hereditatis habeant teneant et possideant pacifice et quiete et de eadem parte mea ipsius hereditatis suam faciant omnimodam voluntatem, quodque ipsi coniuges propter hoc michi Petrisse predicte solvant singulis annis in festo pasche vel infra quatuor septimanas immediate sequentes sine capcione quamdiu vixero et in quocunque statu fuero, nomine annui census quatuor marcas denariorum Colonie pro tempore usualium integraliter et complete sine aliqua diminucione vel divisione; quod si non fecerint, ipsa pars hereditatis mee ad me libere revertetur. Et nos Costantinus et Cristina coniuges predicti profitemur et recognoscimus 'et ad hoc nos obligamus per presentes, quod, quia a predicta .. Petrissa recepimus et recipimus partem suam .. hereditatis sue predicte tam intra civitatem Coloniensem quam extra, ut est dictum, sub condicionibus et pactis predictis, solvemus eidem Petrisse quamdiu vixerit et in quocunque statu fuerit ex nunc in antea singulis annis in festo pasche vel infra quatuor septimanas ipsum festum immediate sequentes sine capcione nomine annui census quatuor marcas denariorum .. Colonie pro tempore usualium sine aliqua protractione[a] vel divisione, tali pena adiecta, quod si in huiusmodi solucione negligentes fuerimus vel remissi, ipsa pars .. hereditatis dicte .. Petrisse ad eandem libere revertetur nostra contradictione non obstante. In cuius rei testimonium presens instrumentum super premissis confectum nos coniuges predicti predicte .. Petrisse sigillo mei .. Costantini predicti nec non .. sigillo religiosi viri .. commendatoris domus sancte .. Katarine in Colonia ordinis beate Marie .. Theutonicorum[1] ac sigillo .. discreti viri domini .. Tilmanni .. plebani .. ecclesie in Rodenkirghen Coloniensis dyocesis dedimus communitum. Et nos frater Iohannes .. commendator domus sancte Katerine Coloniensis predicte ac .. Tilmannus .. plebanus in Rodenkirghen predicti ad preces parcium predic-

---
a) protraxione.

1) Deutschordenskomtur zu Köln war damals wohl noch Dietrich von Mündelheim, vgl. Ennen, Quellen z. Gesch. d. St. Köln Bd. 4 no. 110.

tarum . . sigilla nostra duximus presentibus apponenda in testimonium premissorum. Acta sunt premissa presentibus . . commendatore et . . plebano in Rodenkirghen predictis ac domino Iohanne de Ketwich sacerdote, fratre Jacobo dicto de Schoynecghe ordinis beate Marie Theutonicorum domus Coloniensis predicte necnon . . Winando de Zurde . . Reynardo dicto de Hayne . . Henrico dicto Schavart . . Reynoldo dicto de Zuyrde . . Woltero dicto de Velde . . Iohanne dicto de . . Hospitale. Iohanne dicto de Ortu . . Lodewico Braxatore et . . Henrico dicto de Are testibus ad premissa vocatis et rogatis. Data est autem hec littera anno domini millesimo trecentesimo vicesimo quinto in octava epiphanie eiusdem.

Orig. Perg. mit 3 Presseln; Rückaufschriften 15. Jhdts.: ‚Al doct', ‚vacat', ‚nichil ad conventum'.

1325 Januar 18. — Gyo Hagen entlässt vor dem Schöffengerichte zu Dinslaken mit Einwilligung seiner Angehörigen seinen Sohn Winand aus der Knechtschaft. **25.**

In nomine domini amen. Universis Christi fidelibus tam presentibus quam futuris presens | scriptum visuris et audituris ego Gyo dictus Hagen notum esse cupio quod cum consensu et | voluntate Renswindis uxoris mee, Elyzabeth filie mee et Theoderici dicti Morem generi mei Wynandum filium meum conservatorem presentium qui michi conditione servili et pleno iugo servitutis attinebat vel astrictus fuit, manumisi et in presentibus manumitto de ipsa servitute, ita quod ex nunc se tradere vel conferre poterit quocunque voluerit, dummodo in servitutem vel proprietatem se non conferat sive tradat. Acta sunt hec Dinslaken presentibus hiis videlicet Henrico de Nova Domo et Henrico dicto Prastinc scabinis ibidem, presentibus eciam Bernardo . . . la[a], Anthonio de Holthe et Bernardo de Holthusen et aliis pluribus fidedignis. In cuius rei testimonium ego Gyo predictus sigillum meum duxi presentibus appendendum. Nos . . etiam scabini iamdicti ad preces ipsius Gyonis ceterorumque predictorum quorum interest sigillum nostrum commune scabinorum similiter presentibus appendendum duximus ad maiorem evidentiam premissorum. Datum anno domini m. ccc. xxv. die beate Prisce virginis.

---

a) *Loch im Pergament.*

Orig. Perg. durch Chemikalien lesbar gemacht, mit 1 Pressel und 1 wohlerhaltenem Siegel: zehnblätterige Rose, Umschrift: S. scabinorum de Dinslac.

1325 Oktober 31. — Die Kölner Bürgerin Druda von Geldern bescheinigt, von dem Ritter Rutger Burggrafen zu Drachenfels zwei Fuder Wein aus der Pacht zu (Königs)Winter abschläglich erhalten zu haben.   26 (Drachenfels 12).

Universis presentes litteras visuris et audituris ego Druda de Gelria in Drancgassen civis Coloniensis[1] notum | facio tenore presencium protestans, quod dominum Rutgerum burgravium de Drachgenvels militem de duabus carratis | vini que michi ad presens in pensione sua in Wintere date sunt et assignate quitum et solutum dimisi et dimitto ac proclamo defalcando in denariis in quibus michi tenetur per presentes quibus sigillum meum est appensum in testimonium super eo. Datum in vigilia omnium sanctorum anno domini millesimo trecentesimo vicesimo quinto.

Orig. Perg., mit abhgdr. Pressel; Signatur 17. Jhdts.: Drachenfeltz Lit. A. num. 3.

1329 Juni 29. — Der Trierer Bürger Ernst Pittipas beurkundet, dass ihm Wilhelm von Orley 150 Pfund Heller zurückgezahlt habe.
   27 (Orley 1).

Universis presentes litteras inspecturis ego Ernestus dictus Pittipas civis Trevirensis[2] notum facio, | quod de debitis in quibus dominus Wilhelmus dictus de Urley[3] michi tenetur, sicut in litteris

---

[1] Druda von Geldern, auch Druda von der Trankgasse genannt, Witwe des Wilhelm Scbunde, erscheint von 1308 bis 1325 vielfach in Geschäftsverbindungen mit Rainald I. Herrn von Montjoie und Valkenburg, vgl. Mittheilgn. a. d. Stadtarchiv v. Köln, Heft 5 no. 725, 832, 874, 1061, 1125, 1145.

[2] Den Namen Pittipas führt ein begütertes Schöffengeschlecht in Trier, vgl. z. B. Goerz, Mittelrheinische Regesten Bd. 4 no. 1754, 2241 u. ö.

[3] Die Herren von Orley hatten ihren Stammsitz auf der Urley (oder Nikolausley) bei Uerzig an der Mosel; näheres über die Familie bieten u. a. Schannat-Bärsch, Eiflia illustrata, Bd. 2 Abtheilg. 2, S. 548 ff.; Stronck, Geschichte des Schlosses und der Herrschaft Linster (Programm des Athenäums zu Luxemburg 1863), S. 13 ff.; [Ernst Graf v. Mirbach-Harff], Généalogie de la famille d'Orley (Annuaire de la noblesse de Belgique 1882);

inde confectis continetur, idem dominus Wilhelmus habita computacione ydonea centum et quinquaginta libras hallensium bonorum et legalium michi ad plenum persolvit, mediantibus dominis Theoderico de Esch milite[1], Reynemanno iuniore concive meo Treverensi et Colino sculteto de Wittilich[2] ac aliis quam pluribus ad hoc vocatis testibus et rogatis. Datum sub sigillo meo presentibus appenso anno domini M° CCC^{mo} vicesimo nono in die festi beatorum Petri et Pauli apostolorum.

Orig. Perg. mit Pressel; Signatur 17. Jhdts.: No. 133.

1330 November 13. — Der Kantor von S. Bartholomaeus zu Lüttich befiehlt dem Pfarrer von Königswinter im Auftrage des Abtes von Moustier-Neuf zu Poitiers, die Witwe des Burggrafen Rutger von Drachenfels vom Banne zu lösen[3]. 28 (Drachenfels 13).

. . Cantor ecclesie sancti Bartholomej Leodiensis iudex subdelegatus a religioso viro domino . . abbate | Monasterii Novi Pictavis[4] iudice et conservatore una cum quibusdam aliis privilegiorum Grand(ismontis)[5] | ordinis tam in capite quam in membris a sede apostolica concessorum plebano in Kůnigwinter Coloniensis dyocesis ac universis aliis plebanis presbiteris clericis et notariis ad quos presentes littere pervenerint salutem in domino

---

Wilhelm von Orley ist u. a. erwähnt bei Hontheim, Historia Treverensis diplomatica Bd. 2, S. 148; K. Lamprecht, Deutsches Wirtschaftsleben im Mittelalter Bd. 3, S. 178, 15; 197, 30; 434, 15.

1) Esch auf dem Maifelde.

2) Colin (der ältere) wird als erzbischöflich Trierischer Schultheiss in Wittlich zuerst 1303 September 13 genannt, am 6. Januar 1351 urkundet die Witwe seines gleichnamigen Sohnes, Jutta von Brandenberg, Lamprecht, Deutsches Wirtschaftsleben Bd. 3 no. 86, S. 111 und no. 189 S. 216 f.

3) Ich habe nicht zu ermitteln vermocht, auf welche Vorgänge dieser Erlass Bezug hat.

4) Monasterium Novum, Moustier-Neuf, Cluniacenser-Ordens, eine Stiftung des Guido von Aquitanien, vgl. u. a. Richardi Pictaviensis chronicon, Mon. Germ. SS. 26, S. 79.

5) Ueber den Orden von Grandmont, den der h. Stephan von Thiers um das Jahr 1076 auf dem Berge Murat bei Limoges begründete, vgl. u. a. H. Helyot, Geschichte aller geistlichen u. weltlichen Kloster- u. Ritterorden (a. d. Franz., Leipzig 1756) Bd. 7, S. 470 ff.; E. v. Bertouch, Kurzgefasste Geschichte der geistlichen Genossenschaften (Wiesbaden [1880]), S. 17.

et apostolicis firmiter obedire mandatis. Relictam quondam Rutgeri borgravi de Dragenvelz militis excommunicatam auctoritate nostra seu nostri predecessoris, immo verius apostolica pro contumacia ad instanciam prioris et conventus prioratus de Meynello Beluacensis dyocesis predicti ordinis Grand(ismontis) quam nos in hiis scriptis absolvimus, absolutam in vestris ecclesiis publice nuncietis cum hoc procedat de voluntate procuratoris[a] dictorum prioris et conventus. Datum anno domini M°. CCC^{mo} tricesimo feria tercia post beati Martini hyemalis.
.. S. Wilhiyercé.[b]

Orig. Perg. mit abhängdr. Pressel, Signatur 17. Jhdts.: Drachenfeltz Lit. A. no. 3.

1331 Februar 21. — Der Offizial zu Köln beurkundet, dass der Lombarde Georg Garreti von Este (oder Asti) den Burggrafen Heinrich von Drachenfels von der Bürgschaft, welche dessen verstorbener Vater Rutger laut Urkunde vom 18. Februar 1307 übernommen hatte, völlig freigesprochen habe. **29** (Drachenfels 14).

Officialis curie Coloniensis. Constitutus in nostra presencia Georgius Garreti Lumbardus civis Astensis[1] suo | et fratrum et sociorum suorum nomine quitavit quitum et solutum proclamavit Henricum burgravium[c] | in Draggenvels de fideiussione per patrem suum quondam Rutgerum burgravium apud ipsos Georgium, eius fratres et socios inita, prout in instrumento quod sic incipit: 'Universis presentes litteras visuris et audituris nos Iohannes thesaurarius ecclesie Bunnensis et Rutgerus dictus Balg de Draggenvels[2] notum facimus etc.' et sic finit: 'Datum anno domini M. CCC^{mo}. sexto in sabbato ante dominicam reminiscere' plenius continetur, et recognovit idem Georgius nomine predicto, sibi de eadem fideiussione integre fore satisfactum et promisit ipsum Henricum nec aliquem nomine suo super ea fideiussione nullatenus impetere debere. In cuius rei testimonium sigillum officialis curie nostre presentibus est appensum. Actum presentibus Peregino de Tuicio

---

a) *Vorher durchstrichen* dictorum prioris.   b) *Vom Schreiber des Textes.*
c) *Verbessert aus* de Dra.
1) Vgl. oben no. 18.
2) Zur Genealogie vgl. Strange, Beiträge Heft 5, S. 3 Anm. 2.

filio quondam Roperti de Tuicio militis[1] et Henrico de Reys clerico nostro testibus feria quinta post dominicam invocavit anno domini M°. CCC^mo tricesimo primo.
Ger. Orloz.

Orig. Perg. mit abhängdr. Pressel, ausserdem links oben Spuren des aufgedrückten Officialatsiegels in rothem Wachs; Rückaufschrift 16. Jhdts.: ‚Quitancie', Signatur 17. Jhdts.: Drachenfeltz Lit. A. num. 3.

1331 Juli 25. — Arnold, Heinrich, Wilhelm und Johannes, Söhne des verstorbenen Ritters Wilhelm von Hostaden, nehmen eine Erbtheilung vor, welche jedoch nur bis zum Ableben ihrer Mutter Jutta Geltung haben soll. 30 (Hostaden 1).

. . Notum sit universis presentem litteram visuris vel audituris, quod Arnoldus, Henricus, Wilhelmus et Iohannes filii quondam Wilhelmi | de Hoystaden militis de consilio Renardi (et) Gerardi Rost militum de Binsvelt[2], Henrici et Renardi de Dorne fratrum, eorum | consanguineorum proximorum ipsisque mediantibus quandam divisionem super bonis hereditariis per olim Wilhelmum militem eorum patrem supradictum dimissis ipsis voluntatis spontanee[a] inierunt et fecerunt, ita videlicet, quod Arnoldus et Henricus antedicti triginta octo maldra siliginis a Stephano de Hoystaden, item tredecim maldra siliginis a Bartholomeo advocato, item ab[b] Odilrico tria maldra cum dimidio siliginis, item a quodam lineatore tria maldra nomine annue pensionis tritici, item a quodam dicto Moir quatuordecim solidos denariorum, item unam marcam a molendino de Baicherhoifven[3] annui census, item sex pullos in Vremersdorp, item unum summerinum seminis olei una cum redditibus annuis vinorum in

a) spontanie. b) a

1) Peregrin von Deutz heisst in einer Urkunde vom 26. März 1341 ‚dapifer illustris domini Adulphi comitis de Monte', Lacomblet, Urkb. Bd. 3 no. 361; seine Schwester Christina war die Gemahlin des Burggrafen Heinrich von Drachenfels, Lacomblet, Urkb. Bd. 3, no. 573 Anm. 2; v. Ledebur, Archiv für deutsche Adels-Geschichte Bd. 2 S. 263 no. 85.

2) Gerhard Rost von Binsfeld wird am 30. Juni 1326 Edelbürger der Stadt Köln; am 21. November 1328 verpflichtet er sich zu einer Rentzahlung an das S. Andreas-Hospital, Ennen, Quellen z. Gesch. d. St. Köln Bd. 4 no. 132; 149.

3) Am 14. August 1258 verkauft Ritter Enfrid erzbischöflicher Burgmann zu Hostaden ‚decimam in Baggerhovem sitam in parrochia de Mairke', Lacomblet, Urkb. Bd. 2 no. 453.

Melinheim sitis habebunt quousque Iutta mater eorum vixerit et possidebunt pacifice et quiete; necnon Wilhelmus et Iohannes predicti similiter tamdiu curiam dictam de Noithusen[1] prout iacet ac bona sita in Geilwerode[2] cum iuribus redditibus et pertinenciis eorundem universis tenebunt et possidebunt, sed ipsa Iutta mortua supradicta omnium bonorum et singulorum memoratorum Arnoldus Henricus Wilhelmus et Iohannes sepedicti divisionem congruam et equalem iterato una cum bonis ceteris hereditariis ipsis ex obitu seu morte eorum matris supradicte dimittendis seu derivandis facient contradiccione qualibet non obstante. Ceterum Arnoldus et Henricus sepedicti de eorum parte bonorum nonaginta quatuor marcus denariorum ac Wilhelmus et Iohannes prelibati nonaginta quatuor marcas denariorum de eorum parte bonorum persolvent et pagare debebunt, racione quorundam debitorum per ipsos fratres contractorum, et integraliter satisfacient de eisdem, ita quod nullus eorum alterum aliqualiter vexet seu aliquid prestet alteri impedimentum quovismodo occasione debiti supradicti in bonis cuilibet competentibus eorundem, .. omni dolo et fraude penitus exclusis in premissis. In quorum omnium testimonium atque fidem nos Arnoldus Henricus Wilhelmus et Iohannes prescripti rogavimus spectabilem virum et dominum nostrum dominum Wilhelmum comitem Iuliacensem, Renardum (et) Gerardum Rost milites et Renardum de Dorne supradictos, ut presentes litteras sigillis suis darent firmiter communitas .. Et nos Wilhelmus comes Iuliacensis, Renardus (et) Gerardus milites et Renardus de Dorne prelibati ad rogatum dictorum fratrum sigilla nostra presentibus duximus apponenda. Datum anno domini millesimo CCC tricesimo primo circa festum beati Iacobi apostoli.

Orig. Perg. mit drei anhgdn. verletzten Siegeln; 1.: Sekret des Grafen Wilhelm von Jülich; 2.: doppeltgeschwänzter Löwe, Umschrift: . . di militis de Binzvelt; *3.: Pressel; 4.: 4 Pfähle belegt mit einem Turnierkragen, Umschrift*: S. Reynardi de Dorne, *auf dem Umbug über den Einschnitten steht*: 1. comitis 2. Renardi 3. Gerardi 4. Renardi. *Inhaltsangabe 17. Jhdts. u. Signatur: 54.*

---

1) Die Höfe Noithausen und Orken, nördl. Grevenbroich, sind am 21. Februar 1295 im Besitze Gerhards von Nievenheim, Lacomblet, Urkb. Bd. 2, no. 981.

2) Der Hostaden'sche Hof Gilverath bei Capellen-Wevelinghoven wird erwähnt am 18. Mai 1275, Lacomblet, a. a. O., no. 670.

1336 August 30. — Das Prämonstratenserinnenkloster Füssenich entschädigt den Hof des Stiftes Rellinghausen zu Froitzheim für eine Hufe Landes, welche diesem beim Verkaufe des Füssenicher Hofes zu Lüssem fälschlich als Allod bezeichnet worden, durch die Uebertragung des 38 Morgen grossen „Krigaychers" bei Dirlau und eines Grundstückes von 28 Morgen zu Kemperhof. 31 (Froitzheim 1).

Universis presentes litteras visuris et audituris nos .. prior .. priorissa subpriorissa thesauraria celeraria totusque conventus sanctimonialium in Vussenich ordinis Premonstratensis | rei 'geste cognoscere meram veritatem. Notum esse cupimus presencium testimonio manifeste recognoscentes, quod cum ex penuriis et diversis honeribus debitorum nos intollerabiliter aggravantibus curtem | nostram sitam in Luczheym cum universis ad dictam curtem spectantibus vendidimus, ubi inter cetera unum mansum terre arabilis ad predictam curtem in Luczheym spectantem vendidimus pro puro allodio, qui tamen minime fuit, set dependentem et moventem a curte honorabilium puellarum domine .. preposite et ipsius conventus in Rulingbusen sita in Froyrzheym[1] in dampnum ipsarum non modicum et gravamen; de quo quidem mansu terre arabilis solvimus et solvere debuimus singulis annis in perpetuum duraturis pensionem quatuor sumbrinorum tritici mensure Tulpetensis in festo beati Andree apostoli et quatuor solidos pagamenti currentis communiter pro censu, mediam vero partem in medio mensis maii et aliam mediam partem in festo beati Martini hyemalis et duos solidos[a] eiusdem pagamenti in festo beati Remigii pro precaria, et predictam pensionem censum et precariam presentavimus et presentare debemus in predictis terminis in dictam curtem in Froyrzheym officiato honorabilium puellarum predictarum; tenebamur eciam solvere unam curmedam viventem de predicto mansu apud Luczheym vendito, videlicet cum curtilem qui predictum mansum susceperit in curte de Froyrzheym predicta decedere et mori contigerit divina gracia disponente; — nos igitur divina iusticia exigente predictis honorabilibus puellis, domine preposite videlicet et ipsi conventui in Rulinghusen et ipsarum curti site in

---

a) ‚hyemalis — solidos' *auf Rasur.*

1) Ein Weisthum des Rellinghauser Hofes zu Froitzheim vom 15. Juli 1260 ist gedruckt bei Lacomblet, Urkb. Bd. 2, no. 494; vgl. auch daselbst die Anmerkung zu no. 193.

Froyrzheym de gravamine et dampno per vendicionem ipsius mansi apud Luczheyem illato satisfacere volentes mediante consilio discretorum virorum specialiter ad hoc vocatorum videlicet domini Reynardi de Koypesz[1] pastoris in Froyrzheym, (Godefridi) prioris nostri de Vussenich predicti, Cristiani de Durffendayl armigeri·schulteti curtis de Froyrzheym predicte et scabinorum eiusdem in Froyrzheym . . Wilhelmi de Hertthene . . Iohannis de Kempene . . Wilhelmi Baselere . . Thilmanni de Kempene . . Heynrici de Kempene dicti ·de Puteo et . . Hermanni de ·Froyrzheym dicti eciam de Puteo et Abelonis et . . Hugonis nuncii predictarum honorabilium puellarum alia bona nostra allodialia eque valencia et bona in locum predictum pro manso apud Lutzheym vendito posuimus substituimus et subrogavimus, ponimus subsistimus subrogamus et conferimus per presentes, videlicet quandam peciam terre sitam apud Derlo dictam Krigaycher continentem triginta et octo iornales, et unam aliam peciam terre continentem viginti et octo iornales sitam apud Kempene, de qua quidem pecia Iohannes dictus Kedde de Kempene solvit nobis et conventui nostro predicto singulis annis quatuordecim maldra siliginis mensure tulpetensis in festo beati Remigii, tali eciam condicione scienter apposita, quod unus de fratribus nostri conventus suscipiet predicta bona a curte predicta in Froyrzheym et erit inde curtilis, et officiatus predicte curtis porriget illi predicta bona allodialia, iure suo sibi reservato, et predictus curtilis comparebit eciam tribus vicibus in anno in predicta curte in Froyrzheym sita quando iudicia iurata peraguntur que vulgari nomine vaytgedinche dicuntur. Quandocunque vero predictum fratrem curtilem curtis in Froyrzheym predicte decedere et mori contigerit divina gracia largiente, dabimus et dare debemus unam curmedam viventem de bonis allodialibus predictis et officiatus dicte curtis in Froyrzheym eandem in curte nostra dicta Deyrlo tollet recipiet et habebit secundum consuetudinem curtis predicte in Froyrzheym site, tali eciam condicione non pretermissa, quod pensionem censum et precariam predictam solvere debeamus et solvere promittimus singulis annis in perpetuum duraturis de predictis bonis allodialibus curtilibus factis, terminis et modis prescriptis, quemadmodum nos et conventus noster predictus consuetus fuit solvere de manso supradicto in Luczheym vendito et a

---

[1] Ueber den Hof Kuhpesch oder Copesch, südwestlich von ·Füssenich, s. Strange, Beiträge zur Genealogie Heft 12, S. 132.

nobis alienato, eo eciam expresso et condicionato, quod si in solucione pensionis census et precarie predictorum modis et terminis prescriptis et ipsius curmede quando accideret negligentes[a] aut remisse essemus, extunc officiatus predicte curtis in Froyrzheym respectum habebit ad predictas pecias terre arabilis substitutas et subrogatas in locum mansi apud Luczheym venditi, recuperabit suum defectum si quem habuerit in predictis, offensa nostra qualibet non obstante. Adiectum est eciam, quod si predicta bona allodialia essent aggravata per nos et non essent tante libertatis vel alicui alteri tytulo pignoris obligata, ita quod predictus officiatus curtis in Froyrzheym predicte pensionem censum precariam et curmedam predictam in predictis bonis conquirere seu recipere non posset, quod causa nostri contingeret et accideret, de hiis tenebimur predictas honorabiles puellas dominam prepositam et conventum in Rûlinghusin predictum et curtem in Froyrzheym sitam sublevare et indempnes penitus conservare per presentes. Et nos predicti fatemur hanc ordinacionem seu amicabilem composicionem a nobis esse rite factam per presentes, omni dolo et fraude penitus exclusis in premissis. In cuius rei testimonium sigillum conventus nostri una cum sigillo reverendi in Christo patris ac domini domini nostri domini abbatis Hamburnenssis et sigillum nostri prioris qui eciam huic ordinacioni et composicioni interfuit, presentibus sunt appensa. Nos vero abbas Hamburnensis omnia premissa fatemur esse vera et consensum nostrum ad omnia et singula premissa adhibemus et ad rogatum ecclesie nostre in Vûssenig et conventus predicti sigillum nostrum fatemur presentibus appendisse in plenam confirmacionem omnium premissorum. Ego vero Godefridus prior in Vûssenich predictus, quia premissis omnibus interfui, ea vidi et audivi, fateor sigillum meum presentibus appendisse in testimonium omnium premissorum. Nos vero predicti fatemur huic ordinacioni et composicioni et ipsam a nobis esse rite factam sub sigillis presentibus appensis interfuisse. Datum et actum anno domini M°.CCC° tricesimo sexto feria sexta proxima post festum decollacionis beati Iohannis baptiste.

Orig. Perg. mit 3 Einschnitten; Signatur 17. Jhdts: „47. Litt. J. no. 21."

Gedruckt: Strange, Beiträge zur Genealogie Heft 12, S. 129ff.

---

a) neggligentes.

1339 August 11. — Arnold von Arlon bekennt, von der Herrin von Beaufort 600 Pfund Turnosen zurückerhalten zu haben, während zwei andere Schuldtitel noch in Geltung bleiben.

32 (Beaufort 1).

Je Arnoulz d Erlon faix savor et cognisant a tous que comme je awixe une lettre de madame de Belfort parlant de la somme de | six cent libres de tournois pour cause de waige que je li awie presteit as lombars de Septenaix[1] je me recognoix et tien bien asoulz et apaiet | de la dicte somme et de tous les dis waiges et en quite bonnement la dite dame et ses hoyres et de toutes altres que nous omes onques a faire ensemble, fuer mis et excepteit une lettre parlant de six vint libres de tournois que elle me doit encour et une altre lettre parlant de monsignour Jehan de la Roiche de troies cent libres de tournois, dont je tienx les biens de Gouseparch[3]; la quelle des dites troies cens libres je doix tenir ma vie et apres mon deces mes heyres sont tenus de rendre a la dite dame ou a siens quite et paiesieble par ensi; encour que se li dis messire Jehan venoit a tout son argent dedens le terme, je seroie tenus de rendre la lettre et li argent devroit parvenir en la main de la dite damme. En tesmoing de la quel chose je Arnoult aiex doneit a la dite dame ces presentes lettres faites et donneis lan mil ccc trente et nuef le merquedis apres la sainte Lorens en awost.

Orig. Perg. mit abhängdr. Pressel, Signatur 18. Jhdts.: no. 109.

1340 Juni 18, Arlon. — Der König [Johann] von Böhmen meldet den Beamten von Laroche (Larochette), dass er seinen Ansprüchen auf die Unterthanen der Herrin von Beaufort entsagt habe und befiehlt die Freilassung des Maire von Alhoumont.

33 (Beaufort 2).

De par le roy de Behaigne. | — Au prevost, au rescevour, au majour et au echevius ou a lour lieu tenans de la prevostey de la Roche[3]. | Nous vous mandons que nous renoncons et avons

---

1) Sathenay.
2) Gasperich, Gaisperch lehnrührig von der Herrschaft Larochette, vgl. z. B. Urkunde von 1352 März 19, Publications de la section historique de Luxembourg Bd. 33 (1879), Chartes de la famille de Reinach no. 422.
3) Herrschaft Larochette.

renonciey a la garde des hommes raillales | la dame de Beaufort et vous commandons, que vous delivres hors de prison Hannequin majour d'Alehoumont[1] quite et delivre et que vous lassies joir la dicte dame de Haurotte le Voey et de ces enfens et de ces meubles et de tous les autres homes et li soies aidans et confortans toute fois quelle vous en requerra de toutes ces droitures et en faites tant quelle ne revengne pluis par devers moy. Donne a Ellon le diemenge devant la nativitey saint Jehan baptistre lan mil trois cens et quarante.

Orig. Perg., Pressel abgerissen.

1341 April 1 (ipso die palmarum). — Johann Graf zu Sayn belehnt den Ritter Paul von Eich[2] mit 10 Mark brabantischen Pagaments aus dem Zolle zu Hachenburg. **34.**

Orig. Perg. mit Bruchstück des anhgnden Siegels.

1342 Oktober 1. — Wilhelm von Odeke verpflichtet sich, der Hilla Tochter Wilhelms an dem Ende zu Körrenzich jährlich 10 Mark Leibzucht zu zahlen und verpfändet dafür 30 Morgen Acker, welche er vom Grafen Dietrich von Looz zu Lehen trägt. **35.**

Universis presentes litteras visuris et audituris ego Wilhelmus dictus de Odeke notum facio et presentibus recognosco manifeste, quod ego et heredes mei tenemur dare et solvere Hille filie quondam Wilhelmi dicti an deme Ende de Korensich | redditus sive census annuos ad tempora vite sue scilicet decem marchas brabantinorum denariorum legalium et dativorum singulis annis in die beati Remigii episcopi hyemalis vel sine capcione infra octo dies post ipsum diem Remigii immediate subsequentes. Obligoque dicte Hille pro me et heredibus meis ad maiorem securitatem solucionis dictorum reddituum tytulo pignoris et ypothece triginta

---

1) Alhoumont.
2) Die Familie von Eich stammte wahrscheinlich aus dem gleichnamigen Orte bei Andernach; über sie und insbesondere auch über Paul d. j. von Eich vgl. Schannat-Bärsch, Eiflia illustrata Bd. 1 Abth. 2, S. 572; Bd. 2 Abth. 1, S. 90 ff.; J. H. Böhm, Rheinische Provinzialblätter (hrsg. von J. Nöggerath) N. F. Bd. 2 (1834), S. 97 ff. Am 11. April 1334 wird Paul in dem Vertrage zwischen Balduin von Trier und Walram von Köln als trierischer Rathsmann genannt, Lacomblet, Urkb. Bd. 3, no. 279.

iurnales meos terre arabilis sitos in parrochia Korensich qui tenentur in feodum ab honorabili domino domino Theoderico comite Lossensi[1], tali condicione, si ego aut heredes mei predicti in solucione et presentacione dictorum reddituum eo modo ut est predictum facienda[a] negligens aut negligentes[b], fuerimus in parte vel in toto, extunc dicta Hilla se de dictis iurnalibus ei obligatis intromittet et ea usibus suis applicabit usque ad integram solucionem reddituum predictorum et dampnorum ac expensarum si qua sustinuerit ob premissa. Est (hoc eciam) adiectum, quod cum ipsam Hillam mori contigerit, extunc ego et heredes mei predicti dictos redditus infra unum annum post obitum suum illi vel illis, cui vel quibus ipsa dari et presentari decreverit seu ordinaverit, solvere debemus et presentare; quo facto dicti redditus decem marcharum brabantinarum ad me et heredes meos predictos libere et hereditarie revertentur, omni dolo et fraude penitus exclusis in premissis. In cuius rei testimonium sigillum venerabilis viri domini .. comitis Lossensis supradicti presentibus litteris est appensum. Datum anno domini M°. ccc^{mo}. quadragesimo secundo in die beati Remigii episcopi prenotati.

Orig. Perg. mit Bruchstück des anhgdn. gräflichen Siegels.

1343 Januar 29. — Aleidis Witwe Arnolds von Dormale überträgt vor den Schöffen von Loewen ihrer Schwester Anna, Witwe des Franko von Hontheverlis Aecker und Wiesen bei Wenkesele und im Wenkeselder Bruch.   36 (Vorst [Brabant] 1).

.. Notum sit universis, quod Aleydis relicta Arnoldi quondam dicti de Dormale superportavit cum cespite et ramo unum | iurnale terre allodialis situm inter Wenkesele[2] et quercum ibidem; item porcionem sibi competentem in tribus iurnali|bus pratorum allodialium sitis in Wenkeseelderbroec; item petiam unam prati allodialis ibidem sitam prout sibi cessit et competebat in sede viduitatis sue ex morte domicelle Elizabet quondam dicte Ex-Lye-

---

a) faciendum. b) neggligens. neggligentes.

1) Ueber Besitzungen der Grafen von Looz in Körrenzich bei Linnich hat sich sonst nichts ermitteln lassen, s. auch W. Graf v. Mirbach, Zur Territorialgeschichte des Herzogthums Jülich 2, S. 11.

2) Jetzt Wilsele bei Loewen, ehemals Hauptort einer gleichnamigen Herrschaft.

minghen[1] eius sororis et Margrete relicte Johannis[a] quondam dicti de Dyependale matertere sue, et bonificavit in dictis bonis Annam relictam Franconis quondam dicti de Hontheverlis eius sororem in sede viduitatis sue iure allodiali modo debito et consueto. Hiis interfuerunt Walterus dictus Eveloeghe, Johannes dictus Hers, Walterus dictus Kemerlinc et Franco dictus de Hevere cambitor Lovaniensis tanquam allodii consortes qui hec omnia et singula in presencia scabinorum Lovaniensium recitando testabantur ea acta fuisse per modum iuris, rogantes .. scabinos Lovanienses, quatenus hec ulterius supra se testentur et sigillent. Quod faciunt Johannes dictus Godertoy et Johannes de Gradu scabini Lovanienses, coram quibus eadem Aleydis semper satisfacere promisit predicte Anne sorori sue, siquid minus sufficienter sibi fecisset prout eidem Anne modo debito possit valere. Datum anno domini M. CCC. quadragesimo secundo feria quarta ante purificationem beate Marie virginis gloriose.

Orig. Perg. mit Bruchstücken von 2 abhgdn. Siegeln: 1. Adler, 2. geschachtes Andreaskreuz, im Schildeshaupt ein Seeblatt.

1343 März 4. Köln. — Wilhelm von Arnsberg Propst zu Meschede gibt den Hof Limperich im Lande Löwenburg dem Ritter Heinrich Burggrafen von Drachenfels in Pacht, nachdem dieser alle Rückstände von seinem Vorfahren her gezahlt hat.

37 (Drachenfels 15).

Nos Wilhelmus de Arnsberg prepositus ecclesie Meschedensis[2]

---

a) Iohannis Iohannis.

1) Ex-Lyeminghen ist der Familienname Uytterlieminge oder Uyten-Liminghe, vgl. Willem Boonen's Geschiedenis van Leuwen (uitgeven door Ed. van Even, Leuwen 1880), S. 259 ff. „het ierste geslacht der stad van Leuven'; Barbara von Uyten-Liminghe, gestorben am 2. April 1352, war vermählt mit Georg von der Vorst, Herrn zu Caudenhove, vgl. Genealogie der Familie von der Vorst (Wien, Selbstverlag der Familie, 1871) S. 4; Johann Uten-Lyemingen begegnet von 1468 ab häufig in den brabantischen Lehnsprotokollen des Quartiers Tirlemont, L. Galesloot, Inventaire des archives de la cour féodale de Brabant Bd. 2 (Bruxelles 1884), S. 149 no. 170; 158 no. 1044; 175 no. 2275 u. ö.

2) Der Propst Wilhelm ist ein Bruder des Grafen Gottfried IV. von Arnsberg vgl. z. B. Seibertz, Urkundenbuch zur Landes- und Rechtsgeschichte Bd. 2 no. 673. Mitglieder des gräflichen Geschlechtes hatten auch schon vorher wiederholt die Propstei zu Meschede innegehabt.

notum facimus per presentes, quod nos strenuo viro | Henrico burchgravio de Drachgenveltz militi curtem nostram apud Lymperg sitam in territorio de Lewen|berg cum omnibus bonis ad eandem curtem pertinentibus concessimus in omni iure et tenore et pro pensione eadem quibus et prout .. pater quondam predicti Henrici curtem prenotatam a nostris .. predecessoribus optinebat[1], recognoscentes[a] nichilominus per presentes, quod predictus Henricus nobis de omnibus pensionibus in quibus sui progenitores et ipse Henricus nobis a retroactis temporibus usque in diem hodiernum debentes remanserunt, plene satisfecit, omni dolo et fraude in hiis penitus exclusis. In premissorum testimonium sigillum nostrum maius presentibus litteris duximus apponendum. Actum et datum Colonie presentibus honestis viris Wilhelmo Susaciensis, Hermanno Meschedensis ecclesiarum decanis, Henrico dicto Brullinchûs[2] et Johanne dicto Kloes[3]. Anno domini millesimo trecentesimo quadragesimo tercio feria tercia post dominicam qua cantatur invocavit.

Orig. Perg. mit Siegeleinschnitt, Rückaufschrift 15. Jhdts.: Item der brieff van dem hove van Lymperch gegolden unde herkomen is. *Signatur 17. Jhdts:* 12. Drachenfeltz Num. 6 Lit. A.

Erwähnt: Strange, Beiträge zur Genealogie der adligen Geschlechter Heft 5, S. 4 Anm.

1344 Januar 2. — Otto von Schonenburg, Scholaster des Domstiftes zu Speyer, verpfändet seinem Verwandten Heinrich Herrn zu Rennenberg um 70 kleine florentiner Gulden seine Güter zu Merl.

38.

Wir Otte von Schonberg scholemeyster dez meren stiftes[4] zu Spiren[5] dun| kunt allen den die disen brif sent eder horen lese,

---

a) recognoscentes.

1) Vgl. die Urkunde von 1297 oben no. 13 Anm.

2) Heinrich Brullinchûs stammte aus dem in Brüllinghausen bei Beleke ansässigen Ministerialengeschlechte; am 11. November 1351 begegnet er als Kellner des Stiftes Meschede, s. unten no. 58.

3) In der Urkunde vom 4. März 1345, unten no. 41, heisst er: „Johannes Clois van Draichenvels'; Strange, Beiträge zur Genealogie Heft 5, S. 5 Anm. 2 vermuthet ohne ersichtlichen Grund, dass er „der Sohn eines Angestellten zu Drachenfels" gewesen sei.

4) das mere stift, maior ecclesia.

5) Etwa um dieselbe Zeit (1341 September 17) ist ein Herr Konrad von Schonburg Präbendar des Domstiftes zu Speier, A. Hilgard, Urkunden zur Geschichte der Stadt Speyer (Strassburg 1885) no. 160 Anm.

daz wir verseczen und | versaczt han alle unse gut zu Merl met alle den nuczen dye darzcu horn umme siboncz cleyner gulden von Florencz guter und geber ern Henriche herre zu Rennenberg unserme nefen unde sin erben und gloyben ouch, sie nummer darane czu hinderne alse lange biz wir en vergelden die sibencz gulden gancz und gar, so sollent sie ouch uns wider lacze unse gut an alle geverde. Dat dit war und stete verlibe, so han wir disen brif met unseme ingesigele versigelt; er ist gegeben an dem nesten fridage noch jarisdage dů man zalte noch Cristus geburte drutzenhundirt jar in dem ver und ferzigisteme jare.

Orig. Perg. mit Bruchstück des abhgdn. Siegels: der von einer stehenden Figur gehaltene Schild zeigt drei Reihen Wecken (?) 3:2:1. Rückaufschrift 15. Jhdts.: antreffen Merll.

1344 März 1. — Petrissa Witwe Adams von Hoeningen und ihre Kinder vergleichen sich mit Adam, dem Sohne Gottschalks von Hoeningen über Besitzungen zu Karweier, Hoeningen, Widdeshoven, Hoeninger Bruch und Anstel. **39 (Hostaden 2).**

Ich . . Petersse wanne was hûsvrauwe Adamz van Hoynchyn ind Walrayve myn sûn, Jutta ind Gertruyd, Geve in Lysa myne dogther | doen kunt allen lûden dye deyssen breyf ane seynt of horent leysen, dat wir mût gûden moytwijllen ind overmytz ûnse ghemeyne | vrûnt ind mayghe heryn Wilhelm gheheyschen Vel rytter van Wevelchûven ind Gotzcalch gheheyschen Mûnch synen broder ind Herman Zobben van Ynchendorp ind Loyf van Boeczcheym[1] ind juncvrauwen .. Geven ind Cylyen dye waren sûsteren wanne was .. Adamz ind .. Gotzschalchz van Hoynchen syn ghemoytsoynt myt .. Adam van Hoynchen wanne was sûn Gotzschalchz van Hoynchen ind synen susteren van alle der zweydregheyt ind sagghen dye hee vůrmaels gheworven ind gheweyst synt tuschen den vurghenanthen Adam ind Gotzschalch ghebroderen ind seyder in tuschen ûns bys hude up desen daech myt alzsûlgher voyghen, dat dye vurghenanthe Adam .. Gotzschalchz sûn ûns haet ghegey-

---

1) Wilhelm Vel von Wevelinghoven, derselbe, der am 29. Juni 1354 sein Schloss Wevelinghoven zum Lehen der kölnischen Burg Hostaden macht; sein Bruder heisst dort Gottfried, Lacomblet, Urkb. Bd. 3, no. 536; Zobbe von Ingendorf erscheint u. a. 1332 November 10, Lacomblet, a. a. O. no. 261; Boeczcheym ist Butzheim bei Anstel.

ven zwey hůndert ind vunfzeyn march kolz pagamentz ind vort uns geyt dat land dat ghebort zů deme Carwyer dat leyt tůsschen Hoynchen ind Waylbůsen[1], dat paygtgoyt ijs der juncvrauwen van sencte Marien Malzbuggel, dat sal unse syn, ind wir sůlen den jůncvrauwen eren paeght bezalen. Ind dat pennychgelt ind dat hoynregeld, dat zů Hoynchen up dat hůus ghehorte dat sal unse syn. Ind dye hovestat dye gheleygen ys zů Wyddeshoven dye wanne was Gotzschalchz van Hoynchen, dye sal unse syn in al der wys as sy gheleyghen ys. Ind dye zva hulczgewelde up Hoynche broyghe ind dye esfoyder dye up dat huus ghehorten, dye solent unse syn. Vort sal alle dat land ind wyere ind erve dat zů deyme huůs ind hoyve ghehorte zů Hoynchen myt deyme hůus ind hoyve ind wyeren syn Adamz ind synre erven, aeyn eyne dye hoyve[a] lants dye was underpant wanne was heryn Stephyns rytters van Hoynsteyden, dye sal unse syn. Ind vort al dye arvortderunghe van der hoven lantz zů Anstel dye sal unse syn. Ind alle argelyst usghenomen in allen desen sagghen. In urkůnde alle deyser vůrghenanther vurwarden ind ich Petersse vůrghenant ind myne kyndere vurghenanthe dat wir noch unser erven nůmmer en gheyn ane .. Adam noch ane synen erven nůmmerme arvortderen in solen alzsůlg eyn goet as hee vůrghenant ijs, ind so haeyn ich Peterse vůrghenanth ind .. Walrayve myn sůn ind Jutta ind Gertruyd, Geve ind Lysa myne dogther vůrghenanth ghebeyden eynen edelen man myne heryn .. Wynand van Genphe canoynch van me doyme zu Collen[2] ind Dederych Růnckart van Eyß ind .. Brůne van Halle[3], dat sy ere seygyl hanghen ane deysen breyf zu eynre meyrre kunden ind wayrheyden. Ind wir .. Wynand van Genphe vurghenanth ind Dederych Růnkart ind Brůne van Halle vurgenanthe bekennen, dat wir unse seygele hanghen an desen breyf um beyde der vurgenanther .. Petersen ind ere vurgenanther kyndere. Dyt ys ghescheyt in deyme jare uns

---

a) hoye.

1) Ueber die meisten der in der Urkunde genannten Oertlichkeiten unterrichtet H. H. Giersberg, Geschichte der Pfarreien des Dekanats Grevenbroich S. 215 ff.

2) Winand von Gennep wurde am 11. November 1344 durch Erzbischof Walram zum Amtmann von Hülchrath bestellt, Lacomblet, Urkb. Bd. 3, no. 416.

3) Bruno von der Halle erscheint noch 1373 Oktober 29 in dem Urtheilsspruche gegen Gumprecht von Alpen, Lacomblet, a. a. O. no. 748.

heyren do man screyf dusent druhundert vyere ind veyrthygh des eyrsten manendaghes in den .. merthe.

Orig. Perg. mit 2 Presseln, 1 Siegeleinschnitt; Rückaufschrift 16. Jhdts: „Eyn schedunge zo Hoengen tuschen Adams huisfrauwe ind eren kinderen'.
Gedruckt: J. Strange, Beiträge etc., Heft 5, S. 106, unvollständig.

1345 Januar 23. — Aleidis Witwe Hermanns von Gierath und ihre Kinder verkaufen dem Kölner Priester Jakob Keye eine Leibrente von 6 Mark. und verpfänden für die Zahlung ihen Hof zu Gierath.

40.

In nomine domini amen. Universis presencia visuris et audituris. Noveritis, quod ego Aleidis relicta | quondam Hermanni van me Geroyde una cum liberis meis heredibus Gobelino, Johanne, Henrico, Ka|therina prehabita matura deliberacione ac pensata nostra utilitate coniuncta manu in solidum vendidimus et per presentes vendimus Jacobo dicto Keye[1] presbitero Coloniensi ementi erga nos, iusto titulo vendicionis et empcionis interveniente, usufructum sex marcarum coloniensis pagamenti communiter currentis et dativi pro certa pecunie summa nobis ab eodem Jacobo tradita, numerata, assignata ac bene persoluta et in nostros usus evidentes recognoscimus esse conversam. Quem quidem usufructum sex marcarum predicto Jacobo quamdiu vixerit aut conservatori presencium singulis annis, quicumque nostrum vel alter curtim dictam Geroyde cum suis attinenciis et cum molendino possidet et inhabitat, dabimus et assignabimus vel qui predictam curtim possidet dabit et assignabit decem et octo solidos coloniensis pagamenti in festo pasche proximo nunc futuro, item decem et octo solidos in nativitate beati Johannis baptiste immediate subsequente, item decem et octo solidos in festo beati Remigii immediate subsequente, item residuos decem et octo solidos in nativitate domini nostri Jesu Christi immediate subsequente. Et ut predictus Jacobus magis cautus et securus existat, superportavimus obligavimus atque sub pignoris tytulo seu nomine ypotece posuimus et ponimus coram fidedignis,

---

1) Nach der Familie Keye trägt in Köln noch heute die Kaygasse ihren Namen, vgl. auch Ennen, Quellen zur Gesch. der Stadt Köln Bd. 4, no. 33.

scilicet coram Reynardo vicefeodali, Henrico Fabro, Godescalco de Rummersheit, Johanne van Broyge, Mathia fratre eiusdem, Brunone de Groynauwe coniuratis curtim nostram appellatam Geroyde[1] cum omnibus suis attinenciis quocunque modo sint existencia, prout ad nos et ad nostros heredes sunt pertinencia et in nostra possidemus proprietate, talibus condicionibus penis et pactis in premissis adiectis, quod si nos vel quicunque curtim predictam possidens negligentes vel remissi inventi fuerimus in aliquo anno in solucione sex marcarum predictarum in aliquo termino prenotato in parte vel in toto, excepto mense quolibet termino sine capcione, extunc predicta nostra curtis Geroyde cum omnibus suis attinenciis, prout ad nos et ad nostros heredes dinoscitur pertinere, predicto Jacobo aut conservatori presencium cedet et ad eum devolvetur libere et absolute, ita quod cum predicta curte Geroyde et omnibus suis pertinenciis suam liberam facere poterit et debebit voluntatem, nostra vel heredum nostrorum aut alicuius alterius contradictione non obstante. Nec guerra communis vel singularis nec prohibicio cuiuscunque maioris vel minoris nec aliquis omnino casus fortuitus aut rerum eventus nos nec heredes nostros a solucione sex marcarum poterit nec debebit excusare, omnibus excepcionibus et defensionibus utriusque iuris, canonici et civilis, doli mali metus, beneficio restitucionis in integrum, pecunie et per ius non numerate, non traditis et non assignatis aut quibuscunque aliis remediis presentibus expressis et non expressis quibus contra premissa vel eorum aliqua venire vel facere in parte vel in toto aut iuvari possit vel defendi in premissis demptis et exclusis[a]. In cuius rei testimonium et roboris firmitatem rogavimus honestum virum dominum Johannem pastorem in Gelabayg, ut sigillum suum presentibus appendat quousque dominus Godefridus ad partes veniat. Et nos Johannes pastor in Gelabayg ad peticionem et rogatum Aleidis Gobelini Johannis Henrici ac Katherine liberorum eiusdem sigillum meum presentibus duxi[b] appendendum in testimonium omnium premissorum. Datum et actum in die dominica qua cantatur circumdederunt me anno domini millesimo trecentesimo quadragesimo[c] quinto.

---

a) exculsis.   b) duci.   c) millessimo trecentessimo quadragessimo.

1) Gierath, nordwestl. Grevenbroich, gehörte zu den Millendonk'schen Besitzungen, welche am 2. April 1274 an das Erzstift Köln übergingen, Lacomblet, Urkb. Bd. 2, no. 659.

Orig. Perg. mit Pressel, Rückaufschriften 14 Jhdts: ,Geroyde'
15. Jhdts: ,vacat'.

1345 März 4. — Die Brüder Heinrich und Rutger Burggrafen von Drachenfels einigen sich unter Vermittelung genannter Schiedsleute über Einkünfte, Besitzungen und Erbfolge.

41 (Drachenfels, 16).

Ich Henrich bůrchgreve zů Draichgenvels ridder vur mich up eyn sijde ind ich . . Rutger syn brůder vůr mich up ander sijde doin kůnt alle den gienen dye disen intgeinwordichen brief ane sient ind horent leesin zo kůnt|schaf gainzer steder wairhyt, dat wir overmitz unse vrunt ind maege eirsame lůde mit naemen herin Rorijche herre zů Oitgenbach, herin . . Eirnste sinen brůder canůynch in me doyme zo Colne proiste der kirchen | zo sente Peter zů Meyntze[1], herin . . Schillincge van Brůyche deychin zo Bůnne, herin . . Rorijche herre zo Rennenberg, herin . . Henriche van Virnenburch genannt van Rennenberg, herin . . Henriche van Gymmenich riddere`. . , Hermanne Zobbe van Incgendorp ind . . Johanne Cloys van Draichenvels, ind na irre ramyncgen, dere uns up beedis sijden wale genoicht, umbe vrijde nůcz gemaich ind des besten wille van in anderin gesat gesayst ind gescheidin sijn in al der wijs, wegen ind manerin ast herna van worde zo worde cleirlichin gescreven steyt: Also dat ich Růtger vur mich ind zo mime lyve den ziende zů Bůnne ind zo Deitkirchen den man heilt van der abdissen van Deitkirchen, so wie he gelegin is ind ervellit, ind dat gůit zu Lymperch dat rorende is van den herrin van Meychst[2] so we it gelegin is, haven sol ind behalden vrijdelich gerast ind geroit. Ever sol ich Rutger zo mime lyve behaldin eyn hus zo Draichgenvels in der nyderster burch dat man nůympt zo Nuwenroide[3], also dat ich . . Rutger da uppe neymanc inthalden in sal ime wider eymanne zo behelpen, noch ouch neymanne, so wie he sij, offenen insal dan alleyne mir da uppe zo behelpen zo mijnre kenlicher noyt, of ich, des neyt syn in můysse, ze done hedde, as verre as min bruder . . Henrich ind unser beyder vrůnt

---

1) Begegnet 1334 November 29 ohne geistliche Würden, jedoch in Beziehung zum Domkapitel in Köln, s. Korth, Liber privilegior. maior. eccl. Col. S. 185, no. 350; vgl. unten no. 50.
2) D. h. von dem Stifte Meschede, s. oben no. 13.
3) Vgl. Annalen d. Hist. Ver. Heft 54, S. 60 Anm. 2.

ind maege vûrgenoympt des dunckit in der wairheyt, dat ichs noit have. Vortme alsulgenen erve ind gûit, so wie man dat nomen sol ind so wa it gelegin dat ig Henrich bûrchgreve vurgenant nû besiczen mit deme gûide dat vellich werdin maich van doide unser mûder ind unser suister, so wanne it vellich wirt, dat sol ig Henrich bûrchgreve eyleuclichen geinczlichen ind zemale haven halden inde besitzen ayn einchen zorn myns Rutgers hindernisse crûyt of wederreede of oich eymans anders van minen wegin. Ever ist gereyd na ramyncgen unser vrûnde ind maege vûrgenoympt ind vestlichin overdragen, dat ich Rutger den zienden ind gûit vûrgenant dat ich zo mime lyve behalden sal ast vurgescreven steyt, an eyme deile of an zemale aichtermoils verseczen in sal boven eyn schaere, verkoiffen noch in egeyne vreymde haint kerin, ich noch neyman anders van minen wegin. Vortme ist gevurwert, dat ich Rutger egeyn wif zer êe neymen insal noch koiffen[1] enbûissen guden wille wijst ind rayt herin Henrichs myns bruders ind unser vrûnde ind maege vûrgenoymt. Vort ist overdragen ind vestlichin gereyd na ramyncgen unser vrûnde ind maige, weirt sache of ich . . Henrich bûrchgreve vurgenant, des neyt gescheyn en mûysse, ayn menliche gebûrt aflivich wurde, dat dan . . Rutger min bruder sal sijn ind blyven in sime reichte as he ze vurentz was, behalden doich da inboven . . Stynen evrouwen mins . . Henrichs[2] irs wydums ind irre mijdgaven, ind behalden oych . . kynderin uns Heinrichs ind Stynen al irs reichts. Vort ist gevurwert ind geinczlichin overdragen, weirt saiche, des neyt sijn inmuysse, intuschen uns bruderen aichtermoils sijch eynche ungunst of uploif hoeve, des ze saesin solin wir up beêdis sijden eilenclichen unsen vrundin ind maege vurgenant geloevin mit sûlgenen vurwordin, so wes sij uns sementlichen uf eyn deyl dan ave besaegent, dat solin wir beêde samen lijden ind stede baldin ayn enniche wederreede. Oich solin wir under uns up deme huys zu Draichgenvels eyne halve myle al umbe ind umbe ain eingerleye anegeverde eynen gainzin steden burchvreyde halden. Alle dye punt ind vurwordin, so wie sij puntligen vurgescreven steynt, hain

---

1) Aus der folgenden Urkunde vom 25. August 1345 geht hervor, dass Rutger zum priesterlichen Stande bestimmt war und sich um eine Pfarrstelle bemühte.

2) Christine, Tochter des Ritters Pelegrin von Deutz, lebt noch 1357 Juni 2, Lacomblet, Urkb. Bd. 3, no. 573.

wir Henrich burchgreve ind .. Rutger brudere vurgenant gesijchert mit lijflicher truwen ind zo den heilichin gesworen, vaste stede ind unverbrûchlig ze halden sunder eynche wederspraege ind ayn alre hande argelist, also ind mit sulgenen vurwordin, so wilch van uns bruderin of eiman anders van sinen wegin aichtermoils eynche dyser vursprochinre punte ind overdraich verbreege an eyme deele of an zemale ind neyt stede inheilte so we it vûrgereyd is, dat man bevûnde mit der wairheyde ind zûbreychte, den van uns de also veravelich were sal der ander bruder de dyse punt stede heilte mit dysme intgeinwordichin brieve zuychin meineydich truwelois ind eirlois up' allen steêdin, vur heirrin ridderin ind kneychtin, ind noch dan da enbovin solin alle dye punt ind vûrworden vurgenoympt in irre gantzer maicht blyven werin ind duren in alle der wijs wegin ind manerin, ast vurgescreven steyt; alrekunne argelist geistlichs reychts ind werentlichs sij afgescheidin an al dysin dincgen. In urkûnde inde meirre stedicheit alle der vursprochinre pûnte ind vurwordin so hain wir beêde samen unse ingesygele eyne mit sygelen unser vrunde ind maege vurgenant an dysen brief gehaucgen. Ind wir Rorijch herre zu Oitgenbach, Eirnst syn bruder canuynch imme doyme ze Colne proyst der kijrchen zo sente Peter zu Meynze, .. Schillinck van Bruyche deichin zu Bunne, .. Rorijch herre zu Rennenberch, .. Henrich van Virnenburch genant van Rennenberch[1], Henrich van Gymnich riddere, .. Herman Zobbe van Ingendorp ind .. Johan Cloys van Draichgenvels vurgenannt ergien des offenbeirlichen ind bekennent, dat her Heinrich burchgreve zu Draichgenvels ridder vur sijch up eyn sijde ind .. Rutger vur sijch up ander sijde brudere vurgenoympt mit irre beyder willen overmitz uns ind ander ire vrunt, waint sij ons darzo baedin, sij zo saessin, gesat sijnt ind gescheiden eilenclichen ind zemale sunder wederroeffen in alle der wijs ind manerin ast vurgereyd is, ayn alre hande argelist. Des zo eyme gezuiche ind vaster stedicheijt so hain wir unse ingesygel zo irre sunderlicher beydin an dysen brief gehaucgen, de gegevin is ind gescreven des vrijdays na deme sûndage as man sincget oculi in der vasten na goitz geburde dusent druhundert jair in dem vunfe ind veirzijchstem jare.

---

1) Es ist wohl derselbe Heinrich von Virneburg, der in der folgenden Urkunde sich Burgmann zu Blankenberg nennt.

Orig. Perg.; vom Umbug die linke Hälfte abgeschnitten, in der rechten fünf Siegeleinschnitte mit den gleichzeitigen Beischriften: dominus Roricus. d. Henricus de Virnenburg. d. Henricus de Gymmenich. Hermannus Zobbe. Johannes Cloys. — *Rückaufschriften 17. Jahrdts.: Inhaltsangabe, Signatur:* Drachenfeltz Lit. A num. 7.
Vgl. Strange, Beiträge zur Genealogie Heft 5 S. 4.

1345 August 25. — Heinrich von Virneburg Burgmann zu Blankenberg verspricht dem Burggrafen Heinrich von Drachenfels, dessen Bruder Rutger zu der Pfarrstelle in Winterscheid zu verhelfen.

42 (Drachenfels 17).

Ich Henrich van Virnenburg burgman zů Blankenberg doin kont allin ludin, dat ich herrin Henrich rittere borgreven zu Draggin|veylz eyne vurworde[a] ind geluffenis gedain hatte alz van der kirgen zu Winterscheit der her van eynre siten ind her | Gerart rittere ind Walraven gebrudere vam Steyne[1] mine neyven van der ander siten patroyn sijn ind gevere, inde hatte deyme selven borgreven geloift, dat eyrste die kirge leidich ind los wůrde, dat ich mine neyven vurgenant darzů solde brengen ind berichten, dat si ir gijgte ind gave zů deyme eyrstin maylen kerin suldin ain die selve stat dar der borgrave vursprochin sine gijgt keirde. Der vurwordin ind geluyffenis in konde ich den borgreve neit gewerin, want mine neyven ir gijgte keirdin an eyne ander hant dů die kirghe vellich wart. Ind want ich van dem borgraven herumb veil ansprechin leidin hain, so sijn wir zů leste overmicz rait beider herrin ind vrunde mit gudin moitwillin van alle deysere ansprechin ind stuckin gesat gesoint int luterlich gescheidin in der maneyrin, dat ich deyme vursprochinen borgraven alle jar op sinte Mertijns dach in deme winter geven sal ind rechin ind bezalin zů Blankinberg vůfindezwinzich mark paymencz alz do genge ind geve is, also lange bis Rutgere von Draginvelz des vurgenanten burgraven brodere, ain wilchin Rutgere der borgrave sine gijgt zu deym mail gekeirt hat ind hait, kůmpt in besiczinge der vurge-

---

a) *Hier und sonst steht in der Vorlage* w *statt* v.

1) Ritter Gerhard vom Stein erscheint wiederholt unter den Manuen des Grafen Dietrich von Looz und Chiny Herrn zu Heinsberg und Blankenberg, so am 13. Februar 1342, am 7. Februar 1357 u. ö. Lacomblet, Urkb. Bd. 3, no. 372, no. 567. Ueber die Vergebung der Pfarrstelle zu Winterscheid vgl. Strange, Beiträge zur Genealogie Heft 9, S. 1 ff.

nanter kirgen van Winterscheit ind neit langer. Weirt oich sache, do got vur sijn muysse, dat Rutgere vursprochin aflivich wurde of rittere wurde of elich wijf kuiste of leye wurde of it darzu queyme dat Rutgere vurgenant geyne kirgen behaldin in mugte noch in sulde, so sulde ich ind mine erven der vurgenanter guldin ind alre geluffinis ind alre vorderien alz van den sachin quijt sijn ind los ind leidich. Ind op dat der borgrave der bezalingen ze sicherre sie, so hain ich in bewijst ind bewis in overmicz diese brieve in mijn eygin gûyt ind hoif zû Eydichoven[1] mit sulcher vurwardin, of eyme dey vufindzwenchich mark gelcz vursprochen neit bezalt in wurdin op den vurgenanten sinte Mertins dach of binnen den neistin egt dagen darna unbevangen, so mach sich der borgreve ain dat guyt haldin bis eyme genoich geschijt, alre leie argelijst uysgescheidin in deisin sachin. Ind zu meyrre steidicheide alle deser sachin hain ich Henrich van Virnenburg vurgenant mijn ingesegel ain deisin breif gehangen ind hain umb meire steidicheit gebeidin eynen hogeborin herre heren Diderich greven van Loin inde van Chiney here van Heynsberg ind van Blankenberg minen lieven geneidichen here, dat he sijn ingesegel ain deisin breif do hangen ind bid in, want dat guyt in sime lande geleigin is, dat he, deme selven burgraven allin krûyt afdoin wille of in eyman do ain hinderin wolde. Inde wir Dederich greve vurgenant umb beide Henriches von Virnenborch voirsprochin ind want oich alle diese vourwarden overmicz ons ind der beider partien vrunt gemacht sint, so hain wir onse ingesegel ain deisin brief doin hangen ind willin allit dat gehaldin ind gedain hain, des wir hie inne van Henriche gebeidin siin ain argelist. Gegeven do man schreif die jar ons herrin goitz druyczeinhondert ind vufindveijrzich des neistin daches sinte Bartholomeus dage des heilgin apostollen.

Orig. Perg., 1 Siegeleinschnitt, Bruchstück eines Siegels mit dem Looz'schen Wappen. — Signatur 17. Jhdts.: Drachenfeltz Lit. A. Num. 5.

Gedruckt: Strange, Beiträge zur Genealogie Heft 9, S. 2 ff.

1345 Oktober 29. — Balduin Erzbischof von Trier nimmt den Ritter Heinrich Burggrafen von Drachenfels mit einem Mannlehen von 15 Mark wieder zum Vasallen der Trierer Kirche an.

43 (Drachenfels 18).

---

[1] Edgoven bei Blankenberg an der Sieg, Bürgermeisterei Hennef.

Nos Balde*winus* dei gracia sancte Treverensis ecclesie archiepiscopus sacri imperii per Galliam archicancellarius notum facimus universis | quod nos strenuum militem Henricúm burgravium de Drachenfels in nostrum et ecclesie nostre vasallum seu fidelem de novo | conquisivimus[1] pro centum et quinquaginta marcis brabantinis pagamenti confluentini, quam pecunie summam sibi infra unius anni spacium a data presencium computandum continue persolvemus, alioquin ex tunc sibi suisque heredibus legitimis redditus quindecim marcarum dicti pagamenti annis singulis in festo beati Martini episcopi hyemalis persolvi faciemus in Confluencia per cellarium nostrum ibidem qui pro tempore fuerit tamdiu donec ipsis per nos aut . . successores nostros de predictis centum et quinquaginta marcis plene et absque defalcacione fuerit satisfactum; ante quarum tamen solucionem tenebuntur dicti Henricus et sui heredes legitimi nobis nostrisque . . successoribus in bonis suis allodialibus seu propriis nobis et ecclesie nostre bene situatis redditus quindecim marcarum eiusdem pagamenti assignare et eosdem a nobis recipere et tenere in feodum prout idem Henricus iam dictos redditus quindecim marcarum, ut predicitur, assignatos a nobis recepit et tenet in feodum cum onere fidelitate iuramentis et serviciis in talibus feodis debitis de consuetudine et de iure et super eo nobis dare suas litteras duplicatas prout alii nostri vasalli seu fideles facere consueverunt. In cuius rei testimonium sigillum nostrum presentibus est appensum. Datum anno domini M. CCC. XL quinto sabbato ante festum omnium sanctorum.

Orig. Perg., Siegel ab; gleichzeitige Rückaufschrift: Petro cellerario Confluencie[2]; *Signatur 17. Jhdts.:* Drachenfeltz, num. 7. Lit. A.

1346 Februar 11 (sabbato proximo post festum b. Agathe virginis). — Hermann der ältere von Kothhausen (Coithusen)[3], Johann

---

1) Aus dem Jahre vor der Erhebung Karls IV. zum Könige sind besonders zahlreiche Lehnsurkunden des Erzbischofs Balduin erhalten, s. z. B. Günther, Codex diplomaticus Rheno-Mosellanus Bd. 3¹, no. 311 ff.

2) Der trierische Kellner zu Koblenz heisst damals Petrus Sure, vgl. die Urkunde vom 29. Oktober 1345 bei Hontheim, Historia Treverensis diplomatica Bd. 2, no. 657; Lamprecht, Deutsches Wirthschaftsleben Bd. 3, S. 457, 1; 459, 25; 467, 25.

3) Die von Kothhausen sind ein angesehenes, warscheinlich nach dem Dorfe Kothhausen bei Rheindahlen benanntes Neusser Schöffengeschlecht. Im

Ulenrinch, Gottschalk Bliof, Hermann Kindchen (Puellus), Hermann von Heyge, Johann der jüngere von Kothhausen und Hermann der jüngere von Kothausen Schöffen zu Neuss beurkunden, dass Arnold vom Horne (de Cornu) mit Zustimmung seiner Söhne Arnold Heinrich und Sibertus, der Christina von Kothhausen Witwe des Neusser Schöffen Heinrich Moynch $2^3/_4$ Morgen Ackerland ‚sitos in insula dicta der Ham trans fluvium dictum die Arepe' [1] verkauft habe. **44.**

Orig. Perg. mit Bruchstücken von 5 anhgdn. Siegeln, 1 Siegeleinschnitt, 1 Pressel; Siegel 1: Treppensparren, jede der sieben Stufen mit einer Gleve besetzt, in den Winkeln des Schildes drei Sterne; genau so, nur kleiner, das Rücksiegel; 2: Jakobsmuschel, ebenso im Rücksiegel; 3: Frauengestalt, auf der rechten einen Vogel, in der linken einen Fisch, Stern im rechten Obereck; Rücksiegel: Frauenkopf, Umschrift: H. Puell[9] scabinus; 4: Gezackter Schildesrand, Schrägbalken; 5: wie 1.

1346 Mai 27. — Der Official des Kölner Dompropstes und Archidiakons meldet den Pfarrern von Obermorken und Lipp, dass er die Pfarrkirche zu Niedermorken nach dem freiwilligen Verzicht des letzten Pfarrers Johann von Harff dem durch Ritter Heinrich von Harff als den Patron der Kirche ihm präsentirten Priester Arnold von Morken übertragen habe, und befiehlt ihnen zugleich, den genannten in den Besitz der Pfarrkirche und ihrer Einkünfte einzuweisen.

45 (Harff [Morken] 1).

Officialis venerabilis viri domini . . prepositi et archidiaconi Coloniensis plebanis in Superiori Morke et in Luppe ac universis ecclesiarum parrochialium rectoribus seu eorum vices gerentibus| ad quos presentes littere pervenerint salutem in domino sempiternam. Presentato nobis viro discreto Arnoldo de Morke presbitero

---

Jahre 1283 stiften Hermann und Johann von K. zusammen mit ihrer Mutter Wendelmudis das Klarissenkloster zu Neuss, Lacomblet Urkb. Bd. 2, no. 784; vgl. K. Tücking, Geschichte der Stadt Neuss (Düsseldorf u. Neuss 1891), S. 29. Der Kothhauser oder Kotzer Hof bei Neuss dürfte nach dem Geschlechte, nicht dieses nach jenem benannt sein.

1) Ueber diese, bereits im Jahre 863 erwähnte Insel und die Veränderung der Wasserläufe bei Neuss s. Tücking, Geschichte der Stadt Neuss S. 333 ff.

ad ecclesiam parrochialem in Nidermorke[1] | Coloniensis diocesis dicti domini nostri . . prepositi . . archidiaconatus vacantem ad presens per liberam resignationem Johannis de Harve ultimi ipsius ecclesie pastoris per honorabilem virum dominum Henricum de Harve militem verum patronum ipsius ecclesie, cuius presentacio dum ipsam vacare contigerit ad eundem dominum Henricum, ut dicitur, dinoscitur pertinere[2], supplicantem nobis humiliter et devote, quatinus ipsum Arnoldum presentatum ad dictam ecclesiam, sic ut premittitur, vacantem admittere ipsumque de eadem, prout moris est, investire dignaremur cum sollempnitatibus ad hoc debitis et consuetis. Nos itaque, nemini in suo iure deesse volentes, set unicuique iusticiam facere expeditam, citari peremptorie fecimus et mandavimus coram nobis omnes et singulos qui sua dicerent vel crederent interesse, tribus proclamacionibus debitis prehabitis et consuetis, ad vigiliam ascensionis domini proximam hora prime ad opponendum se huiusmodi presentato et ad docendum de suo iure et interesse siquod se habere dixerint vel crediderint in ecclesia memorata; quos diem et horam ad sabbatum proximum immediate subsequentem duximus continuandos. Quibus quidem die et hora predictis nemo comparuit opponens se dicto presentato. Prefato tamen Arnoldo presentato coram nobis comparente et eorum contumaciam accusante ac petente humiliter, se ad dictam ecclesiam per nos admitti ipsumque de eadem investiri, nos iustis ipsius Arnoldi presentati precibus inclinati, omnibus et singulis sua interesse dicentibus vel credentibus contumacibus reputatis et eorum contumacia non obstante ipsum Arnoldum antedictum ad ecclesiam parrochialem in Nidermorke predictam decrevimus fore admittendum et eundem Arnoldum de eadem investiendum, ipsumque Arnoldum presentatum predictum ad dictam ecclesiam presencialiter admisimus et admittimus in hiis scriptis, eundem Arnoldum per librum quem in manu tenebamus investiendo de eadem, curam

---

1) Niedermorken hiess ehedem dass heutige Dorf Morken im Kreise Bergheim unweit Harff im Gegensatze zu Obermorken (Overmorka), einem Theile von Königshoven, doch spricht bereits eine Urkunde vom 14. August 1258 von einer „parochia Mairke', Lacomblet, Urkb. Bd. 2, no. 453; vgl. daselbst Bd. 3, no. 328 und 391; dazu Korth, Annalen d. Hist. Ver. Heft 52, S. 51 Anm.⁏1.

1) Die Pfarrstelle in Morken zählte zu den Personaten, vgl. darüber J. Mooren, Annalen d. Hist. Ver. Heft 25, S. 173 ff.; aus der älteren Litteratur J. H. Höver, Dissertatio de parochis (Kölner Dissertation 1764), S. 35 ff.

animarum et custodiam reliquiarum ipsius ecclesie sibi in animam suam committendo; recepto eciam et prestito ab eodem presentato dicto nomine de obediendo et de inventis eiusdem ecclesie conservandis et de perditis recuperandis pro posse et nosse solito iuramento. Quocirca nobis et cuilibet vestrum in virtute sancte obediencie districte precipiendo iniungimus, quatenus, prout super hoc fueritis requisiti, prefatum Arnoldum investitum vel procuratorem suum ad hoc legitime constitutum eius nomine in dicte ecclesie iuriumque suorum possessionem mittatis et inducatis corporalem cum sollempnitatibus ad hoc debitis et consuetis. Monemus insuper auctoritate nostra omnes et singulos utriusque sexus homines ad quos fructuum .. reddituum .. proventuum .. iurium et obvencionum ipsius ecclesie administracio assignacio vel exhibicio pertinet, quatenus sibi et nulli alteri de fructibus redditibus proventibus iuribus et obvencionibus universis dicte ecclesie, quantum hoc ad eos pertinet, integre respondeant et satisfaciant temporibus debitis et consuetis; alioquin in quemlibet eorum in premissis inobedientem et culpabilem, monicione sex dierum premissa, quorum duos pro primo, duos pro secundo et reliquos duos pro tercio termino peremptorio ac monicione trina et canonica ipsis et eorum cuilibet assignamus, excommunicacionis sentenciam ferimus in hiis scriptis, quos excommunicatos in vestris ecclesiis et in dicta ecclesia in Nidermorke publice nuncietis; et in` hiis exequendis unus vestrum alium seu alios non exspectet. Que autem in premissis feceritis, nobis litteris vestris patentibus, vestris sigillis sigillatis, presentibus transfigendis liquide rescribatis aut per instrumenta publica rescribi faciatis. Datum anno domini millesimo trecentesimo quadragesimo sexto sabbato post festum ascensionis eiusdem supradicto.

Per aud(itorem) Hermannum de Eyscheroyde. Per Hermannum de Lippia^a.

Orig. Perg. mit Siegeleinschnitt im Bug, links oben Spuren des Officialat-Signets in rothem Wachs, kreuzförmig ausgezogen.

1346 Juni 21. — Der Kölner Jude Suyskin und sein Schwestermann Alexander versprechen, dass der Burggraf Ritter Heinrich von Drachenfels in der Bürgschaftsangelegenheit für Godart von Sayn

---

a *Beide Unterschriften vom Schreiber des Textes.*

Herrn zu Homburg, nach Abtragung seines eigenen Antheils an Hauptsumme und Zinsen jeder weiteren Verpflichtung ledig sein soll.

46 (Drachenfels 19).

Universis presentes litteras visuris nos Suyskinus filius quondam Meygeri de Sibergh[1] et | Allexander eius sororius Judei Colonienses notum facimus protestantes, quod cum vir strenuus | et honestus dominus Henricus burgravius in Drachentvelz miles se apud nos pro domino Godardo de Seyne domino de Hoemburg et Salantino eius nato tamquam debitorem principalem una cum aliis suis debitoribus comprincipalibus pro octingentis marcis denariorum pagamenti coloniensis sortis principalis et usuris si que supercreverint easdem obligaverit, annuimus et favemus dicto domino Henrico, ut ipse suam porcionem ipsum in dicto debito octingentarum marcarum denariorum pagamenti coloniensis et usuris si que supercreverint attingentem nobis tradat et persolvat et a predicto debito et ab omni onere ipsius quitus et solutus existat, harum testimonio litterarum sigillo mei Suyskini quo ego Allexander eius sororius utor in premissis sigillatarum et datarum anno domini M. CCC. quadragesimo sexto feria quarta post festum sacratissimi corporis eiusdem.

Orig. Perg. mit einer Pressel; Signatur 17. Jhdts.: Drachenfeltz Lit. A num. 8.

1347 Februar 19 (1346 in crastino dominice invocavit). Gerlach Herr zu Isenburg und sein Sohn Johann belehnen Johann von Ders[2] und dessen Frau Karissima mit ihren Gütern im Dorfe und

---

1) Der Jude Meyer von Siegburg war in einen langwierigen Streit mit der Stadt Köln verwickelt. Am 9. Mai 1334 erkannten die Schöffen von Bonn ihn und seinen Sohn Joylmann des Todes schuldig, weil er einem Fälscher zur Flucht verholfen hatte. Das Urtheil scheint vollzogen worden zu sein, denn am 21. Oktober desselben Jahres vergleichen sich seine Hinterbliebenen, unter ihnen Suyskint, mit der Stadt Köln, Ennen, Quellen zur Geschichte der Stadt Köln Bd. 4, no. 201, 208, 209. Rheinischen Edelherren scheint er öfters ausgeholfen zu haben, s. z. B. die Anweisung Gottfrieds II. von Heinsberg-Blankenberg, Mittheilungen aus dem Stadtarchiv von Köln Heft 5, S. 46, no. 1039.

2) Johann von Ders erscheint am 18. Januar 1341 als Vermittler zwischen den Herren von Helfenstein und der Gemeinde Arzheim, Günther Cod. dipl. Rheno-Mosellanus Bd. 3[1] no. 259; in dem Friedensverbunde der

Gerichte Rhens, behalten sich jedoch die Einlösung mit 200 Schildgulden vor[1].

Es sollen siegeln: Gerlach und Johann von Isenburg, Werner Susze und die Schöffen von Rhens. **47.**

Orig. Perg. mit Bruchstücken von 4 anhgdn. Siegeln: 1: Zwei Querbalken. 2: Zwei Querbalken, Adler im rechten Obereck. 3: Schachbrett von acht Feldern, mit Turnierkragen bedeckt, Umschrift: S. W'neri(dc)i Sus. 4: Gespaltener Schild, rechts das trierische Kreuz, links zwei gekreuzte Schlüssel.

1347 Juni 2 (le premier samedy de juing) — Wirote von Astenoy[2] Statthalter des Ritters Johann von Schönau Herrn von Vaux im Amte Laroche (lieutenans messire Jehan de Sconou sire del Val chevalier en la prevosteit de Laroche)[3] beurkundet, dass der Knappe Johann von Beaufort dem Johann Machon von Bastogne gegen ein Darlehen von 51 kleinen Florentiner Gulden von seinen jährlichen Einkünften aus dem Hofe Bury 11 Schilling verpfändet habe.

Zeugen: Henry de Werley, Gerar de Roschar, Godefrins de Recongne, Lambekins de Vaulz, Lambers de Mainy, Jehans filz jadit messire Watier de Stembay chevalier, Henri de Trones maires de Hoffeal, Jehans Florenville, Lorens Ambedens de Nimerly et eschevins del mairie de Hoffeal[4], Thirious de Nimerly maire del cour de Guvi Jehans de Filluez, Florekines Alar Bourgoy, Jehans Jaure, Godefrin de Recongne tous de Capongne; Hennous de Maisereu, Bernote de Humont. **48** (Beaufort 3).

---

rheinischen Städte vom 7. September 1359 ist er Vertrauensmann für Koblenz, Lacomblet, Urkb. Bd. 3, no. 595.

1) Bereits im Jahre 1277 bezieht der Herr von Isenburg 14 Fuder Wein aus der kölnischen Herbstbede zu Rhens, Lamprecht, Deutsches Wirtschaftsleben Bd. 3, no. 285, 15.

2) Assenois bei Arlon, belg. Luxemburg.

3) Hier ist die Herrschaft Laroche (Larochette) zwischen Bastogne und Houffalize gemeint. Jean, seigneur de la Rochette, begegnet sehr häufig in Luxemburger Urkunden aus dieser Zeit, s. z. B. Publications de la section histor. de l'Institut N. F. Bd. 1 (Luxembourg 1868) S. 6, no. 3; S. 13, no. 40 S. 14, no. 44; S. 15, no. 47; S. 21, no. 81 u. ö.

4) Hoffeal, Hoffelt, im nördlichsten Theile des Grossherzogthums Luxemburg, südöstlich von Houffalize.

Orig. Perg. mit zwei Siegeleinschnitten: Gleichzeitige Rückauf-schrift: „Jehans de Beafort doit a Jehans Machon 51 petits florins'. *Aufschrift 15. Jhdts.:* „Here Johan van Beaffort ist schuldich Johann Mochu 51 petit florins off kleyn gulden.'

1347 Dezember 25. — Arnold von Arlon bescheinigt, dass sein Diener der Lombarde Arnold von Arlon für ihn von Aleidis Frau von Beaufort und von dem Trierer Schöffen Ordolf Houwas 7 Livres 10 Sous Zins empfangen habe.   49 (Beaufort 4).

Nous Arnouls dErlon[1] recognisons a tous que Arnouls li Lonbars dErlon nostre varlet at recut | pour nos et en nom de nos de ma damme Aleis damme de Bailfort et de sires Ordolf Houwas esche|vins de Trieves[2] dou cens que il nos doient pour le termine de noel lan de quarante et septe sept libres et dix souls de grosses dou quel cens pour l'esteie desurdicte nous nos tenons asoulz et apaiet et en quittons la dicte damme Aleis sire Ordolf lours hoyres et tous altrez a cuy quittanche en doit apartenir par le tesmoing de cest registre saielleit de nostre saiel et dou saiel Melons le prevos dErlon nostre fis. Fait et donneit lan et le jours desurdit.

Orig. Perg., 1 Siegeleinschnitt, 1 kleines Siegelbruchstück: Löwe mit Turnierkragen; Signatur 17. Jhdts.: No. 128.

1347 Dezember 26 (1348 [kölnischen Stils] in die b. Stephani videlicet vicesima sexta die mensis decembris). — Metza, de alde vrauwe van Dragchinvelz[3] wohnhaft zu Königswinter, Rutger ihr Sohn, Konrad vom Zegehove[4] ihr Schwiegersohn und Ernst von Uetgenbach Propst von

---

1) Arnold Herr von Arlon wird am 11. November und am 7. Dezember 1332 Seneschall der Grafschaft Luxemburg (am 1. Mai 1334 „jadit nostre sénéchal') genannt, M. F. X. Würth-Paquet et N. van Werveke, Archives de Clervaux (Publications de la sect. histor. de l'Institut Bd. 36 [N. F. Bd. 14, Luxembourg 1883]) no. 170, 172, 182.

2) Ein „dominus Or[dulfus] Horwas' erscheint 1340/41 in der Hauptrechnung des Erzstiftes Trier, Lamprecht, Deutsches Wirtschaftsleben Bd. 3, S. 432, 30; 433, 25; 434, 15.

3) Wittwe des Burggrafen Rutger.

4) „Celemannus dictus Celis de Seghenhoven et Hilla eius uxor parrochiani in Hoengin prope Gore' verkaufen am 31. Oktober 1315 dem S. Andreas-Hospital zu Köln 14 Morgen Ackerland, Ennen, Quellen zur Gesch. der

S. Peter in Mainz[1] bekennen, den lombardischen Kaufleuten Dominicus Palladus und Franz Palleta 140 Mark zu schulden und verpflichten sich, den Betrag am nächsten Weihnachtstage in Köln oder Remagen zurück zu zahlen, sonst aber ihn mit zwei Heller (duos hallenses junge haller) wöchentlich zu verzinsen; auch sollen die Gläubiger das Recht haben die Eintreibung ihrer Forderung irgend einem weltlichen oder geistlichen Herrn zu übertragen und die Schuldner zum Einlager in Remagen oder Köln anzuhalten.   **50** (Drachenfels 20).

Orig. Perg., sehr schön geschrieben, mit Bruchstücken von 2 anhgdn. Siegeln und 2 Siegeleinschnitten, 1: gespaltener Schild, von einer Frauengestalt gehalten, rechts Drache, links zwei Sparren; Umschrift: S. burggravie de Dragin .... 2: *Drache mit Turnierkragen, Umschrift*: Rutgeri de Dragin ....; *Rückaufschrift vom Schreiber der Urkunde:* ‚Mecza de alde vrauwe van Dragchinvelz 140 m.' *Signatur 17. Jhdts*: Drachenfelz Lit. A no. 9.

Erwähnt ist die Urkunde bei Strange, Beiträge zur Genealogie Heft 5, S. 5 no. 3.

134[9] Oktober 10. — Uda Frau von der Hallen und ihr Sohn Reinhard geben ihre lehnsherrliche Einwilligung dazu, dass Abo und Mechtilde von Effelt dem Kloster der Praemonstratenserinnen zu Heinsberg eine Erbrente von 2 Mark jährlich aus den Besitzungen zu Effelt zu einer Pitanz übermachen, bedingen sich jedoch Jahrgedächtnisse für Johann von der Halle und seinen Sohn Gerhard aus.
    51 (Effelt 2).

Wir .. Uda vrauwe van der Hallen ind .. Reynart ir elste sůn důyn kůnth allin ludin die dyesen bry [ef aen sient of horen] | lesen, dat vůr ůns ind ůnse lotin nabeschreven kůmen sijn .. Abo inde .. Mechtilt sine elyche hůysfrau[we genant] | van Effelt ind hant

---

St. Köln Bd. 4, no. 28. Näheres über die Familie von Siegenhoven genannt Anstel findet sich bei A. Fahne, Geschichte der köln. jül. und berg. Geschlechter Bd. 1, S. 400; danach stammten die Siegenhoven aus Neuss, allein die eben erwähnte Urkunde beweist, dass sie in Hoeningen bei Gohr, also unfern Anstel ansässig waren.

1) Ueber Ernst von Uetgenbach vgl. oben no. 41 Anm.; am 20. Juni 1350 überträgt er als ‚prepositus ecclesie s. Petri extra muros Moguntinenses' seinem Stifte das Patronat der Pfarrkirchen zu Altengottern und Krotzenberg, St. Würdtwein, Dioecesis Moguntina in archidiaconatus distincta, Commentatio III (Mannheim 1768), S. 786 f.

bekant ind bekennen ůvermitz diesen breyf, dat si mit willen
ind mit gebenkenis ûn[ser beyder?] hant virkocht einen eir-
samen .. . convente ûnser vrauwen bi Heynsberch van der ordinen
van Premonstrey[ze eyner]' pytancien .. zwô march geltz pay-
mentz, as in den lande van Wassenberch genge ind geve mach
sin of hernam[ails werden, eyne] erfgûldin jairlichs van yren
gůde dat si van ûns haldinde sint, dat is van hůys ind van hove
ind van zijend[en halven] morgen ackers lantz zu Effelt gelegen
zů sint Remeismissen of zů alreheyligenmissen neist darna kume
[nde an]vange ze bezalen ze reyken ind ze antwerden int cloister van
Heynsberg vůrsprochen den pytancienmeistersen ummerme[de da]sin
of werden mugen. Vur wilche zwo march geltz unse gehencnisse
ze geven hait uns dat vurgenant convent geloif[t ze halden] ind •
ummerme ze důne zwey jairgezide ûnser heren, dat is heren Johans-
van der Hallen ind heren Gerartz sins sůns [den] got genedich
si[1]. Vůr wilche gůlde oich vursprochen stede gewisheit ze důne,
so hant Abo ind Mechtoit vůrsprochen ir [vůrgenant] guit verbun-
den zůtz einen .. underpande mit assůlcher vurwerden: weir't
sake dat dat vůrsprochen conven[t of die] pytancienmeistersen up
eynich der jare gebrech leden an der vůrgenanten gůldin ze moyle
of an eyme deyle up den v[ůrsprochen] zijt, des nyet sin in můysse,
so sůlen ind so můgen si sich des vůrsprochen .. underpantz an-
keren ind underwenden s[under] werwort ind wiederzale Aben
ind Mechtode vůrgenant of irre geerven inde yren urber darmede
schaffen as [mit] witzlichen erve ind wale irvolchden ûnderpande,
beheltenisse in allin dingen uns rechtz, alre kunne argelist [ussge]-
scheiden ind geslossin in allin vůrsprochen dingen. Diese stůcken
sint oich důrch recht geschiet ůvermitz .. Reynarde [den man]
heist Sponart, .. Henriche den man heist Pagge, ind .. Henriche
den man heist Upsteckin unsen lotin van Effelt. In[d up dat]
diese vůrsprochen vůrwerden nůtze ind stede ind unvirbrochen
ummerme bliven, so han ich .. Reynart van der Hallen vurge-
[nant durch] den wille mijnre vrauwen minre mâder vůrsprochen
ind Aben ind Mechtode ûnser lotin vůrsprochen van einre par-
tyen [ind] dis .. conventz van Heinsberg vurgenant van der ander
partyen han ich mijn .. ingesyegel an diesen bryef gehangen

---

1) ‚Commemoratio domini Gerardi militis de Hallen qui dedit marcam
annuatim' zum 18. Juli, Necrologium des Praemonstratenser-Marienstiftes zu
Heinsberg, Zeitschrift des Aachener Gesch.-Ver. Bd. 1, S. 269.

[in] getůych alre vůrsprochen wairheide int jar uns heren dat man schrijft na goitz gebůrde důsent drihůndert n[uyn] ind veirzich jar up sente Gereonis dach ind sinre heyliger geselschaf.

Orig. Perg. mit einem Siegeleinschnitt, die rechte Seite unter Textverlust beschnitten; Rückaufschrift 14. Jhdts: ‚2 marche in Effelt', 15. Jhdts: ‚De diversis' ‚LXVI. f.'

1349 Oktober 18. — Johann I. ein Herr zu Kerpen belehnt Johann Beylensohn mit einer Rente von zwei Malter Roggen und einem Malter Kerven aus seinem Gute zu Kyll.

52 (Mirbach 1).

Ich Johann eyn herre zů Kerpen[1] důn kunt allen luden, dat van gůdem deynst den mir Johan Beylen sůn gedayn hait | und auch hernamails důn sal, hayn in gemacht mynen man und bewisen in voir seiszich marc die ich eme zů man|schaf geloift haijn zvey malder rocken und eyn malder kerven zů Kele[2] ayn myme gude so wie it gelegen is die .he al jair da heifen sal ůp sente Mertyns dach ungehindert bis ich eme seiszich marc gegefen; und so wanne ich af die myne eme aif sinen erfen die gegeifen, so sulen die drů malder frücht los syn und so sal der vorgenante Johan uns bewisen ayn syn eygen dat uns alreneiste geleygen is seis marc gelz dat he af die syne van uns af van unsen erfen alweijge zu reichten manlene halden und hafen sulen. Und were dat sachge dat he des eygens neit in hette, so sal man dat gelt leigen hinderen eynen[a] burchman zů Kerpen bis he uns seys marc gelz bewist ast zů manschaf recht is, al argelist ůzgescheiden. Und zů eynre urkůnde so hayn ich myn ingesegel ayn desen breif gehancgen. Datum anno domini M. CCC. XL nono ipso die beati Luce ewangeliste.

---

a) **eynen** *über der Zeile.*

1) Johann I. von Kerpen erscheint in dem Vertrage, den Dietrich von Kerpen Abt zu Prüm im Januar 1355 mit Erzbischof Boëmund von Trier abschliesst, unter den Edelknechten, Hontheim, Historia Treverensis diplomatica Bd. 2, no. 683; vgl. Schannat-Bärsch, Eiflia illustrata Bd. 1 Abth. 2, S. 724. Erwähnt wird er auch in dem Kassenbuche des Trierer Siegelamtes vom Jahre 1350, Lamprecht, Deutsches Wirtschaftsleben Bd. 3, S. 488, 25.

2) Es ist wohl an Kyll (Stadtkyll oder Niederkyll) zu denken.

Orig. Perg. mit Pressel; *Rückaufschrift 15. Jhdts*: ,myn herre von Kerpen', *Signatur 17. Jhdts*: no. 12.

1350 Mai 1 (ipso die bb. Philippi et Jacobi apostolorum). — Konstantin vom Horne (de Cornu)[1] Propst von S. Maria ad gradus in Köln entbindet den Burggrafen Heinrich von Drachenfels von der Bürgschaft, die dieser ihm für eine Schuld des Kölner Domherrn Ernst von Molenark[2] geleistet hat. 53 (Drachenfels 21).

Orig. Perg. mit Bruchstück des abhgdn. Siegels: *Muttergottes mit Kind; Signatur 17. Jhdts:* Drachenfeltz sub no. 10 Lit. A.

1350 Dezember 9. — Heinrich Kutger zu Breisig nimmt von dem Ritter Heinrich von Rennenberg zu Virneberg dessen Weinberg „der Virneburger" zu Breisig auf 14 Jahre gegen den halben Herbst in Pacht und verpflichtet sich, ihn während dieser Zeit einmal mit Mist zu düngen. 54 (Drachenfels 22).

Notum sit universis presentes litteras inspecturis, quod .. ego Henricus dictus Kůtger, Elsa uxor eius legitima et .. Petrus eorum filius commorantes | in Brijsche erga strenuum virum dominum .. Henricum militem de Rennenberg commorantem in Virnenberg[3] acceptavimus et presen|tibus acceptamus presencium tenore vineam suam sitam in Brijsge dictam der Virnenburger qualitercumque existentem quatuordecim annis sibi continue subsequentibus qui currere incipient in festo purificacionis beate Marie virginis pro dimidio cremento vini dicte vinee ut moris est, ita quod

---

1) Der Propst Konstantin vom Horne, aus dem bekannten Kölner Schöffengeschlechte, spielt eine Rolle bei den Ausgleichsverhandlungen der Stadt Köln mit den Dominikanern, Ennen, Quellen zur Geschichte d. St. Köln Bd. 4, no. 329, S. 355, 356.

2) Der Domkanoniker Ernst von Molenark wurde am 30. März 1352 zusammen mit dem Propste Reinhard von Spanheim im Hause des Kölner Offizials erschlagen, Kölner Jahrbücher Rec. A., Chroniken der deutschen Städte Bd. 13 (Cöln Bd. 2), S. 23; am 30. Juni 1353 verglich sich sein Verwandter Gerlach von Isenburg deswegen mit der Stadt, Lacomblet Urkb. Bd. 3 no. 522; andere Aktenstücke über die Angelegenheit bei Ennen, Quellen zur Geschichte der St. Köln Bd. 4, no. 339, no. 340, no. 351.

3) Es ist derselbe, der in dem Drachenfelser Theilungsvertrage vom 4. März 1345, oben no. 41, als Heinrich von Virneburg genannt von Rennenberg erscheint. Unter Virneberg ist wohl ein Ort bei Rheinbreitbach (Kr. Neuwied) zu verstehen, nicht aber der Sitz des Grafengeschlechtes in der Eifel.

nos dicti Henricus Kûtger, Elsa eius uxor legitima et . . Petrus eorum filius ipsam vineam semel infra terminum dictorum annorum cum fimo bene meliorabimus [1]; quod si non fecerimus, extunc predictus dominus . . Henricus miles de Rennenberg de dampno sibi exinde surgente in omnibus bonis nostris ubicumque sitis nostrorum sine contradictione recuperabit sine dolo . . In cuius rei testimonium sigilla strennuorum militum domini . . Theoderici de Brunsberg necnon domini . . Lodewici de Sûnnenberg ad preces nostras recognovimus presentibus appendi. Et nos . . Theodericus et . . Lodewicus milites prefati recognoscimus sigilla nostra ad preces dictorum Henrici, Else et Petri eorum filii presentibus appendisse. Datum anno domini M. CCC. quinquagesimo crastino concepcionis beate Marie.

Orig. Perg. mit Bruchstücken von 2 anhgden Siegeln. 1. Helmsiegel. 2: unkenntlich.

Erwähnt bei Strange, Beiträge zur Genealogie Heft 5, S. 5 Anm. 1.

1351 April 9 (noef jours denens le mois davril) — Der Allodialhof zwischen S. Maria und S. Lambert zu Lüttich beurkundet, dass der Ritter Giles Gilars dem Lütticher Bürger Wilhelm von Pillecules eine Rente von 23 Mud Spelt, welche Renechon de Wandre und Isabeau, die Frau Sandrekins dela Tour von $9^{1}/_{2}$ Bunder Acker und 1 Morgen Wiese bei der Mühle von Saivelette zahlen, erblich übertragen habe[2].

Zeugen: Henri li Beau chevalirs, Hukins Harduiens, Johan de Preit eschevin de Lige, Johans de Juppille, Thibaus de Lardir, Johans ses fis, Stassin Drugins, Fastier Bareit de Seve, Colars Lambereis, Stassin le Barbir, Jehan le Cokin.

Siegel: der Erzpriester von Lüttich.

55 (Saive 3 [Transfix zu no. 12]).

Orig. Perg. mit anhgdem. spitzovalem Siegel: rechts die Muttergottes mit dem Kinde, links der h. Lambertus in bischöflichen Gewändern, Umschrift: S. archipresbiteratus Leod . .

---

1) Ueber Dunglieferung seitens der Pächter s. Lamprecht, Deutsches Wirtschaftsleben Bd. 1, S. 559.
2) Vgl. hierzu und zu no. 59 Poncelet, La seigneurie de Saive S. 23.

1351 Mai 25. — Werner von Rimburch, Sohn des † Gerhard von Merode Herrn zu Rimburg verkauft mit Einwilligung seiner Mutter Wilhelma seinem Oheim Karsilius von Merode, der seines Vaters Schulden getilgt hat, und dessen Frau Nella um 890 alte Schilde einen von dem Markgrafen von Jülich lehnrührigen Zehnten zu Neukirchen. 56 (Hochneukirch 1).

Kunt si allen luden dee desen 'brief' solen sein of hoeren leesen mit kentnisse der wairheit, dat umb groisse kenlichge schult dee myn vader ind moder gemacht hadden, dee myn oeme | her Karsilis vamme Royde understanden ind vůr mich ind minen vader ind moeder vurlacht ind wail bezailt hait, so hain ich Werner van Rincberch walne selichger gedacht sun heren | Gerartz van me Royde herren zo Rincberch ind mit willen in gehencnisse vrauwe Wilhelme miinre moeder[1] ind mit rade miinre vrunde van miins vader ind moeder weegen ind ander miinre gemeinre mage ind vrunde hain verkoicht ind verkofen erflichgen ind ummerme ind zo ewelichgen dagen den zeinden zo Nuenkirchgen[2] groissen ind kleenen so wee de gelegen is in buszse in velde in artacker in nasse in druge, mit zinsen korn hoinren lamberin vergen ind penincgelde, weilgerleege dat he is, mit alle siime zogehoere, neit ûisgescheeden, so wee den miin alderen ind miin vader ind moder besessent haint ind an mich geerft is na dode mins vader vurgenant .. heren Karsilis vanme Royde, vrauwe Nellen siinen wive[3] ind eren erven erflichgen ind ummerme umb egthundert nunzijch gulden de genant sint alde schilde goid van gulde ind swair van gewichte, weilche summe de vurgenante her Karsilis ind vrauwe Nelle mir wail gerechgent, gehantreicht gegeeven gelevert ind

---

1) Ueber die Herrschaft Rimburg (Rincberch), nördlich von Aachen zwischen Geilenkirchen und Herzogenrath, vgl. Chr. Quix, Schloss und ehemalige Herrschaft Rimburg (Aachen 1835). Gerhard von Merode hatte im Jahre 1323 Wilhelmine von Mulrepas geheirathet, die ihm Rimburg zubrachte; die Belehnung erfolgte am 24. März 1323, Quix a. a. O. S. 24; E. Richardson, Geschichte der Familie Merode Bd. 1 (Prag 1877) S. 122. Sein Sohn Werner III. von Merode aus dem Hause Heyden war Herr zu Rimburg, Burggraf zu Dalheim.

2) Gemeint ist das jetzige Hochneukirch im Kreise Grevenbroich, vgl. u. a. Köllen bei Giersberg, Geschichte der Pfarreien des Dekanats Grevenbroich S. 188.

3) Karsilius von Merode war verheirathet mit Nella (Petronella) von dem Bongart, Wittwe Tilmanns von Lievendal, Richardson a. a. O. Bd. 1, S. 60; Bd. 2 (Prag 1881). S. 172 ff.

ind wail bezailt haint, weilcher bezalungen mir genoicht ind quijt schelden; ind up dat dee vurgenante her Karsilis, vrauwe Nelle ind ere erven wail bewart siin ind de vurgenante zeinde wee hee vur gescreven steit in erflichgen ind zo ewigen dagen blive, ind sint de vurgenante zeinde rorende is van deme durchluchtigen herren ind vursten dem marchgreven van Gulche mime leeven genedigen herren ind siin manslein is, so hain ich erflichgen ind ummerme dis vurgenande zeinden wee hee vur gescreven steit, uisgegangen ind gains uis ind hain verzegen ind verzigen oevermitz desen entgeinwordigen breif mit halme ind mit munde vur mich ind vur miine erven vur mime herren dem marchgreven vurgescreven ind siinen mannen ind der veil ind mit namen heren .. Robiins van deim Vorste[1] ind heren Johans van Loirspeken herna gescreven in alle deme rechte dat ich mit rechte doin seulde ind sal erflichgen ind zo ewigen dagen, ind hain in oich upgedragen in(d) dragen den vurgenanden zeinden we hee vursgescreven steit als ich van rechte doin seulde ind sal in hant miins heren vurgenant in urber heren Karsilis, vrauwe Nellen ind eirre erven erflichgen ind ummerme eren nucz ind vromen damit zo doin als mit anderme eirme wislichgen erve; ind hain ouch gebeeden minen leeven herren vurgenant den .. marchgreven van Gulche overmitz desen entgeinwordigen breif, dat hee miinen oim heren Karsilis ind dee sine so wee de vurgescreven steint belenen wille ind belein in ind siin erven ind erve si, want ich mich des vurgenanten zeinden interve ind enterf hain vur mime herren vurgescreven ind sinen mannen ind mit namen heren Robinz van deim Vorste ind heren Johans van Loirspecken na gescreven .. Ind wir .. Wilhelm van goicz genaden .. marchgreve zo Gulche, sint alle deis puncten vurwerden komenschaf oeverdrach vur uns ind vur unsen mannen gescheit sint ind de vurgenante .. Werner mit gehencnisse ind willen siinre moder ind rade siinre vrunde also als vurgescreven is dis zeinden vurgescreven mit alle sime zogehoere, als vur gescreven is, uisgegangen hait ind uisgeit ind uns in onse hant updreit ind upgedragen hait vur uns ind vur unsen mannen erflichgen ind ummerme in urber heren Karsilis, vrauwe Nellen ind eirre erven, so hain wir her Karsilis vanme Royde we bee

---

[1] Ritter Robin von dem Vorste vergleicht sich am 8. September 1343 unter Vermittlung des Markgrafen Wilhelm, der ihn seinen ‚rait underdenich und man' nennt, mit der Stadt Köln, Ennen, Quellen zur Gesch. d. St. Köln Bd. 4 no. 263.

vurgescreven steit den zeinden geleint in urkunde unser manne ind si uns gewijst haint, dat wir mit rechte doin mogen ind soelen, also dat hee ind siin erven unser ind unser erven man solen bliven ind werden ind eede danaf doin dee gewoinlich ind zijtlich siin of siin solen . . Ind up dat dit vaste ind stede si, so hain wir unser segel mit segelen unser leeven manne ind raiczheren . . Robiinz van deim Vorste ind heren Johans van Loirspecken rittere unse segel an desen breif gehangen in steitgeit ind gezuich der wairheit. Ind wir her . . Robiin van deim Vorste ind her Johan van Loirspecken rittere, man ons herren des . . marchgreven vurgenant, sint wir hee oever ind ain geweist siin mit anderen uns herren mannen ind uns alle vurgenante puncten ind vurwerden kundich sint ind hee oever ind ain geweist siin, so hain wir unse segele mit segel uns leeven herren des . . marchgreven van Gulche an desen breif gehangen in steitgeit ind gezuich der wairheit . . Ind ich . . Werner van Rincberch walne sun heren Gerartz vaume Royde herre zu Rincberch . . ind ich vrauwe Wilhelm walne elich wijf heren . . Gerartz vurgenant selichger gedacht bekennen, . . dat alle dese vurgescreven geldinge verkofinge vurwerde oeverdrach ind puncte, so wee dee in deisme breeve vur gescreven steint . ., gescheit siin mit unser beeder goden vrigen moit ind willen ind mit rade unser vrunde van beeden partigen . . Werners miins suns vurgescreven ind min . . so hain ich vrauwe Wihelm ind ich Werner unse segel mit segelen uns leeven herren des . . marchgreven ind sinen mannen vurgenant, umb dat deis puncte heren Karsilis, vrauwe Nellen ind eren erven erflichgen ind zo ewigen dagen gehalden werden unverbruchlich, unser beider segel an desen breif gehangen mit unser rechter wist ind willen in steitgeit ind gezuich der wairheit. Weir dat sachge, dat einich segel of segele an desen breeven engebreche of neit aingehangen enwurde of gekrocht of gebrochgen wurde of van alder afveil of oich deis breif an geschrichte of an permunde gelast of gevicieirt wurde of werden mochte in einchen sachgen dee drain siin of geschein moichten of van eme selver lochgerichtich wurde, des de miin en solen dis breifz vurwerden neit deminre gehalden werden heren Karsilis, vrauwe Nellen ind eren erven ind solen in dis breifz vurwerden als vast in stede gehalden werden ind siin ays segel ind segele breeve vurwerden ind geschrichte dis breifz alle wail gancz ind gair bewart weren. Datum anno domini millesimo trecentesimo quinquagesimo primo ipso die Urbani.

Orig. Perg., sehr verblasst mit anhgdm. verletztem Sekretsiegel des Markgrafen[1], 3 Pressel mit 1 Siegeleinschnitt; Rückaufschrift 17. Jhdts: zehenden zu Kleinenbroich betr.
Verzeichnet: E. Richardson, Geschichte der Familie Merode Bd. 2, S. 172 no. 58.

1351 Juni 22. — Die Eheleute Meus von Emhe und Kunigunde übertragen Johann von Harff zwei Holzgewalten im Gohrbruch, welche zu dem vom Domdekan in Köln lehnrübrigen Plitzhofe gehören.
57 (Harff 2).

Ich Meus van Emhe ind Kûnegunt myn elich wijf ind uns gemeyne erven alsament doyn kunt allen luden die desen | breif solen seyn oyf hûren leisen, dat wir haven gegeyven ind geyven ûvermitz desen intgaynwordigen breif eymen vromen eirsamen ritter mit namen heren Johanne van Harve ind synen rechten eirven zva holtzgewelde in deme Goirbroych die zo deir Plitzhoyven zo gehûren plagen mit alle deyme rechte dat den holtzgewelden durch reycht volgende is, los vri ind leidich, ind geloven heren Johanne vûrgenant ind synen eirven, die zva holtzgewelde ind wat in dûrch reicht[a] volginde is, los vri in(d) leidich zo haldene in allen dincgen also lancge ays wir die Plitzhoyve ind dat darzo gebûrt behalden ind besitzen, die uns eirfligen geleynt is van eyme vromen edelen heren deme doymdechgen van Cûllen[2]. Vortme[b] ist gevûrweirt, weir dat sachge, dat wir die vurgenante hoyve verkoychten oyf hervallen leyssen oyf an eyn ander hant leysen comen van unsen schulden, dat insal heren Johanne vurgenant ind syne eirven neyt hynderen noch ingeyne unstayde brenchen an den vurgenanten zveyn holtzgewelden, beheltnis deys hoyfs reycht in allen dincgen, al argelist uysgescheiden in desen

---

a) rechit.   b) *Das folgende von blasserer Tinte.*

1) Das Siegel Robins von dem Vorste, welches Richardson a. a. O. Bd. 2, S. 172 beschreibt, ist nicht mehr erhalten.
2) Am 25. Januar 1288 bestimmt der Kölner Domschatzmeister Heinrich von Heinsberg die Einkünfte von fünf Holzgewalten im Gohrbruch bei Anstel zur Vermehrung der Kerzen auf dem Altare des h. Petrus, Korth, Liber privilegiorum maioris ecclesie Coloniensis (Westdeutsche Zeitschr. Erg.-Heft 3) S. 176, no. 297; über Besitzungen des Domstiftes in Gohr selbst, zumeist aus den Vermächtnissen des Dekans Goswin von Randerath, s. daselbst no. 124, 147, 183.

dincgen. Doy dese vůrweirde gesteidgit ind gemachit wart, dar was ůver ind ane eirsame lude Gerart Pryntzel van Casteir schoyltis van Gore[1] ind vort die gemeyne scheffenen van Goire. Ind in urkunde ind gezuych deser dincge hayn ich Meus vurgenant vůr mich ind myn wijf ind myn eirven mynen eigenen segel an desen breyf gehancgen ind hayn vort gebeiden den scholtis Gerarde Pryntzel ind dey scheffenen, dat si uch irre segelle heir an hant gehancgen. Ind ich Gerart Pryntzel ind wir scheffenen vurgenant bekennen, dat wir ůver desen dincgen syn geweist ind desen breyf zo beiden Meůs ind synre eirven haven gesegelt mit unsen segelen eyne mit Meůs segele in urkunde ind gezuych deser dincge. Gegeyven in deme jair uns heren do man schreyf dusent druhundert eyn ind vůnfzijch up senthe Albyncz dach.

Orig. Perg. mit 1 Siegeleinschnitt und Bruchstücken von 2 anhgdn. Siegeln, 1: eingebogener Schild mit drei Sternen im Schildeshaupt; 2: aufgerichteter Löwe nach rechts, Umschrift: Sigillum . . .; *Rückaufschrift 15. Jhdts.:* „Swae gewelde an dem Gorbroich.'

1351 November 11 (b. Martini hyemalis). — Heinrich Brüllinghaus (Brullinchůs) Stiftsherr und Kellner zu Meschede beurkundet, dass er namens des verstorbenen Propstes Wilhelm [von Arnsberg] und seines Kapitels von dem Ritter Heinrich Burggrafen von Drachenfels 2½ Fuder rückständiger Weinrente empfangen habe[2].

58 (Drachenfels 23).

Orig. Perg. mit Bruchstück des abhgdn. Siegels, das einen Kesselhaken zeigt, Umschrift: S. H. Brullen . . canon . . . en . ., *Signatur: 17. Jhdts.:* Drachenfeltz Lit. A. num. 10.

1351 November 28. — Der Allodialhof zwischen S. Maria und S. Lambert zu Lüttich beurkundet, dass der Lütticher Bürger Wilhelm von Pillecules dem Schöffen Ritter Arnold von Charneux eine Erbrente von 23 Mud Spelt aus 9½ Bunder Acker und 1 Morgen Wiese bei der Mühle von Saivelette übertragen habe.

59 (Saive 4 [Transfix zu no. 12]).

A tous cheaus qui ces presentes letres verront et oront li home

---

1) Ueber die in Kaster und in Lipp bei Bedburg ansässige Familie Printzel vgl. u. a. Lacomblet, Urkb. Bd. 3 no. 126; Annalen d. Hist. Ver. Heft 52, S. 49.
2) Vgl. oben no. 37.

delle cyse dieu salut et conissanche de veriteit. Sachent tuit | que l'an del nativiteit nostre singnour M. CCC. et chinquante onk vint owit jours denens le mois de novembre vinrent | par devant nos si com par devant court entre sainte Marie et saint Lambier a Liege Wilheames de Pillecules citain de Liege d une part et valhans hons mesires Arnus de Charnoir chevalirs et eschevins de Liege d autre part; li dis Wilheames de Pillecules fut si conselhies, quilh affaitat si com par restesse a dit nostre singnour Arnut de Charnoir vint trois muys d espeaute par an heritavles gissans sor noef bonirs et demi peu plus ou peu moins de terre erule et sor on bonir. de preit peu plus ou peu moins gissans en terroir de Sevelette[1] et sont asseis pres delle moitie de molin de Sevelettes, ki estoit ses buns alues quilh avoit jadis acquis de nostre singnour Gile Gilar chevalir, ensi quilh est plus plainement contenus es letres de nostre court sor chou faites par nu, les queles . ces nos presentes letres sont fichies et anexees[2], et les werpit li dis Wilheames tot ensi en teil manire et si avant quilh les avoit acquis a dit nostre singnor Gile Gilart et en fist Nigoles de Geneffe nos maires tant com a chou a dit nostre singnour Arnut del aluet devant dit don et vesture et ens le commandat em pais homes delles cyse dieu. La presens a savoir sont Baduien de Flemale nostre singnour, Welheame de Cor nostre singnour, Symon de Julemont nostre singnour, Gile Surlet chevalirs, Johan de Proit eschevin de Lige, Wilheames de Flemale, Johan de Jupille, Gerlac de Morsedendorp castelain de Wareme, Johan de Meirs, Johans de Cor, Giles de Nits, Gervais Gilemans, Gobier de Warus, Weris ses freres et plusures autres. Et portant ke ce estat ferme eoise et establi nos li home delle cyse dieu avons fait saieloir ces letres de saiel nostre singnour le viceprevost de Liege dont nos usons en nos ouvres vakant l archeprestre de Liege. Et nos Lorains de Flemale, Wilheames de Cor, Sijmons li Polens, Giles Surles chevaliers ki y fumes presens aveskes les autres homes delle cyse dieu desordis avons pendus a ces letres nos propres saiaus en tesmongnage de veriteit. La daute est desor dite.

. . . S. G. Quar. per homines.

Orig. Perg. mit 5 Siegeleinschnitten.

---

1) Eine Hand 15. Jhdts. hat hinzugefügt: ‚et 22 bonirs de bois'.
2) Zweiter Transfix zu der Urkunde vom 31. August 1296, oben no. 12.

1352 Februar 18. — Ida Witwe des Jan Witte aus der Propstgasse und ihr Sohn Jan übertragen zwei Bunder eigenen Landes in der Pfarrei Rode bei Cortelke auf Katharina Witwe des Loewener Schiffers Franko Schwertfeger. **60 (Vorst [Brabant] 2).**

Notum sit universis, quod Yda relicta Johannis quondam dicti Albus ex Prepositi strata et Johannes eius filius superportaverunt cum cespite et ramo duo bonuaria terre allodialis paulo plus vel minus sita in duabus peciis | in parrochia de Rode iuxta Cortelke, unde quinque iurnalia sita consistunt ad locum dictum Kempinne, in proximo bonis Henrici de Duras, et tria iurnalia[1] exinde sita sunt iuxta bona Willelmi dicti de Chunen et bonificaverunt Katerinam relictam Franconis quondam dicti Swertveghere naute Lovaniensis in dictis bonis ea iure allodiali tenenda et possidenda. Hiis interfuerunt dominus Symon dictus Stienbickelere presbiter, Johannes dictus Godertoy, Hertelivus dictus Puse et Johannes dictus Couthereel necnon Johannes dictus Coeman tamquam allodii consortes[2], qui hec omnia et singula in presencia .. scabinorum Lovaniensium recitando testabantur ea acta fuisse prout ius dictavit esse faciendum, rogantes scabinos Lovanienses, quatenus hoc ulterius supra se testentur et sigillent. Et nos Johannes Godertoy, Hertelivus Puse et Johannes Couthereel predicti tamquam scabini et allodii consortes sigilla nostra tam pro nobis quam pro aliis nostris allodii consortibus presentibus litteris duximus apponenda. Coram quibus .. scabinis prefata Yda mater et Johannes eius filius ad monitionem dicte Katerine semper satisfacere promiserunt si quid minus sufficienter in premissis sibi fecissent prout eidem Katerine modo debito possit valere. Datum anno domini M⁰· CCC^(mo·) quinquagesimo primo mensis februarii die decima octava.

Orig. Perg. mit 3 Presseln; gleichzeitige (?) Rückaufschrift: „Dits van 2 bondren eyghens lants die Wittekiins waren', *Signatur 17. Jhdts.:* XVIII.

---

[1] Hieraus ergibt sich für das bonuarium eine Grösse von vier Morgen, wie auch Lamprecht, Deutsches Wirtschaftsleben Bd. 1, S. 345 f. ausführt.

[2] Ueber die Loewener Schöffenfamilien Goedertoy, Puyse, Couthereel und Cooman vgl. Willem Boonen (1593—94) Geschiedenis van Leuwen, uitgeven door Ed. van Even (Leuven 1880), S. 263, 268, 282.

1352 Oktober 1. — Konrad Herr zu der Dyck verkauft mit der Zustimmung seiner Tochter Richarda dem Herrn Arnold von Hostaden und dessen Frau Hilla den Hof Busch mit Zubehör nebst vier Hufen Ackerland.   **61 (Hostaden 3).**

Kůnt sij allen luden ewelich und umermey dey desen breef sulen siin of horen lesen, dat wijr her Conrayt her zů der | Dycka mijt guden rade unser vrůynt und myt guden můytwillen und myt willen und vulboyrt unser erfven Kayrden unser | lever doyghter[1] hayn vůrkoyft in orkuynde deser brefve und vurkoyfven erflich und ewelich umermey ays eyne bescheyden coyfvenschayf ersaym luden heren Arnolten van Hoystaden[2] und sim wifve vrůwen Hillen und nren erfven unsen hoyf dey beyszet zů Buysge[3] ghelegen is in unsen laynde myt beynden myt wasser myt weyden, boven und beneden we hey is gelegen, und myt denselven hoyfve vijr hoyfen artlayntz de bi den selven hoyfve alre neyste sijnt ghelegen ayn eyme stuycke ayfghemeyssen und ayfgepeylet vur vrijeygen guyt um eyne syechger gbenůyde summen geyltdz day van unz deyselve her Arnolt ridder und siin wijf haynt wayl bezaylt und alenclygh zůmayle ghenůychg ghedayn. Und bekennen vurt wijr her Counrayt her zů der Dycka und Kayrde ůnse doygter, dayt wiir vůr unz und unse erfven ůp denselven hoyf zů Buyske vurgenant und up deselve vijr hoyfve artlayntz vurgenant hayn vůrziegen und vurzijgen und uzghegayngen ays men vitligh und myt reyghte důyn sal up erfve und ůnz und unse erfven daymyt unterfvet und denselven her Arnolt ridder und syn wiif und ur erfven daymyt gheerfvet myt haynde und myt muynde in orkunde unser mayn, in orkunde unser scheyffen und in orkunde unz gheymeynnen layndtz, und loyfven vůrt in orkunde deser brefve den selven her

---

1) Am 2. Januar 1351 bei der Uebertragung des Patronats zu Bedburdyck an das Kölner Domstift beruft sich Konrad Herr zur Dyck gleichfalls auf die Zustimmung seiner Tochter Ryckarda, A. Fahne, Codex diplomaticus Salmo-Reifferscheidanus (Köln 1858) no. 191.

2) Es ist derselbe Arnold von Hostaden, der am 13. Juli 1361 vom Deutschen Orden das Amt eines weltlichen Richters in der Herrschaft Elsen übernimmt, Lacomblet, Urkb. Bd. 3, no. 622.

3) Unter Buysge ist, wie auch eine Rückaufschrift 17. Jahrhunderts andeutet, Haus Busch zwischen dem Heckhauserhof und dem ehemaligen Kloster S. Nikolaus in der Trift zu verstehen; vgl. über diese Besitzung u. a. v. Mering, Geschichte der Burgen etc. Heft 7, S. 126; Giersberg, Geschichte der Pfarreien des Dekanats Grevenbroich S. 384.

Arnolt ridder vurgenant und synen erfven werschayf zu doyn vayn denselven hoyfve und vijr hoyfven artlayntz vurgenant jar und daygch ays men myt erfve billich důyn sayl, ays men důyt boven und beneyden in den laynde, ayl argelijst uzghescheyden, ayl reyght, id sij geystlich of wertlight uzghescheyden ayl sij, ayl nuwe vuynde, ayl behendychgeyt uzghescheyden dey, unz her Cůynrayt here zů der Dycka of Karden unser doyghter of unsen erfven muychgte zu stayden stayn und denselven her Arnoltd ridder of siinen erfven in guden truwen můychgte schedelich wesen zů mayle uzghescheiden in desen brefven . .; cyrkeysen vůrt, weer dat saychge dayt eynych segel of zůmayl dese segel dey ayn dese brefve siint ghebayngen up eyn segel weren ghebroycgen of ghebeyred ays sii myt reyghte billich ghebeyren sůlen siin[a], dat day um dese brefve nyet ensulen hayfven de mynre stedichgeyt und wayrheyt. Vůrt zůe merre stedichgeyt und zů merre wayrheyt ayl deser vurgenanter puynt vurwarde und coyffvenschayf ays van desen hoyfve und van desen viir hoyfven artlayntz vurgenannt, up dat sij ewelich und ummermey vayst und stede bliven und unvurbreychlich, zů is unse eyngensegel her Cůynraytz here zu Dycka ghebayngen ayn dese brefve und hayfen vůrt wijr und unse doygchter Kayrde ghebeden edele lude und ersaym lude heren Wilheylm van der Sleyden unsen ůmen důymproyftz zů Collen[1], under deyz segel wir Karde van der Dycka bekennen dayt ayl dese vurwarde wayr siint, und juncher Wilheylm van Heylpensteyn, dat sij ur segel zů merre stedichgeyt hayngen ayn dese brefve. Vůrt hayn wiir ghebeden unse mayn birfve lude heren Franken van der Kulen, heren Godert van Brakel ridder, Johanne Duysenmaylder eyn knapen dat sij ur segel zu merre warheyt myt unz hayngen ayn dese brefve zů merre wayrheyt. Wiir Wylbeylm van der Sleyden van der goytz ghenaden duymproyftz zů Collen,

---

a) suylen.

1) Im Jahre 1333 schliesst Wilhelm von Schleiden als Domherr eine Sühne mit Köln, Ennen, Quellen zur Gesch. der St. Köln Bd. 4, no. 192; als Kanonikus begegnet er auch noch am 4. Oktober 1346, Lacomblet, Urkb. Bd. 3, no. 436; Fahne, Codex diplomat. Salmo-Reifferscheidanus no. 179, und zuletzt in einem Reifferscheidschen Ehevertrage vom Jahre 1348, Fahne a. a. O. no. 183; am 3. Februar 1351 ist er Dompropst, Lacomblet, Urkb. Bd. 3, no. 492, Anm. 2. Ueber seine Verwandtschaft mit dem Hause Dyck s. Fahne, Geschichte der Grafen etc. zu Salm-Reifferscheid Bd. 1, Abth. 2 (Köln 1866), S. 89.

Wilheylm juncher van Helpensteyn bekennen under unsen segelen deij um aynsught und bede des edelen heren her Cûynraytz here zû der Dycka und juncvrouen Kayrden sinre doyghter ghehangen siint ayn dese brefve, vûrt wiir Franke van der Kulen, Godert van Brakel ridder, Iohan Dusentmalder mayn des edelen heren zû der Dycka bekennen under unsen segelen dayt ayl dese puynt und vurwarde wayr[a] siint. Oych vûrt zû merre stedichgeyt zû is deser vurgenanter coyffenschayf und vurzeychnuysse ays van desen hoyfve und van desen viir hoyfen artlayntz ghescheyt vûr unsen mannen as Daym Kaffer van Wilre, Wilheylmz van Velrade, Wernherz van Belmeringen und Beldekinz van der Dicka, und vûrt vûr unsen scheyffen Iohann Gûytey, Herman Melsaych, Otto Woyste, Gotschaylz van Kulhusen und vûrt vûr unsen gheymeynen scheyffen und vûr unsen ghemeynen laynde .. Vûrt wiir Daym Kaffer, Wilheylm, Wernher, Beldekin vurgenant, vurt wiir Iohan Guytey Herman, Otto, Gotschayl vurgenant scheyffen und wiir ghemeynen scheyffen unz edelen heren zû der Dycka bekennen und bezuygen offenbayr under segelen heren Franken van der Kulen, heren Godertz van Brakel ridder und Johaynz Dusentmaldertz, dat ayl dese vurwarde wayr[a] siint und vur unz ghescheyt ayl sij myt reyghte sûylden. Ghegeven siint dese brefve in der jaren unz heren druytzeynhuyndert und zvey und vuynfzich np seute Reymeys dagh.

Orig. Perg. mit 6 anhgdn. beschädigten Siegeln, 1: *drei Wecken (2 : 1), auf dem Helm ein Hundekopf zwischen Adlerflügeln, Umschrift:* ... dñi Conradi .... 2: *in lilienbestreutem Felde Löwe nach rechts, über dem Schilde zwei gekreuzte Schlüssel, Umschrift:* .. de Slei ..[1] 3: *gekrönter Löwe auf lilienbestreutem Grunde, Umschrift:* S. Wilhelmi dñi de Helpensteyn; 4: *Adler, das Feld mit Schindeln bestreut, Umschrift:* . Franconis ... 5: *Getheilter Schild, im rechten Obereck ein Vogel in einem Ringe;* 6: *Querbalken, darunter eine, darüber zwei Gürtelschnallen*[2]. — *Rückaufschrift 17. Jhdts.:* betreffend Busscherhoff zu sent Claesz by der Dyck.

a) way.

1) Es ist das Siegel des Dompropstes Wilhelm von Schleiden, beschrieben bei Ennen a. a. O. Bd. 4, no. 335.

2) Dieses Wappen des ‚Knechtes' Johann Dusentmalter ist nach einem Siegel vom Jahre 1357 abgebildet bei Fahne, Geschichte der Grafen etc. zu Salm-Reifferscheid Bd. 1, Abth. 1, S. 93.

1353 Oktober 10. — Bürgermeister und Schöffen der Freistadt Herstal erklären einen durch Humbert Corbeaz von Hollengnule vorgezeigten Brief vom 28. September 1353, durch welchen Gilbert Herr von Apkoude Gaesbeck und Herstal dem Lütticher Domherrn Reinhard von Ghoor Propst von S. Denis seinen Hof La Motte bei Saive gegen einen Zins von 40 Mud Spelt und 4 Mark in Erbpacht gibt, für rechtskräftig und nehmen die Einweisung in den Besitz des Hofes vor. 62 (Saive 5).

A tous cheaus qui ces presentes lettres verront et oront .. li maires et li eskevins de le france ville de Harstal salut et conissanche de veriteit. Sachent tuit que par devant | nos si come devant court et justicie vinrent en propres persones por chu a faire qui sensiet venerables hons et discreis messires Renars de Gorre canoine en le grande eigliese de | Liege et prevost de saint Donys[1] d une part et honestes hons Humbers Corbeaz de Hollengnule[2] bailhirs de Harstal et rechiveires de chelle meysmes terre d autre part; la nos mostrat li dis bailhirs et rechiveres unes lettres saiellees de noble homme et vailhant nostre chier et ameit sigeur monsieur Gillebiert saignur d Apkoude de Kaesbeike[3] et de Harstel si quilh apparoit par prime fache et dont li tenure sensiet de mot a mot en teiles parolles:

Nous Gillebers sire d Apkoude de Gaesbeike et de Harstal faisons savoir a tous et especialment a no maieur et eskevins de nostre ville de Harsta, que nous donnons et avons donneit, constituons et avons constitueit en lieu de nos et pour nos a Humbiers Corbieel de Hollengnule nostre balhieu et rechiveres de no terre de Harsta plain poyoir et mandement especial de donner en yretage a certaine rente par an a nos et a nos hoirs a sigeur Renart de Goure canoine de saint Lambert de Liege no court dele Motte[4] et toutes les revenues et appendances de ycelle por

---

1) Reinhard von Ghoor erscheint 1335 als Domkanonikus zu Lüttich und Köln und als Kustos zu Walcourt, 1338 als Propst zu Huy; von 1343 ab wird er Propst von S. Denis genannt, vgl. J. de Theux, Le chapitre de S. Lambert à Liége Bd. 2 (Bruxelles 1871) S. 54.
2) Ein Corbiaul de Hollignoule ist am 18. Februar 1430 Vormund eines Herrn von Dorines, St. Bormans, Les seigneuries féodales du pays de Liége (Liége 1871) S. 143; im übrigen vgl. über die Familie Holgnoule J. de Hemricourt, Miroir des nobles de Hesbaye (éd. Jalheau, Liége 1791), S. 32 ff. u. ö.
3) Gaesbeek bei Brüssel.
4) La Motte bei Wandre.

une somme de quarante muis despealt ... et quatre mars de cens de bonne manoye par an a paier a teil terme que li covent sor chou contienent et mandons et commandons a no maieur et eskevins dessurdis qu a le requeste et sommonise | de no bailhieu et rechiveres desurdit fachent et wardent por nos et por nos hoirs, tot chu quil feroient por nos se nos estiemes present en cheste cause par le tiesmoing de ces lettres saiellees de nostre seaul secreit de quel nos usons a ceste fois. Donneit a Bruscelle lan M. CCC. chinquante et trois le nut saint Michiel larcangele.

Et chu vent et entendut li dis balhirs et rechiveres requist a Michiel de Hollengnule maieur de Harstal quil sommonist nos les eskevins de Harstal et raportesins se les dictes lettres astoient de valleur et se par le vertut de ychelles ilh poioit faire la dicte donnation et acomplir les covenanches u non. Et nos li eskevins sor chu somonis et bin conselhies raportames par plaine siente de nos tous et sains nul debat que nos tenons et avons les lettres de nostre dit signur saiellees por bonnes et bin poioit li dis balhirs et rechiveres faire la dicte donnation et acomplir les dictes covenanches par le vertut des lettres sourdictes et le poyoir ki donneit li astoit et le tenroient por bon aperpetuyteit .. chu mis en nostre warde li dis Humbiers Corbeaz por acomplir chu que dit est reportat suz en le main le maieur et en aioens de dit monsieur Renart de Gore le court, mannoir, vivirs, jardin, terres, preis, bois, waidages et hiretages entirement condist le Touure delle Motte a toutes ses appendisses et aisemenches seans asseis pres de Saeves en teile manire et si avant que nos dis sires de Harstal et si devantrains lont tenue et possidee et quilh puelent a li appartenour. Et tantost li maires a nostre ensengnement rendit vesture al dit monsieur Renart de tous les hiretages appartenans a le dicte court delle Motte et en fust par nos bin avestis et ahireteis parmis quatre mars de bonne monnoe de cens et quarante muis d espeaute de rente que li dis messire Renars en devrat a nostre saignour rendre et paier cescun an hiretablement, le moitie del argens a noel et latre moitie a le nativiteit saint Jehan Baptiste apres en siwant de teile monoie dont oms paierat cens a Harstal, et la dicte espealt de livreir a ses frais et despens sor le grenir nostre dit sigeur a Harstal en bon paiement et a teile mesure dont oms paie les trescems le sigeur cescun an hiretablement dedens le jour de le feste saint Andrir lapostle, et li commandat eus ban et pais a droit et a loy. Les queiles oeuvres li maires mist en le warde de nos les eskevins de Harstal ki nos drois en oiwimes et li dis maires les sins. Et portant que ce soit ferme cose et estable si avons nos li maires et li eskevins de Harstal desurdis por nos pendut et fait pendre a ces lettres nostre propre scal de france ville de Harstal dont nos usons en nos oeuvres en tesmoignage de veriteit. Ce fut fait lan de le nativiteit nostre sigeur M. CCC. et chinquante trois lendemain de le feste saint Donys.

Orig. Perg., Siegel und Pressel abgerissen.

1354 Oktober 23, Loewen. — Gyotte von Huldebergh genannt Pastoer einigt sich mit dem Loewener Bürger Wilhelm, dem Sohne Wilhelm Criecsteens, welcher seine Tochter Maria zur Frau nimmt, über deren Ausstattung und über die Zahlung von Leibrenten aus dem Gute Lombeck (Loenbeke). . 63 (Lombeck 1).

Cond sij allen lieden, dat Gyotte von Huldeberghe die men heet Pastoer[1] es comen voer scepenen van Lovene ende heeft gheloeft Willem zoen Willems | die men heet Criecsteen[2] porters binnen Lovene in contracte unde gheloften van huweliker vorwerden mit joffrouwe Marien dochtere des voerscreven Gyots die Willem nemen sal tonen wittighen wive tusschen hier ende sinte Jans missen Baptisten in middesomere naest comende te gheven ende te leveren drie stucken roet scarlakens ende drie stucken perscarlakens, drie stucken zieden, drie stucken cammekaets ende cortecledere ende die vederen tot allen na haer behoerten ende voert ane te bereiden van allen anderen saken ghelijc dat eenre joffrouwen beteemt ende toebehoert na haren state. Voert heeft hij gheloeft te ghevene hem staphans alsulc brieve alse joffrouwe Marie voerscreven sprekende heeft te horen live op die graesschape ende t lant van Loene. Item heeft hij gheloeft Willem ende sijn dochtere ende de ghene die van hen comen solen met haerre familien met hem te houdene in sinen coste wale ende lovelike tote drie jaren lanc naest comende sonder enech wedersegghen; ende heeft voert gheloeft die selve Gyotte in al der manieren dat voerscreven es den

---

[1] Ueber die Familie von Huldenbergh s. Willem Boonen, Geschiedenis van Leuven S. 289.

[2] Willem Criecsteen (d. ä.) ist in den Jahren 1329 und 1335 „overmeier te Loeven', Willem Boonen a. a. O. S. 206.

selven Willeme waer dat sake dat hij ende joffrouwe Lijsbeth sine
wittighe wijf nu es storven sonder enen sone te hebbene ouder-
linghe, dat dan Willem ende joffrouwe Marie souden hebben na
haerre beider doet tgoet te Loenbeke[1] ghebeellic ende al temale
mit allen sinen toebehoerten alsoe alst beleghen es, ende souden
daeraf gheven sinen anderen dochteren alle jare erflike ende
ymmermere acht pont ouder groter tornoyse, dats te wetene twin-
tech cleyne guldene florijn van Florence ochte die werde daeraf
in anderen goeden paymenten voer een pont grote gherekent, die
een helecht te sinte Jans misse Baptiste in middesomere ende die
ander helecht te kerssavonde te betalen ende aldus vortane van
jare te jare, behoudelic altoes, dat Willem voerscreven ende jof-
frouwe Marie sijn wyf dese acht pont ouder grotere tornoyse
voerscreven afquiten moghen ende loessen binnen jaers nac dat
Gyotte ende joffrouwe Lijsbeth sijn wyf voerscreven van live ter
doet comen selen sijn mit hondert ende tsestich ponden grotere
tornoysen voerscreven; ende waere dat sake dat sij die acht pont
ouder groter tornoyse voerghenoemt binnen jaers, ghelijc dat
voerscreven es, niet af en quiten noch en loesten, dat sij dan die
acht pont groter tornoyse voerscreven gheven souden ende betalen
van jare to jare ten voerscreven termine toter tijt dat si se af-
loesten ende quiten mit hondert ende tsestich ponden groter tor-
noyse voerscreven ochte die werde daeraf sonder afslaen der acht
pont voerghenoemt. Voertane soe es te wetene, waere dat sake
dat Gyotte ende joffrouwe Lijsbeth nae haerre beider doet maer
een dochtere nae joffrouwe Marien achter here en heten, dat dan
Willem ende mijn joffrouwe sijn wijf diere andere dochtere haerre
sustere souden gheven jaerlics erflike ende ymmermere in al der
manieren dat voerscreven es ses pont ouder groter tornoyse voer-
screven ten selven terminen die boven bescreven staen, ende die ses
pont groter tornoyse moghen Willem ende sijn wijf joffrouwe Marie
oec binnen jaers afquiten ende loessen mit hondert ende twentech
ponden ouder groter tornoyse voerscreven in al der voeghen ende
manieren dit van den acht pont groten es den twee dochteren

---

1) Loonbeek in der Provinz Brabant, $2^1/_2$ Kilometer von Neeryssche,
12 Kilometer von Loewen entfernt, im alten Kirchspiel Huldeberge gelegen
vgl. J. Le Roy, Groot werreldlyk tooneel des hertogdoms van Brabant
(s'Graavenhaage 1730) 2. boek, S. 43, mit Abbildung B. no. 42; Alph. J. L.
Jacobs, Déscription archéologique de Loonbeck (avec la traduction flamande
par l'abbé J. F. Hendrickx, Louvain 1873).

ochte mere; lieten si se achter hen ende en quiten si se niet
binnen jaers als voerscreven is, dat si se dan gheven solen ende
betalen jaerlecs ten selven terminen voerscreven sonder afslaen
der ses ponden tsjaers toter tijt dat sij hondert ende twentech
pont een werf hadden betaelt ende vergouden. Voertane soe es
te weten, waere dat sake, dat Gyotte ende joffrouwe Lijsbeth sijn
wijf enen sone ouderlinghe hadden ende levende bleve nae haerre
beider doet, dat die sone soude hebben t goet ten Loenbeke
voerscreven mit allen sinen toebehoerten ende soude daeraf gheven
jaerlics ende betalen Willem sinen swaghere ende joffrouwen Marien
sinen wive sijure zustere erflike ende ymmermere alle jare te tween
terminen tsjaers die voerghenoemt sijn vijf pont ouder groter tor-
noyse der selver munten die voerghenoemt es; ende die vijf pont
mochte die sone oec binnen jaers afquiten ende loessen mit hon-
dert. ponden groter tornoyse voerscreven, ende en quite hi se niet,
soe soude hi se here gheven ende betalen van jare te jare ten
voerscreven terminen sonder afslaen der vijf pont groter tornoyse
voerscreven (tot) der tijt dat hij hem hadde betaelt ende ghe-
gheven eenwerf hondert pont groter tornoyse voerscreven. Ende
ware oec dat sake dat Willem ende joffrouwe Marie sijn wijf die
goede ter Loenbeke behielden ghelike dat voerscreven es ende
Gyotte ende joffrouwe Lijsbeth ne gheene sone achter here en
lieten, soe souden Willems swegherinne ende Willem den commer
van den goede te Loenbeke ghelike draghen, dats te wetene van
den tien pont groten tsjaers lijffochten die joffrouwe Margriete van
Oppheem Jans dochtere was van Oppheem ane tselve goet
houdende es in dien dat sij dan leefde nae die doet Gyots ende
joffrouwe Lijsbetten sijns wijfs met deser vorwerden ende condi-
cien, waer dat sake dat joffrouwe Marie storve eer Willem haer
man sonder wettech kint van hem te hebbene, dat Willem voer-
screven dan soude hebben alsoe langhe als hij leven sal ende niet
langher hondert pont tsjaers payments altoes in bursen gaende
ane tgoet ten Loenbeke voerscreven, die een helecht te sinte Jans
misse Baptisten ende die ander helechte te kerssavonde te betalen
ende te gheldene alzoe langhe als (h)i leven sal ende niet langher.
Ende van alle desen voerghenoemden vorwerden ende gheloften
soe heeft Gyotte voerscreven gheloeft te comen Willem tusschen
dit ende sinte Mertens dach naestcomende voer den . . hertoghe
van Brabant daer men dese goede ter Loenbeke af houdt te leene
ende hem alsoe vele daeraf te doene, dat hem ende sinen nacome-

linghen crachte ende stade sal moghen doen. Hier waren over Wouter Eveloghe ende Jan Goedertoy alse scepenen van Lovene. Ghegeven int jaer ons heren alse men screef M. CCC ende vier ende viftech des dondersdaeghs voer sinte Symon Juden dach der apostolen.

Transsumt der Loewener Schöffen Johann von Huffle und Gottfried Kersmaker vom 13. August 1395, Orig. Perg. mit 2 anhgdn. Siegeln: 1. geschachtes Andreaskreuz, im rechten Obereck drei Gleven, Umschrift . . . Huffle scabini . .·. 2. gezahntes Andreaskreuz, belegt mit einem Herzschilde von 3 Sparren.

1355 Juli 28. — Heinrich genannt der Rude und seine Frau Lyse verkaufen Lena der Tochter Hartmanns und ihrem Sohne Johann eine Erbrente von 2 Malter Roggen, lieferbar nach Kückhoven.

64 (Nierhoven 1).

Kunt sy alle den genen dey deysen intgeynvůrtgen breyf ayn solen seyn of hůren leysen, dat ich Heynrich dey genant is der Růde ind Lyse myn elige hůsfrauhe ind unse erven | siin scůldich erflich inde ewelich ind ummerme bescheyden lůden Lenen ind Johanne yren soyne dey Hartmansz dochter was ind iren erven zvey malder rochgen neyst | deym besten bynnen zveyn pennichgen na der mayssen as geynege ind geyve is zů Lovenich in deym dorpe. Dey zvey malder rochen sal ich Heynrich ind Lisa mijn elige hůysfrauhe. of ůnse erven geyven inde wayl bezalen den vůrgenoymden Iuden Lenen ind Johanne iren erven alle jåyrsz up sent Remeys dach des heylgen byschopcz of bynnen eycht dagen darna ůnbevanchen, in alsůlger voygen, dat dey vůrgenoymde Lena inde Johanne ir sůn of yre erven solen koymen alle jåyrsz up dey vurgenant zijt inde gesynnen inde intvancgen dey zvey malder rochen an ůnsz Heynrich inde Lysen elige lude of an unsen erven dey zů der zijt leyvent inde wir sollen ůn dey zvey malder rochgen leveren inde antworden zů Kůdenchoven in eyn hůys up eynen sůlre dar uns dey vůrgenoymden Lena ind Johan of yre erven wysent of bezeychgent. In eynre siggerheyde deyser erfliger jayrgůlden zů bezalen in alle der wijs as hey vůrscreven steyt dey zwey malder rochgen, so hayn wir Henrich inde Lyse elige lude of unse erven zů ůnderpande gesat der vůrscreven Lenen, Johanne iren sone of eyren erven seys morgen ackerlantz, der synt dri morgen geleygen an Lancgenroyde inde gehůrent in Rycolfsz

Royfs guyt inde geldent eym veyr penninchge colsz, zů eynre syden legent sy by Gerartz lande van Nederhoven, zů der anderre syden by Coynen Bassen lande; dey ander dri morgen synt geleygen by Kůfferre weyge inde gehurent in den Nedersten hof inde geldent drin veyrdenhalven penninch colsz. Weyr nů dat sagge, of wir elige lůde Henrich inde Lysa of ůnse erven dey zwey malder rochgen neyt bezaylden an eyme deyle of ze male der vurgenoymder Lenen inde Johanne of irre beyder erven in alle der wijs as hey vůrscreven steyt, so sal sich de vůrgenoymde Lena inde Johanne of irre beyder erven halden an dey seys morgen, dey wyr ůn zů underpande gesat haven los inde ledich as vůr ir wislich erve inde dat zu halden inde zů wynnen eweligen inde umberme as ir veyderlich erve sunder weydersprăche eymansz. Weyr oych dat sachge of dey vůrgenoymde Lena inde Johanne ir sůn of ir erven dat vurgenoymde ůnderpant bleyve as vůr ir erve in alle der wijs as hey vůrscreven steyt vůr dey zvey malder rochgen, so sůlen sy lyden myt yren naberen, wat beyde inde scheczinge dat gemeyne kirspel van Lovenich geyt nåy gebůyr van den seys morgen lantsz . . alle loysheyt, firpel, nůwe vůnde in alle argelist hyn uys gescheyden . . Weyr dat sachge of dis breyf myt versumenisse nas of gerissen of gelůchgert vurde of dat seygel dis breyfs gescheyrt of gebrochen wurde darumme inde sal deys breyf zů mynre macht haben, hey inde sůle in sijnre macht blyven. In eyme gezuge up dat deyse dinch steyde inde vaste sijn so båyn wir scheffen van Lovenich unse gemeyne seygel an deyse intgeynwortgen breyf gehăngen um beyden wille Henrichsz inde Lysen eliger lůde van eynre partyen inde um beyden wille Lenen inde Johansz irsz soynsz van der ander partyen, beheltenisse des herren van deym lande sijns reychtz in vort alre mallichsz sijusz reychtz. Datum anno domini M. CCC. quinquagesimo quinto in die Panthaleonis martyris.

Orig. Perg. mit anhgdm. wenig beschädigtem Siegel: Kirche, darunter der Jülicher Löwenschild zwischen zwei Sternen, Umschrift: 'S. Scabin . . de . . uvenich'.

1356 März 8. — Israhel genannt Canunch zo dem Dome überträgt seinem Neffen Arnold von Latberg den Hof Euwilwech nebst Holzgewalten im Rheindorfer, Opladener und Bürriger Busche.

65.

It sy kundich allen luden dỹ desin intgainwordigen breif sůlen seyn of hồrin lesin, dat wir Israhel genant 'canůnch zo dem Dồme ze Collen[1] mit gůden | willen ind mit vůrrade, mit ganzen sinnen in gesůndme lyve hain cygentlich gegeven, upgedragen ind geven Arnold genant van Latberg myme leven | neven ind myme rechten mảghe omb den willigen getruwen deynst den hey mir dicke gedain hait ind noch důn mach ind sal, of got wilt, eynen hof genant zo Euwilwech so wie dy geleegen is mit al sime rechte, mit al deme dat darzů gehoert acker, bůsch, wasser, velt, wese ind weyde mit alle dem dat darzu gehoert, darzo dỹ holzgewelde dy wir hain in Rijndorper bůsche, in Oplader bůsche ind in Burgher busche mit al deme rechte ind zoval dat darzo gehoert, also dat Arnold vurgenant denselven hof ind dat erve ind gůt also alz vurscreven is sal besiczen gerůwt ind gerast, gebruchen ind halden, keren ind wenden zo al sime nucze ind orber alwege alz sin recht wislich erve. Ind wir Ysrahel vurgenant hain Arnold vurgescrevin dit gůt gegeven los ind ledich ind ůpgedragen vůr eynre ersamer edilre frauwen vrauwe Grethin grevinne van dem Berghe ind van Ravensberg[2] bij der da mit over ind ayn waren ersam rechtliche lude her Engelbrecht van Uphỏven ritter[3], Peter Wyndecge, Starke van Opladen[3], Heynrich Schirpe, Goitschalc van Borynchusen, Heynrich van Varisbech, Huyngin van Baynßburgh. Oich waren he bi bescheiden lude Clays genant van Hamberg dů zer zijt eyn amptman[4] mit den scheffenen dỹ dồ zo sinre dyncbank gehỏrich waren ind anderre gůder lude genůch dy hey over ind ayn waren ind sůnderlingen her zů gebeden ind geheyscht wurden. Vortme dat Arnolt myn neve vurgenant noch sichgerre were

---

1) Israel ist, wie sich aus dem Schlusse der Urkunde ergibt, in Wirklichkeit Domherr zu Köln, nicht nur ‚genannt'.

2) Es ist vielleicht beachtenswerth, dass die Gräfin Margareta noch bei Lebzeiten ihres Gemahls Gerhard von Jülich († 18. Mai 1360) in einer bergischen Angelegenheit allein thätig ist.

3) Ritter Engelbrecht von Ophoven und Starke von Opladen begegnen wiederholt als Zeugen in Urkunden für das Kloster Dünwald, so 1347 Februar 5; am 2. Januar 1351 erscheinen sie als Markgenossen des Rheindorfer Waldes, Korth, Zeitschrift des Bergischen Geschichts-Vereins Bd. 22, S. 127 f. no. 171, 172, 182; am 22. Februar 1352 zeugen sie für Johann von Höhscheid, Lacomblet, Urkb. Bd. 3, no. 507.

4) Amtmann des bergischen Amtes Miselohe; Hamberg liegt östlich von Neukirchen.

ind alwege bleve so hain wir Ysrahel vurgenant yn vort gevoert ind geleyt zo Nuwenkirchen[1] vûr dỹ bank da dis vursprochgin hof dynkplỹchtich is, intgainwordich alda scholtis ind ritter Johan Kôkinhôn[a] genant ind dỹ scheffin samentligen mit namen Ylias van dem Putze, Dederich Lanschûs sun, Rachge genant von Ynbach[2] huysman van Nuwenkirgen, Herman up den Werde, Gerart Ruwe van Brôhusen, ind hain eme alda upgedragen sûnder eyncherhande fyrpel dit vursproggen gût ledich ind vri, mit halme ind mit mûnde, ind hain Arnold vurgenant geerft ind mich interft wislich ind volleklichen alz dat billigh sijn solde offenklichen also alz man zo rechte verzyen sal, also dat dỹ vurgenante scholtis ind scheffin mit orkûnd sprâchin ind spregchent, dat Arnold vûrgenant geerft were ind ich interft ind des genûch geschỹt were ind sichger were alwege vûr aynsprâche of naforderincge myn Ysraheelz of mynre erven of mynre nakomelinge of ymanz, alle arghelist ußgescheiden wereklichz rechtz of geystlichz ind nuwfûnde in alle desin vurgenoemden punten. Ind zo meirre stedicheide ind besser sicherheide alle deser vurgenanter sachgen hain wir Ysraheel vurgenant onse ingesegil an desen offenen breif gehancgen, ind hain vort gebeden mit Arnold myme nevin vurgenant ind bidden eynen edelen herren greven Gerard elste sûn zo Guylghe greve van dem Berghe ind zû Ravensberg ind eyne edil frauwe vrauwe Grethin grevinne van dem Berghe ind zo Ravensberg dat sij yre yngesegile an desin breif willen dun hancgen. Ind wir Gerart elste sûn zo Guylghe greve zo dem Berghe ind zo Ravensberg ind wir Greta grevinne zo dem Berghe in zo Ravensberg vurgenant omb beden wille her Ysraheelz canûng zo dem dôm zo Collen ind Arnoldz sinz neven vurgenant hain wir onse segele an desin offenen breif dûn hancgen ind willen dat dese vurwerden vaste ind stede gehalden werden genßlichen also alz in desin breve vurgescreven is. Gegeven na goitz geburde dusent jair druhûndert ind sees ind vûnfzich jair zo vastavend.

Orig. Perg., 3 Siegeleinschnitte.

1356 Mai 3. — Bürgermeister und Gemeinde der Stadt (Greven)-broich befreien die Besitzung des Ritters Arnold von Hostaden auf

---

a) ? *Loch im Pergament.*
1) Neukirchen zwischen Opladen und Leichlingen.
2) Von dem Hofe Imbach bei Neukirchen.

dem Viehhofe zu (Greven)broich erblich von allen städtischen Diensten und Lasten. **66** (Hostaden **4**).

Universis tam posteris quam futuris et modernis .. nos magistri civium totaque communitas oppidi de Broiche salutem cum noticia veritatis. | Ad vestram noticiam deducimus per presentes, quod propter grata et diversa servicia que nobis strenuus vir do·. minus Arnoldus | de Hoistade miles impendit et idem [a] et sui heredes et successores nobis impendere [b] poterint in futurum aream suam sitam in Broiche in loco up deme Vibove in longo lato et profundo et in omni sui loci distancia et omnes structuras et singula edificia si quas vel si que in eandem aream construxerit seu edificarit pro nostris heredibus, pro nobis et nostris successoribus quitum facimus et absolutum et supraportatum habere volumus perpetue et hereditarie a fossuris excubiis seu vigiliis nocturnis et ab omnibus oneribus servitutum seu · eciam pecuniarum inposicionibus que inter nos gracia arearum hereditatum domorum ac aliarum mansionum fieri sunt consueta in quantum in nobis est, nichil omnino nos intromittentes de hiis que ad voluntatem domini terre dinoscuntur pertinere circa premissa[1]. Pro qua quidem gracia iam dicta ad quem vel quos dicta hereditas prout premissum est spectat vel in posterum fuerit devoluta pro nobis et nostris successoribus tenebitur et tenebuntur respondere, eorumque verbis, dictis et promonicionibus nos nostrosque successores defendere ubi quando et quociens fuerit oportunum, hocque ratum et firmum habere promittentes perpetuo quamdiu dicta hereditas spectat seu pertinet ad eundem dominum Arnoldum vel ad suos heredes et ad similes sibi militares. Set si dicta hereditas vendita, mutata seu alia via · alienata fuerit ad burgensem vel ad alios quoscunque nobis et nostris successoribus similes, extunc id idem fiet de dicta hereditate quod de aliis hereditatibus et mansionibus in dicto oppido fieri est consuetum, demptis et exclusis omni dolo et fraude in premissis .. harum testimonio litterarum; sigillum nostri scabinatus est appensum, datum anno domini M°CCC quinquagesimo sexto ipso die invencionis sancte [c] crucis ob rogatus nostrorum magistrorum civium tociusque communitatis oppidi de Broiche.

a) eldem.   b) impedere.   c) *Vorher durchstrichen* ob rogatus et.

1) Zur Sache vgl. G. von Below, Die landständische Verfassung in Jülich und Berg, Theil III[2], S. 13 ff.

Orig. Perg. mit Bruchstück des abhgdn. Siegels: Thorburg mit Wehrgang, rechts der Jülicher (Kessel'sche?) Löwenschild.

1356 Dezember 18. — Wilhelm Stelgin und Frau verkaufen dem jedesmaligen Pfarrer von (Kirch)-Troisdorf eine Erbrente von 1 Malter Roggen und 2 Kapaunen, indem sie ihren Hof an der Linde zu Oberembt nebst 2 Morgen Acker als Unterpfand stellen.

67.

Kund si allen luden de desen breef ainsehind of horind lesen, dat wir Wilhelm Stelgin und Aleid myn elighe | husvrauwe semeligen und eyndrechtligen mit gûden willen al unser erven und mid rade unser vrunde han | verkoichd eweligen und erfligen eyn malder rocgen geldens Rodinger masen bi zwen penninghen na des besten und zwein kapûne de volwasen gût sin deme kirheren van Troistorp de is in der czijd umme eyne summe geldz de uns wale zo unsme nûcze is bezald; wilgh malder rocgen en zwein kapûne wir vûrghenompte elûde gheloven vûr uns und unse erven in gûden truwen alle jar zo geven deme kirchheren dee de vurgenompte kirche besinghet up send Remeys dach of verzenacht darna umbevangben in unsme hove zo Over-Emme an der Linden[1]. Zo eynre mere sichgerheid so hain wir vurghenompte elude ghesaid deme vurgenompten kirchheren zo underpande unsen vûrghenompten hof zo Over-Emme an der Linden so we de gheleghen is und zwein morghen laudes, der is ein gheleghen bi Troistorp bi der nunne lande van Koningstorp[2], de ander is ghelegen bi Vranckenhoven[3] bi hern Ywans lande van Herten und ghehorind zo Over-Emme. Wer dat sachge dat wir vurgenompte elude of unse erven dat malder rocgen und de zwein kapûne neid engheven noich in bezalden up den vurgenompten dach als dis bref inneheld, so mach sich de vurgenompter kirchbere van Troistorp halden an dat vurgenompte underpand und doin damede sin beste und nûcz als mit der vurgenompter kirghen wisligen erve, sunder eynighe weder-

---

1) Eine Oertlichkeit nördlich vom Dorfe heisst noch heute das Oberembter Lindchen.

2) Dem Kloster Königsdorf bestätigt schon Erzbischof Friedrich II. von Köln im Jahre 1158 u. a. ‚in Embe mansos duos et dimidium cum possessionibus ac tota decimatione ad ipsos pertinente', Annalen des Hist. Ver. f. d. Niederrhein, Heft 26/27, S. 361.

3) Frankeshoven zwischen Ober- und Niederembt.

sprage uns of unser erve, alle argelist und nûwe vûnde usgbescheide. In orkunde und ghezûch al deser vurschreven sagchen so han wir vurgenompte elude ghebeden und bidden de scheffen van Over-Emme, de an deser vůrwerden hant ghewest, dat si desen bref besegelin. Und wir scheffen van Over-Emme ghehin des, dat wir over dese vurwerden han ghewest und zugen dat si war sint; und want wir ghein segel enhan, so bidde wir de ersam scheffen van Rodinck, dat si desen bref besegelen in beheltnisse alre manlich sins rechdz. Ghegeven na der gheburd uns herren godz dusend dryhundert jar und sees und vůnzigh jar des sundaghes na send Lucien dagen der heiligen jůncvrauwen.

Orig. Perg., Siegel abgerissen; Rückaufchrift 16. Jhdts.: ,Troistorff.'

1357 September 9. — Ode, Wittwe Herrn Gerhards von der von der Hallen, verschreibt ihrer Tochter Ode Klosterjungfrau zu Burtscheid mit Zustimmung ihrer Söhne eine Leibrente von 19 Malter Pachtkorn zu Ophoven im Kirchspiel Doveren nebst 8 alten goldenen Schilden von dem Gute Loym im Kirchspiel Effelt.

68 (Effelt 3).

Kunt si alle den ghenen die desen ontgeghenwôrdighen brief ain sient of hôrent leesen, dat wir Ode van der Hallen | eliche hûisvrouwe was heren Gerarts van der Hallen, deme got genedich si, mit vôrrode inde mit gûden eyndrechtighen | wille inde gehenckenis Reynarts van der Hallen ritters inde Gerarts[1] unser sône inde rechter gherven gheven inde bewisen inde haint gegheven Oden unser dochter eynre cloysterjůncfrouwen zû Burtschit[1] 19 malder paichtkorns, half rocghe inde half even der moissen van Wassenberch ôre lijfzucht also langhe alse si leeft alle joir zû sint Remeysmesse ain eyne hûve lants die geleeghen is zû Uphoven in deme kirspel van Doveren; willichen paicht schuldich is die vrouwe van Uphoven, heren Otters hûisvrouwe was van Yvenheijm inde ôre rechte gherven. Vortme so gheeve ich inde bewise Oden mijnre dochter 8 alde schilde gůit van golde inde swoir van ghewichte die si alle joir also langhe alse si leeft upheeven sal zû sint

---

1) Gerardus de Hallen erscheint im Jahre 1373 in Verbindung mit einem Lehen der Grafschaft Looz zu Minnekom bei Maeseyck, C. de Borman, Le livre des fiefs du comté de Looz sous Jean d'Arckel (Bruxelles 1875) S. 140.

Remeysmesse of veirzyenacht darno unbevanghen ain deme ghůde dat ghenant is Loym, so wye dat geleeghen is in nassen inde in drůghen, geleeghen in deme kirspel van Effelt willich gůit man heldt van unsen hove zů Effelt. Weirt ouch sachche, dat dis vŏrgheschreven paicht dis korns inde ouch der ghůlden Oden unser dochter niet in worde bezailt zů rechter zijt, so dat si gebrůchlich wŏrde in al of eyn deyl, des, of got wilt, niet sijn in sal, so sal inde mach dese selve Ode, of wen si wilt van ŏren weghen, sich gehalden ain beyde die vŏrgheschreven erve wint zů der zijt dat ŏre ghentzliche genůch geschiet. Inde wir Reynart inde Gerart vorgheschreven gheloven Oden unser sůster in ghůden trůwen, of ŏre ain deser bezalunghen cyniche brůchchge were, dat wir dat verantwerden solen no unser maicht as wirt schůldich sint ce důin inde ast uns selve ain ghienghe. Vortme so wanne dese selve Ode unse dochter aflyvich wirt, so gheveldt dis vŏrschreven paicht inde ghůlde los inde leedich up die rechte gherven sonder yemans widderspreychen, alle arghelist inde nůwe vůnde inde qwode behendicheyt in desen vorschrevenen půnten cemoil uszghecheijden van beyden partyhen. Inde umme dat dese vŏrgeschreven vŏrwerden dere vŏrghenanter Oden vast nůtze inde stede sijn inde bliven, so hanghe wir unse inghesyeghel ain diesen brief in gezůichnis dere woirheyde, inde bidden vort eynen edelen vŏrsten unsen lijeven heirre heren . . Didderich den greve van Loyn, dat he sijn inghesyeghel mit uns ain desen brief wille hangen zů eynre volkomenre sichcherheyt. Vortme so bidde wir zwene eirsame inde vrome ritter here Iohanne van Schoiphusen[1] unsen lyeven swogher inde heren Reynarde van den Bůngharde[2] unsen lyeven neeve, dat si ŏre inghesyeghel ain desen brief willen hangen in bekentnis der woirheyde. Inde wir . . Didderich van goits ghenoden greve van Loyn umme beden wille dere vŏrghenanter vrouwen Oden van der Hallen haint desen brief mit unsen inghesyeghele

---

1) Johann von Schafhausen erscheint mit Reinart von der Hallen zusammen als Bürge des Grafen Dietrich von Looz in der Eheberedung zwischen Philippa von Jülich und Godart von Heinsberg, Lacomblet, Urkb. Bd. 3, no. 567.

2) Zwei Töchter des Ritters Reinard von dem Bongart selbst waren Klosterfrauen zu Burtscheid; die eine von ihnen, Mechtild, wurde später Achtissin, vgl. Chr. Quix, Geschichte der ehemaligen Reichsabtei Burtscheid (Aachen 1834), S. 153 ff.; J. Strange, Genealogie der Herren und Freiherren von Bongart (Köln u. Neuss 1866) S. 25.

besyeghelt umme dat alle dese vorgeschreven vôrwerden inde pûnten nütze inde stede bliven inde gehalden werden. Inde wir loban van Schoiphusen inde Reynart van deme Bûngharde rittere vôrghenant bekennen in eyn urkûnde dere woirheyde unse inghesyeghele gehanghen ain desen brief umme beeden wille unser lyever mûnen der vrouwen van der Hallen. Vortme ich Reynart ritter inde Gerart van der Hallen gebrûdere inde sône der vôrghenanter vrouwen van der Hallen umme brûderliche trûwe ind umme nütz inde ghemach Oden unser sûster bekennen inde bezûyghen under unsen syeghelen inde under anderen syeghelen, die ain desen ontgheghenwôrdighen brief sint gehanghen, dat wir dese vôrgheschreven vôrwerde inde pûnten vast inde stede solen halden sonder arghelist inde mit gûden trûwen. Dis brief wart gheschreven in deme jore du man schreyf no goits gebûrde M. CCC. LVII. joir des neisten daghes unser lyever vrouwen dat si gheboren wart.

Orig. Perg. mit 6 Presseln.

1358 Februar 10 (up sint Scholatiken daghe dere heyliger jûncvrouwen). — Ode Witwe Gerhards von der Hallen verschreibt ihrer Tochter Ode, Klosterjungfrau zu Burtscheid, mit Zustimmung ihrer Söhne Ritter Reinhards von der Hallen und Gerhards eine Leibrente von 6 Malter Pachtkorn, halb Roggen, halb Hafer, Wassenberger Masses, sowie von 8 Kapaunen und 2 alten Groschen aus der Mühle zu Wassenberg.   **69** (Effelt 4).

Orig. Perg., beschädigt, mit 3 Siegeleinschnitten; Signatur 18. Jhdts.: Lit. A no. 2.

1359 März 10/12 (1358 Lütticher Stil.). — Das Allodialgericht zwischen S. Maria und S. Lambert zu Lüttich beurkundet, dass Maria (de Lavoir)[1] die augenblicklich krank darniederliegende Frau des Renechons de la Tour de Wandre vor dem Maire Jehan le Cokin und vor den beiden Mitgliedern des Gerichtes Fastrar Bareis[2] und Arnold dem Sohne Wilhelms von Weis ihrem Manne freie Verfügung gegeben habe

---

1) Nach E. Poncelet, La seigneurie de Saive S. 22 war auch Adolf, genannt Aoust von Charneux mit einer Maria de Lavoir verheiratet.

2) Die Baré, meist mit dem Vornamen Fastrard, sind eine hervorragende Lütticher Schöffenfamilie, vgl. u. a. Hemricourt, Miroir des nobles de Hesbaye S. 75 ff.; de Theux, Le chapitre de S. Lambert Bd. 2, S. 161.

über ihr Heiratsgut bestehend aus 1 Morgen Land zu Rabosée „deleis le bois de Seman", $^2/_3$ Morgen Land an der breiten Strasse von Rabosée, $^1/_2$ Bunder „encontre le favarge de Raboseies", 3 Morgen, „dela le voie", $^1/_2$ Bunder neben dem Lande Kourads von Cortis, 3 Morgen zwischen Saive und Rabosée u. s. w., welches dieser alsdann dem Lütticher Schöffen Ritter Arnold von Charneux (Charnoir) überträgt.

Hommes delle cyse dieu: messirs Badins de St. Servais, messirs Adam de Hosemen singnour de Cekires chevalirs, Thiebaut de Lardir, Adulf de Charnoir, Warnir de Lavoir, Jehans ses fis, Arnus de Rioelk, Giles de Rotoir, Jehans de Lavoir peres le dite Maroie ki renonchat a se manburne, Watir Drugins, Goffins li Sellirs, Mathies fis le Belledame, Rigoles de Geneffe. — Unter dem Siegel des Erzpriesters von Lüttich. **70 (Saive 6).**

Orig. Perg. mit 4 Presseln und 2 Siegeleinschnitten.

1359 März 24 (1359 Lütticher Stil). — Das Allodialgericht zwischen S. Maria und S. Lambert zu Lüttich beurkundet, das Renechons de Wandres dem Ritter Arnold von Charneux einen Bunder Ackerland und vier grosse Ruthen bei Saive übertragen habe.

Hommes delle cyse dieu: Conrar de Lardir, Mathies fils le Belledame, Rigoles de Geneffe, Baduiens Nadeles de Harstal, Colar Dembur, Gilons Textor. — Unter dem Siegel des Erzpriesters von Lüttich.
71 (Saive 7).

Orig. Perg. mit 1 Pressel; über dem Umbug vom Schreiber des Textes: ..... E .. Quar . per homines; Rückaufschrift 14. Jhdts.: le letre de 4 muys speaute que messires Eirnus aquist a Renechon de Wandres.

1359 Dezember 31. — Die Schöffen von Loevenich beurkunden, dass Wilhelm Kindersohn dem Johann Boyken von Kückhoven eine Erbrente von 1 Malter Roggen Loevenicher Masses verkauft und dafür 3 Morgen Acker bei seinem Hofe zu Katzem verpfändet hat.
72 (Nierhoven 2).

Universis presentes litteras inspecturis seu audituris nos scabini in Lovenych notum facimus, quod coram nobis personaliter constitutus Willelmus filius | dictus Puerorum cum voluntate suorum heredum recognovit se vendidisse iusta vendicione pro quadam pecunia sibi integre persoluta ab honesto viro | Iohanne Boyken de Codechoeven et suis heredibus annuam pensionem unius maldri siliginis mensure de Lovenych duobus denariis prope meliorem singulis annis in festo beati Remigii confessoris vel sine capcione in die omnium sanctorum dictis Iohanni et suis heredibus hereditarie et perpetue persolvendam et infra Cudechoven in eorum obtentum libere et solute presentandam sub expensis dampnis periculis et vehiculis predictorum Willelmi et suorum heredum. Et quod dictis Iohanni et suis heredibus magis cautum de premissis existat prefati Willelmus et sui heredes posuerunt et firmiter obligaverunt in ypothecam ipsis tamquam nulli alteri obligatis .. tria iurnalia terre arabilis, parum plus vel minus, contigue sita retro curiam predictorum Willelmi et suorum in Cathem, ita videlicet, si prefati Willelmus vel sui heredes persolucionem aut presentacionem pensionis predicte unius maldri siliginis neglexerint in toto vel in parte aliquo modo terminorum predictorum, quod extunc prefati Iohannes et sui heredes de dicta sua ypotheca prout sita est in omni suo iure cum eadem tamquam suis propriis bonis seu hereditate suam liberam faciendo voluntatem se intromittere poterunt, contradiccione vel calaugia cuiuslibet non obstante. Condicionatum est, si prefata ypotheca aliquo iure advolveretur in manus predictorum Iohannes vel suorum heredum, extunc ipsi pacientur omnia ac singula que tota communitas de Lovenych pacietur sive passa fuerit ex parte domini terre et hoc secundum exigenciam quantitatis[a] ypothece prefate, salvo tamen cuilibet[b] suo iure, in quibus fraus dolus cavillaciones noveque invenciones per omnia removentur. In quorum omnium testimonium sigillum nostri scabinatus in Lovenych ob rogatus utriusque partis presentibus litteris duximus appendendum. Anno domini millesimo CCC[mo] sexagesimo in vigilia circumcisionis domini nostri Iesu Christi.

Orig. Perg. mit Bruchstück des anhgdn. Schöffensiegels.

1360 Dezember 1. — Ritter Winand von Moydersdorp bescheinigt der Gattin des Ritters Gottfried von Nievenheim den Empfang von 44 brabanter Mark.   73 (Nievenheim 1).

Notum sit universis presentes litteras inspecturis quod ego dominus Winandus de | Moydersdorp miles[1] levavi et recepi a

---
a) quantitatem.   b) in culibet.

1) Das Memorienbuch des Klosters Wenau verzeichnet zum 1. Januar:

domina de Nyvenheym uxore | domini Ghodefridi militis de Nyvenheym[1] quadraginta quatuor marcas brabantinorum, in quorum omnium testimonium ego dominus Wynandus prefatus sigillum meum proprium presentibus litteris duxi apponendum, anno domini millesimo CCCmo sexagesimo in crastino beati Andree apostoli.

Orig. Perg. mit Bruchstück des abhgdn. Siegels: getheilter Schild, oben Turnierkragen, unten 4 Pfähle; Inhaltsangabe 17. Jhdts.

1361 April 19. — Der Wepeling Johann von Ders und seine Frau Karissima beurkunden vor dem weltlichen Gerichte zu Koblenz eine Erbteilung unter ihren drei Töchtern Aleidis, Karissima und Hilla und deren Männern Ritter Hilger von Langenau, Ritter Rolmann vom Thurne und Werner Sack.   74 ([Hostaden 4]).

Wir Johan von Ders eyn wepelinc und Carisseme myne eliche frauwe[2] dûn kunt allen luden und erkennen uns | uffenbair deir wairheid umb daz keynreleye zwist noch uneyndrechtibeit heirnamails tuszen unsen kynden und eyde | men waszen oder ynvallen moge von unsen gode dat unsz got vorluen hait, darumb hain wir angeseen heil unser selen, nûcz frede und eyndrechtiheid unser eydem und doichter und han eyne reichte deilunge gemacht bid eyndrechtimode und wail beradens willen und myt gehenkenisse und myt wellen unser eydeme und doichter mit namen heren Hildegers van Langenauge[3] ritters und Aleide syner elicher frauwen . . heren Roilmans vanme Tûrne[4] ritters Carisseme syner elicher frauwen

‚Winrici de Moderstorff laici', E. v. **Oidtmann**, Zeitschrift des Aachener Gesch.-Ver. Bd. 4, S. 260.

1) Godart (oder Gottfried) von Nievenheim begegnet wiederholt als Vertrauensmann des Herzogs von Jülich, so am 13. Dezember 1368 bei dem Vergleiche wegen Zülpich, am 18. Oktober 1369 ist er Amtmann zu Kaster, **Lacomblet**, Urkb. Bd. 3 no. 683, 693, 894, 1000, 1010; gleichfalls im Jahre 1369 erscheint er als Schiedsrichter wegen des Hauses zur Heyden, **Strange**, Genealogie der Herren und Freiherren von Bongart S. 7. Ueber die Familie Neukirch genannt Nievenheim vgl. u. a. **Fahne**, Geschichte der köln. jülich. u. berg. Geschlechter Bd. 1, S. 303 f.

2) Ueber Johann von Ders vgl. oben no. 47 Anm. 2.

3) Langenau liegt bei Kloster Arnstein an der Lahn; Beiträge zu einer Genealogie der Familie finden sich bei **Schannat-Bärsch**, Eiflia illustrata Bd. 2 Abth. 1, S. 219.

4) Aus dem Geschlechte der Thurn zu Sinzig.

.. Wernher Sackes[1] und Hillen syner elicher frauwen, also daz dy vorgenante unse eydeme und doichter ir ylicher in deylungen alz yn irren breven getirmet und' bescriven ist na unser beyder dode besitzen und behalden solen sůnder der ander vorgenante unser kinder wedersprache myt solichen vorwerten: abe keyn unser doichter e sturbe e unser eydem sůnder geboirt, so sal unser eydem an deme gode, it sij leyn ader eygen, sijne lebedage hayn und nyt langer unde sal na sijme dode zů stånd ledich und los vallen an uns und an unse erben. Dit ist dy deilunge und dey goit dey an unserem eydem heren Roilman und Karissemen unse dochter vallen solen: Zůme irsten unse hovereyde zů Luczillincovelencze so wy̆ dy̆ gelegen ist und wat darzů gehorich ist, myt namen an ackerlande wyngarten zijnsen baůmen wychgarten so wey it genant ist und us deyme hove bis uff diese zijt gewonnen ist, myt dem bungarten halff de gelegen ist zůme Nuwendorffe by deym wege zu Covelentz weirt; item uns lant zů Walrsheym, zů Kessillinheym, zů Boninheym, zů Metternich und zů Covelentze diesijte Mosellin so wy sij yn deyn gereichten und yn deyn tirmen gelegen und benant sijnt; item unsen hoff zu Rense myt al deym gode dat darzu gehorich ist und gelegen, myt wyngarten ackerlande walde zijnse houregulde gensegulde, weesen, keyn unse goit da gelegen ůsgescheiden; item unsen hoff zů Alsenten halff so wy̆ dy̆ gelegen ist und halff wat darzů gehorich ist, und ist gereid, so welicher unser eydem deyn vorgenanten hoff zu Alsense sijn deil vorkeufen wůlde, dy̆ sals deym anderen unsen eydem gůnnen dy̆ auch des anderen half deil hait vor alremenlich umb gelich weirt und sal yme des zwenzijch marck brabencz nare geven dan eym anderen .; auch van solichem gůde daz wir noch me han und yn deyn breven nyt begriffen ist, dat zů Covelentze gelegen ist, dat solen unse vurgenante eydem und doichter so wy̆ wir daz laszen gutlichen und gelich deilen na unser beider dode, myt solicher vorwerten, so weelcher unser eydem und doichter heir weder spreche und nyt yn heelde, dy sulde deyn anderen zweyn partyen ervallen sijn elicher partyen dy̆ it heelde hundert cleyne gůlden goit van gůlde und swere van gewichte zu eynre penen. Were it auch sache dat it zwa partyen eynre partyen breche und

---

1) Werner Sack von Diebelich, ein wohlgeborener Knecht, erhält am 25. November 1355 ein Koblenzer Burglehen, Günther, Codex diplomat. Rheno-Mosellanus Bd. 3, no. 429.

nyt inbeelden, dy weren der eynre partyen ervallen yn zweynhundert gulden goit van golde und swere van gewijchte. Dat hant dy vorgenante partyen ir ylicher deir anderen erkoren und eynre penen weldegaten al irs goitz varende und neyt varende so wa it gelegen ist . . Des zů wairheide hain ich Johan von Ders vorgenant myn ingesigil vor mich und Carisseme myn eliche frauwe an diesen breiff gehangen, des ich Karisseme vorgenant gebruchen want ich neyt ingesigils in hain. Und wir Hildeger van Langenauge ritter, Aleid syne eliche frauwe; Roilman van deym Turne ritter, Karisseme sijn eliche frauwe; Wernher Sack und Hille sijne eliche frauwe geen und erkennen uns daz alle dieser vorgenanter stucke und artekil gescheet sijnt myt unser alre goden willen und hant geloift yn gůden truwen veste und steede zů halden, sunder al argelist und geverde. Des han wir dy vurgenante Hildeger Roilman und Wernher Sack zů mere stedecheit unse ingesigile bij unsers vorgenanten swegers ingesigil gehangen vur uns und unse eliche frauwen; deir wir, die vurgenante doichter, alle gebruchen, want wir nyt ingesigil[a] yn han. Dit ist auch gescheet und gereid vor erberen luden Roprecht von deir Hoermynnen und Engillen van deir Lyligen scheffen zů Covelencze. Darzu han wir auch gebeden, daz dieser breiff (besegilt) ist myt ingesigil des werentlichs gereichts daselbes; des wir Ropreicht und Engil scheffen zů Covelencze vůrgenant geen dat dit wair ist und vor uns gereyt ist. Datum in crastino dominice jubilate anno domini millesimo CCCmo sexagesimo primo.

Orig. Perg. mit 5 anhgndn. beschädigten Siegeln, 1: Querbalken mit Hermelinflocken belegt, im Felde darüber ein fünflätziger Turnierkragen. 2: Rechtsschrägbalken, Umschrift: . . Langinawe . . 3: Adler, auf dem Helme Adlerkopf zwischen zwei Federn, Umschrift: Roleman vanme Turne. 4: getheilter Schild, oben Schräggitter, Umschrift deutlich: S. Werneri Sack Krougil. 5: gleicharmiges Kreuz in einer doppelt sechsblättrigen Rose.

1361 Mai 30. — Wilhelm von der Heyden verkauft der Aleidis von Schönau Klosterjungfrau im Konvent der Cistercienserinnen zu Dalheim im Lande Wassenberg, eine Leibrente von 8 Malter Hafer und 18 Hühnern. 75 ([Harff 3]).

Ich Wilheym van der Heyden Sibreechtz soen was van der

---
a) *wiederholt* sigil.

Heyden doen kûnt allen Iuden die desen breef seyn solen of horent lesen, dat ich bekennen dat vûr | mich ind vûr min erven, dat ich verkocht haven ind noch verkoufen mit gûden willen ind mit vûrdachtichen sinnen um kentlicher noitsachen willen de mich dar|in gedrûnghen haent, eynre geystlicher jûnchvrauwen jûnchvrauwe Aleyde van Schoenhauwen cloesterjûnchvrauwe des conventz van Daelheym[1] der orden van Cyscias dat gelegen is in den lande van Wassenbergh in den gestichte van Lûdiche[2] eecht malder evene, maten as zo Berke dat gelegen is by Tusschenbroich in den lande van Gelren genghe ind geve is, ind eechtzeyn hoenre, alsulche evene ind hoenre as man mich Wilheym vurgenant ind minen erven alle jaer schuldich is up eynen benoemden dach in deymselven kirspel van Berke vûrgenoemt um eyn sûmme van gelde de mich Wilheym vûrgenoemt wael ind wytlichen van der vûrgenoemter jûnchvrauwen Aleyde bezalt is; wilche vûrgesprochen eycht malder evene ind wilche eechtzein hoenre de vûrgenoemte jûnchvrauwe Aleyt heven sal of eeymant van irer weghen deym sijs erlauft as langhe as si levet ind nyet langher up eynen benoemden dach, dat is des anderen daghes na alre selen daghen dat is sente Huprechtz daghen des heyligen biscopschz, dan sal ich Wilheym vûrgenoemt of min erven sijn zo Berke intghegenwûrdich up denselven dach ind doen der vûrgenoemter jûnchvrauwen Aleyde de eecht malder evene ind de eechtzeyn hoenre reichen ind gheven in ir of in ir boden behalt also dat si iren nûet ind iren orber da mede doen mach. Wert sache dat de vûrgenoemde eecht malder evene ind de eechtzeyn hoenre der vûrgenoemder jûnchvrauwen of iren boden up den benoemden dach nyet gegheven in wûrden of ouch eynich gebreech daraene were, id wer van evene of an hoenrin, so mach de vûrgenoemde jûnchvrauwe of ir bode de vûrgenoemde evene ind hoenre manen ind heyschen mit alsûlchem vaer ind schaden mit al den rechten as man mich Wilheym ind minen erven dat schuldich is ze doen. Ouch sal ich Wilheym vûrgenoemt of min erven alleweghe up den benoemden dach sijn

---

1) Es ist wohl dieselbe Aleidis von Schönau, die auch noch am 27. August 1382 als Klosterfrau zu Dalheim begegnet, Chr. Quix, Geschichte der Schlösser Schönau und Uersfeld (Aachen 1837), S. 14; J. Hansen, Beiträge zur Geschichte von Schönau, Zeitschrift des Aachener Gesch.-Ver., Bd. 6, S. 97.

2) Die Abtei war gegründet zu Ophoven, wurde aber vor dem Jahre 1306 nach Dalheim bei Wassenberg verlegt, vgl. z. B. G. Peeters, Publications de la société histor. et archéol. dans le duche de Limbourge Bd. 7, S. 311.

intgegenwůrdich zo Berke ind doen der vůrgenoemder jůnchvrauwen of iren boden doen reychynghen gescheen ind vůllinghen van der evene ind den hoenren vůrgenoemt gelijcherwijs of it mich selver of minen erven antreffende were. Ouch is gevůrwert, of sache weir dat de vůrgenoemde jůnchvrauwe aflivich wůrden, dat got verbiden moet, vůr deym daghe dat der irste pecht erschinen solde in deym irsten jaere, so sal (ich) Wilheym vůrgenoemt of min erven deym convente van Dalheym vůrgenoemt of war mijn vrauwe de abdisse ind dat convent willent, dat gelt dat mich wůrden is van der vurgenoemder junchvrauwen geenslichen ind ze male weder gheven sunder wedersprache mins of minre erven of enichz gerechtz geystlich of werltlich. Vůrt wert sache dat si leyede na deym daghe dat der eyrst pecht gegheven were, so insal ich Wilheym vůrgenant of min erven deym convent nocht nyeman hellinch noch penninch van den gelde vurgenant wedergheven, alle argelist, nůwe vůnde ind quade behendicheit in allen desen sachen uzgescheyden. In gezůchnijs alle deser sachen so haen ich Wilheym vůrgenant desen breef mit minen segil. vůr mich ind vůr min erven besegelt ind haen gebeden eersůme heren ind Iude herin Steven van Orsbech ritter de leenhere des godz is ind dat selve gůet van eym halden is, Reynarde Pyrnich, Hennikin Langerbeynz eydem ind Zerreis van der Brůghen de des gutz gesvaren laten sint, dat si desen breef mit mich besegelen willent. Ind ich Steven van Orsbech ritter vurgenant bekennen dat under mime segil dat it mit mime willen is, dat dese vurgenante sachen gescheet sint, ind um beden wille Wilheymz vurgenant ind sinre erven haen ich desen breef gesegilt. Ind wir Reynart Pirnich, Hennikin Langerbeyns eydem ind Zerreis van der Brůghen vurgenant gesvaren laten des gůetz vurgenant bekennen dat mit desen intgeghenwůrdichen breve dat alle dese vůrgenante sachen vast stede ind volkomen sint ind vur uns gescheet sint ind bidden deym eersumen heren heren Steven van Orsbech vurgenant, dat he desen intgeghenwurdigen breef um unser beden wille besegelen wilt, want wir selver ingheynen segile in haven. Ind ich Steven van Orsbech vurgenant bekennen, dat[a] it alt war stede ind vast is ind si mich gebeden haven dat ich van irer weghen besegelen wůlde. Gegheven int jaer uns herin důsentdrůehondert ind eyn ind sestzich des sůndaghes na des heiligen sacramentz daghe dat is na andaghes pinsten des neesten důnrestaghes.

a) dat dat.

Orig. Perg., beschädigt, stark verblasst, mit 2 Presseln und 3 Einschnitten; Rückaufschrift 15. Jhdts.: item gegont to juncker Goirt van Harff.

1361 September 9. — Walburgis von Aussem und der Konvent der Weissen Frauen zu Köln verpflichten sich, ein Darlehen des verstorbenen Gerhard vom Pfau, Dekans von S. Georg, in Theilzahlungen zu erstatten. **76.**

Nos Walburgis de Oysheym totusque conventus monialium Albarum Dominarum monasterii beate Marie Magdalene in Colonia . . universis et singulis presentes litteras visuris | et audituris cupimus fore notum et tenore presencium publice protestamur, quod ex vero iusto et legitimo debito tenemur et efficaciter obligate sumus discreto | viro Hermanno de Pavone civi Coloniensi cognato et manufideli seu executori testamenti venerabilis viri bone memorie domini Gerardi de Pavone decani ecclesie sancti Georgii Coloniensis[1] in ducentis marcis denariorum pagamenti coloniensis nobis ad structuram nostri conventus ab eodem quondam domino decano dum vixit concessis gratanter ac in ceteros eiusdem conventus usus necessarios expositis et conversis. Quas quidem ducentas marcas dicto Hermanno . . suis heredibus aut presencium . . conservatori solvere promisimus bona fide et promittimus per presentes terminis infrascriptis, videlicet singulis annis a data presencium immediate subsequentibus viginti marcas dicti pagamenti in festo beati Martini episcopi dandas quolibet anno quousque prefato Hermanno, . . suis heredibus aut presencium . . conservatori fuerit per nos et nostrum . . conventum de dictis ducentis marcis succesive et integraliter satisfactum, tali condicione et pena adiectis, quod si aliquem terminum solucionis dicte pecunie neglexerimus in parte vel in toto, quod absit, extunc omne damnum et expensas, quod et quas dictus Hermannus, . . sui heredes aut presencium . . conservator occasione neglecte solucionis aut requisicionis dicte pecunie pro termino competentis fecerit aut ipsos pati contigerit, sibi complete refundere tenebimur et debebimus, una cum sorte principali ad simplex suum dictum

---

1) Gerhard vom Pfau (van der Po, van der Phoe, de Pavone) urkundet als Dekan von S. Georg zuerst am 28. Mai 1323, Lacomblet, Urkb. Bd. 3, no. 198, zuletzt am 20. Dezember 1357, Ennen, Quellen zur Gesch. der Stadt Köln Bd. 4, no. 395.

contradiccione qualibet non obstante. In cuius rei testimonium sigillum nostri .. conventus de scitu et consensu nostrarum omnium presentibus est appensum. Et ad maiorem certitudinem rogavimus venerabilem[a] virum dominum Georgium de Aerscheit decanum ecclesie sancti Gereonis Coloniensis[1], quia ad presens nostram et nostri .. conventus curam ex iuridice commissionis officio gerit in spiritualibus, ut sigillum suum .. decanatus duceret presentibus appendendum. Et nos Georgius de Aerscheit decanus ecclesie sancti Gereonis predicte ad rogatum et instantes preces domine .. priorisse et .. conventus monasterii predicti sigillum nostri .. decanatus presentibus apposuimus in maiorem firmitatem omnium premissorum. Datum anno domini millesimo trecentesimo sexagesimo primo crastino festi nativitatis beate Marie virginis gloriose.

Orig. Perg., mit 1 Pressel, 1 Siegeleinschnitt; drei Rückaufschriften 15. Jhdts: ‚Al wael betzalt' ‚lijfzucht vacat', ‚lijfzoicht doit'.

1362 Februar 3. — Johann von Ziskoven und Winand von Würme Geschworene des dompropsteilichen Hofes zu Gleuel beurkunden, dass der im Stifte Toul ansässige Hermann von Burbach einen Morgen Weinberg zu Burbach der Druda Wittwe Wilhelm Spinders von Fischenich und deren Schwiegersohne Ludwig von Zündorf übertragen habe. **77.**

Wir Johan van Zesechoven ind Winand van Würme gesvoren dez hoyfs zo Gluwel dy̆ dez doemeproysts is van Colne[2] doin künt | allen luden dye dysen brief solen siene of hüren leesen ind gezugen overmitz dysen brief, dat vür unss komen is .. Herman dy̆ sün was wilne Hermans van Buyrbach dy̆ gesessen is in deme

---

a) venerabilem, *gedrängtere und blassere Schrift*.

1) Georg von Aerscheit wird bereits am 20. September 1334 Dekan von S. Gereon genannt, Lacomblet, Urkb. Bd. 3, no. 283; auffallend ist es, dass er am 24. September 1366 die Würde des Propstes in demselben Stifte inne hat, Ennen, Quellen z. Gesch. der St. Köln Bd. 4, no. 449.

2) Bereits im Anfange des 13. Jahrhunderts [1208—1216] hatte der Domkanoniker Ulrich Suevus seinem Stifte die Einkünfte von drei Mühlen zu Gleuel übertragen, Korth, Liber privilegior. maior. ecclesie Coloniensis S. 206 no. 10; eine weitere Schenkung daselbst machte am 22. August 1297 der Vikar Gerhard von Xanten, Lacomblet, Urkb. Bd. 2 no. 974.

gestichte van Tûllen ind hait vûr sich .. Annen sijn wijf .. Margareten ind .. Katherinen sijne sûsteren ind vûr alle ÿre erven ÿren morgen wyngardis dÿ gelegin is enhoven Buyrbach, davan dat man jairs gilt mir Johanne van Zesechoven[1] lantheirren dezselven wijngardis ind mijnen erven seyss penninge cynss, so we dÿselve wijngarde gelegen is verkouft verlayssen ind upgedraigen .. Druden elichen wijve wilne was .. Wilhelms Spinders van Vischenich .. Lûdewighe van Zudendorp irme eydeme ind .. Druden sijme elichen wijve, ind up den selven wijngarden luterlichen ind genczelichen verzegin hait zo henden Druden .. Ludewighs ind .. Druden sijns wijfs vûrgenant so we dat eyn recht ind gewonde is, ind mich .. Johanne van Zesenchoven leneheren vûrgenant bat, dat ich den vûrgenanten wijngarden Druden .. Lûdowighe ind .. Druden sijme wijve vûrgenant ind ÿren .. erven lenen woylde; des hain ich .. Johan leneheirre vûrgenant umbe beden willen dez vurgenannten .. Hermans den vursprochen wijngarden Druden .. Lûdowighe ind Druden sijme wijve vûrgenant ind ÿren erven geleynt ind lenen overmitz dysen brief, also dat Drude elich wijf wilne was Wilhelms Spinders eyn halfscheyt, .. Lûdowigh ind Drude sijn wijf vurgenant ind ÿre erven dat ander halfscheyt dez vûrsprochen wijngarden dûrch reicht behalden solen ind wenden ind keren mogen ais ir wislich gût ind erve war dat sij willent, sûnder ÿmans wedersprechen, behalden mir Johanne van Zesechoven leneheren vûrgenant ind mijnen erven unss reichts ind unss cynss vurgenant ain deme selven wijngarden, alle argelist in dysen dingen usgeslossen .. In urkunde und stedicheyde alle dyser dinge hain wir Johan van Zesechoven leneheirre ind .. Winand van Wûrme gesvoren vurgenant unse ingesegille zo beden .. Hermane vurgenant ain dysen brief gehangen. Datum anno domini M°. CCC° lx° secundo crastino purificacionis beate Marie virginis gloriose.

Orig. Perg. mit 2 anhgdn. beschädigten Siegeln, 1: zwei Rechtsschrägbalken; 2: doppeltgezinnter Querbalken, Umschrift: S. Vinandi de Gluvil. *Rückaufschrift 16. Jhdts.:* domprobst Kollen. *Inhaltsangabe 17. Jhdts.*

---

1) Zu Ende des 14. Jahrhunderts steht ein Johann von Ziskoven im Kriegsdienste der Stadt Köln, Mittheilgn. aus dem Stadtarchiv v. Köln Heft 9 S. 58 ff. no. 4158, 4292, 4308, 4354, 4614, 5382, 5395; Ziskoven heissen zwei Gehöfte südöstlich von Gleuel im Landkreise Köln.

1362 November 15. — Hermann von Gudenau, Sohn des † Ritters Konrad von Gudenau, beurkundet einen Ehevertrag zwischen seiner Schwester Lyse und Philipp, dem Sohne des Kölner Schöffen Johann Scherfgin. 78 (Gudenau 1).

In goitz namen amen. Ich Herman van Goydenouwe sůn wilne was heren Conraits van Goydenouwe ritters doyn kunt allen Inden dy dysen brief solen sien of horen leesen, dat entuschen Philips dy sun is heren Johans Scherfgins scheffins | zu Colne ind Lysen mynre sustere overmitz de mâge ind vrůnde van beyden syten in dy ere goitz eyn wislich hilich gedaidingt ind gemacht is in formen ind maneren ais herna geschreven steit[1]: also dat ich Herman geloyft hain Philips vurgenant | mit Lysen mijnre sustere zo wedůme ind zo wislichme hyliche drůydusent marck penninge colsch pagamentz, ais eynen alden groissen kůninxtůrnoys van Franckeriche gůt genge ind geve of sijn wert vůr zvene ind drisich penninge gerechent . . Her entgayn so hait her Johan Scherfgin vurgenant mit Philips sijme sune. gegeven Lysen mynre sustere vurgenant zo wedůme ind zo wislicheme hyliche druydusent marck penninge des vursprochen pagamentz; wilche druydusent mark ich Herman vurgenant in gereiden penningen van deme selven Johanne genczlichen ind zomale entfancgen hain ind dyselve druydusent mark mit rayde mynre vrůnde in mynen kenlichen nůtz ind urber ind in bezalůnge mynre schoilt dy ich schuldich was, gekeirt hain, ind schelden heren Johanne vurgenant ind sijne erven van denselven drijndusent marken quijt los ind leedich. . . Herumb sy zo wissen, dat ich Herman vurgenannt vůr dy vursprochen seyssdůsent mark geven Philipse ind Lysen vurgenant den hoff zo Kůninxwynteren so we dy gelegen is mit alle syme zůbehuren, so we man dat noymen mach, ind vort ander alle dat gůt dat up gynsite Rijns derselver syten in deme gestichte van Coelne in der heirschaff van Blankenberch ind van Lewenberch gelegen is, id sy in velde, acker, wyngarden, buschen, beynden, wassere, weyden, wyngulden, korengülden, pennigesgulde, gensen, hoenre, cynsen, zeynden, gewijn, gewerf, mit upvalle ind nydervalle, wilich gut mir ind Lysen mijnre sustere vurgenant van doyde unss vaders ind unser moyder zůerstorven ind aingeerft is, ind mit alle deme reichte so we unse vader ind unse moyder dat

---

1) Vgl. über diesen Ehevertrag und die darin genannten Persönlichkeiten Annalen des Hist. Ver. Heft 54, S. 52 Anm. 4; auch unten no. 167.

vursprochen erve ind gut heilden ind besayssen, usgescheiden den hoff zů der Heyden in deme kirspel van Steildorp gelegen[1]. Des geloven ich Hermau in guden truwen Philipse ind Lysen vurgenant in alle dat vursprochen erve ind gůt zů seczen enbynuen eynen maende darna dat sy by eyn geslayffen haint ind sy darain zo brengen up alle den steeden da dat erve ind gůt geleegen is ind dat gebůrt zo doyn, also dat id Philipse ind Lysen vůrgenant in deme reichte vaste ind stede sy ind yren erven, also dat Philips ind Lyse vůrgenant ind yren erven alle dat vůrsprochen erve ind gůt vůr dỳ vurschreven seyssdusent marke durch behaldin ind vredelichen ind restlichen besiczen solen; mit sulchen vurwerden, dat ich .. Herman vurgenant, so wanne dat ich wil, mach of myne erven mogen dat vurschreven erve ind gůt gelden ind afloysen weder Philips ind Lysen vurgenant of ỳre erven mit seyssdůsent marken ind mit seysshůndert marken des vursprochen pagamentz, of dat gůt half ind nyet myn zo eynre zijt, mit dryndůsent marken ind mit drynhůndert marken des vurschreven pagamentz aiss hylichs reicht is, also dat man dỳ sejssdusent mark mit den dat dat vůrschreven erve ind gůt zomaile afgeloist wirt of dỳ druydůsent mark mit den dat dat erve ind gůt vurgenant half afgeloyst wirt, aisvort belegen sal ayn ander erve in urber Philips ind Lysen vurgenant ind yrre erven, dat gelegen sy tuschen Colne ind Gůdenouwe of enbynnen vůnf mylen ways van Collen up dys syte Rijns da Colne gelegin is, ind dat myt rayde yrre vrůnde, mit sulchen vurwerden: were dat sache dat eynich ir tůschen Philipse ind Lysen vurgenant aflivich wůrde ind geyne wisliche gebůrt van yn beyden geschaffen na yen enleyssen, aisdan sal dỳ leste levendige hant van yn in deme vurschreven erve ind gůde zo Kůnnixwynteren ind in deme gestichte van Colne ind in der heirschaff van Blankenberch ind van Lewenberch, aisverre aist nỳt afgeloist enwere, of ain deme erve, dat mit den vursprochen seyssdůsent marken vergoilden wirt, blyven sitzen vredelichen ind restelichen ais lange ais si leyft; ind so wanne dyselve leste levendige hant aflivich worden is, aisdan solen de neiste erven van beyden syten dat erve, dat mit den vurschreven seyssdůsent marken vergoilden wirt, under yn geliche deylen, also dat Philips neyste erven eyn halfscheit ind Lysen neisten erven dat ander halfscheit des-

---

1) Mit dem Heiderhoff bei Stieldorf war später ein Altar im Kloster Bödingen dotirt, G. H. Maassen, Geschichte des Dekanats Königswinter (Köln 1890), S. 520.

selven erfs behalden solen. Were oug sache, dat Philips ind Lyse
vurgenant beyde aflivich wurden ee dat vůrsprochen erve ind gůt
up gynsyte Rijns ais zo Koninxwinteren ind in deme gestichte
van Coelne, in der heirschaf van Blankenberg ind van Lewenberg
gelegin in eyme deyle of zo maile afgeloist wurde ind geyne
wijsliche gebůrt van yn beyden geschaffen na yn enleyssen, aisdan
solen Philips neiste erven eyn halfscheit desselven errfs ind gůtz up
gynsyte Rijns behalden ind besitzen vredelichen ind restelichen
also lange bis dat ich Herman of myne erven dat halfscheit des
erfs ind gůtz vurschreven umb Philips neyste erven weder geloesen
mit dryndůsent marken des vurschreven pagamentz. Alle dyse
vurschreven půnte ind vůrwerden ind gelofnisse hain ich Herman
vůrgenant in gůden truwen geloyft ind geloven overmitz dysen
brief vaste ind stede ind unverbrůchlich zů halden sůnder argelist;
ind heemit so is Lyse myne suster vurgenant van mir Hermanne
afgedeilt ind afgescheyden van sulchen gude ais ir van doyde
unss vaders ind unser moyder zo erstorven was ind ir aingebůrde
up dysen hudelichen dach dat dis brief gegeven is, alle argelist
in desen vůrschreven dincgen usgescheiden. In urkunde ind ste-
dicheide alle deser vurschrevenre dinge hain ich Herman vurge-
nant mijn ingesegil ayn desen brief gehangen ind vort gebeden
hain eydele vrome ind yrsame lude heren . . Hermanne van Můle-
narken canonich zome doeme zo Colne, heren Henriche burchgreve
heren zo Drachenfelz, Johanne burchgreven zo Rijnecken, heren
Emůnt van Gymmenich ritter, Johanne van Bodendorp, Albrecht
Boeven van Vůnfzvelden dat sij ir ingesegil an dysen brief haint
gehancgen ind zo meirre stedicheit. Ind wir Herman van Mule-
narken canonich zo me doeme zo Colne, . . Henrich burchgreve
herre zo Drageuvelz, . . Johan burchgreve zo Rinecken, . . Emunt
van Gymmenich ritter, . . Johan van Bodendorp ind Ailbrecht
Boeve van Vůnfzvelden vurgenant gezůgen, dat alle dyse vurschre-
ven ding wair sint ind wir unse ingesegil zo beden Hermans van
Gůdenoůwe vurgenant ain dysen brief gehancgen hain. Ind ich
Johan Scherfgin scheffen zů Colne vurgenant bekennen dat dys
vurschreven hylich tůschen Philips myme sone ind Lysen vurge-
nant gedadincgt ind gemacht is in alle der maneren formen ind
vůrwerden as vurschreven steit; ind des zo urkůnde hain ich myn
ingesegil ain dysen brief gehangen zo meirre stedicheit, ind hain
vort gebeden vrome ind eirsame Iude . . heren Harperne van Me-
royde, heren . . Wernere van Bagheim camerer, heren Johanne

Scherfgin ritter, heren Johanne Overstoils van Efferen scheffen zo Collen, heren Johanne vau Buschvelt ritter ind Philips van Kentenich, dat sy yre ingesegele ain dysen brief haint gehangen. Ind wir Harpern van Meroyde, Werner van Bagheym camerer, Johan Scherfgin ritter, Johan Overstoils van Efferen scheffen zo Colne, Johan van Bûschvelt ritter ind Philips van Kentenich vurgenant ergien dat id wair is. Gegeven is dys brief do man schreiff van uns heren geburde dûsent druyhûndert zwey ind seysszich jaire des neysten dinsdagis na sente Mertins dage des heilgin byschofs in deme maende novembris.

Orig. Perg. mit Bruchstücken von 2 anhgdn. Siegeln, 10 Presseln und 2 Siegeleinschnitten, 1: getheilter Schild, Gleve im rechten Obereck, Umschrift: Ioha .... 2: *Querbalken, darüber ein dreilätziger Turnierkragen, darunter eine Kugel, Umschrift*: Albert Bove van Fum ....; *auf den Presseln stehen die Namen der Siegler. Rückaufschrift 16. Jhdts.*: hylichsbreiff Herman von Guedenau suyster ind Philips Scherffen belangend, *Inhaltsangaben 17. Jhdts., Signatur*: Wolckenburgh num. 4 Lit. A.

1362 November 25. — Die Brüder Emund und Rabode von Gymnich entsagen allen Ansprüchen an den Burggrafen Heinrich von Drachenfels wegen des Heirathsgutes ihrer Grossmutter Hadwig von Drachenfels.   **79 (Drachenfels 24).**

Wir Emund van Gymnich ind Raeboyde gebrudere doin cunt allen Iuden dy dysen brief solen sien of horen leesen, dat | wir genczlichen gesoint sijn mit heren Heynriche dem burchgreven zu Drachenfels unsme lieven neeven vur uns ind | vur unse broedere ind susteren ind vur alle unse naecumelincghe ind erven van assulcher vorderuncgen as unse vader hatte an den vurgenanten burchgreve as van synre moder weeghen dy van Drachenvelz geboyren was, ind van assulcheme hilichspennyncge as mit yr geloift was, ind so wat reychtz dat man van yren weegen au der heirschaf van Drachenvelz vorderen moechte as van unser vurgenanter vrouwen Hadewighe unser anichvrouwen weegen van Drachenvelz. Vort geloyven wir Emund ind Raeboide gebrudere vurgenant, wilcherleye ainspraiche der burchgreve vurgenant ind syne erven ind naecumelincge danne aff liedin van unsere brûdere ind susterin weegen of van unser erven weegen, dat wir ind unse erven un ind syne erve danne aff entheeven solin ind zu maile schadelos

halden in guden truwen sunder alle arglist. Dis zu orcunde ind
ganczer stedicheyt hain wir Emund ind Raeboyde gebrůdere vur-
genant unse segele gehancgen an disen brief. Gegeeven up senth
Katherinen dach in den jairen unss heirrin dusent druhundert
zwey ind seyszich.

Orig. Perg. mit 1 Pressel, 1 anhgdn. verletzten Siegel: ausgekerbtes Kreuz mit dreilätzigem Turnierkragen; Rückaufschrift 15. Jhdts.:
ein scheytbreyff; *Signatur 17. Jhdts.:* Drachenfeltz Lit. A. no. 12.

1363 Januar 7 (1362 Lütticher Stil). — Franko von Magnée
Schultheiss des Gerichts Jupille beurkundet, dass Ludwig der Sohn
Wilhelms von Jupille dem Lütticher Schöffen Ritter Arnold von Charneux zu Händen seines Vertreters Heinrichs des Fischers einen halben
Bunder Ackerland zu Mosty bei Saive übertragen habe.

80 (Saive 7).

A tous cheaus qui ces presentes letres verront et oront Franke
de Mangneez bailhir delle court de Iuppilhe[1] salut et conissanche
de veriteit. Sacent | tuit que par devant mi et mes tenans chi
desouz nommeis si comme devant court vinrent en propres personnes por chu affaire que chi apres sensiet | Lowars fis Wilhelmin
de Iuppilhe dune part et Henris li Pessereaz partie faisant por
honorable et valhant monsieur Ernut de Carnoir chevalir et eskevin de Liege dautre part, et la tut li dis Lowars fis Wilhelmin
si conselhiez quilh de se propre volenteit reportat suz en ma main
en nom et en aiveuz de dit monsieur Ernut demy bonir, pou plus
on pou moins, de terre herule gisant desoire Seyves a Mostir[2],
joindant a le terre le dit monsieur Arnut dune part et le terre
Renir de Wandres dautre part.. qui de mi muet et deskent; et
le werpit li dis Lowar fis Wilhelmin et del tout sen desiretat sains
rins ens a retenir, si comme chis qui bin en astoit avestis et ahireteis et ne l avoit de rins enpechiet ne encombreit si qu il reconut,
par quen a lensengement de mes tenans ju fis a dit Henri le Pessereal en nom et en aiveuz de dit monsieur Ernut de Charnoir de
tout l iretage desoire nommeit don et vesture por faire a tous

---

1) Jupille liegt etwa 5 Kilometer, Magnée 10 Kilometer von Lüttich
entfernt.

2) Mosty, eine kleine Ortschaft bei Saive.

jours sa lige volenteit si comme de son bon hiretage[1] et parmi une malbe de bonne monnoe de cens quil m en doit et devrat rendre et pair cescun an hiretablement a noel, et li commanday ens ban et pais si avant que drois et lois portent et ensengnent del fair; les quels oivres ju mis en le warde de mes tenans hiretables la presens qui leurs drois en oirent et ju ausi les miens, assavoir sont: Colars de Seyves li bollengirs et Colars de Mon de Seyves. Et por tant que ce soit ferme cose et estable si ay ju Franke de Mangneez desoirdit por mi, ju Colars de Seyves por mi et por Colar de Mon a se prijere et requeste avons pendut u fait pendre a ces lettres nos propres seaus en tesmongnage de veriteit. Ce fut fait lan dello nativiteit nostre sigeur M CCC sissant et dois VII jours en mois de jenvier.

Orig. Perg. mit Bruchstücken von 2 anhgdn. Siegeln, 1: vier Reihen Feh. (2 : 2 : 4 : 2), im rechten Obereck ein Rechtsschrägbalken, Umschrift: .. rankon .. gne de . 2: Keule(?), links davon zwei Sterne, Umschrift: Co . . . . . e; Rückaufschrift 14. Jhdts: le lettre Lowar fis Wilhelmin de demi bonier de terre.

1363 Mai 12. — Hermann von Gudenau übernimmt von seinem Schwager dem Kölner Schöffen Philipp Scherfgin und von dessen Frau, seiner Schwester Lise, den Hof zu Königswinter nebst allen übrigen Höfen in den Herrlichkeiten Blankenberg und Löwenburg mit alleiniger Ausnahme des Hofes zur Heiden, und verpflichtet sich dafür zur Zahlung einer Jahresrente von 600 Mark.   81 (Gudenau 2).

Ich Herman van Godenauwe doin cunt allen luden die desen brief, sient of hûerent lesen ind bekennen offenbeirlichen overmitz desen brief, dat ich genoemen hain ind neymen zo myme | nütze ind urber mit gûdme vurdaichten raide myn ind mynre vrûnde den hoff zo Koninxwinteren mit velde, mit bûyssche, mit wyngarden, mit beenden, mit peichten, mit zijnsen | ind mit alle syme zobehoeren ind mit anderen hoeven so we die vurschreven hoff gelegen is in deme gesteichte van Colne ind vort mit anderen hoeven ind gueden die geleigen sint in der heircheide van Blanckenberch ind van Loenberch, also as die gûdt myn vader vurmails besas, neit ussgescheiden dan alleyne der hoff zer Heyden, in alle der wijs ind na formen der hilichsbrieve van myme lieven swager Philippse Scherfgin scheffen zo Colne ind van Lisen mynre suster syme

---
1) Vgl. Poncelet, La seigneurie de Saive S. 23.

elichen wyve, omb eyne jerliche rente as alle jare omb seeshondert marc koelsch paymentz, so we unse hilichsbrieve ynnehaldent[1]; wilche vurschreven seeshondert marc ich Herman den vurgenanten Philipse ind Lisen of helder dis briefs mit yren willen alle jare geloift hain zo betzalen ind zo geven sunder alle argelist up myne sorge cost anxst ind arbeit, los ind ledich, unbecroit zo leveren zo Colne in die stat in ir hůys ind in ir behalt da sij ynne woenent as up sent Mertijns dach des helichen büsschofs of zohancz darna, also dat die vurschreven seeshondert marc vur sent Bartholomeis dage des helichen apostolen darna neist volgende sůnder al gebrech wale gelevert sin ind betzalt zo yren willen. Ind were dat sachge, dat die vurschreven dage ind die zijdinge darna vůrgeingen ind ich Herman in gebreche vůnden wurde der betzalingen vůrschreven, also dat die vurschreven summe der jeirlicher renten vurschreven vur sent Bartholomeis dage neit betzailt noch genoich gedain in were also as vurschreven is, so mogen ind solen die vurgenante Philips ind Lise of helder dis briefs mit yren willen des neisten dagis na sent Bartholomeis dage vurschreven sich des vurgenanten erfs ind gůetz, so we id zer zijt gelegen is mit alle synre besseringen underwinden ind ankeren sůnder allen zorn ind wederreide myn Hermans vurschreven of ymans anders van mynen weigen, ind sunder enich gerechte of heren daromb zo soicken, also dat Philips ind Lise, yre erven of helder dis briefs die vurschreven gůet ind erve besiczen solen ind upheven ind boren vreidlichen ind restlichen zo bescheiden afslage der vurschreven seeshondert marke die da erschenen synt ind ouch der seeshondert marke die da erschinen solen up sent Mertijns dach darna neist volgende, ind ouch der kenlicher cost die darup gevallen mach, des ich yren simplen worden geloeven sal sůnder eyde; ind deser vurschreven besitzingen solent sij gebruchen vreidlichen ind restlichen as lange bis sij alle dit vurschreven gelt ind kenliche cost die sij daran gelaicht hetten, haven genczlichen weder ůpgeboert in alle der wijs as vurschreven is; ind so wanne sij alle yren vurschreven bruch weder in also upgeboert havent, so solen sij dat vurschreven erve ind gůet rumen ind yre hant avedoin ind ledich machen zo myme nůcze ind urber, ind vort alle jaire so we die vurschreven jeirliche rente vallende is na haldingen der hilichsbrieve die gemacht ind beschreven sint tusschen den vurgenanten Philips ind

---

1) S. oben no. 78.

Lisen ind mir Hermanne vurschreven, beheltnisse denselven bilichsbrieven alle yrre macht. Vort ist ouch gevurwert, wer it sache dat die vurgenante Philips ind Lyse, yre erven of helder dis briefs die vurschreven gûet ind erve op eynich jaer also beseissen in der wise as vurschreven is, so sal ich Herman of ymant anders van mynen wegen dem ich dat bevelen tusschen sent Mertijns dage ind drûytziendage van den vurgenanten Philipse ind Lisen of van yren erven of helder dis briefs mit yren willen der recheningen gesynnen, die sij mir dan doen solen van den vurschreven gueden zo beschedenen afslage as vurschreven is. Vort geloven ich Herman in gueden truwen overmitz desen brief sûnder alle argelist, diese vurschreven erve ind gût in bescheidlicher gewoenlicher buwingen zo halden ind neit zo woisten noch versetzen, besweren noch verkoiffen, noch vererven noch versplijssen[a], beheltnisse der bilichsbrieve yrre macht. Alle dese vurschreven pûnte ind vurwerden semelichen ind eyn eiclich sunderlich hain ich Herman vurschreven geloift in gueden truwen ind gesichert in eitzstat vaste steide ind unverbruchlich zo halden ain alle argeliste, ind quaide nûwe vûnde ussgescheiden in disme brieve, die mir Hermanne of mynen erven mit eyncher behendicheit as her weder zo doen staede doin moichten ind dem vurgenanten Philipse ind Lisen, yren erven of helder dis briefs in eyncher wijs unstaide brengen moichten; dese vurschreven pûnte in solen vaste ind steide bliven unverbruchlich sûnder alle crut ind wederspraiche. In oirkunde ind stedicheit alle deser vurschreven punte so hain ich Herman vurschreven vur mich ind myne erven desen brief mit myne segele vur besegelt ind hain vort gebeiden zo myrre steitgheit die edele manne ind heren, heirren Herman von Molenarke kanoinch zo me doeme zo Colne, heren Heinrich bûrchgreven ind heren zo Draichenveltz ind Johan burchgreven ind heren zo Rynecge myne lieve oymen, dat sij yre ingesegele zo mynen beiden an desen brief gehangen haent. Ind wir Herman van Molenarke canonich zo me doyme zo Coelne, Heinrich burchgreve ind here zo Drachenveltz ind Johan burchgreve ind heirre zo Ryneege eitzo vurgenant bekennen mit unsen segelen, dat dat wair is. Geschreven ind gegeven int jair unss heirren do man screif dusent drubundert dru ind seysszich des zweilften dagis in dem meye.

Orig. Perg. mit 2 Presseln und 2 Siegeleinschnitten; Signatur 17. Jhdts.: Wolckenburgh, Lit. A. num. 5.

a) verspijssen.

1364 Juni 8. — Wilhelm Herzog von Jülich Graf von Valkenburg und Herr von Montjoie, Walrav von Merode Vogt zu Güsten und Herr Jan Baec bekennen, Hûesmann Her Jans son ten Hûesen 150 Goldgulden schuldig zu sein und verpflichten sich bei Zahlungsversäumniss zum Einlager in Dülken oder Venlo.

82 (Herzogthum Jülich 1).

Wi her Willem bi der genaden gaeds hertoege van Guelge greve van Valkenborch here van Moniouwen, her Walraven | van Meraede vaecht czoe Gusten[1] end her Jan Baec doen cont al den genen die desen brief soelen sien of hoeren lesen, dat wi | sculdich sijn van gerechter scout mit gesamender hant onsgesceiden end ielicken vor al Hûesman her Jans sone ten Hûesen end sinen erven of helder 's brives mit sinen wille anderhalf hondert sware gulden goet van golde, te betalen up sinte Remeis dach neest coemende na dis brives datum, vertenacht daerna onbevangen. Weer't oec sake dat wi dat vorgenoemde gelt niet en betaelde up den vorscreven termin, soe heb wi gesekert end gelaeft, sekeren end gelaven tot maningen Hûesmans ende siinre erven of helder's brives mit sinen wille in te coemen leisten te Dulken of te Venloe in een bewijsde herberge die ons van Hûesmàn end sinen erven of helder's brives mit sinen wille bewijst worde, soe waer si coeren van desen tween een, daer solden wi liggen leisten jegelic mit enen perde ter goeder Iude rechte, of mallic mach enen goeden man voer oen senden mit enen perde; end wi, of die van onser wegen daer leisten, en soelen uter herbergen niet sceiden, wi en hebben Hûesman end sinen erven of helder's brives mit sinen wille geqwijt voldaen van hoeftgoede, cost ende scade die daeraf coemen mach, mochte of coemen were, des te gelo even tot oeren simpelen waerden. Voert sijnt vorwerden, weder wi leisten ofte niet en leisten, zoe mach Hûesman end sijn erven of helder's brives mit sinen wille dat vorscreven gelt winnen of doen winnen ten Lomberden, ten Joeden of ten neisten cost. In orconde der wareide dat dese pointen vorscreven vast end stede sijn, zoe hebben wi onse segele an desen brief gehangen, al aergelist end nie vonde uut genoemen, si weren geistelic oft wereltlic. Gegeven in den jaer ons heren doe men screef dûesent driehondert vier end sestich des saterdages voer sunte Vijts dage.

---

[1] Ueber Walrav von Merode und die Vogtei zu Güsten vgl. u. a. Wilh. Graf v. Mirbach, Zeitschrift des Aachener Gesch.-Ver. Bd. 1, S. 94 ff.; E. Richardson, Geschichte der Familie Merode Bd. 1, S. 25 f.

Orig. Perg., mit 2 Presseln und 1 anhgdn. sehr beschädigten Siegel: getheilter Schild, oben gehender Löwe, unten 3 fünfblättrige Blumen, ‚Umschrift ... n ... ersen.'

1364 August 15, Kaster. — Wilhelm Herzog und Maria Herzogin von Jülich ersuchen Godart von Nievenheim, drei Schuldbriefe als Bürge mit zu besiegeln, indem sie zugleich ihm Schadloshaltung zusichern.   83 (Nievenheim 2).

Wir .. Wilhem hertzoge ind .. Maria herczoginne zo Guilge bidden uch hern Goedart van Nyvenheim[1] so wir ernstlichste mogen, dat ir | mit uns ind vůr uns as burge besegelen wilt eynen brief inhaldende drudusent marc coelchs payements, hondert ind | echt ind echtzich alde gulden schilde spreichgende Peter van Mirwijlre burger zo Coelne[2]; item eynen brief inhaldende drudusent sevenhondert ses ind vůnfzich gulden schilde spreichgende heren Heinriche van me Koesyn in Vilczgraven scheffen zo Coelne ind Johanne Merswine burger zo Straisburgh[3]; item eynen brief inhaldende zwelfhondert gulden schilde spreichgende hern Johanne van Mierlair; van wilchen summen vůrschreven ind in wat schaden ir der summen geltz coempt, geloeven wir uch in gueden truwen zo male wale ontheven ind schaidlois zo halden, sunder argelist, in urkunde dis briefs mit unsen segelen besegelt. Datum zo Caster des XV. dages in dem auste unser vrauwen dach assumpcio. anno domini M°. CCC^{mo}. LX°. quarto.

Orig. Perg. mit 1 Pressel und dem Bruchstücke eines abhgdn. Siegels in rothem Wachs: gespaltener Schild, rechts einschwänziger, links doppeltgeschwänzter Löwe.

---

1) Ueber Godart von Nievenheim und seine Beziehungen zu dem Hause Jülich s. oben no. 73, S. 100 Anm. 1.

2) Peter von Mirwilre (d. i. Mariaweiler) ist am 3. Februar 1371 Zeuge in einer Leibzuchtquittung Johanns von Rennenberg Mönchs zu S. Martin, Mittheilgn. a. d. Stadtarchiv von Köln Heft 7, S. 56 no. 2666; am 10. September 1375 wird er unter den Kölner Bürgern genannt, gegen die Erzbischof Friedrich III. ein Urtheil des Reichshofgerichts erwirkt hat, Lacomblet, Urkb. Bd. 3 no. 772.

3) Johann Merswin aus der bekannten, auch in der Geschichte der deutschen Mystik viel genannten Strassburger Familie.

1364 October 4. — Johann von Millendorf, seine Schwester Jutta und die Brüder Godart und Jakob von Millendorf verkaufen dem Ritter Johann von Harff eine Erbrente von 4 Malter Roggen Kasterschen Maasses, lieferbar nach Harff oder Kaster und verpfänden dafür 6 Morgen Ackerland am Werbusche und Ober dem Gerichte.

84 (Harff 4).

Wir Johan van Mydlendorp, Jutte sin suster, Goedart ind Jacob gebruedere van Mydlendorp doen kunt allen luden die desen brief solen | sien of hoeren lesen ind bekennen, dat wir vůr uns ind unse erven verkoicht hain ind verkouffen oevermitz desen brief dem | vromen manne hern Johanne van Harve ritter ind sinen erven vyer malder roicgen erflicher renten Castere maissen as umb eyne summa gelts die uns de vůrschreven her Johan wale verricht ind bezailt hait ind dan af wir yn quijt ind los schelden oevermits desen brief. Wilche vůrschreven vyer malder roicgen wir ind unse erven dem vůrschreven hern Johanne ind sinen rechten erven alle jairs erflichen ind ummerme bezalen solen zů sent Remeysmissen of bynnen veirzinnachten darna neist volgende unbevancgen, ind solen eme of sinen erven die leveren alle jairs up ire hůys zo Harve of enbynnen die stat van Caster up eyn hůys dar si uns wijsen solen ind dar si keysent up eyne van desen zwen steden vůrschreven vůr ire sumberen. Ind der bezaluncgen ind leveruncgen des vurschreven erfpachts alle jairs zo meirre sichgerbeit so hain wir vůr uns ind unse erven dem vůrschreven hern Johanne ind sinen erven zo underpande gesat ses morgen artlants, der nůyn veirdel gelegen synt an dem Werbussche, item sint gelegen vyer morgen boyven dem Gerichte neist Heinrichs lande van Bercheim, mit sulchen vurwarden: oft sachge were, dat wir of unse erven up eynich jair versumlich vunden würden an der bezaluncgen ind leveruncgen des vurschreven erfpachts in eyme deyle of zomale, so sal ind is dat vurschreven lant mit alle sine zobehoeren los ind ledich ervallen sin an den vurschreven hern Johanne van Harve ind an sine erven, also dat wir noch unse erven an dem vurschreven lande geynreleye recht, vorderie noch ainspraiche haven noch behalden en solen, alle argelist uzgescheiden in alle dis briefs punten. Ind want wir dese vurschreven vurwarden bekant hain vůr Reynarde Bellen ind Gobelen dem smede scheffenen zo Caster ind vort vůr den gemeynen scheffenen van Caster, so hain wir sij sementlichen gebeden, dat sij ire scheffensegel zo eyme geczuge ind meirre stedgeide an desen brief willen hancgen. Ind wir Reynard Belle, Goebel der smyt ind vort die gemeyne scheffene van Caster bekennen, dat wir umb beden wille Johans van Midlendorp, Jutten sinre suster, Goedarts ind Jacobs gebrůedere van Midlendorp unse scheffensegel zo eyme geczuge dat deis vůrschreven erfkouf alsus vůr uns ergancgen ind geschiet is, an desen brief gehancgen hain. Gegeven des vridaichs nae sent Remeys dage in den jairen unz herren dusent druhondert vier ind seistzich jair.

Orig. Perg. mit kleinem Rest des abhgdn. Siegels, auf dem nur noch ein Löwe zu erkennen ist.

1365 November 3. — Egidius Coninc, Johann von Rode genannt Hennenmaes, Heinrich Pastor und seine Frau Gertrud von Rode verkaufen dem Johann Schwertfeger näher bezeichnete Ländereien in der Pfarrei Rode. 85 (Vorst [Brabant] 3.)

Notum sit universis quod .. Egidius dictus Coninc, Johannes de Rode dictus Hennenmaes, Henricus dictus Pastoer et Gertrudis dicta de Rode eius | uxor, soror dicti Iohannis de Rode .. recognoverunt se legitime vendidisse .. Iohanni dicto Swertveghere[1] bona inferius conscripta et nominata. Primo videlicet unum quartarium unius bonuarii situm in allodio de Nuwerode dictum t's Volenbeempt unde tria iurnalia tenentur de Iohanne de Landwijc iure feodali et unum iurnale exinde tenetur de Iohanne dicto de Scoenhoven iure hereditario..; item unum quartarium trium jurnalium terre situm apud Rode in loco dicto Guldendelle iuxta terras Elisabet dicte 's Mans et Iohannis Swertveghers predicti prout tenentur de Iohanne de Landwiic predicto iure feodali; .. item unum quartarium de duobus iurnalibus cum dimidio iurnali terre situm apud Rode supra locum dictum de Bokel prout eciam tenentur de Iohanne de Landwijc antedicto iure feodali, .. item unum quartarium de duobus iurnalibus cum dimidio terre sitis similiter ap[ud Rode][a] supra campum dictum Ma....[in]..[a] duabus peciis, quarum una pecia sita est retro curtem Iohannis dicti van

---

a) *Loch im Pergament.*

1) Johannes ist wohl ein Sohn des am 18. Februar 1352 bereits verstorbenen Loewener Schiffers Franko Schwertfeger, oben no. 60; über die Familie Schwertfeger vgl. Willem Boonen, Geschiedenis van Leuven S. 265, wonach Johannes im Jahre 1375 ‚deken', 1376 Rath ist.

der Yeck et reliqua pecia s[ita est iux]ta[a] terras Katherine dicte Bloys prout dicta bona in dictis locis sita consistunt, .. item unam peciam terre dicte Ketel sitam apud Rode, .. item dimidium iurnale terre situm apud Rode retro curtem Iohannis dicti Kathelinen, .. item dimidium iurnale prati situm apud Rode et prout dicta bona tenentur de domino .. abbate Parchensi[1] iure hereditario, et hoc pro certo pretio de quo prefati Egidius, Iohannes necnon dicti coniuges sibi recognoverunt fore plenarie a dicto Iohanne Swertveghere satisfactum, promittentes prefati Egidius, Iohannes et coniuges eorum custibus .. dictum Iohannem Swertveghere ad monicionem suam imponere investire et inheredare in bonis antedictis coram dominis et curiis a quibus dicta bona moventur et perpetuam stabilitatem consequendam. Testes[b] .. Henricus Sizein et Franco dictus Blancart .. scabini Lovanienses. Datum anno domini M°. CCC^{mo}. sexagesimo quinto feria secunda post festum omnium sanctorum.

Orig. Perg. mit 1 Pressel, 1 abhgdn. wohlerhaltenen Siegel, gevierter Schild, 1: *Rosskamm?*, 3: *Ring*, 2 *und* 4 *frei, Umschrift:* S. Francōis Blacart scabi. Lov. *Rückaufschrift 16. Jhdts.:* van bempt ente lant s. Petersroode.

1366 Februar 27. — Engelbert III. Erzbischof von Köln nimmt von Hermann von Gudenau, seinem Burgmanne zu Ahr, das Schloss Gudenau mit Zubehör nebst 300 Morgen Acker, Weinberg und Wald, dem Kirchenpatronat zu Villip, dem Weinzapf, Zehnten und Dinghof daselbst entgegen und belehnt damit dessen Schwager den Kölner Schöffen Philipp Scherfgin. 86 (Gudenau 3).

Nos Engelbertus dei gracia sancte Coloniensis ecclesie archiepiscopus sacri imperii per Italiam archicancellarius notum esse volumus universis presentia visuris seu audi|turis, quod coram nobis et fidelibus nostris infrascriptis constitutus Hermannus de Godenauwe fidelis noster castrensis in Are nobis et ad manus nostras supraportavit bona infrascripta vi|delicet castrum dictum

---

a) *Loch im Pergament.*   b) traestes.

1) Die Prämonstratenser-Abtei Parc, südöstlich von Loewen, wurde im Jahre 1129 durch Herzog Gottfried von Lothringen gegründet und mit Chorherren aus S. Martin zu Laon besetzt, vgl. u. a. Annales Parchenses Mon. Germ. SS. Bd. 16, S. 605, 25.

Godenouwe cum suis structuris et fossatis et pertinenciis ac cum trecentis iurnalibus tam in terris arabilibus quam in vineis nemoribus et pratis ad ipsum castrum spectantibus cum iure patronatus ecclesie parrochialis in Vylpge et cum iure vendicionis vini ad ducillum quod vulgariter *zappen* dicitur in villa Vylpge predicta, item decimam in parrochia de Vylpge et curtem iudicialem dictam *dynckhof* sitam in Vylpge cum suis iuratis iuribus pertinenciis universis[1], que quidem bona suprascripta idem Hermannus a nobis et ab ecclesia nostra Coloniensi tytulo feodi castrensis in Are tenuit habuit et possedit. Ipseque Hermannus prefatus bonis omnibus et singulis renunciavit et effestucavit ore manu et calamo pure simpliciter et de plano, nobis supplicans instanter, ut bona predicta Philippo dicto Scherfgin scabino nostro Coloniensi eius sororio[2] in feodum castrense de Are concedere dignaremur ac ipsum de bonis eisdem tytulo feodi eiusdem infeodare. Quibus supraportacione et renunciacione per dictum Hermannum sic factis nos a fidelibus nostris infrascriptis requisivimus, an predictus Hermannus adeo plene et sufficienter dictis bonis renunciasset, quod ipsum exhereditare et prefatum Philippum hereditare et investire possemus de eisdem; qui super hiis inter se deliberacione prehabita nobis responderunt, quod sit. Unde nos pie procedere volentes in hac parte, recepta et admissa supraportacione et renunciacione bonorum supradictorum, nos prefata bona omnia et singula iure seu tytulo feodi castrensis in Are a nobis et ab ecclesia nostra dependencia prefato Philippo Scherfgin concessimus et concedimus per presentes ipsumque de eisdem bonis, prestito nobis per eum debite fidelitatis iuramento, investivimus et tenore presencium investimus, nostro tamen, ecclesie nostre ac alterius cuiuscunque iure semper salvo in premissis. Acta sunt hec presentibus Petro de Gymnich et Heydgino de Holtzheim militibus fidelibus nostris castrensibus in Are necnon Rolmanno domino de Arendail, Henrico Rombliain de Voissheim, Henrico burgravio in Drachenveltz, Daniele et Iohanne de Langenauwe militibus et aliis pluribus fidelibus nostris. In quorum testimonium sigillum nostrum presentibus est appensum. Datum Colonie anno domini millesimo trecentesimo sexagesimo sexto feria sexta post festum beati Mathei apostoli.

---

1) Ueber den Weinzapf und den Dinghof zu Villip vgl. Wilh. Graf v. Mirbach, Zur Geschichte des Kottenforstes bei Bonn, Annalen d. Hist. Ver. Heft 33, S. 113 f.

2) Vgl. Annalen d. Hist. Ver. Heft 54, S. 52 Anm. 4 sowie oben no. 78 u. 81.

Orig. Perg. mit Bruchstück des anhgdn. Sekrets: *Adler, bedeckt von einem Schilde mit dem kölnischen Kreuze, in dessen Mitte wiederum ein Herzschild. Rückaufschrift 15. Jhdts.*: Eijn breyff Godenauwe gerechticheit wijntzapp, kirchengijfft Villipge. *Signatur 17. Jhdts.*: Drachenfeltz Lit. A. num. 12.

Gedruckt: *W. Thummermut, Krumbstab schleusst Niemand ausz, Theil 2 (Köln 1738) S. 79, Cent. II no. 99; besser bei Strange, Beiträge zur Genealogie Heft 5, S. 105 f.*

1366 September 1. — Ritter Karsilius von Palant und seine Frau Agnes verkaufen mit Zustimmung ihrer Verwandten dem Ritter Johann von Harff und seiner Frau Caecilia eine Erbrente von 20 Malter Roggen aus dem Zehnten zu Harff. 87 (Harff 5).

Wir Carsilis van Palant ritter ind Nese mijne eliche hûysvrauwe doen kunt allen luden die desen brief solen sien of hoeren lesen | ind bekennen mit desem offenne brieve, dat wir mit wist ind willen unser soene Carsilis ind Werners, mit raide ind gûetduncken | hern Werners van Breidenbeint ritters mijns Carsilis broder hain rechlichen ind bescheidlichen vûr uns ind unse erven verkoicht ind upgedragen erflichen ind zo ewigen dagen, verkouffen ind updragen mit desem brieve dem eirsamen birven manne hern Johanne van Harve ritter, vrauwe Cylien sinre elicher hûysvrauwen ind yren erven zwentzich malder roicgen jairs guilger maissen jerlicher ind erflicher renten, die her Reûver van Harve ritter ind sine erven uns Carsilis ind Nesen eluden vûrschreven ind unsen erven schuldich was ind uns ze gelden plach van dem zienden zo Harve gelegen, also as die brieve dat cleirlichen innehaldent die darup vûr jairen gemacht, mir Carsilis vurschreven aenbracht ind geerft wâren von dode mijns vaders, dem god genedich sij. Die wilche brieve wir Carsilis ind Nese elude vurschreven asnû gelevert ind oevergegeven hain dem vûrschreven hern Johanne ind vrauwe Cylien eluden vûrschreven ind yren erven, ind darzo allet dat recht, dat dieselve brieve innehaldent, also dat dieselve brieve ind dat recht derselver brieve ons ind onsen erven van nû vort nummermee stade doen ensolen noch in mogen, ind kennen uns haven as nû up die brieve ind dat recht derselver brieve vertzegen claclois zo ewigen dagen, ind darup vûr uns ind unse erven vertzigen in desem intgegenwordigen brieve. Ind mit desem selven verczichnisse ind oevergeven derselver brieve wir Carsilis ind Nese elude vurschreven onterven uns ind unse erven der vurschreven brieve ind der corengulden die die brieve innehaldent mit alle dem rechte wat wir doe ain hatten of haven moichten eyngerwijse, ind erven dair aen erflichen hern Johanne van Harve, vrauwe Cylie elude vůrschreven ind yre erven zo ewigen dagen, also dat wir Carsilis ind Nese elude vurschreven ind unse erven nummerme uns rechts noch aenspraichgen vermessen en solen zo den brieven ind corengulden vůrschreven, alle argelist uzgescheiden. Umb erfliche steitgeit deser dincge so hain ich Carsilis van Palant vůr mich ind Nesen mijn elich wijf mijn segel an desin brief gehancgen mit segelen hern Werners van Breidenbent myns broiders ind Carsilis mijns soyns as zo eynre meirre geczuge ind steidgeit deser dincge vůrschreven; dat ouch wir Werner van Breidenbeint ind Carsilis van Palant der joncge kennen wair ind dese vurschreven dincg geschiet syn van unser rechter wiste, raide ind gůeden willen. Ind want ich Werner son heren Carsilis vůrschreven selve engeyn segel inhain, so erkennen ich dese selven dincg vurschreven under segel myns vaders ind heren Carsilis myns broders, dat die mit mynem gueden willen ind consente geschiet sint; die wilche segele unss, Carsilis des alden ind Carsilis des joncgen wir kennen as wale vůr Werner unsen son ind broder as vůr uns selve an desen brief gehancgen syn in kennisse syns gueden willen ind gehencknisse mit uns gegeven ind gedain zo desen dyncgen vurschreven. Dese briefe sint gegeven in't jair unss heiren dusent drůhondert ses ind sestzich up sent Egidius dach des heilgen .. abts.

Orig. Perg. mit 3 Presseln und geringen Siegelresten, 3: Palant'sches Wappen, drei Querbalken, mit Helm, Umschrift: . . . . . lii de Palan.; Rückaufschrift 15. Jhdts: ‚Van tzeynden'; Signatur 18. Jhdts.: 4, und Inhaltsangabe.

1366 Oktober 20. — Ritter Wilhelm von Hain und Knappe Johann von Hairheym, welche eine Sühne zwischen dem Burggrafen von Drachenfels und Wilhelm Quad einerseits, Hermann von Slicheym andererseits nicht haben bewirken können, verweisen die Parteien vor die zuständigen Gerichte. 88 (Drachenfels 25).

... Ich .. Wilhem vam Hain ritter ind .. Johan van Hairheym knappe schryven ind bekennen in | desim offenen breyve, dat wir uns eynre schedingen geladen hatten tusschen deim burchgreven van Drachenvelcz, heirren . . Wilhelm Quaden ind der partien ind . . Hermanne van Slijcheym ind der partien, also dat wir sy goitlichin ind mit mynnen, of wir kunden ind moeghten, scheiden soelden, ind hatten ouch dat vůr uz gescheiden, of wir si neit goitlichin ind mit mynnen gescheiden in kunden ind wir den heiren neit na ryden inwolden, so moeghten wir si wisen an alle dẏe steede da dẏ gůyt gelegen weren ind gehoirich weren. Ind want mir si nů neit mit mynnen goitlich gescheiden in kunnen, so wisen wir vurschreven raitlude Wilhem ind Johan dese vurschreven . . partien an alle dẏ steede mit reychte da dẏ gůyt gelegen sint ind gehoirich sind. Ind dis zoe geczughe der wairheit hain wir . . Wilhem ind . . Johan unse segel an desin breiff gehancghen. Datum anno domini millesimo trecentesimo sexagesimo sexto tercia feria ante undecim milia virginum.

Orig. Perg. mit 1 Pressel, 1 abhgdn. beschädigten Siegel: quergetheilter Schild, Halbmond im linken Obereck.

1366 December 29. — Wenzeslaus von Böhmen Herzog von Luxemburg Lothringen Brabant und Limburg Markgraf des Reichs belehnt den Ritter Arnold von Hostaden mit einer vom Herzogthum Luxemburg lehnrührigen Weinrente zu Elsdorf bei Mehlem.

89 (Hostaden 5).

. . Wenceslaus van Behem bi der gnade goids . . hertzoge van Luc(emburch) van Lothrich van Brabant van Lymburch marcgreve des heilichs rijchs ind des selven | gemein vicarius in desside des gebirchs . . doin kůnt allen luden ind kennen offenbeirlich, dat her Arnt van Hoestade ridder vur uns ind unse | manne comen is ind hait van uns[a] intfangen alsulche leen als her Willem van Hoestade ridder syn brueder van uns ind unsen hertzoghtom van Lucemburch intfangen hatte ind schuldich was tze halden, tze wissen is: vůnf foeder wijngeldes gelegen tzo Elsdorp bi Millenheim, ind hait uns dan af manssscaft ind eyt van truwen gedain; . . bidden dairumb vruntlich ind ersuichen unsen lieven neve den erdsbusscop van Collen, dat he den vurschreven hern Arnt wil doin halden in denen vurschreven leingoide bis an der tzijt dat he dair uys werde gewonnen mit eynen reichte vur uns ind unse manne van Lucemburch . . ind des dach bescheiden wille allen die sich reichts zu den vurschreven vunf foeder wyngelds ver-

---

a) ‚uns‘ über der Zeile.

messen willent vur uns ind unse manne vurschreven. Gegeven unden unsen sigel her an gehangen XXIX dage in decembri in den jair uns hern M. CCC. LXVI.
 ᵃ Per dominum
 personaliter presente preposito Lovaniensi . . cancellario.
 Jo. de Gravia.
Orig. Perg. mit Bruchstück des abhgdn. Helmsiegels.

1367 März 10. — Wilhelm von Jülich Graf von Berg und Ravensberg überträgt dem Wilhelm von Troisdorf Propst zu Oberpleis den Niederhof zu Troisdorf frei von allen Lehnspflichten.

90.

. . Wir Wilhelm van Guilche greve van deme Berghe ind van Ravesberg bekennen in desem breyve vur allen | Iuden, dat wir anegesien haen gunst ind vruyntschaff die wir haen zo deme eirsamen manne heren Wil|helme van Droistorp¹ proest zo Overpleyse² ind haen eme vur uns ind unse erven sijnen hoff genant zo den Neyderhoven gelegen zo Droistorp³ mit alle sijme zübehoire wy deselve hoff van dode wilne Remboldes van Droistorp ind Nesen van Lewenberg sijnre vader ind moder an yn erstorven is los vrij ind quijt gegeven ind geven overmyds desen breyff van sulcher manschaff as unse alderen ind vurvaren ind wir gehadt haen an deme vurgenanten hove mit syme zübehoire ind verzijen vur uns ind unse erven up alle dat recht dat wir van manschaff wegen haven seulden ind hadden an deme vurgenanten gode ind hove in desem breyve. Ind dis zo orkunde ind gantzer stedigheit so haen wir unse segel an desen breyff doen hangen, ind wir haen vort gebeden zwene unse man, mit namen heeren Wilhelm vam Haen ind heeren Lodewijch voet zo Lulstorp rittere⁴, dat sij yre ingesegele

---

a) *Der Kanzleivermerk vom Schreiber des Textes.*

1) Ueber die Familie von Troisdorf vgl. Fahne, Geschichte der köln. jül. und berg. Geschlechter Bd. 1, S. 230; Aeg. Müller, Siegburg und der Siegkreis Bd. 2 (Siegburg 1860), S. 359. Ein gleichnamiges Geschlecht hatte seine Heimath zu Kirchtroisdorf im Kreise Bergheim.

2) Oberpleis im alten Auelgau war eine Propstei („cella'), der Abtei Siegburg vgl. u. a. Aeg. Müller a. a. O. Bd. 2, S. 293 ff.

3) In Troisdorf (Truhtesdorf) hatte die Abtei Siegburg seit ihrer Gründung Besitzungen, vgl. Lacomblet, Urkb. Bd. 1, no. 203; 228.

4) Ludwig IV. Vogt von Lülsdorf war vermählt mit Katharina von Haen, einer Tochter des Ritters Wilhelm von Haen, Strange, Beiträge zur

zo eyme merem getzughe bi dat unse an desen breiff haent gelangen; des wir Wilhelm vam Haen ind Lodewijch voet zo Lulstorp rittere vurschreven bekennen in desem breyve. Dis breiff is gegeven na der gebûrt uns herren gotz du man schreiff dusent druhundert ind seven inde sestzich jaere des neisten godesdaghs na deme sundaghe dat man sanck invocavit.

Orig. Perg. mit 2 anhgdn. wenig verletzten Siegeln und 1 Siegeleinschnitt; 1: *(in gelbem Wachs)*: *im Dreipass Schild geviert von Löwen, Herzschild mit zwei Sparren, Umschrift:* wilhelmi de mote et rauesperch comit . . 2. *(grün): doppelt gezinnter Querbalken, Umschrift:* . . . . wyci militis advocat . . .

1367 Juni 20. — Der Knappe Emund von Hoven gibt Wilhelm Babe 2 Morgen Wiese im Kamp bei Birkesdorf und 2 Morgen Ackerland gegen einen Zins von 17 Sümmer Roggen, der an das Hospital zu Birkesdorf zu zahlen ist, in Erbpacht und nimmt dafür 2 Morgen Acker in der Feldflur von Mariaweiler als Pfand entgegen.

91.

Universis pateat per presentes, quod ego Emundus de Hoiven[1] armiger concessi et locavi in legitimam hereditatem Wilhelmo dicto Babe et suis heredibus duos | iurnales prati sitos in Campo dicto in dem Camp sub iurisdiccione ville de Birkenstorp[2] iuxta terram domini Philippi de Meroide militis[3]; item concessi eidem Wilhelmo | duos iurnales terre arabilis sitos iuxta dictum pratum ad habendum perpetue et hereditarie possidendum pro decem et septem sumberinis siliginis annue perpetue et hereditarie pensionis quos

---

Genealogie Heft 2, S. 17 Anm. 1; G. von Lülsdorf, Genealogische Forschungen über die Edlen von Lülsdorf (Engelskirchen 1881) S. 11 f.

1) Hoven, nördlich von Mariaweiler bei Düren.

2) Birkesdorf unterstand zusammen mit Mariaweiler und Hoven dem Gerichte Derichsweiler, einem der vier Gerichte um Düren, M. M. Bonn, D. Rumpel und P. J. Fischbach, Sammlung von Materialien zur Geschichte Dürens (Düren 1835 ff.) S. 53; 216 ff.; W. Graf v. Mirbach, Zur Territorialgeschichte des Herzogthums Jülich Thl. 1, S. 11 no. 4 d.

3) Dieser Philipp von Merode ist wohl schwerlich der Bastard, der u. a. am 12. März 1371 sich mit der Stadt Köln vergleicht, Ennen, Quellen zur Gesch. d. Stadt Köln Bd. 4, no. 511; Richardson, Geschichte der Familie Merode Bd. 1, S. 61.

ipse Wilhelmus persolvet singulis annis hospitali de Birkenstorp in festo beati Remigii confessoris aut infra quindenam post hoc sine capcione in defalcacionem pensionum quas ego Emundus solvere teneor hospitali memorato. Et ad maiorem securitatem solucionis dictorum decem et septem sumberinorum ipse Wilhelmus michi constituit nomine ypothece duos iurnales terre arabilis sitos in campo de Mirwilre[1] inter terras sepedicti domini Philippi de Meroide et Gobellini Muysgins in hunc modum, si dicta pensio non persolveretur termino prenotato, quod extunc dicta bona concessa una cum ypotheca supradicta cedent libere mihi meisque heredibus. Acta sunt premissa coram Goitschalco de Deiderichswilre sculteto in Mirwilre et scabinis ibidem, scilicet Cristiano de Hoiven, Tilkino Kleynreman, Gobellino Muysgin et Gerardo Wadenstricker, qui proprio carentes sigillo rogaverunt discretos viros ac honestos iudicem et scabinos opidi Durensis, quod ipsi sigillum eorum ad preces ambarum parcium predictarum in testimonium premissorum presentibus ducerent apponendum. Nos igitur Philippus Bruso judex et scabini opidi Durensis Henricus Leonis, Conradus, Wilhelmus, Henricus Boenenberg, Johannes Vleille, Theodericus et Tilkinus[2], recognoscentes omnia et singula premissa fore vera, confitemur sigillum nostrum ad preces ambarum parcium predictarum necnon iudicis et scabinorum de Mirwilre predictorum in testimonium veritatis fore appensum. Datum anno domini millesimo ccc$^{mo.}$ lx° septimo vicesimo die mensis iunii.

Orig. Perg. mit Bruchstücken des abhgdn. Siegels der Stadt Düren: getheilt durch einen scepterartigen Stab, rechts Adler, links Löwe. Gleichzeitige Rückaufschrift: Wilhelmi. *Vermerk des Grafen Wilhelm von Mirbach († 19. Juni 1882)*: aus dem Archiv von Tetz, bekommen von Frhrn. von Brachel 1875.

---

1) Mariaweiler, nordwestlich von Düren.
2) Nach Bonn, Rumpel und Fischbach a. a. O. S. 110 ist Philipp Bruso auch im Jahre 1375 Richter zu Düren; eine Urkunde vom 12. Juni 1365 nennt als Richter Johannes Warmunt, als Schöffen Heinrich Lewen, Konrad, Wilhelm, Heinrich Bonenberg und Johannes in Wordilger, am 12. August desselben Jahres ist Richter Hermann, Schöffen sind Jakob, Heinrich Lewen, Konrad, Wilhelm, Heinrich Boenenberg, Johann Vleil und Dietrich, Werners, Urkunden des Stadtarchivs zu Düren (Beilage zum städtischen Verwaltungsbericht) S. 3, no. 2; S. 4, no. 3.

1367 Juni 20. — Ritter Hermann Reuver von Harff verkauft zusammen mit seinem Schwiegersohne Ritter Sibrecht von Spiegel und seiner Tochter Tola seinem Verwandten, dem Ritter Johann von Harff und dessen Frau Caecilia seine gesammten Zehnten zu Harff.

92 (Harff 6).

. . Kunt si allen luden die diesen brief solen sien of hoeren lesen, dat ich Herman genant Reuver van Harve ritter vur mich, hern Sibrecht vamme Spiegel ritter[1] mynen eydům ind vrauwe Toellen myne doichter syne elich wijf ind vur alle unse erven ind naecomelinge mit godem uysdrage ind vurraide unss selfs ind onser vrunde ind maige hain rechlich ind bescheidlich vercocht ind vercouffen oevermitz diesen brief deme bescheidenen mane hern Johanne van Harve rittere myme neiven, vrauwen Cecilien synre huysfrauwen ind iren rechten erven mynen zienden zo Harve[2] so wie ich den besessen hain ind besitzen ind so wie deselve ziende of so wae of up wilchen steden de gelegen is, mit smalen ziende van hoenren, van gensen, van lamberen, van vergen of mit watkůnne zobehoeren of rechte, id si geistlich of werentlich, de selve ziende gelegen is of so wat darzo gehoerend is aswale an lande of up gude myns Hermans Reuvers, hern Sibrecht ind vrauwen Toelen as anders, neit uysgescheiden, umb eyne genoempde somme geltz die mir Hermanne Reuvere vurschreven wale in zo mynre genoechden gezalt ind bezalt is, ind die asvort in mynen nůtz ind urber gekeirt hain, ind van wilcher sommen geltz ich Herman Reuver vurschreven vur mich, vur hern Sibrecht ind vrauwen Toelen elude ind unser aller erven ind nacomelinge los ledich ind quijt schelden ummerme ind zo ewigen dagen den vurschreven hern Johanne van Harve, vrauwen Cecilien ind alle ire erven ind kennen yn desselven ziendes ind sins zobehoerends vurschreven zo gebruychen, den ze haven, ze halden ind zo besitzen erflich ind ummerme vur uns ind vur unse erven ind nacomelinge as vurschreven steit sonder yet of eynich recht, geistlich of werentlich, anespraiche of vorderije nů of hernaemails uns daeinne zo behalden. Vortme hain wir Herman Reuver, Sibrecht ind Toele elude vurschreven vur uns ind unse erven gesamender hant geloift ind bekant, geloven ind bekennen, werschaf zo doin dis vurschreven ziendes ind allis sins zobehoe-

---

1) Ueber die kölnische Familie vom Spiegel s. u. a. Fahne, Geschichte der köln., jülich. u. berg. Geschlechter Bd. 1, S. 404.
2) Vgl. Strange, Beiträge zur Genealogie Heft 5, S. 23.

rends as vurschreven steit dem vurschreven Johanne van Harve, vrauwen Cecilien ind iren erven, also dat si ummerme des ayn allen crudt ind schaden sin ind bliven; ind weirt sache, des neit sin in moesse, dat van gebreches wegen der selver werschaff yn zo doin van uns in deme vurschreven zienden si eynghen schaden of cost hedden of leden, des geloven wir sementlichen si zo untheven ind schadelois zo halden in guden truwen. Ind wir Hermann Reuver, Sibrecht ind Tocle elude vurschreven vur uns ind vur unse erven sin dis vurschreven zienden ind allis sins zobehoernds vurschreven rechlich ind bescheidlich uysgegancgen as wir van rechte soylden ind geen des ûz in diesem brieve ind erven darane erflich ind ummerme hern Johanne van Harven, vrauwe Cecilien ind ire erven vurschreven ind onterven uns des ind verzijen darup in diesem brieve, also dat wir des as vele hain gedain as wir van rechte schuldich waren ind dacz gnoich is, alle argelist, nuwe of alde vunde, quade behentgeit, werwort of beschutnisse geistlichs of werentlichs rechts in diesen vurschreven dingen ind vurwarden zemail usgescheiden. Ind der umb erfliche steidgeit ind zo eyme waren urkunde so hain wir Herman Reuver ind Sibrecht vamme Spiegel rittere vurschreven unser beider ingesiegile an diesen brief gehancgen; ind ich Toele van Harve erkiesen ind erkennen diese vurschreven dincg under siegile myns mans ind gesellen hern Sibrechts vurschreven; dat ouch ich Sibrecht vurschreven kennen wair sin. Vort bidden wir Herman Reuver, Sibrecht ind Toele elude vurschreven sementlich unsen swaiger Wynrich van Troistorp[1], dat he sin siegel bi die unse wille desem brieve anehancgen in gezuich ind as eyn urkunde der wairheit; dat ouch ich Wynrich van Troistorp vurschreven kennen wair sin ind mich haven myn siegel gehancgen an diesen brief as urkund ind gezuich der wairheit des sonderlichen gebeden van hern Hermanne Reuvere, hern Sibrechte ind vrauwen Toelen vurschreven.. Datum anno a nativitate domini millesimo trecentesimo sexagesimo septimo dominica proxima post festum sacramenti ..

Orig. Perg. mit 3 Presseln, Rückaufschrift 15. Jhdts.: ‚Deis breyff helt zeinden in ..'

1367 Dezember 18. — Stassins Drughins von Jupille verkauft um sich seiner Schulden zu entledigen dem Lütticher Domherrn Wal-

---

1) Von (Kirch-)Troisdorf im Kreise Bergheim.

ther von Charneux die etwa neun Bunder grosse Hälfte des Waldes
bei Saive. 93 (Saive 8).

A tous· cheaus qui ches presentes lettres verrunt et orunt . .
li hommes delle cyse dieu . . salut et conissanche de veriteit.
Sachent tuit qu en lan delle nativiteit nostre saignour Jesus Crist
M.CCC. sissant et sept le semedi | devant le jour delle feste saint
Thomas l apostle vinrent en leurs propres persones par devant
court entre sainte Marie et saint Lambert a Liege pour chu affaire
que chi apres sensiet . . hons venerables | et discreit monsieur
Wautir del Charnoir chanoine en la grande egliese de Liege[1] d une
part . . et Stassins Drughins de Juppilhe d autre part . ., et la
meismes nos dist et exposat li dis Stassins qu ilh estoit en son
plain mariage al viskant de damoiselle Katherine sa femme ja-
dicte . . si grossement endebteis envers plusseurs persones de griez
sommes d our et d argent gisantes a costenges qu ilh n en poioit
bonement estre acquiteis ne deligiez sains vendre grant partie de
ses biens hiretables, portant que si bins moibles dont inventaires
avoit esteit fais a l ensengnement des eskevins de Liege astoient
si petis que nullement suffijer ne poioient a la solution des debtes
desor escriptes; et portant ilh avoiet sorlonc le fourme delle loy
novelle inpetreit az desor nommeis eskevins de Liege certaines
proclamations a faire d alcune partie de ses hiretages por li acqui-
teir des debtes faites en son plain mariage si avant qu ilh astoient
appueiez pardevant les eskevins de Lieges desor dis et par espe-
cial esteit proclameis a vendage le moitie de bois condist de
Seyves, de la quele moitie ilh est environ nuef bonirs, pou plus
ou pou moins, qui estoit et est frans allouz, et dont Giles fis mon-
sieur Ernut de Charnoir jadis chevalirs tient l autre moitie de dit
bois[2]; et del quele moitie li dis messire Wautirs avoit offert quatre-
vins florins tous vies a lestut si quil apparoit par le tenure des
lettres faites sor les proclamacions desordictes et rescriptions del
vestir de Seyves, parmi les queles ces presentes sont annexseez;
qui tesmongniez furent la meismes par honorables persones mon-
sieur Bausse de Harcourt, monsieur Adulf del Charnoir chevalirs
et Johans Waldereaz esquevins de Liege che recordans par eaz et

---

1) Walter de Neuvice dit de Charneux; im Jahre 1372 nahm er an den Aus-
söhnungsverhandlungen zwischen dem Bischofe Johann von Arckel und der Stadt
Lüttich Theil, de Theux, Le chapitre de S. Lambert à Liége Bd. 2, S. 119.

2) Vgl. Poncelet, La seigneurie de Saive S. 23.

lours conesquevins desornommez. Pour quoy li dis Stassins qui acomplir voleit le dit vendage fut teilement conselhiez qu ilh par le vigeure et vertut des proclamatious desordictes sorlonc le fourme dele loy novelle affaitat al dit monsieur Wautier del Charnoir desor escript le moitie de tout le dit boys de Seyves, et le werpit li dis Stassins Drughins et del tout s endesiretat sains rins ens a retenir si que chius qui bin en astoit avestis et ahireteis et qui de rins ne les avoit encombreis si quilh reconnut devant nos; par qu en Johans de le Kariteit maires de nostre court tant comme a chu a nostre raport et ensengement fist al dit monsieur Wautir del Charnoir che requerant et acceptant de le moitie del bois de Seyves desoir escripte, dont li dis Giles de Charnoir ses cousins tient l autre moitie, don et vesture por faire a tous jours se lige volenteit si comme de son bon alluz, et li commandat en ban et pais si avant que drois et loys portent et ensengent del faire a l usage de nostre court, et le droit de cascun salveit. Toutes les queles oivres et coses desoir escriptes li dis maires mist en le warde et retenanche de nos les hommes de le cyse dieu la presens, a savoir sont: monsieur Bausse de Hacourt, monsieur Adoulf de Charnoir chevalirs, Johans Waldoreaz eskevins desoir escript, Libiers de Quartir, Bausse de Warouz, Baduin Panyot, Johans de Waroux, Jakemins de Hemericourt, Johans Canne, Badus de Harcourt escuir, Johans Wygiré de Biernamont, Johans Alwotte, Colars bachelir nostre clerc et plussurs autres . . Et por tant que ce soit ferme cose et estable si avons nos li hommes delle cyse deu devant dis por nos faite appendre a ces presentes lettres le prope seaul monsingnour l archeprestre de Liege dont nos usons en nos oivres. La daute est desoire escripte.

S. *Nicolaus* bachelir per homynes.

Orig. Perg. mit Pressel; Rückaufschrift 14. Jhdts.: le letre de bois de Seve que messire Watier de Charnoir canoine de Lyege aquist a Stassin Drughin.

1368 Mai 14. — Wilhelm Herzog von Jülich bekennt, dem Kölner Bürger Peter von Bertzbürne und dessen Frau Druda 632 Mark 9 Schillinge zu schulden, welche sein Rentmeister Goswin von Birkesdorf theils an Wein, theils baar empfangen hat, und verpflichtet sich, auf Mariae Himmelfahrt Zahlung zu leisten. 94 (Herzogthum Jülich 2).

. . Wir . . Wilhelm van goitz genaden herczoichge zů Guilge

.. greve van Valkenburch ind heirre zů | Moinyoe doin kunt allen luden ind bekennen, dat wir schuldich siin[a] van rechter schult .. Peter van | Bertzbůrnne burger zů Coellen, .. Druden sime eligen wive ind eren erven off helder des breyfs mit eren willen seyshundert zwa ind drissich marc ind nůyn schillincge coelcz peymencz, die sij uns ind unser gesellinnen goetlichgen ind denclichgen upgedragen ind geleynt haint oevermicz .. Goiswiin van Birkenstorp unsen renmeister an wine ind an gereydme gelde; weilchge vurgenante summa geltz wir deimselven .. Peter .. Druden ind eren erven vurgenant geloeven in goden truwen wail zů bezalen sunder eynchgerkunne argelist zů unser vrauwen missen neist komende zů halvem auste, dat man schrijft zů latine assumpcio. Weirt sachge, dat wir versumlich wůrden an der bezalincge der vurgenanter summen geltz, da got vur sij, in deyle of zůmail up die vurgenante zijt ind .. Peter, .. Druda siin elich wijf vurgenant ind eir erven eynchgen schaden hedden of leden umber des vurgenanten geltz wille, den schaden soelen wir in doin richten ind wail bezalen zů eren simpelen worden. Ind ich .. Goiswiin van Birkenstorp renmeyster zů Guilge hergeyn ind bekennen, dat de vurgenante .. Peter ind .. Druda siin elich wijf mir alle dese vurgenante schult upgedragen ind geleint haint an winen ind an gereydme gelde in urber mincz genedichgen herren ind vrauwen des herczoichgen ind der herczoichginnen van Guilge ind ich sij vort in eren urber gekeirt ind gelevert hain. In urkunde uns segeltz dat wir an desen breyf hain doin hancgen in steitgeit ind gezuich der wairheyt. Gegeyven in den jaren uns herren dusent drubundert echt ind seyszich des sundais na sente Servacius dage.

Orig. Perg. mit anhgdm. kleinstem jülich'schem Siegel: Schild mit gekröntem Helm und Pfauenwedel, Umschrift: . . Wil' de . . . . emo . . .

1369 Oktober 1. — Jakob von Katzem in dem Altenhofe Schöffe zu Loevenich nimmt von Welter von Kückhoven den ehemals der Familie Mulrepesch gehörigen Hof zu Katzem nebst einer Lehnsgewalt in Busch und Broich sowie 2 Morgen Land am Wege von Katzem nach Bouslar gegen eine Rente von 2 Malter Roggen, lieferbar nach Holzweiler, in Erbpacht. 95 (Nierhoven 3).

---

a) *Vorher ‚van' getilgt.*

Kůnt si allen lůden dey desen breyf ayn solen seyn of hôeren leysen, dat ich Jåcob van Katzheym in deym Aldenhoeve scheffen tzů Lôevenich ind mijn erven scůldich sijn erflichen tzů ewigen dagen eym eyrsemmen manne Welter van Kôedichoeven ind sinen erven tzvey malder goytsz rochgen den | besten neyst deym besten bynnen tzveyn pennyncgen nâ den myn veyl vinden mach in den marden, Holtzwijlre måyssen; weylche tzvey malder rochgen vůrschreven sal ich Jåcob vůrgenomt of mijn erven geyven ind tzů ewigen dagen alle jåer wayl betzalen, leveren ind antworden ůp mijn kost, scade ind arbeyt ůp sent Remeys dach des heylgen byschopts tzů Holtzwijlre deym vůrschreven Welter ind synen erven binnen sinen hoff ůp sinen sůlre vůr sijn sůmmeren sunder eyngerley hyndernisse of krůt då ich of mijn erven uns myt bescâdden môechten, id were van roeve, van brande, oyrloge der herren of van mysways of van haylslage noch van alle deym hyndernisse dat mich of mynen erven ôevergåyn môechte, då ind sal ich mych neyt myt môegen bescůdden, myr ich sal alleweyge tzů ewigen dagen dat vůrschreven korn betzalen, antworden ind leveren in alle der wijs as hey vurschreven steyt ůp dey vůrschreven tzijt of bynnen veyrtzeyn nachten neyst deym vůrschreven hogetzide nå völgende untbevancgen. Umb des wille, dat ich Jåcob of mijn erven dey vůrschreven tzvey malder rochgen scůldich byn tzů ewigen dagen, so hayn ich van deym selven Welter eynen hoff myt eynre lemansgewalt in deym bůsche ind oych in deym broiche ind oych tzveyn morgen lantsz dey geleygen sint an deym pade de då geyt van Katzheym tzů Bûsolor; ind de vurschreven hoff is geleygen tzů Kattzeym ind was walne ͣ Mûylrepesche geweyst. Den hoff mit der gewalt ind dey tzveyn morgen lantsz sal ich Jåcob of mijn erven vurschreven haven, halden ind besiczen tzů ewigen dagen, geroyt ind gerast as myt ander myme erve, aen dat ich is neyt ind mach noch ind sal veranderwerven ͣ noch oych verkoyffen. Umb eyn sichgerheyt tzů doen so hayn ich Jåcob vůrgenant herin verbunden ind tzů underpande gesat eynen morgen lantsz de geleygen is an deymselven pade an deym morgen lantsz den ich den armen lůden verbunden hayn, ůp dat Welter of sijn erven vůrschreven der tzveyer malter rochgen tzů sichgerre si an myr. Weyr nů dat sachge of ich Jåcob vůrgenant of mijn erven in eynichen jåer ůp dey vůrschreven tzijt sůymlichen vůrden an der

---

a) noch ind veranderwerven ind sal.

beczaluncgen an eym deyle of tzů måyl, also dat ich neyt gensdichen ind betzaylde as hey vůrschreven steyt, so sal sich Weltervůrschreven of sijn erven halden los ind leedich an den vůrschreven hoff myt der gewalt ind tzveyn morgen lantsz ind oych an den morgen lants den ich verbunden hayn ind tzů underpande gesat as vůr sijn wislich erve ind sal ind mach sinen vrien wille då mede doen sunder wederspråyche mijn of eymans, alle argelist, firpel ind alle nåewe behende vůnde hyn ůys gescheyden, id were vůr gereychden geystlijchs of weyreltlijchs. Were oych dat sachge, of deys breyf versůymlichen vůrde in vůere, in wasser, gerissen of gelůchgert, of eynich wort of boycstaf myn of me stůnde, of dat segel gescheyrd of gebrochen vůrde, beheltenisse desem breyve sijnre formen ind macht so wey hey vůrschreven steyt, darůmbe ind sal deys selve breyf tzů mynre macht neyt haven ind sal tzů ewigen dagen in sijnre macht bliven. In eym getzůge der wåerheyde so hayn ich Jåcob vůrschreven vůr mych ind myn erven gebeyden bescheiden eyrśem lůde dey scheffennen van Lőevennich ůp dat si ere scheffenamptsz segel an desen breyf haynt gehancgen tzů eynre sichgerheyde alle deser vůrschreven půnten. Des wir scheffen van Lőevennich vůrschreven begeyn tzů der wåerheyde ind haven unse ůrkunde danave gehaven ind haven vort ůmb beyden wille Jåcobsz vůrschreven unse segel an desen breyff gehancgen tzů eynre merre sichgerheyde ind stedicheyde alle deser vůrschreven dincge, beheltenisse alre manlijchs sijnsz reychtsz. Datum anno domini millesimo trecentesimo sexagesimo nono[a] in festo beati Remigii episcopi.

Orig. Perg. mit anhgdm. Siegel wie oben no. 64, jedoch hier in gelbem, dort in grünem Wachs.

1370 Mai 27. — Der Knappe Tilman von Herten als Hauptschuldner und Ritter Werner von Güsten versprechen den zu Erkelenz wohnhaften Lombarden Odino de Montefixa und Wilhelm Abellonio ein Darlehen von 8 Doppelmutonen innerhalb 24 Wochen zurückzuzahlen oder aber in Erkelenz Einlager zu halten und den Betrag mit 3 alten Sterlingen täglich zu verzinsen. **96.**

Nos Tylmanus[b] de Herten armiger et .. Wernerus de Gusten

---

a) *Das folgende von blasserer Tinte.*   b) Cylmanus.

miles[1] notum fácimus | universis publice recognoscentes, nos simul et in solidum teneri ex legali debito discretis viris Odyno de | Montefixa et . . Wilhelmo Abellonio Lumbardis mercatoribus in Erclens[2] aut conservatori presencium in octo bonis aureis duplis ponderosis mutonibus ad viginti quatuor septimanas persolvendis; quo termino transacto ipsis Lumbardis aut conservatori presencium super nos et dictam pecuniam, donec steterit insoluta, qualibet die expendere poterunt tres veteres sterlincges, promittentes bona fide, quod ad monicionem dictorum Lumbardorum aut conservatoris presencium quilibet nostrum mittet pro se unum honestum famulum cum uno equo, dictique Lumbardi consimiliter mittent unum famulum cum equo in unum honestum hospicium nobis in opido Erclens ab eisdem Lumbardis demonstrandum iacituri inibi ad comestus more solito et consueto supra pignora et nostras proprias expensas, abinde non recessuri; neque poterimus a predicto debito liberari ullo modo, donec prefatis Lumbardis aut conservatori presencium de principali debito una cum omnibus expensis accrescendis ac eciam de universis expensis per famulum dictorum Lumbardorum in hospicio factis ad eorum Lumbardorum simplex dictum fuerit plenarie satisfactum. Cumque vero dicti famuli in dicta comestus iacencia per unum mensem duraverint, extunc cum paratis denariis aut cum bonis pignoribus bene valentibus tam de debito principali quam de omnibus expensis superaccrescentibus eisdem Lumbardis ad eorum simplex dictum satisfacere promittimus bona fide. De quibus premissis omnibus ego Tylmannus principalis debitor antedictus dictum Wernerum prefatum condebitorem penitus indempnem conservare promitto bona fide, dolo et fraude per[a] omnia demptis. In cuius rei testimonium duximus nostra sigilla presentibus apponenda. Datum anno domini millesimo ccc^{mo} septuagesimo die XXVII. mensis maii.

Orig. Perg. mit 2 anhgdn. beschädigten Siegeln, 1: Schild un-

---

a) pro.

1) Aus dem Geschlechte der Büffel von Bernsberg, das in Güsten angesessen war, vgl. Chr. Quix, Schloss und Kapelle Bernsberg (Aachen u. Leipzig 1831), S. 13 ff.; über Werner von Güsten insbesondere E. Richardson, Geschichte der Familie Merode Bd. 1, S. 26 Anm. 8; Bd. 2, S. 180 no. 93.

2) Vgl. L. Henrichs, Lombardische Kaufleute am Niederrhein, Der Niederrhein, (Wochenblatt für niederrheinische Geschichte und Alterthumskunde) 1878, S. 39.

kenntlich (gezahnter Rand?), Umschrift: S. . . . lman van Hertene; 2: *drei Spiegel*[1]*, Umschrift:* . . er . . . vā Guste . .

1370 November 18 (feria secunda post diem b. Martini episcopi). — Friedrich von Kane Schultheiss zu Koblenz, Johann von Hammerstein, Cûne Romey von Wynnenberg und Syvart, Sohn des Schultheissen Cûnemann von Oberlahnstein vermitteln eine Sühne zwischen Ritter Hilger von Langenau und (dessen Schwägerin) Karissima der Wittwe Rolmans vom Thurne, vornehmlich über den Nachlass der Karissima von Ders, unter Bezugnahme auf den Vertrag (vom 19. April 1361)[2].

Es sollen siegeln: Friedrich von Kane, Johann von Hammerstein, Cûne Romey von Wynnenberg, Syvart Cûnemanns Sohn von Oberlahnstein, Hilger von Langenau, Karissima von Ders und der Koblenzer Offizial Jakob (mit ‚des hoves ingesegel zû Covelentze').

97 ([Hostaden] 6).

Orig. Perg. mit 7 Presseln und geringen Siegelresten, in der Datumzeile von anderer Hand die Unterschrift: . . Jacobus officialis.

1370 November 25. — Ritter Hilger von Langenau gelobt seiner Schwägerin Karissima, der auf Grund von zwei Schuldforderungen von 740 und 150 kleinen Gulden seine gesammten Besitzungen in den Gerichten Koblenz und Horchheim verfallen waren, gegen Freigabe dieser Güter jährlich 30 Gulden von seinen Höfen zu Kretz und Allenz zu zahlen.

98 ([Hostaden] 7).

Ich Hilger van Laucgenauwe ritter doin kûnt allen luden ind bekennen mit desem offenen brieve, want ich ind selige Alcyt mijne eliche huisvrauwe sementlich in unser beyder leven schuldich wären ind noch schuldich sin vrauwe Carissemen | wilne seligen hern Roilmans vanme Tûrne eliche hûisvrauwe was echtehalf hundert kleyne gulden ind anderhalfhundert kleyne gülden goit van golde ind swair van gewichte, ind die vurgenante vrauwe Carissem vur die vurschreven | echtehalf hundert gulden in alle mijme ind in alle mijnre vurgenanter seliger hûisvrauwen gûede mit gerichte sas ind noch sitzet, wilche gûet gelegen sint in Covelentzer ind in

---

1) Vgl. die Abbildung bei Quix, Bernsberg, Tafel no. 1.
2) Oben no. 74; vgl. ferner unten no. 98.

Hoircheymer gerichte, ind mit den vurgenanten anderthalfhundert cleynen gulden die vurgenante vrauwe Carisseme mich ind mijne vurgenante selige hûisvrauwe under jůeden gequijt ind vur uns betzailt hait; ind want die vurgenante vrauwe Carisseme mir nů eyne sûnderlincge gûnst ind vruntschaf gedâin hait ind angesien hait mijn ind alle mijnre vrunde vleliche bede umb mijnre groisser kuntlicher noit willen, dat ich ind mijne erven unss vurgenanten gůetz verlustich moesten worden sijn umb der vurgenanter schulde willen ind ander noede willen, darumb ich ind mijne erven der vurgenanter gůede niet behalden enkünden hain, ind sij darumb mir ind mijnen erven vur sich ind ire erven die vurgenante gůet so wie die gelegen ind benant sijnt in den vurgenanten gerichten ind so wie sie mit gerichte da inne sas ind noch siczet, as den vurgenanten gerichten dat wale kundich is, as vur die vůrgenante summa geltz die besseruncge der vůrgenanten gůede na Symonde van den Bůrgedor[1] weder verluwen hait ind ich ind mijne erven die besseruncge der vůrgenanter gůede umb die vurgenante vrauwe Carissem ind ire erven indfangen hain umb drissich gulden geltz goit van golde ind swair vom gewichte erflichs ind jeirlichs zijnss. Ind is dat geschiet oevermitz eyne luterliche cleirliche sone eyns ganczen moitbescheicz alle unser beider vrunde die dat tusschen uns beiden gereit ind gemacht haint as die sonebrieve innehaldent die darůf gegeven ind gemacht sint[2]. Darumb hain ich Hilger vurgenant geloift ind geloyven in goiden truwen vûr mich, mijne erven ind nacoemlyncge, der vůrgenanter vrauwe Carissemen iren erven ind nacoemlyncgen of behelder dis briefs mit iren willen, die vůrgenante drissich gulden geltz alle jare van der besseruncgen der vůrgenanter gůede ind van anderen gůeden as herna geschreven steit, mit namen van den goiden zo Greitzie ind zo Alsentze[3] so wie die gelegen sint ind wie man die genennen mach ind van

---

1) Am 4. März 1365 einigt sich der Wepeling Simon von dem Burgthor zu Koblenz mit dem Stifte S. Florin über die Vogtei zu Kärlich, Günther, Codex diplomat. Rheno-Mosellan. Bd. 3, no. 501; vgl. auch daselbst no. 620.

2) Oben no. 97.

3) Greitzie ist Kretz, früher auch wohl Grätz genannt, östlich von Kruft im Kreise Mayen, Günther, Codex diplomat. Rheno-Mosellan. Bd. 3, no. 435, 481; Schannat-Bärsch, Eiflia illustrata Bd. 3, Abth. 1, S. 47. Ueber Allenz, südlich von Mayen, vgl. Schannat-Bärsch a. a. O. S. 93; ein Weistum bei Grimm, Weistümer Bd. 2, S. 479.

alle dem goide dat mich anerstorven ind ervallen is van mijme
swegerherren ind swegervrauwen mit deylincgen, id sij in moit-
bescheide of bûyssen moitbescheide, so wa of wye dat gelegen ind
benant is, gûetlichen zo geven ind zo betzalen uf sent Mertins
dach des heyligen bûsschofs, ind die vûrgenante drissich gulden
geltz alle jare zo leveren zo Covelens in eyn hûis darin ich ge-
wijst werden van der vûrgenanter vrauwe Carissemen, iren e. ind
n. of van b. d. br. Also so wa ich, mijne erven ind nacoemlincge
da an sumich vûnden wûrden, so mach sich die vûrgenante vrauwe
Carissem, ire e. ind n. of b. d. br. vûrschreven zo stûnt na dem vur-
genanten dage doin seczen avermitz die gerichte da die vûrgenante
gûet gelegen sint in die vûrgenante gûet, geliicher wijs alz hetten
sij drij dage ind seis wochen daruf gedincgt, erklait ind ervolcht
as yeclichs gerichts recht ind gewaynheit geschaffen is[1], ind solen
sij da inne bliven siczen ind da inne brechgen ind bûeczen bis
as lange dat ich of mijne e. ind n. der vurgenanter vrouwen Caris-
semen, iren e. ind n. of b. d. br. gûetlichen gerichten die drissich
gulden geltz ind sulche cost ind schaden die daruf zû rechte ge-
gancgen weren. Ouch ist gevûrwert, oft sachge were dat die
vurgenante vrauwe Caryssem ire e. ind n. of b. d. br. nû of herna-
mails eynche hindernysse irryncge krût of ainspräche leden of
betten an dem vurgenanten gûede of an lyûncge desselven gûedes
as vurschreven steit, id were van mir, mijnen e. of n. of van ye-
manne anders van mijnen wegen, ind ich of mijne e. ind n. darumb
kûntlichen verboyt wûrden van der vûrgenanter vrauwe Carissemen,
iren e. ind n. of van b. d. br., dat sal ich ind mijne e. ind n. yn afe-
legen bynnen eynen maŷnde na der verbodyncgen; ind wa wir
des niet endeden, so sal die vurgenante vrauwe Carissem ire e.
ind n. of b. d. br. weder in die vûrgenante gûyt gaŷn ind da inne
bliven siczen as sij uf desen hudigen dach sas ee dis brief ge-
macht wûrde vur die vurgenante summa geltz, ind mach mit den
goide doin ind laissen alle iren eygenen willen alz verre bis sij
ire e. ind n. of b. d. br. van den vûrgenanten gûden echtehalf-
hûndert ind anderthalfhûndert kleyne gulden vûrschreven dan ûz
gemachgent, also dat sij van der vûrgenanter summen geltz ind

---

1) Die Festsetzung der Gerichtsfrist auf sechs Wochen und drei Tage
ist die gewöhnlichste, vgl. z. B. die Weistümer von Mettlach, Beltheim, Hal-
senbach und Bickenbach; auch im Asylrecht findet sie sich, Grimm, Weis-
tümer Bd. 2, S. 61; S. 207 Anm.; S. 238; S. 320.

van sulchem schaden ind coeste den sij darûmb kûntlichen leden of hetten, wale betzailt sijn. Ouch geloyven ich in goiden truwen vûr mich m. e. ind n. alle dese vurgenante punte ind artikele ind yeclich besunder vaste ind stede zo halden ind dar weder nummer zo sprechgen noch zo doin oevermitz mich, mijne erven of yeman anders van mijnen of mijnre erven wegen mit worten noch mit wercken, heymlich noch offenbair, mit gerichte of ane gerichte, geistlichs of werentlichs, beschreven of unbeschreven, dat der vûrgenanter vrauwe Carissemen iren e. of n. of b. d. br. an desen vûrgenanten punten ind artikelen eyn deyl of zo male hinderlich of schedelich meuchte sin in eyncher hande wijs die man dencken of ertracken meuchte, sunder alle argelist ind geverde. Dis zo ûrkunde ind ganczer stedigeit hain ich Hilger van Lancgenauwe ritter vûrgenant mijn ingesegel an desen brief gehancgen, ind hain vort gebeden, des werrentlichs gereichts ingesegel van Covelens an desen brief zo hancgen; des wir Frederich van Kâne ind Cûne Romey van Wynnenberg scheffene daselves geyn dat id wair is. Ouch is umb mijnre beden wille in urkunde alle deser vûrgenanter stucke der gemeynre scheffen ingesegel zo Hoircheim an desen brief gehancgen, des wir Rodolf van der Bach ind Coynrait van Dyrsteyn scheffene daselves gyen dat id wair is ind kennen uns, dat wir des getzûich ind urkûnde intfancgen hain. Darzo sint hie oever ind ane geweist die eirbere lude Herman van Alsencz ind Henne Syvartz sûn scheffene zu Alsens, ind hain ich Hilger ritter vûrgenant ind (mit) mir dieselve scheffene gebeden die erber lude Clais Meyen ind Jacob Schekeler scheffene zo Meyen, dat sij ire ingesegele zo urkunde an desen brief haint gehancgen, want wir scheffene van Alsens keyn ingesegel niet enhain; des wir Clais ind Jacob scheffene zo Meyen vûrgenant gyen dat wir umb beden wille hern Hilgers ind der scheffene van Alsencz vûrschreven unse ingesegele an desen brief hain gehancgen. Anderwerf sint hie oever ind ane geweist die erber lude Henrich der Mort ind Lucze Rûchefulle hoifs scheffene zo Greiczie; ind want wir scheffene yetzû genant geyn ingesegel enhain, so hain wir gebeden mit hern Hilgere vûrgenant den erberen man Johanne Georgijs wepelinck, dat he sin ingesegel umb unser beden wille an desen brief hait gehancgen; des ich Johan Georgijs yetzû genant gyen, dat ich umb beden wille hern Hilgers ind der scheffene van Greiczie mijn ingesegel an desen brief hain gehancgen. Datum ipso die beate Katherine virginis anno domini millesimo trecentesimo septuagesimo.

Orig. Perg. mit 1 wohlerhaltenen Siegel, 4 Bruchstücken und 1 Siegeleinschnitt, 1.: *Schrägbalken, Umschrift:* . . ildegeri. 2.: *liegender Schlüssel, darüber eine dreiblätterige Krone, Umschrift*: S. universorū scabinor. in Megin. . 3.: *drei Glocken (2:1), Umschrift:* . . . colai. 4.: *gekrönter Hundekopf, Umschrift:* . . acobi Scheke . . 5.: *Zweig mit fünf Blättern, Umschrift:* . . Johan . . . . .; *Inhaltsangabe 17. Jhdts.*

1371 April 7. — Philipp Morart wohnhaft zu Juntersdorf und seine Frau Nesa verkaufen dem Ritter Godart von Nievenheim und dessen Frau Katharina eine Erbrente von 65 Mark von einer Hufe Acker zu Hostaden und 8 Morgen Wiesen in dem Burggute daselbst, letztere belastet mit einer Leibrente für Heinkin van den Husen.

99 (Nievenheim 3).

Kunt si allen luden die desin brief solen sien of hoeren lesen, dat wir Philips genant Morart wanachtich zu | Gunderstorp, Nese sine eliche husfrauwe mit consente ind volgen Mettelen moyder mijnre Nesen vurschreven hain | verkoicht ind upgedragen wislich ind bescheidlich, verkouffen ind updragen oevermitz desin brief vůr uns ind vur alle onse erven ummerme dem vromen manne hern Goedarde van Nivenheim riddere[1], vrauwen Katherinen sijnre elicher vrauwen ind yren erven eyne jeirliche ind erfliche jairgulde van vůnf ind sestzich marke geltz coelschs payements yn ze boeren, ze haven ind zo heven erflich ind ummerme alle jaire up sent Remeys dach of bynnen vierzienachten neist darnae volgende unbevangen um eyne genoemde somme gelt uns eluden vurschreven zo unser genouchden wale bezalt ind gezalt, ind danaf wir vur uns ind unse erven hern Goedart vurschreven, sine eliche vrauwe ind alle yre erven ummerme los ind quijt schelden; dese vurschreven jairgulde vunf ind sestzich mark coelschs payements ze heven jairs van eynre hoyven artlands vrij eygens goyds gelegen zo Hostaden ind van echt morgen beynds burchgoyts[a] zo Hostaden gehoerende; dwilche hoyve lands ind echt morgen beynds[b] Henrich genant Kurrebus nů zerzijt besitzend is ind he dese vurschreven jairgulde gilt ind schuldich is jairs ze gelden Heynkine van den Hůsen als lange as he leifft, also dat ze wissen is, die wile de

---

a) burch *gleichzeitig auf Rasur*.   b) ,beynds' *auf Rasur*.

1) Ueber Godart von Nievenheim s. oben no. 73 S. 100 Anm. 1 und no. 83.

vurschreven Heynkin van den Husen leifft, dat he sine lijfzücht dese vurschreven jairgulde vunf ind sestzich marc boeren ind heven sal, ind dat nae sime dode die selve jairgulde ervallen sal au hern Goedart van Nivenheim ind an sine erven erflich ind ummerme, also dat wir Philips ind Nese elude ind Mettel vurschreven hain as vil darup verzegen ind verzijen oevermitz desen brief, alle argelist usgescheiden. In urkunde ind umb steitgeit desir dinge so hain ich Philips vurgenoemd vur mich ind vůr Nesen myn elich wijf ind darzo vůr Mettele yre moyder mit yrre beider willen ind volgen desin brief besegelt mit myme segele, ind wir hain dan gebeden mit gesamender hant onse vrunt eirsame lude as hern Nijt van Dorne rittere ind Pauwin van Bournheim knape dat si haint willen yre segelen mit anehangen desem brieve in orkunde ind gezuich des couffs desir jairgulden vurschreven. Wilche vurschreven dincg ind verkouffen wir Nijt van Dorne ritter ind Pauwyn van Bournheim knape vurschreven mit anehangen unser beider segelen an desin brief gehangen wir kennen ind zugen also sin as vurschreven steyt, des gebeden sonderlingen van Philips ind Nesen eluden ind Mettelen vurschreven. Gegeven des neisten dages nae dem heilgen paeschdage int jair unss hern do man schreif dusent druhondert eyn ind seventzich jair.

Orig. Perg. mit 2 anhgndn., sehr beschädigten Siegeln, 1.: Schild mit fünf Pfählen. 2.: Löwe mit Turnierkragen, Umschrift: 'S. Pawi..rn...' Rückaufschrift 15. Jhdts.: 'Philips Morart', 16. Jhdts.: 'Van eynre hoeffburch zo Hoistat ind 8 morgen heinz aldae. Nota.'

1371 August 9. — Heinrich Scheilberg von Gohr und Stina seine Frau verkaufen dem „winman" Heinrich von Widdeshoven eine Holzgewalt im Gohrbruch, welche von der Hufe Stephans von Hostaden abgetrennt ist. **100** (Hostaden 8).

Wir Henrich Scheilberg van Goir ind Stinna myn elich wif doin kunt allen luiden die desen breif sient of horent | liesen, dat wir mit gesameder hant erflich vůr unss ind unse erven uysghegangen sin ind verchoit hain eyne | gancze gewalt hoilcz so wei dicke of in wat tziit die alle yairs erschint of ervallen mach in dieme Gorrebroiche ze Gor in wisinge ersam bescheiden lůiden Henrich van Widesboyfven der winman[1] ind junfrouwen Geven

---
1) winman, Halbwinner, Pächter auf halben Gewinn.

sinre huisvrowen; weichghe gewalt hoiltz vurgenant gesundert ind gescheden is van der hoifven artlantz da her Stheiffe van Hoistheden all yair an geldend hait[a] echt malder rocgen, also dat wir Henrich Scheilberg vurgenant ind Stinna unss ind unse erven entherft hain ind sin der vurgenanter[b] gewalt hoiltz ind den vurgenanten Henrich van Wideshoyfven ind sin wif ghegoit ind gheerft hain mit derselver vurgenanter gewalt hoiltz so dat sij die keren ind wenden moichgen war sij willent, mit beheltnisse dieme hoifve sinsz reihts zů Goir, heren inboyfven alle argliist uyssgescheiden in diesme breifve die man in geistlichgen of in werentlichem gereichte gedenken of vinden mach. Ind des zů merre schicherheit hain wir vurgenante Henrich Scheilberg ind Stina min wif unsen segel vur unss ind unse erven an desen breif gehangen, ind han vort zů merre sthedichgheit gebieden ind biiden eynen birven ersamen man juncker Henrich van Wailhuissen[1] schoitisse zů Goir wapenturen ind vort die ersamen scheffene gemenlich Ludolf Preiis van Goir ind oich er ůrkunde dijs genomen havent, dat sij erre segele umber unsser beiden wille Henrich Scheilberg ind Stinen vurgenant an desen breif haint gehangen in gheczůchnisse der warheit. Datum anno domini M^{mo}.CCC^{mo}.lxx^{mo} primo vigilia Laurentii sancti martiris.

Orig. Perg. mit 3 anhgdn. Siegeln, auf dem Bug die Namen: 1. Henrich Scheilberg: *Löwenschild, Umschrift unlesbar*; 2. der schoitisse zů Gor: *Schachbrett mit Turnierkragen, Umschrift: S. Henrici de Waylhusen*; 3. die scheffenen: *Löwe, Umschrift: Sigillů . scabinor . . . . . . e*; *Rückaufschrift 16. Jhdts.*: 1 gewalt holtz in dem Goirbroich.

1372 August 15. — Thomas de Soiron und seine Frau Marie de Weiz bewilligen dem Ritter Giles de Charneux, dass er den von der

---

a) *Vorher ‚an' durchstrichen.*   b) *‚vurgenanter' wiederholt.*

1) Am 28. September 1372 schliesst Oisgin von Wailhusen als Helfer des Wilhelm Vel von Wevelinghoven eine Sühne mit der Stadt Köln, Mittheilgn. aus dem Stadtarchiv von Köln Heft 7, S. 64 no. 2771, (wo jedoch der Name irrig auf Waldhausen im Kreise Gladbach bezogen ist); der Knappe Heinrich Oysse von Walhusen wird am 13. April 1391 durch Erzbischof Friedrich III. mit dem Hause Birsmich bei Wevelinghoven belehnt, Lacomblet, Urkb. Bd. 3, no. 954.

Herschaft Saive zu leistenden Jahreszins von 106 Goldgulden während der nächsten sechs Jahre mit 1000 Goldgulden ablösen könne.

101 (Saive 9).

Nous Thomas de Suoron et Maroie de Weiz[1] sa femme faisons savoir a tous que comme valhans hons messire Giles de Charnoir chevalirs ait a | moï Thomas desurdit affaitiet absoluement a droit et a loi le casteil forterece ville hauteur et justice de Seyves avoec les bins a chu appen|dans ensi que lettrez que nous en avons sor chu faites et saielleez funt plus expres mention; des quels hiretages devant nommez li dis chevalirs nos doit rendre et pair az canges ou en nostre hosteit a Liege cent et siez florins petis viez de bon our del fort pois et a le droite ensengne de Collongne cescun an heritablement al jour nostre dame en my aust ou solcement quinse jours apres, nos conissons par le tenure de ces lettres que li dit messires Giles ou hons venerables messire Wautir de Charnoir canoine de Liege ses chiers oncles[2] puelent a nos rachateir les cent et siez florins petis par an avoec les contrewages desoire nommez et a tous leurs melheurs pours de le daute de ces lettres en siez ans tantost apres ensiwans parmi milhe florins petis vies de bon or de fort pois et a le droite ensengne de Collongne payant et rendant a nos Thomas et Maroie sa femme en nostre hosteit ou az canges a Liege avoec les cent et siez florins petis al fort pois por le rente de celi des siez annees corante, en le queile li dis messires Giles ou messires Wautiers ses oncles feroient le dit rachat fust en le premire annee et jusques a le siezeme sains nul doble treschens a pair, moins que nos fussiens paiez de tous acargiez se mis n avoit, et s ilh ou li on d eaus n avoient fait le dit rachat dedens le fin des siez ans desoirdis en le manire desoirdicte ou ilh fussent trouveis defallans de. pair nostre dicte rente des cent et siez florins al fort pois al jour desoirdit dont nos[a] demoient hiretablement li cent et siez florins al fort pois sor tous les bins et hiretages contenus ens nos dictes lettres sains jamais restoire ne rachateir et sieroient toutes covenanches mortes

---

a) nos *über der Zeile.*

1) Ueber die Familie „des Prez dite de Weys' vgl. J. de Hemricourt, Miroir des nobles de Hesbaye éd. Jalheau S. 220 ff.

2) Ueber Walther von Charneux s. oben S. 130 Anm. 1 und Poncelet, La seigneurie de Saive S. 22.

et adnichilleez. Et ˙sil avenoit en alcun temps a venir nos ne fuissiens paiez de nostre dicte rente cescun an 15 jours apres la dicte nostre dame en my aust en le manire˙desoire escripte covens sunt, que nos porins de donc en avant retraire et le main mettre a tous les bins et hiretages contenus ens nos dictes lettres comme a nos bons hiretages, moins que li dis messire Giles ou messire Wautirs en wissent esteit ajourneis une soile fois a quinsaine par faute de paiement. Et por tant que ce soit ferme cose et establo si ay ju Thomas de Suoron desoirdicte por mi, ju Fastreis Bareis de Weis por la dicte damoiselle Maroie sa femme a se priere et nos Giles de Charnoir chevalirs, Wautir de Charnoir desoirdis, Stassins Drughins et Ernus de Weis[1] qui tous ches covens conissons estre vuus par nos az pryeres des partyez avons pendut a ces lettres faites par cyrographe nos propres seaus en singne de veriteit. Ce fut fait l'an de le nativiteit nostre sigeur M. CCC septante et dois le jour de le feste nostre dame en my aust.

Orig. Perg. mit 6 Siegeleinschnitten, Chirograph, am oberen Rande: cy ro gra phus.

1372 Dezember 26 (1373 [kölnischen Stils] in die s. Sthephani mart). — Wilhelm von Kapellen genannt Warfhengel[2] und sein Sohn Berken sowie seine Töchter Drude, Ailke und Guitghen verkaufen dem Ritter Arnold von Hostaden ein Stück Wiese im Gerichte Wevelinghoven, das nur dem Erzbischofe von Köln jährlich 6 brabanter Pfennige zinst, setzen dafür den ‚wapenture' Johann von Kapellen als Bürgen und verpflichten diesen zugleich, falls die minderjährigen Kinder Wilhelm und Paul später ihre Zustimmung verweigern sollten, in Neuss Einlager zu halten. 102 (Hostaden 9).

Orig. Perg. mit 1 Pressel und 1 anhgdn. Siegel: drei Wecken (2 : 1), im Schildeshaupt ein dreilätziger Turnierkragen, Umschrift: S. Wilhelmi de . . elkoui . .; *Rückaufschriften: Inhaltsangaben 16. und 17. Jhdts.*

---

1) Auch über die Drughins de Jupille vgl. Hemricourt, Miroir des nobles S. 184.

2) Ein Arnold Warfengel, Mönch im Kloster Brauweiler, ist am 21. November 1387 Vikar in Bürgel und Zons, Chronicon Brunwylrense, Annalen d. Hist. Ver. Heft 18, S. 117; Mittheilgn. aus dem Stadtarchiv von Köln, Heft 9, S. 49, no. 3877 GB.

1374 Juni 1. — Ritter Sibrecht vom Spiegel und seine Frau Tiele (Thola) übertragen dem Ritter Johann von Harff und dessen Frau Caecilia 5 Morgen Wiesen und 5 Morgen Bruch zu Harff gegen ein Darlehen von 75 Gulden, behalten sich jedoch die Einlösung mit der gleichen Summe vor. 103 (Harff 7).

. . Wir Sybrecht vanme Spiegele ritter ind Tiele sijn elich wijf vur ons ind onse erven doen kunt allen luden ind kennen, dat wir hudis[daicbs]* versat hain ind versetzen mit disem | offenen brieve dem vromen rittere . . hern Johann van Harve, vrouwe Celien sinre huysvrauwen ind yren erve vonff morgen beenden ind vonf morgen broichs zo Harve gelegen | as vur vonff ind seventzich swair gulden die ons de vurgenante her Johan van Harve asnu goetlich geleendt hait zo onsme nutze ind orbere . ., mit sulchen vurwerden ind in deser voigen, so wanne ons off onsen erven lustet ind enen comen sal dieselve vonff morgen beenden ind vonff morgen broichs wederomb an ons zo loesen, dat wir dat soelen moegen doen mit vonff ind seventzich gulden goit van golde ind van dem swersten gewichte sunder wederre(de) of hindernisse des vurgenanten hern Johans von Harve, vrouwe Celien synre huysfrauwen, yrren erven of emans anders; wilche vurgenante vonff ind seventzich gulden wir yn ind yren erven goetlich leveren ind hantreyken soelen, ind dat gedaen, so soelen nochtant dieselve her Johan, sijne huysfrauwe ind yre erven vurgenant eyn gantze jaire haven an den vunff morgen beende vurschreven nae der loesincgen, ind nae der scharen so soelen die vonff morgen beenden wederomb an ons ind onse erven vrij los ind ledich ervallen siin ind bliven. Ind vort nae onser loesincgen vûrschreven sal her Johan van Harve, vrouwe Celie sijne huysfrauwe, ind of si en weren, yre erven die vonff morgen broichs ouch vort behalden sees gancze jair neist nae eyn anderen volgende behalden in alle der maissen so wie sij die behalden haint vur onser loesincge; ind so wanne die sees jair leden ind vurgancgen sint, so wie vurschreven steit, so soelen ouch asdan die vonff morgen broichs genczlich ind zomail wederomb an ons ind onsse erven ervallen sijn ind bliven, ongehindert ind ongekruedt van emanne, so wie vurschreven steyt, sunder alreleye argelist. Ind her oever zo eynere orconde ind umb vaste steytgeit hain ich Sybrecht vamme Spiegele ritter as momber mynss wijffs vur sij ind onse erven myn segel vur an dosen offen brieff gehancgen, . . ind hain vort sementlich gebeden Reynarde van Moirke onsen lieven swaeger[1] ind neve dat he zo eyme meirren gezuge der wairheide deser dincge vurschreven sijn segel nae desem brieve angeh[an]cgen[a] hait; dat ich Reynart van Moirke vurschreven kennen wair sijn ind mich gedaen ha[in umb][a] sunderlincgen beden des vurgenanten hern Sijbrechtz vamme Sp[iegele][a] ritters ind vrouwe Tulen sijnre huysfrauwen zu eyme gezuige alle deser vurgenanter sachen. [Gege]ven[a] ind geschreven int jair onss herren dusent druh[undert vi]er ind seventzich des donrestachs up des heiligen sacramentz dage.

Orig. Perg., durch Mäusefrass beschädigt, mit 2 Presseln.

1374 Juni 3. — Jakob von Remagen und seine Frau Kunigunde Bürger zu Ahrweiler nehmen von Arnold Herrn von Randerath und Erprath dessen Weingärten, Aecker, Höfe und Einkünfte in den Kirchspielen Wadenheim und Gimmingen gegen 5 Ohm Wein jährlich in Erbpacht und verpfänden ihm dazu zwei Viertel Weingarten bei Bengen.

104 (Blanckart 1).

Wyr Jacob von Remaghen ind Conegûnt siin eliche huysfrouwe burger zu Arwilren doen kont allen luden ind kennen overmitz | diesen brief, dat wir van onsen lieven edelen genedigen herren hern Arnolt heer van Randenrode ind van Erperode[2] ontfangen hain | ind zu erffpeicht genomen hain alsulghe wyngard artlant ind hoefreicht, zinse peichte ind so wat hee ind siin erven reichtz hain in desen tweyn kirspelen, mit naymen to Waydenheim ind to Gymmenich, umb vûyff aymen wijns jaerlichs ind erflichs peichtz die wir onsen lieven heren vurschreven off sinen erven alle jaer geven ind betalen sulen to herfste in oer vas van alsulchem wyne as op deme erve weist, sonder argelist. Ind den wyne sulen wir ind onss erven alle jaer to herfst onsen lieven herren vurschreven off sinen erven antwerden ind leveren to Remaghen op ten Rijn op onsen anxt ind arbeit ind wetlichen op onsen cost. Ind weere

---

a) *Löcher im Pergament.*

1) Reinhard von Morken wird in dem Landfriedensvertrage vom 30. März 1375 unter den geschworenen Vertretern der Stadt Aachen genannt, während Sibrecht vom Spiegel zu den Vertrauensmännern des Herzogs von Jülich gehört, Lacomblet, Urkb. Bd. 3 no. 766, S. 663.

2) Aeg. Müller, Die Herrschaft Randerath, Zeitschrift des Aachener Gesch.-Ver. Bd. 1, S. 198.

sache dat myswas viel, des got verbieden moit, also dat up ten vurgenanten erve ind gude neit also veil wynen en wyes, dat die vurgenante peicht daervan bezailt mûcht werden, so sulen wir sonder vays dat gebreich betalen ind vervullen dat ander jaer daerna neest comende eyn mit dem anderen. Ind umb dat unss lieve herre ind siin erven vurschreven der betalingen der vurschreven vûyff aemen wijns alle jaer an ons ind an onsen erven to sechere syn, so hain wir oen verbonden ind to underpande gesat twey vierdel wyngartz off umb die maisse an Benghover eleche gelegen, alre neest by heren Johans wyngarde van den Voyrst ind Gobelen Belgens in Wadenheimer kirspel, welch onderpant gilt alle jaer tweyn .. jonge haller zyns, mit alsulchen vurwerden, off dat sache weer dat wir off onss erven an betalingen der vurgenanter vuyff aemen wijns op eynich jaer versumelich wurden vûnden in zo mail off in eynen deil, so sulen deise wyngart artlaut hoyfreicht zijns ind peicht vurgenant mit allen oeren zúbehoiren ind unse twey vierdel wyngartz vurgenant los ind leydich ervallen siin an onsen lieven herren vurgenant ind an syn erven, ind sij sulen dan daermit doen mogen alle yren willen nûtz ind urber als mit ander yren eygenen erve ind gude sonder krot hindernisse of wedersprache onser ind onser erven off ymens anders, alle argelist hie ynne utgescheiden. Hier sint oever ind an geweest Richwijn des honnen soen ind Henken Hartman der becker kirspelslude to Wadenheim. Ind want wir Jacob ind Coyngunt vurgenant engein eygen segelen enhaven, so hain wir gebeden heren Reynart Beysheir kircher zû Wadenheim, dat hee der kirchen segel van Wadenheim an desen brief wille hangen in orkunde ind stedicheit alre pûynten ind vûrwerden die in desen brief gescreven stient. Ind ich Reynart kircher der tijt to Wadenheim bekenne, dat ich der kirchen segel to Wadenheim umb beden wille Jacob ind Conegunden eluden vurschreven an desen brief hain gehangen in stedicheit ind getûych der waerheit alle deser vurwerden. Gegeven in dem jaer unss heren dusent driehondert vier ind seventich des saterdaigz na sente sacramentz dage.

Orig. Perg. mit Bruchstück des abhgdn. Siegels.

1374 Dezember 20. — Wilhelm Herzog von Jülich und Geldern Graf von Valkenburg Herr von Montjoie und seine Gemahlin Maria schenken der Kirche zu Sevenum 10 oder 12 Bunder Land nach eigener Wahl zu den Kosten des Thurmbaues und der Glocken. **105.**

Wy Wilhem bi der goids genaden hertoge van Guilge ende van Gelren greve van Valkenborch here van Monyoien | ende wi Maria bi der selver genaden hertoginne grevynne ende vrouwe der lande vurschreven bekennen, dat wi purlich | omme goids wille geghheven hebben ende gheven der kerken van Sevenhem tot den turne ende der klocken te maken teen of twelf boenren lands in onser gemeenden zo Zevenhem so waer sij die nemen; ende dit vurgenoemde landt sal voertmere blyven tot alsulken rechten alse die gude sijn dar dit vurschreven lant aen geslagen sal werden of an gegheven wurdt, sonder alle argelist. In orkonde der waerheit hebben wi onse segele an desen brief doen hangen. Gegeven int jaer ons heren M. CCC. vier ende seventich op sente Thomaes avondt des apostols.

Orig. Perg. mit 2 anhgdn. verletzten Sekretsiegeln, 1: in gelbem Wachs, jülichscher Löwenschild, 2: roth, gespaltener Schild, rechts der jülichsche Löwe, links gekrönter doppelschwänziger Löwe. — Signatur 17. Jhdts: Donatio in die kirch Sevenum no. 3.

1375 August 18. — Arnold Nûest und Servatius von Mulken Schöffen zu (Maas)tricht beurkunden, dass Johann Papelet von Vorst als Vormund der Aleidis Tochter des † Ludwig von Meer genannt de Atrio das Haus Oys in Wijk dem Johann Penre von Wijk und dem Marsilius Ziel von S. Vith übertragen hat. **106.**

.. Nos Arnoldus Nûest et Servacius de Mulken scabini Traiectenses[1] protestamur tenore presencium ut scabini, quod quia nos scabini | iamdicti tamquam proximiores consanguinei et amici domicelle Aleydis filie Ludovici quondam | de Mere alias dicti de Atrio sub nostris fide et iuramentis affirmavimus et attestati fuimus, nec non Iohannes dictus Parijs tanquam mamburnus legitimus domicelle Sybe matertere dicte Aleydis suis fide et iuramento attestatus fuit coram nobis et una nobiscum, fore et esse utilius et profectuosius ad opus et usus dicte Aleydis, quod domus dicta de Oys sita in Wijc cum omnibus suis pertinentiis, cuius situs

---

1) Arnold Nuest und Servatius van Mulken urkunden als Schöffen von Maastricht u. a. am 7. Februar 1371 und am 6. November 1378, Servaas van Mulken noch am 28. Januar 1393, G. D. Franquinet, Oorkonden en bescheiden van het kapittel van O. L. Vrouwekerk te Maastricht (Maastricht 1870) no. 102, no. 114, no. 126 u. ö.

limites seu confines infra clarius describuntur iure hereditario conferretur[a] quam non aut quod ipsa domus stare et deperire permitteretur; idcirco Iohannes dictus Papelet de Voirst iunior tanquam mamburnus et mamburnio nomine Aleydis neptis sue predicte iure hereditario contulit Iohanni dicto Penre de Wijc et Marsilio dicto Ziel de sancto Vito pistori pari manu acceptantibus ab eodem dictam domum prout sita est ante et retro cum universis et singulis suis appendiciis seu attinentiis in Wijc inter dictam domum et domum seu bona Hermanni quondam de Galopia ex uno latere et bona dicti Marsilii latere ex alio, annuatim pro octo marchis et octo denariis leodiensibus necnon duobus caponibus annui census, sicut de hereditate quolibet anno exsolvitur in Traiecto, persolvendis singulis annis pro una parte media cum caponibus iamdictis pro festo nativitatis domini nostri et pro alia parte media in festo nativitatis beati Iohannis baptiste. De quibus quidem octo marchis et octo denariis leodiensibus iamdictis Iohannes Penre et Marsilius de sancto Vito prelibati promiserunt redimere et acquitare duas marchas leodienses annui census pro quadraginta duplicibus mutonibus aureis boni auri iustique ponderis et legalis vel valore eorundem in alio bono auro usuali et dativo, mediatim infra hinc et festum nativitatis domini nostri proximo venturum et mediatim infra festum nativitatis beati Iohannis baptiste extunc sequens immediate sub obligacione omnium bonorum suorum presencium et futurorum et cum emenda, tali condicione apposita et adiecta, si prefati Iohannes Penre et Marsilius dictas duas marchas ante festa iamdicta, sic ut prefertur, non acquitaverint, quod extunc ipsi Iohannes et Marsilius easdem duas marchas et quamlibet earum, una cum pecunia acquitacionis predicta et cum integro censu pro rata temporis exsolvendo, acquitabunt et rediment ac redimere et acquitare tenebuntur. Pro quibus vero duabus marchis leodiensibus iamdictis modo et forma premissis acquitandis et redimendis prefati Iohannes et Marsilius una secum Adam dictum Hoet de Wijc, Iohannem dictum Haegen de Schynmart, Danielem Goswini braxatorem et Alardum de Roethem sartorem commorantes in Wijc et quemlibet eorum in solidum presentes in fideiussores et condebitores, onusque huiusmodi obligacionis et fideiussionis in se ad preces dictorum Iohannis Penre et Marsilii suscipientes, prefato Iohanni Papelet nomine quo supra constituerunt; quos quidem fideiussores iamdictos et quemlibet eorum prefati Iohannes Penre et Mar-

---
a) contuleretur.

silius ab huiusmodi obligacione et fideiussione ac ab omnibus dampnis exinde emergentibus relevare et indempnes penitus conservare promiserunt, se et omnia bona sua ad hoc obligantes et cum emenda. Insuper condicionatum fuit, quod prelibati Iohannes Penre et Marsilius omni anno perpetim et hereditarie deponent ac deponere tenebuntur in festo nativitatis domini nostri[a] Everardum de Vronenholte[1] nostrum conscabinum de octo denariis leodiensibus et duobus caponibus annui census, quos idem Everardus habet et habere dinoscitur ad et supra domum prescriptam. Preterea Iohannes Papelet antedictus promisit Aleydem neptem suam prenominatam ad hoc iuducere et tenere dum et quando ad suam debitam pervenerit etatem, quod prefatam hereditariam collacionem laudabit et ratificabit sub obligacione omnium bonorum suorum et cum emenda. Consimilem litteram quelibet partium habet predictarum. Datum anno domini millesimo CCC septuagesimo quinto sabbato post festum assumpcionis beate Marie virginis.

Orig. Perg. mit 2 Siegeleinschnitten; gleichzeitige Rückaufschrift: Van den hûise van Oys te Wijc wie dat in erve is ghegeven.

1375 Dezember 20. — Arnold von Airscheit Stiftsherr zu S. Gereon in Köln vergleicht sich mit Arnold von Mühlheim Pastor zu Hillesheim in der Eifel über Besitzungen zu Wichem Höngen und Setterich. 107 (Setterich 1).

Wir Arnolt van Airscheit canoench zo sent Gereone in Coelne[2] ind Arnolt van Moilnheim pastoer der kirchen zo Hillisheym in der Eiffelen doen|kunt allen luden die desen brief solen sien of hûren leisen, dat wir overmitz onse vrûnt gesat gesaist in gemoetsoent sin van alle den sachen | zwiste ind zweyongen die wir ye onder eynander zo schaffen gewonnen bis op desen hudigen dach dato dis briefs ind van alle deme dat ye dar in gevyele of dan af comen is vur uns ind alle onse vrunt ind maige van beides | sijden, ind verczien darumb luterlichen ind clerlichen mallich op den anderen sunder argelist mit alsulgher vurwerden, dat ich Ar-

---

a) nostri *über der Zeile.*

1) Everardus van Veirnholt begegnet schon im Jahre 1361 als Schöffe, Franquinet a. a. O. no. 96; ein (anderer) Everard van den Vernenholte ist 1423 Schultheiss von S. Peter, daselbst no. 129.

2) Oben no. 76 sind wir einem Georg von Aerscheit begegnet, der im Stifte S. Gereon die Dekanatswürde bekleidete.

nolt pastoer vurschreven deme vurgenanten joncher Arnolde van Airscheit des gûetz ind erfs zo Wijchem ind des goitz zo Hoyngen[1] beidesamen usgayn sal ind verzhien zo sinen henden, ind gayn des ûs ind verzhien in desem brieve in alle der wijs dat eme dat nûtze ind stede is ind sin sal nae erfs reichte, beheltnisse dat ich Arnolt pastoer vurgenant dit jaer haven ind behalden sal die harde sait zo Wijchem die nû dae geseet is ind in den hof gehurende is, ind die vrucht dan af vallende sal ich zo mime nûtze ind willen us doin dresschen ind sal eme dat stroe op deme hoeve laissen; dae en sal he mich nyet an irren noch hinderen mit gheynreleye sachen. Vort bekennen ich Arnolt van Airscheit vurgenant, dat her Arnolt pastoer vurschreven haven sal min gûet zo Setterich so wie dat geleigen is mit alle sime zubehûren vierzhien jaer nae eynander loiffende na date dis briefs, ind hain eme dat gegeven ind opgedragen mit hant mit halme ind mit monde vur deme gerichte, also dat he ind sine erven of so we behelder were sins briefs dis guets gebrughen solen zo al irren wilen ind nûtze dese vierczhien jair us, ind ich ind mine erven solen si dae an halden ind verantwerden gelijcherwijs of wir dat vurschreven guet in unser hant hetten. Ind wanne dese vurschreven jaertzalen umb sint, so bekennen ich Arnolt van Moilnhem pastoer vurschreven, dat ich noch mijn erven vortme an dem vurgenanten gûede zo Setterich geyn reicht me haven en solen ind sal los ind ledich ervallen sin weder dem vurgenanten joncher Arnolde von Airscheit ind sinen erven, ind alsdan vort ensal dis brief gheyn macht me haven as van deseme vurgenanten gûede, beheltnisse alle zijt der moetsoenen vurschreven in irre macht gancz zo blijven, die wir beidesamen geloeven in goeden truwen mallich dem anderme vaste stede ind unverbruchelich zo halden, sunder alrekunne argelist. Dis zo gantzer steetgheit ind in eyn getzuich der wairheit hain wir Arnolt van Airscheit ind Arnolt pastoer vurgenant unse ingesegel beidesamen vur uns selver erven ind vrunt van uns beiden partien mit reichter wist an desen brief gehancgen, ind hain vort sementlichen gebeiden die irwirdige vrome herren ind lude den edelen heren Johann herre zo Rijchensteyne, heren Johan herre zo Setterich under deme dat vürgenante gûet zo Setterich gelegen is[2], heren Diederich Walpode van Valender

---

1) Es ist wohl an Höngen zwischen Aachen und Jülich zu denken.
2) Wilh. Graf v. Mirbach, Zur Territorialgeschichte des Her-

rittere, Diederich ind Ansbem van Airscheit gebrudere, dat si ir ingesegele eyne mit den unsen zo mirre getzuige der wairheit an desen brief gehangen haint; dat wir Johan herre zo Rijchensteyne, Johan herre zo Setterich, Diderich van Valender rittere, Diederich ind Ansbem van Ärscheit gebrudere vurschreven ergien ind bekennen wair zo sin, urkunde unser segele zo beiden der vurschreven partien an desen brief gehangen, de gegeven is in dem jaer uns herren dûsent drûbondert vûnf ind seventzich up sent Thomas avent des heiligen apostolen.

Orig. Perg. mit 2 Presseln, 1 geringen Siegelrest und 4 beschädigten Siegeln; die Namen stehen auf den Presseln. 1: Arnoldus de Arscheit, *Wappen unkenntlich, darüber Topfhelm mit Blume;* 2: pastor de Hillisheim, *drei Seeblätter (2:1), in der Mitte eine Kugel, Umschrift:* Arnoldi de Mollenhe..; 3: dominus de Richenstein, *drei Wecken rechtsschräg, auf dem Helme ein Eselskopf, Umschrift:* S..Jo....de..chensteyn. 4: dominus de Setterich, *mit kleinem Reste des Rücksiegels, auf dem noch ein Löwe zu erkennen ist*[1]. 5: dominus de Valender, *Schild zwölfmal geständert, Umschrift:*.Dideri. 6: Theodericus de Arscheit. 7: Anselmus de Arscheit.

1376 Februar 14. — Wilhelm Herzog und Maria von Geldern Herzogin von Jülich und Geldern übertragen ihrem Hofmeister und Rathe Johann von Harff an Stelle der Leibrente von 30 Malter Weizen, welche dessen Tochter Swenoldis aus dem Stertzheimer Hofe bezogen, eine Erbrente von 30 Malter aus der Mühle zu Leuwen zugleich mit den Mühlengefällen und Rechten daselbst. **108 (Harff 8).**

.. Wir Wilhelm van gods genaden .. hertzoge .. ind Marie van Gelre van derselver genaden .. hertzoginne .. van Guilge ind van Gelre | doen kont allen luden die desen offenen brieff soelen sien off hoeren lesen ind kennen overmids desen brieff, want her Johan | van .. Harve onse hovemeister ind rait met

---

zogthums Jülich Abth. 1, S. 7, Abth. 2, S. 35 hält die von Setterich für Edelherren aus einer Seitenlinie der Herren zu Stolberg; dafür sprechen auch die Ausführungen von Aeg. Müller, Zeitschrift des Aachener Gesch.-Ver. Bd. 1, S. 198f. und der Umstand, dass Johann von Setterich in dem Siegel (no. 4) an der vorliegenden Urkunde gleich den Herren von Stolberg einen Löwen im Wappen führt.

1) Ueber dieses Wappen s. die vorige Anm.

onsen goiden willen orlove ind consente vergolden hadde Swenolde synre doichtere cloisterjoncfrauwen zu sente Marien in Coelne [1] .. dryssich malder weys lijfzoicht an deme hove zo Stertzheim [2] .. weder die .. meystersse .. priorsse ind gemeyne convente .. van .. Meer .. ordens van Premonstrey daervur dat derselver Swenolde der hoff zo .. Stertzheim verbonden was, des si goide breve hadde van den vurgenanten joncfrauwen ind convente van Meer die wir mit besegelt hadden [3], ind want wir .. hertzoge ind .. hertzoginne vurschreven nae der hant denselven hoff zo Stertzheim mit syme zobehoere zumaile an ons gewonnen ind vergolden hain ind uns de'asnu verbonden ind versat is, .. daeromb hain wir hudistaichs overdragen mit dem vurschreven hern Johan van Harve as omb die dryssich malder weyss lijfzoicht vurschreven, .. das wir eme ind sinen erven daervur gegeven ind bewijst hain, geven ind bewijsen overmids desen brieff vur ons, unse erven ind nacomlinge alsulche drissich malder roegen paichtz gelegen an der moelen zu Leuwen [4] as wir daran hatten ind zu haven plagen, mit deme gemale ind allen rechte daerzo gehoerende dem vurschreven hern Johan van Harve ind sinen erven van nu vort erfflich ind ewelich zu haven ind zo besitzen ind der zo gebruchen gelich an-

---

1) Swenoldis verliess später das Stift und heirathete den Ritter Gumprecht von Alpen Vogt zu Köln, mit dem zusammen sie noch am 3. November 1390 urkundet, Lacomblet, Urkb. Bd. 3 no. 949; Strange, Beiträge zur Genealogie Heft 5, S. 25. Im Memorienbuche der S. Matthiasbruderschaft zu Jülich findet sich unter den ‚militares' verzeichnet ‚vrauwe Sweynolt van Harve witwe vadyne zo Colne', J. Kuhl, Geschichte des früheren Gymnasiums zu Jülich (Jülich 1891), S. 198. Eine ältere Swenoldis von Harff war in erster Ehe mit Gottfried von Zievel, in zweiter mit Philipp von Merode verheirathet, vgl. die Urkunde vom 24. November 1368 bei Strange, Beiträge Heft '9' S. 8 und Richardson, Geschichte der Familie Merode, Bd. 1, S. 24; E. v. Oidtmann, Das Memorienbuch des Klosters Wenau, Zeitschrift des Aachener Gesch.-Ver. Bd. 4, S. 262 Anm. 4.

3) Der Stertzheimer Hof lag zwischen Kaster und Bedburg, östlich der Neuss-Dürener Eisenbahn auf die Erft zu, wo noch jetzt eine Feldflur den Namen ‚Stetzhemer Acker' führt, Annalen d. Hist. Ver. Heft 52, S. 35; vgl. die Urkunde vom 24. August 1343, Lacomblet, Urkb. Bd. 3, no. 397.

3) H. Keussen, Das adelige Frauenkloster Meer bei Neuss (Krefeld 1866).

4) Die Mühle zu Leuwen lag wahrscheinlich am Südende des Dorfes Harff, wo es jetzt noch im Mühlenbroich heisst; getrieben wurde sie von der Markall, einem ehemals von den westlichen Höhen her dort in die alte Erft sich ergiessenden Bache, vgl. auch Annalen d. Hist. Ver. Heft 52, S. 52 f.

deren yren eygenen erve ind goide sunder eynche wederrede unss, unser erven off emans van onsen wegen, also dat wir hertzoge ind hertzoginne vurschreven vur ons, onse erven ind nacomlincge up die dryssich malder rocgen mit deme gemale ind rechte vurschreven an der . . moelen zu Leuwen verzegen bain ind verzijen in desen brieve zo ewigen dagen in orber ind behoiff des vurschreven hern Johans van Harve ind sinre erven. Ind damit hain wir ouch asnu an ons geloist sulche brieve van dryssich malder weyss lijfzoicht as Swenolt sine doichter haven moicht spreichende up den hoff zu Stertzheim., Ind omb as vil die vurschreven dryssich malder rocgen paichts erfgulden vurschreven besser moegen sin dan die dryssich malder weys lijfzoicht vurschreven, daeromb soelen her Johan van Harve ind sine erven onse ind onser erven man sin ind bliven, ons daeromb devorder verbonden zu sin mit eyden ind schuldigen dienste, as man yrme heirschaffe van rechte schuldich sint. Vort me want wir hertzoge ind hertzoginne vurschreven ind onse erven schuldich waeren, holtz zu geven zu der moelen vurgenant zu Leuwen wilche zijt des noit geburde zu buwe as van den dryssich malder rocgen moelenpaichte vurschreven, ind wie wale wir des paichts asnu verzegen hain vur ons ind onse erven, as vurschreven steyt, ind doch die manschaff dae an behalden, daeromb hain wir ouch geloifft ind geloven vur ons ind onse erven, dat wir zo der moelen van . . Leuwen soelen geven ind laissen volgen noittorft van holtze alle zijt ind so wanne des noit gebuert zu buwe, sonder argelist. Deser vurschreven dinge umb erffliche eweliche steytgeyt hain wir hertzoge ind hertzoginne vurschreven vur ons ind onse erven onse segele an desen brieff doen haugen, de gegeven wart ind geschreven in den jaeren onss herren dusent dryhondert ses ind seventzich des donrestaichs up dach Valentini martiris.

Orig. Perg. mit 2 Siegeleinschnitten; die Rückaufschriften 18. und 19. Jhdts. sprechen einmal von der Mühle zu Loevenich, dann von einer Mühle zu Loewen.

1376 Oktober 21. — Peter Bůyschijn von Uphöngen und seine Frau Goitgijn nehmen 2 „hoverichten" und ein Haus im Dorfe Uphöngen nebst 42 Morgen Ackerland von dem Jülicher Schöffen Johann Stute und dessen Frau Katharina sowie von anderen genannten Jülicher Bürgern um 12 Malter Roggen Aldenhovener Masses in Erbpacht und verpfänden dafür ihr Haus zu Uphöngen nebst Ländereien, behalten sich jedoch für die nächsten zwölf Jahre die Ablösung mit je 15 Gulden für das Malter vor.

109.

Ich Peter Bûyschijn van Uphoincgen ind Goitgijn mijn eliche wijf doin kũnt allin ludin die desen breyff ainsein off horent lesen, dat wir vůr unse erven zů erffpacht genomen hain zwoe hoverichten mit eyme bûis in deim dorpe zů Uphoincgen[1] gelegen sijnt ind zwei ind veirzich morgen | artlantz in deim velde van Uphoincgen in drijn seden ind mit alle deim reichte dat huis mit den zwen hoverichten ind dat vurscreven lant gelegen is, also ast herna beschreven steit, van Johanne Stute scheffen zů Guilche ind Katrinen sime elichen wive ind eren reichten erven ind Ditderich zer Banck ind Greten sime elichen wive ind eren rechten erven, Wilhem Vetten van me Rosenkrancze ind Geirdrude sime elichen wive ind eren reichten erven, alle bûrger ind burgersse zů Guilche, ind Werner van Aldenhoven ind Fyen sime elichen wive ind eren rechten erven umb zweilff malder roghen aldenhover maissen, neist zwen penningen deim besten. Wijlchen vůrscreven erffpacht ich Peter ind Guytgijn vurgenant elude ind unse erven solen beczalen ind leveren erfflichen ind ummerme alle jair up sent Remeis dach des hillichen confessoirz off binnen veirzein nachten darnâ neist volgende unbevangen up unsen anxt cost ind arbeit zu Aldenhoven binnen dat dorp in ein huis up eynen suilre dar wir in werden gewijst van den vurschreven eluden off van eren reichten erven. Dâ ain in sal si neit hinderen miswais hailslach herzkracht herrennoit off eniche die sachge die dar in vallin mach, wijr in soillen un eren paicht leveren as hie vurscreven steit van deim erve; dat is ze wissen: In der eirster sait seiszein morgen in Oitwilre velde, der sijnt nůyn morgen gelegen zů einre siden bi Gysen van Ailstorp ind zů der andere siden bi Johans lande van Seilstorpp[2], item eijn morgen gelegen bi den nůnnen van Heinsberg[3] zů eynre siden ind zů der andere siden bi Jacob

---

1) Herrlichkeit Uphöngen hiess die Unterherrschaft Bettendorf im Amte Jülich; sie umfasste Oidtweiler (Kr. Geilenkirchen), Bettendorf, Schleiden, Schaufenberg (Kr. Jülich) und Höngen (Ldkr. Aachen), Wilh. Graf v. Mirbach, Zur Territorialgeschichte des Herzogthums Jülich Thl. 1. S. 6.

2) Alsdorf Ldkr. Aachen; Siersdorf westl. von Aldenhoven.

3) Das Prämonstratenserinnen-Stift zu Heinsberg besass seit dem 18. Oktober 1289 das Patronat der Pfarrkirche zu Oidtweiler, Lacomblet, Urkb.

Stergijn, item drij morgen ligent bi denselven nunnen ind Jacob Sterren, item anderenhalven morgen ligent bi Gysen up deim Clois, item eyn halff morgen gelegen bi den nunnen van Heinsberg zů eynre siden ind zu der andere siden bi Johanne van Nůwenhusen, item eyn morgen ligt bi Beissel van me Steyche zů eynre siden ind zů der andere siden bi Johanne van Seilstorp; item in der ander sait zů Ailstorpp wert veirzein morgen, der sijut zwein morgen gelegen bi Hermans lande Jacobz soins zů eynre siden ind zů der andere siden bi Gysen van Ailstorpp, item eyn morgen bi Jacob Sterren zu einre siden ind zů der andere bi den nunnen van Heynsberg, item eyn morgen heist der Schivelmorgen, item anderhalff morgen ligt bi Jacob Johans sone van Uphoincgen zů eynre siden ind zů der andere siden bi Peter Bůysgijn, item eyn morgen thuysschin Peter Bůysgijn in Thijs Bůngart gelegen, item drij morgen zů eynre siden bi Thijs Bungart gelegen ind zů der andere siden bi Arnolt Vůissten bovestat, item zwein morgen ligent bi Jacob Johans sone zů eynre siden ind zů der andere siden bi Jacob Sterren, item dirdenhalven morgen lichent zu eynre siden lancz Johans lant van Seilstorpp[a] ind zů der andere siden in Stempelroder velde; item in der dirder sait ligt eyn morgen lankz Johanz lant van Seilstorpp ind zů der andere siden bi Thijs Buyschijn, item drij morgen ligent bi Nunnenpoil binnen Johans lande van Seilstorp, item eyn halff morgen ligt thuisschen Thijs Bungart ind Gysen van Ailstorpp, item ein halff morgen thuisschen Gysen van Ailstorpp gelegen ind Johanne van Seilstorpp, item eyn morgen gelegen thuisschen Jacob Sterren ind Johanne van[b] Seilstorpp, item zwein morgijn bi Jacob Johans sone zu eynre siden ind zů der andere siden bi Arnolt Woisten, item eyn morgen gelegen thuisschen Beyssel van me Sthege ind Henkijn Vrankenrichz sone vau Oytwijlre, item drij morgen ligent bi deim czůne van der vůrscreven hoifstat. Ind umb eynre volkomenre stedigheit ind sicherheit der beczalijngen deser vurscreven zweilff malder roghen erffzpaichtz hain ich Peter ind Goytgijn vůrscreven elude vůr uns ind vur unse erven den vurschreven eluden wey si vurscreven steint ind eren reichten erven zů underpande gesat ind verbunden, seczen ind verbijnden unse hoifstat die in me dorpe

---

a) *wiederholt* zu eynre siden.   b) van van.

Bd. 2, no. 876; J. H. Kessel, Zeitschrift des Aachener Gesch.-Ver. Bd. 1, S. 252 f.

zů Uphoincgen is gelegen thuysschen Beissel van me Steche ind Jacob Sterren, item drij morgen an deim Puczgijnzpade ind die Herman Jacobz soins sijnt Peterz vader, item eyn morgen ligt thůisschen Gysen van Ailstorpp ind Johanne van Seilstorpp. Item secze ich Peter zweyn morgen die ligent zů einre siden bi Gysen van Ailstorpp ind zů der andere siden bi Thijs Bungart up Ailstorper weyche. Item hain wir vurgenante eludè Peter Buysgijn ind Gůytgijn vur uns ind vur unse erven mit desen vurschreven underpenden vur den vurscreven paicht verbunden allit dat wir hain off nmmer erkrigen mogen, it si bijnnen lantz off busen lantz. Vort haint die vurschreven elude Johan Stute ind Katrine vůr sich ind vur eire reichte erven, Diederich zer Bank ind Grete vur sich ind vur eir reichte erven, Wilhem Vette van me Rosenkrancze ind Geirdrut ind eire rechte erven, Werner van Aldenhoven ind Fye ind eire reichte erven mir Peter Bůysgijn ind Guytgijn vurgenant eluden eyn ind eyn genåde gedåin, dat wir dese zweijlff malder roghen aff mogen lôissen binnen zweilff jairen die hernå neist volgende sijnt na datum dijs breiffz; wijlche zijt dat wir willen so mogen wir eyn malder afflegen mit vůnffzein gulden goit van gulde ind swåir van gewichte ind mit eynem malder roghen der vurscrevenre måissen. Ind off wir vurgenante elude Peter ind Guytgijn ind unse erven dis neit in doin binnen desen zweilff jairen ast vurscreven steit, so is de vurscreven pacht an deim vurscreven erve mit den underpenden den vurgenanten eluden ind eren reichten erven, so wey si hie inne vurscreven steint, zů ewichen dagen erfflichen vererfft, alle arglijst, nåwe vůnde, quade behentgeit, werworde, fyrpel ind excepcien geistlich ind werentlichs reichcz ind gerichcz genczlichen uisgenomen in allen desen vurscreven půnten dis breiffz. Dis zů urkunde ind ewiger stedicheit hain ich Peter in Guytgijn vurgenant elude vůr uns ind vur unse erven gebeyden die gesworen van Uphoincgen, då dit vurscreven erve ein mit den anderen gelegen is, dat si eren segel an desen breiff willen hancgen. Ind wir gesworen van Uphoincgen Jacob Sterre ind Jacob Johans Koypz sůn ind vort andere unse gesellen zůygen dat dit wair si ind wir hie ain ind over sijn geweist ind wirz oich urkunde hain intfancgen, ind want wir egein segel indhain, so hain wir gebeden die eirsame wise Iude die scheffene van Guilghe, dat si umb unser beyden wille eren gemeynen scheffensegel vůr uns an desen breiff willen hancgen umb ein geczuich der wairheit. Ind wir scheffen van Guilche umb beden wille der gesworen van Uphoincgen, want si egeyn segel inhaint, so hain wir unsen gemeynen scheffensegel vur si an desen breiff gehancgen in (geczuich der wairheit), beheltnisse unsme herren deim herczogen sijncz reichcz ind vort manlich des sijns. Gegeven in den jåren uns herren dusent druhundert seis ind sevenczich jair up der eylffdusent meyde dach der heyllicher jůnffrauwen.

Orig. Perg. mit 1 Pressel, erloschene Rückaufschrift 15. Jhdts.

1377 Dezember 5. — Rabode von Gymnich und seine Frau Eva verkaufen vor den Schöffen von Holzweiler dem Ritter Emond von Gymnich und dessen Frau Lyse um 200 kölnische Mark ihre zwei Weiher zu Holzweiler nebst Dämmen und Weiden.

110 (Blanckart 2).

Kunt sy allen luden die desen brief an syent ind horent lesen, dat ich Rabode van Gymnich | ind Eva myne elige huysfrouwe bekennen offenbeirligen in desen offenen brieve vůr | uns ind unsen eirven, dat wir sementligen verkouft han as bescheydens koufs reicht is erfligen ind eweligen herren Emonde van Gymnich ritter, vrauwen Lysen synre eliger huysfrouwen ind yrren eirven unse czwene wyer gelegen zů Holczwijlre[1] mit den demmen ind mit den wyden die up den vůrscreven demmen steynt ind eynen halfen morgen artlantz an die vurscreven wyer gelegen umb czwei hondert marcke penninge coyls pagamentz die sij uns goetligen ind zůmael wael hant beczaelt, ind schelden den vurscreven herren Emonde ind vrouwen Lysen ind yren erven dan affe los ind quijt in desen offene brieve ind han deir vůrscreven wyer mit den demmen, wyden ind artlande vůrscreven uysgegangen vůr Peter den Klockener zů Holczwijlre zer zijt scoltissen, Daniel van Holczwijlre, Teylgen van Weysebenden gesworen kirspelslude zů Holczwijlre, die des yrre orkonde hant ontfangen ind vort an dat gemeyne kirspel braecht hant, . . alle argeliste ind nuwe vonde geistelijchs ind werretlijchs gerijchcz zůmael ůysgescheiden. Dijs zů eyme geczůge deir waerheit so han ich Rabode van Gymnich vůrscreven vůr mich ind Eva myne elige huysfrouwe ind unse erven myn ingesegel an desen brief gehangen . . ind han vort sementligen gebeden herren Johanne Blanckart ritter, dat he sin ingesegel bij dat myne an desen brief het gehangen zů eyme geczůge deir

---

1) Holzweiler in der Bürgermeisterei Gelsdorf, Kr. Abrweiler.

waerbeit. Datum anno domini M⁰ CCC⁰ LXX⁰ septimo sabbato die post festum beate Barbare virginis.

Orig. Perg. mit 2 Siegeleinschnitten; Inhaltsangaben 16. u. 17. Jhdts.

1378 März 21. — Wilhelm Herzog und Maria Herzogin von Jülich und Geldern beurkunden, dass ihnen Margaretha von Immerath und deren Sohn Reimer Pfarrer zu Lipp einen Zehnten von dem Hofe zu Kaster um 50 Gulden verpfändet haben.

111 (Herzogthum Jülich 3).

Wir Wilhelm ind Marie van der gnaiden goids hertzoge ind hertzoginne van Guilge ind van Gelre doen kont allen luden ind bekennen, dat want Margareta van Emenroide | ind Reymer van Emenroide der vurgenanter Margarieten son pastoir zo Lippe ons unsen erven ind nacomlincgen hudistaichs versat havet alsulchen ziende as sy hadden | an deme hove zo Caster mit alle deme rechte dat darzo gehoerende is as vur vonfczich goide gulden, daromb kennen wir hertzoge ind hertzoginne van Guilge ind van Gelre vur ons unse erven ind naecomlincge, so wanne ind wilghe tzijt die vurgenante Margareta van Emenroide ind Reymer ir son pastoir zo Lippe yere erven ind naecomlincge die vurgenante vonfczich gulden genczlich ind zomail gegeven ind wail bezailt hain sunder afslach, so sal de vurgenante ziende mit alle sime rechte ind zobehoeren, so wie sie ons den nû ze pande gesat hain, wederomb an sie ind an yere erven losledich ervallen sijn, id in were dan sache, dat sij den vurgenanten zienden me besweirden boven die vonfczich gulden vurgenant ind bliven so wie he was vur datum dis brieffs ons den also zo pande gesat hedden, uysgescheyden ᵃ alle argelist in allen vur ind nae geschreven dis brieffs punten, in urkunde unser segele, die wir an desen brieff hain doen hancgen. Gegeven in den jaren unss heren dusent drijhondert echt ind seventzich des sondaichs in der vasten as man sincgt oculi.

Orig. Perg. mit Bruchstück des anhgdn. herzoglichen Sekretsiegels und 1 Siegeleinschnitt.

1378 März 30. — Der Priester Tilmann, Stiftsherr zu Heinsberg und Pastor zu Wessem, verkauft seinem Verwandten Johann dem Lan-

---

a) *Von hier ab dunklere Tinte.*

gen von Langel Rektor der S. Georgskapelle im Schlosse Blankenberg seinen Hof zu Eitorf nebst Zubehör.

112.

Ich Teilman canûench zûe Heynsberg ind pastore zûe Wessem[1] preister, wilne Teilmans kelners sůn van Blanckin(berg) saliger gedaicht, doen kůnt allen luyden ind bekennen oevermitz diesen brief vur mich ind myne . . erven | dat ich mit vurrade ind myme godin moitwillen haen verkoûft . . Johannes van Langel deme Langen rectore der capellen sente Jůerijs in der bůrch zůe Blanckinberg[2] myme lieven neven mynen hoff zůe Eytorp gelegin mit allen synen zůebehůeren an hoefreichtin, huyssingen, ackirlande, wesen, wyeren, wyden, an nassem ind an druygen gelegen, so wý hý mir van mynen . . vadir ind modir saliger gedaicht anerstorven ind zůe deyle angevallen is, neit ussgescheyden dan alleyne dý wyngarde mit deme kelterhuse in Eytorperhart gelegen, dý ich Welteroyde myme lieven neven vůr dieser zijt datum dis briefs verkoûfte, ind omb eyne summe gelts dan af mir Johannes vůrgenant genoich gedaen hait ind wail bezailt ind danne af ich yn quijt los ind ledich schelden oevermitz diesen brief, also dat ich bekennen, mich ind myne erven enterft ind Johannes ind syne erven geerft an diesen hoeve ind erve so wý vůrschreven steyt zůe eweligin dagen, ind haen op diesen hoff mit syne zůebehůeren vůrgenant verzegin genczligen mit halme ind mit můnde op den steden da sich dat heissche ind mit alle deme rechte dat darzůe geboirde in urbůr Johannes vůrgenant ind synre erven, ind geloeven eme in godin truywen oevermitz diesen brief, reichte weirschaff ze doen dis erfs ind gůetz vurschreven ind yn zů erweren jare ind dach as des lants reicht ind gewoynde is, alle argelist ůssgescheydin. In dis zůe oirkůnde ind getzuyge der wairheyt, so haen ich Teilman vůrgenant myn siegil an diesen brief gehanc-

---

1) Wessem bei Roermond, die ehemals der Abtei S. Pantaleon gehörige ‚villa Wisheim', seit 1219 den Edelherrn von Horn gegen Erbzins übertragen, Lacomblet, Urkb. Bd. 2, no. 81; Notice historique sur l'ancien comté de Hornes et sur les anciennes seigneuries de Weert, Wessem, Ghoor et Kessenich (Gent 1850), S. 146 ff.

2) Ausser der alten Burgkapelle zum h. Georg, von der noch Ueberreste erhalten sind, bestand in Blankenberg die zu dem Cistercienserinnenkloster Zissendorf gehörige Kapelle der h. Katharina, seit dem Jahre 1248 selbständige Pfarrkirche, Lacomblet, Urkb. Bd. 2, no. 321, 340, 341; Aeg. Müller, Siegburg und der Siegkreis Bd. 2, S. 311 ff.

gen ind haen vort gebedin zo eyme mirren getzuyge der wairheyt den eirsamen man hern Heinrich pastore zůe Blanckinberg preister, dat hŷ oûch syn siegil an diesen brief hait gehangen; dat ich Henrich vůrgenant wair bekennen. Gegheven in deme jair onss .. herren dusent drůhundert sievenzich ind eichte des neistin dynstaichs na halffaŝtin.

Orig. Perg. mit 2 Presseln.

1378 November 30. — Reinhard von Valkenburg Herr von Born und Sittard weist dem Ritter Heinrich von Harff ein Mannlehen von 25 alten Schilden auf die Mühle zu Sittard an.

113 (Harff 9).

Wir Reynart van Valkenburch herre van Borne ind van Sittart[1] doen kunt allen luden, dat want wir | heren Heynrich van Harve ritter omb dyenstes wille den he ons vůrtijtz gedaen hait unsen man gemaecht | haven ind maichen oevermitz desen brieff ind gheven yme darumb alle jairs vijff ind twyntich alde schilde gut van golde ind zwaer van gewichte ind bewysen yme die alle jair zu heven ind zu bůeren off dat weert darvur an anderen guden golde an onser moelen zu Sittart[2] nu zu groten vastavent an ind also vort alle jair zu groten vastavent also lange he leeft ind nyet langer, alle argelist hie ynne utegescheiden. Ind dis zu urkonde so haen wir onsen segel an desen brieff gehangen. Gegeven in den jaren onss herren důsent drůhondert acht ind seventich up sent Audries dach[a].

Orig. Perg. mit anhgdm. beschädigtem Siegel: Valkenburger Löwenschild im Dreipass, Umschrift: . . . . ini d' Valk . . . e Born + d' Si . .; Signatur 18. Jhdts: no. 3, und Inhaltsangabe.

1378 Dezember 5. — Arnold von Hoorn Bischof von Utrecht

---

a) Andries dach *von dunklerer Tinte.*

1) Reinhard, † 1396, war der letzte Inhaber der Herrschaften Born und Sittard aus dem Hause Montjoie-Valkenburg.

2) Ein Sittarder Grenzweisthum vom 3. November 1351 nennt ‚de overste moelen', ‚van Weer tot Ystraten an de moelen', ‚an Donroider dale tot der moelen toe', Publications de la société hist. et archéol. dans le duché de Limbourg Bd. 14, S. 366.

beurkundet, dass Johann von Renesse seiner Frau Elisabeth den Hof Rynouwen zum Leibgedinge ausgesetzt habe.

114 A B (Renesse 1 A B).

Wi Aernd van Hoern bi der ghenaden goeds bisscop t Utrecht[1] maken cont allen luden, dat voer ons ende voer onse manne | die hiir nae bescreven staen, quamen haer Johan van Rynesse ende vrouwe Lisebet ziin wiif ende aldaer so lyet her Jan | voerseyt vrouwe Lisebetten voerscreven ut ziinre momberscap ende zi coes enen anderen mombaer alse recht ende oerdel wiisde dat zi sculdich was te doene. Doe dat ghedaen was, doe makede her Johan van Rynesse voerseyt vrouwe Lisebetten zinen wive mit onser hant ende mitter ziinre alse, onse manne wiisden dat hi sculdich was te doene, die husinghe ende hofstede tot Rynouwen mitten tween hoeven lands, mitten gherechte tinds ende tyende also alst gheleghen is ende hii t van ons ende van onsen ghestichte hout tot hore rechter lijftocht vryliken te bruken also langhe alse zi leeft. Doe dat ghedaen was, doe belyede vrouwe Lisebet voerseyt mit hoers ghecorens voghets hant daer zi mit recht ende mit oerdel ane ghecomen was ende wilkoerde tot heren Johans erfnamen behoef, alse waer t dat her Johan hoer man voerseyt storve eer zi ende zi enen man name, dat si dan ander liiftocht van den voerseyden goede niet hebben en zoude. Ende waer dat zake dat zi ofte yemant van hore weghen enighen hiinder ofte anevanc deden heren Johans kiinder die hi bi hoer after hem ghelaten hadde of zinen erfnamen an den voerseyden goede alse om der liiftocht, so verboerde zi ene pene van tweendusent ouder scilden tot behoef heren Johans kiinder of hunre erfnamen alse voerscreven is, ende nochtan en zoude zi an den voerseyden goede gheen liiftocht hebben noch behouden. Hiir waren over doe dit ghesciede haer Vrederic van Zulen ridder, Willam van Hemerten onse manne ende anders veel goeder lude, in orconde des briefs beseghelt mit onsen seghel. Deser brieve ziin twe alleens sprekende. Ghegeven

---

1) Arnold von Hoorn war bereits seit dem 12. Juli 1378 zum Bischof von Lüttich gewählt [nicht seit dem 12. Juni, denn der Lütticher Bischof Johann von Arckel starb nicht vor dem 1. Juli], allein er weigerte sich zunächst, Utrecht abzutreten und erst am 7. November 1379 wurde sein Nachfolger Florenz von Wevelinghoven inthronisirt, Johannes de Beka Chronicon, bei A. Matthaeus, Veteris aevi analecta (2. Aug.) Bd. 3, S. 277; Annales s. Jacobi Leodiensis, Mon. Germ. SS. 16, S. 645; B. Gams, Series episcoporum S. 256.

int jaer ons heren dusent driehondert acht ende tseventich ob zinte Nyclaes avont.

Zwei Orig. Perg. völlig gleichlautend A mit Pressel, Inhaltsangabe 17. Jhdts., B mit Pressel.

1379 Februar 17. — Der Knappe Wilhelm von Wildenrath verkauft dem Ritter Johann von Harff und dessen Frau Caecilia $4\frac{1}{2}$ Morgen und 15 Ruthen Wiesen bei Wevelinghoven.

115 (Harff 10).

. . Ich Wilhelm van Wilderoide knape[1] vur mich ind myne erven doen kont allen luden die desen brief solen sien of hoeren lesen ind bekennen, dat ich rechtlich | ind bescheidelich verkoicht hain ind verkouffen· overmitz desen brieff dem vromen manne hern Johanne van Harve ritter, vrouwe Cecilien sijnre huysfrouwen | ind iren erven vonfftehalven morgen beends ind vonfftzien roiden beends die gelegen sint bi Wevelkoven an hern Veltz[2] hecghen beneven Baldewin van Berge an eynre siden ind an hern Arnold van Birsmich an der ander siden ind vurhoufft an Meis Kinden van Vnerde, dem vurgenanten hern Johan van Harve, vrouwe Cecilien sijnre huysfrouwen ind iren erven erflich, ewelich ind ummerme zo haven, zo halden, zo besitzen ind ire beste daemit zo doen als mit iren eygenen erve ind goide umb eyne genoemde somme van gelde, die de vurgenoemde her Johan van Harve, vrouwe Cecilie sine huysfrouwe vur sich ind ire erven mir wale ind goetlich bezailt haint zů myme nůtze ind urber, also dat ich si dan aff quijt ind los schelden sonder argelist. Vortme bekennen ich Wilhem van Wilderoide vur mich inde myne erven, dat ich hudistachs verzegen hain ind verzijen overmitz desen brieff up die vurschreven vonfftehalven morgen ind vonfftzien roiden beends, die vrij eygen sint, ind bin der uysgegangen up den steden ind so wie ich dat van rechte schuldich was ind doen solde in name ind in behoiff hern Johans van Harve, vrouwe Cecilien sinre huysfrouwen ind yrre erven, ind hain si daran geerfft ind mych ind myne erven onterfft zo eweligen dagen. Vortme hain ich Wilhem van Wilderoide vurschreven vur mich ind myne erven geloifft ind geloven in goiden

---

1) Ueber die von Wildenrath s. folgende Seite Anm. 1.
2) D. h. des Herrn Wilhelm Vel von Wevelinghoven, s. folgende Seite, Anm. 2.

truwen, deme vurgenanten hern Johan van Harve, vrouwe Cecilien sinre huysfrouwen ind iren erven werschaff zo doen van den vurschreven beenden as recht is; ind umb dat si des sicherre sin, so hain ich yn darvur zo burgen gesat ind setzen mit namen hern Dederich van Wilderoide ritter mynen vader, Raboide van Wilderoide mynen broider[1] ind Wilhem Velghin van Wevelkoven mynen oeme[2] in mallich van yn vur al mit alsulghen vurwerden, offt sache were, dat dem vurgenoemden hern Johan van Harve, vrouwe Cecilien sijnre huysfrouwen ind iren erven nu of hernamails eynichg gebrech geviele of wedervure an werschaf der vurschreven beende, des neit sijn enmoesse, dat dan myne vurschreven burghen verbonden solen sin, mallich van yn na manyngen hern Johans van Harve sinre huysfrouwen ind irre erven vnrschreven, eynen knecht mit eynem perde zo Caster in die stat in leistinge zo senden in eyne eirsame herberge, dar si gewijst werden, aldae steder wise in leistingen zo lighen ind zo bliven up irs selfs cost ind pende as goide gehoirsame burgen, eynen perden verleist anderen in die stat zo setzen as dicke as des noit geburt, neit van leistingen up zo hoeren noch egeyn van mynen vurschreven burgen quijt zo sijn, ich enhave zierst dem vurgenoemden hern Johan

---

1) Wildenrath liegt nordöstlich von Wassenberg im Kreise Heinsberg; nach Fahne, Geschichte der köln. jül. und berg. Geschlechter Bd. 2, S. 204 stammte die Familie von den Dynasten von Brempt. Dietrich von Wildenrath ist am 7. Februar 1357 in der Ebeberedung zwischen Philippa von Jülich und Godart von Heinsberg-Dalenbroich Bürge des Grafen Dietrich von Looz, Lacomblet, Urkb. Bd. 3 no. 567; das Nekrologium des Heinsberger Marienstiftes verzeichnet von ihm zum 2. Februar eine Stiftung von 23 sol., Zeitschrift des Aachener Gesch.-Ver. Bd. 1. S. 256. Sein Sohn Wilhelm schwört am 13. Dezember 1371 der Stadt Köln Urfehde, am 21. Oktober 1373 gelobt er ihr Einlager zu halten, falls sie wegen der Freilassung seines Verwandten Gerhard von Odenkirchen angefeindet werde, Mitthlgn. aus dem Stadtarch. v. Köln Heft 7, S. 60 nb. 2719; S. 69 no. 2828.

2) Das Geschlecht der Vel von Wevelinghoven ist von den gleichnamigen Dynasten zu unterscheiden. Wilhelm Vel v. W. erscheint seit dem 26. Dezember 1370 wiederholt als Helfer des Burggrafen Gerhard von Odenkirchen gegen die Stadt Köln; am 6. März 1377 zahlt ihm die Stadt Ersatz für ein Pferd und am 22. Februar 1380 vergleicht sich seine Wittwe Guetgin mit den Bürgern von Köln, nachdem bereits zwei Tage vorher ihr Sohn Wilhelm in den Dienst der Stadt getreten war und den Bürgereid geleistet hatte, Mittheilgn. aus dem Stadtarch. v. Köln Heft 7, S. 55 no. 2660; S. 60 no. 2718; S. 63 no. 2749; S. 64 no. 2770; S. 67 no. 2799; Heft 9, S. 6 no. 3062; S. 20 no. 3296, 97.

van Harve, vrouwe Cecilien sinre huysfrouwen ind iren erven gentzlich afgedaen alsulch gebrech as yn an deser werschaff gevallen moechte also dat in des genoeghe. Ind ich Wilhem van Wilderoide vurschreven hain ouch geloifft ind geloven in diesem brieve myne vurschreven burgen ind eynen yecklichen van yn van deser borczoicht wale zo ontheven ind schadelos zo halden in goiden truwen sonder argelist. Deser vurschreven dinge zo urkunde ind umb erfliche steitgeit hain ich Wilhem von Wilderoide vur mich ind myne erven mijn segel an desen brief gehangen mit segele mijnre burgen vurschreven. Ind wir Dederich van Wilderoide ritter, Raboide sin son ind Wilhem Velghin van Wevelkoven burgen vurschreven bekennen, dat wir dese bortzoicht van wegen Willhems van Wilderoide unss soens broiders ind neven vurschreven up uns ind zo uns wert genomen hain ind bekennen uns darvur verbonden sin ind yeclich van uns vur al ind geloven in goiden truwen dem vurgenoemden hern Johan van Harve, vrouwe Cecilien sinre huysfrouwen ind iren erven gehoirsame burgen zo sijn ind wale zo halden so wie in desem brieve up uns geschreven steit sonder eyngherkunne argelist ind hain des zo urkonde mallich van uns sin segel an desen brieff gehangen bi segel Wilhems van Wilderoide vurschreven. Datum anno domini millesimo trecentesimo septuagesimo nono feria quinta post Valentini martiris.

Orig. Perg. mit 3 Presseln und einem kleinen Bruchstücke von dem Siegel Dietrichs von Wildenrath, welches auf dem Wappenschilde noch die zwei oberen Querbalken und von der Umschrift: ‚. . eod . .' erkennen lässt; auf dem Bug über den Einschnitten: ‚Wilhem' ‚Dederich' ‚Rabodo' ‚Velgin'. Rückaufschrift 16. Jhdts.: ‚Benden by Wevelkoven 5 morgen'; Signatur 18. Jhdts.: no. 4 und Inhaltsangabe.

1379 Mai 4. — Roland von Villip bekennt dem Dietrich Blanckart 31 Goldgulden schuldig zu sein und verpflichtet sich, den Betrag auf S. Martin oder S. Andreas zurückzuzahlen, sonst aber in Ahrweiler Einlager zu halten. **116** (Blanckart 3).

Kont sy allen luden die desen brief an syent ind horent lesen, dat ich Rolant van Vilpge bekennen offenbeir|ligen in desem offene briefe vůr mich ind myne eirven, dat ich sculdich byn zo betzalen as van rechter | scholt Diderich Blanckart ind synen eirven eyn ind drissich gulden goet van golde ind swaer van gewijchte ind .. sicheren ind geloven in goden trůwen ind yn eitzstat, gelicherwijs of ich yn dem velde gevangen were, die vůrschreven summe gulden genczligen ind zo mael wale zo betzalen up sente Meirtins daghe neyst komende of up sente Andreys daghe alre neyste darna volgende. Ind were sache dat ich sůmich woerde vonden an betzalingen der vurschreven summe gulden up dem daghe as vůrschreven, it were an eyme deyle of an zo mael, so sicheren ich ind geloven in goden truwen ind yn eitzstat, mit myns selves lyve ongemaent zo Arwijlre in eyne eirsame heirbrige in zo komen alda zo lijghen ind zo leysten as goder lude reicht is ind nyet danne zo komen noch leystes up zo horen, ich en haeffe dem vůrschreven Diderighe Blanckart ind synen erven die vůrschreven summe gulden genczligen ind zo mael wael beczalt, . .. alle argelijste uysgescheiden .. Dijs zo eyme geczůge der waerheit so han ich Roland van Vilpge vůrschreven myn ingesegel an desen brief gehancgen, ind han vort gebeden Godarde Colve[1] dat he sijn ingesegel bij dat myne umb mynre beden willen zo eyme geczůge an desen brief wille hangen .. Ind ich Godart Colve vůrschreven bekennen, dat ich umb beden willen Rolancz van Vilpge vůrschreven myn ingesegel mit siin an desen brief han gehangen zo eyme geczůge deir wairheit. Datum anno domini m°. ccc°. lxxix°. crastina die invencionis sancte crucis ..

Orig. Perg. mit 2 Siegeleinschnitten.

1379 Oktober 26. — Die Schöffen von Rödingen bezeugen, dass das Unterpfand, welches Gerhard Schreiber von Rödingen der Jungfrau Beatrix von Harff für eine Kornrente gestellt hat, nicht anderweitig belastet ist. **117 (Harff 11).**

Wir scheffen van Roedinch doen kunt allen luden ind bekennen offenbaire in desen breive dat alsůlchen underpaut, as Gerart Schriver van Roedinch junfrauwe Payzen van Harve Tusschenbroichs[2] | dochter gesat hait vur veir malder rocghin erfligher

---

1) Aus der Familie der Kolve von Vettelhoven, vgl. u. a. Schannat-Bärsch, Eiflia illustrata Bd. 2, Abth. 1, S. 214 f.; Bd. 3 Abth. 1, S. 501 f. Vettelhoven liegt in der Bürgermeisterei Gelsdorf, Kreis Ahrweiler.

2) Herren zu Tüschenbroich (nordwestlich Erkelenz) waren zu dieser Zeit die von Matlar, vgl.-Fahne, Geschichte der köln. jül. und berg. Ge-

jairgulden, oevermitz uns nyman versat noch pantz me en steit dan deser selver vurgenanter junfrau Payzen ind up desen hudigen dach datum dis breifs. Gegeven ind geschreven in den jairen unss hirren dusent druhundert nůyn ind seventzich des neisten goidisdais nae der eylfdusent made daghe.

Orig. Perg. mit 1 Siegeleinschnitte.

1380 Januar 14 (saterstaghe na andaghes drůeteende daghe). — Der Knappe Franke von der Heyden genehmigt zugleich im Namen seiner Tochter Christine einen von seinem Schwager Wilhelm von der Heyden vorgenommenen Verkauf an die Nonne Alcid von Schönau im Kloster Dalheim[1].

Es sollen siegeln: 1. Franke von der Heyden, 2. Ritter Dietrich von Wildenrath[2], 3. Knappe Gerhard von Effelt. **118.**

Orig. Perg. mit 3 Presseln, Transfix zu no. 75.

1380 April 1 (up antach na dem hoegetzijde paisschen). — [N. von] . . orst, Lyse von Buschhoven Frau zu Niederdrove ihre Schwester, Heltzwint von Oberdrove Wittwe des Ritters Stephan von Drove[3] verkaufen dem Ritter [Johann] von Harff und dessen Frau Caecilia den Hof zu Ueckinghoven (Uckinchoyven)[4] in der Pfarrei Hoeningen

---

schlechter Bd. 2, S. 91; Wilh. Graf v. Mirbach, Zur Territorialgeschichte des Herzogtums Jülich Thl. 2, S. 25. Nach Strange, Beiträge zur Genealogie Heft 5, S. 24 Anm. 3 wäre Friedrich von Matlar Herr zu Tüschenbroich mit einer Tochter Godarts von Nievenheim verheirathet und dadurch ein Schwager des Ritters Daem von Harff gewesen.

1) Vgl. oben no. 75.
2) Ueber Dietrich von Wildenrath s. oben S. 164 Anm. 1.
3) Stephan von Drove hatte unter dem jülisch'schen Adel seiner Zeit eine hervorragende Stellung eingenommen. Am 15. Juni 1346 zählt er in dem Präliminarvertrage über die Wahl Karls IV. zu den vierundzwanzig Geiseln; am 28. April 1355 vermittelt er zwischen Schinmann von Aldenhoven und dem Markgrafen von Jülich; auch sonst begegnet er in wichtigeren Staatsverträgen, zuletzt in der Landfriedensurkunde vom 11. November 1364, Lacomblet, Urkb. Bd. 3, no. 432, 545, 567, 617, 621, 657.
4) Ueckinghoven, südöstlich Grevenbroich; auch Uckeinchoven in dem Privileg Kaiser Friedrichs II. für die Abtei Knechtsteden vom Oktober 1232 dürfte hierauf und nicht auf Oeckhoven zu beziehen sein, Lacomblet, Urkb. Bd. 2 no. 187; anders freilich Giersberg, Geschichte des Dekanats Grevenbroich S. 326.

(Hoengen) mit 3 Hufen Ackerland, und 5³/₄ Morgen [?] und allem Zubehör indem sie [Frambalch von Birgel] den Erbmarschall von Jülich, Ritter Winand von Roir und Peter von Drove als Bürgen stellen und diese bei etwaiger Anfechtung des Besitzes zum Einlager in Jülich oder Düren verpflichten. 119 (Harff 12).

Orig. Perg., die linke Hälfte fast völlig zerstört, mit 5 Presseln; Rückaufschrift 15. Jhdts.: „dit is der breyff van deym hoyve zo Uckenkoven'.

1380 Mai 7. — Wilhelm Herzog von Jülich und Geldern gibt seine Einwilligung zu der Schenkung des Busches „die Oevertzale" im Froitzheimer Gemeindewalde an das Geleucht der Pfarrkirche daselbst. 120 (Froitzheim 2).

Wir Wilhem van der genaiden goids hertzoge van Guilge ind van Gelre doen kont ind kenlich allen luden [a], dat want vur uns komen sint wailgeboren Iude .. scheffenen ind ge|meynde des dorps van Vroitzheim ind uns getzoynt haent ind laissen verstaen, dat si eyne gemeynde haven in Vroirtzamer büssche gelegen genant die Oevertzale | di si gode tzo eren gekeirt ind gegeven haven eyndrechtlichen tzo deme geluchte der kirchen van Vroirtzheim, ind want uns ouch die güde Iude vurschreven vlelichen gebeden ind versoicht haint as eynen lantherren ind oversten der gemeynden vurschreven, unsen wille ind consent hertzo tzo gheven, up dat ire gicht ind gonst van der gemeynden vurschreven der kirchen van Vroirtzheim ind deme geluchte stede ind nütze blijve tzo ewigen dagen, daromb bekennen wir .. hertzoge van Guylge ind van Gelre vurgenant vur uns, unse erven ind naecomlinge, dat wir umb goids wille ind der heiliger kirchen ind umb redelicher beden wille des dorps van Vroirtzheim gegont hain ind gonnen denselven dorpe ind den Iuden van Vroirtzheim ind hain unsen consent ind goiden willen dartzoe gegeven ind geven overmitz desen brief, dat si die vurschreven yre gemeynde genant die Överzale nae yren willen keren ind gheven moegen tzo dem geluchte der kirchen van Vroirtzheim vurschreven, also as si des overkomen sint umb gemeyne beste, ind dat yre kirchmeystere die tzer tzyt sint of sijn solen daemit nütze ind beste doen moeghen der kirchen vurschreven sonder eynghe wedersprächge unss, unser erven of yemans anders, mit alsulgher vurwerden: oft sache were, dat der

---

a) ind — luden *auf Rasur*.

gesworen vorster up den bûsche van Vroirtzheim gehoerende iu der vurgenanter gemeynden yeman vûnde hauwen of ouch eynich vee dae ynne vûnde dat schedelich were, so wen der gesworen vorster daromb wroegen woulde ind wroegede up sijnen eyt, dat de sal verloren haen tzien mark as dicke dat gebûrt, tzo wissen is: vonff mark tzo dem gelûchte der kirchen van Vroirtzheim, ind uns, ind so wir en weren, unsen erven vonff mark tzo gheven. Ind heromb ist dat wir bevolen hain ind bevelen ernstlich allen unsen amptluden die nû sint of hernamails werden mogen, dat sie die vurschreven wroegen van der gemeynden van Vroirtzheim, wilche tzijt ind as dicke des noit gebûrt, der kirchen van Vroirtzheim ind vort uns ind unsen erven uyspenden ind inwynnen sonder eynghe andere brieve of gebot darup van uns tzo warden, want dat unse wille is sonder eyngherkunne argelist. Deser dinge tzo urkûnde ind umb ganze volkomen stedicheit hain wir hertzoge van Guylge ind van Gelre vurgenant vur uns, unse erven ind naecomlinge mit unser rechter wist unse segel an desen brief doen hancgen . . Gegeven in den jaeren [unss] herren dusent drijhondert ind echtzig des, mâyndachs nae unss herren upvart die man heyst tzo latine ascensio domini.

Orig. Perg. beschädigt, mit 1 Pressel, Signatur 17. Jhdts: no. 8.

1380 November 15. — Paffgise (von Allrath) verkauft Klais Smeitgin eine Erbrente von einem Malter Korn.   **121.**

Kunt sy allen die deisen breyf seynt off horent leisen, dat ich Paffgise ind Blitze mijn elich wijf verkoift hain | ind verkoiffen alle jare eyn malter koerengeltz Clays Smeitgin ind synen gerechten erven off helder dijs | breifs mit synen willen erflich ind ummerme; wilch malder korns vûrschreven Drûytte ind irre erven alle jair pleynt ze gelden Paffgisen ind synen erven van drin morgen lantz, wilche dri morgen lantz ain eyme stucke geleigen sint up der Herstrassen bij deme Colner weige, zer ander sijden by juncfraûwe Fyen lande van Grijpekoeven, ind ouch roirrent ain Paffgijsen lant. Dijs de meirre sicherheit ind steitdicheit so hain ich Paffgijse vûrschreven vûr mijn sigel ain deisen breif gehancgen, ind hain vort gebeiden Heynrich mynen eydem ind Johanne Storm van Volderoede dat sy zû meirre gezûge irre seigel ain deisen breif willen hangen; dat wir Heinrich ind Storm vurschreven ergeyn ind bekennen ind umb beiden wille gedain hain. Gegeven in den jaren onss heren dûsent drûhûndert echtzich jair des donrestachs nae sente Mertins dage.

Orig. Perg. mit 1 Pressel und 2 anhgdn. beschädigten Siegeln; 1: dreimal oder mehr im Wellenschnitt schräg getheilt, drei Stäbe schrägrechts, Umschrift: .. ise van Aldenrade[1]. *2: Helm mit Büffelhörnern, zwischen denen eine (unkenntliche) Figur.*

1382 Juni 24. — Johann Sturm von Sinsteden nimmt von Daniel vom Pesch, dem Sohne des † Ritters Reinbard Hungin, dessen gesammtes Ackerland zu Welchenberg nebst zwei Gewalten in Bruch und Busch und dem Zehnten von 9 Hübnern und 1 Kapaun gegen 12 Paar Korn, halb Roggen halb Hafer, in Erbpacht und verpfändet dafür 21 Morgen eigenen Landes am Wege nach Neuenhausen, verpflichtet sich auch zur Tragung gewisser Lasten. **122.**

Ich Johan genant Sturm van Synsteyden doyn kunt ind kenlich allen luden dye desen breyf solen seyn of hoyren leysen, dat ich have | zo pechte genoymen vur mich ind myne erven ind neyme overmitz desen offenen breyf van Danel van dem Pesche wilne sun[a] heren Rey|nartz genant Hoyngin ritters[2] was, dem got genedich si, alle sijn artlant zo Walgenberg[3] so wye dat geleygen is mit zweij gewelden in broich ind in busche[b] ind nûen hoynre ind eynen capûn; der vurschreven hoynre gilt Clays der smyt van Walgenberg veyr ind Zilkender smyt van Vremerstorp drû ind Gerart genant Keyrssenrijf zwey hoynre; ind zwe schillincge brabens ind anderhalven morgen buschs bi der kyrchen zo Walgenberg geleygen; ind mit sulger vurwerden, dat ich Johan Sturm

---

a) sun *über der Zeile.* b) buche.

1) Dass hier an Allrath bei Grevenbroich gedacht werden muss, beweist die Beziehung zu Johann Sturm von Volderoede d. i. Vollrath bei Allrath; dieser Johann Sturm heisst in der folgenden Urkunde J. St. von Sinsteden.

2) Ein ‚Renardus dictus Hongin miles de Drůve' wird bereits am 1. Juni 1318 genannt, Fahne, Codex diplomaticus Salmo-Reifferscheid. no. 134; Daniel van dem Pesche erscheint neben den von Binsfeld, Drove u. a. in dem oben S. 167 Anm. 3 erwähnten Kompromiss über die Wahl Karls IV. vom 15. Juni 1346.

3) Auf dem Welchenberge zwischen Frimmersdorf und Neuenhausen befand sich ein dem h. Willibrord geweihtes Tertiarierkloster, s. u. a. Giersberg, Geschichte des Dekanats Grevenbroich S. 268 f.

vurschreven ind myne erven dem vurschreven Danel ind sinen erven alle jare solen leveren ind wale bezalen zweylf par corns, half rocge ind half even, kasterse maesse ind neyst zwen penningen den besten zo kyrsmissen zo reyken ind zo geyven erfligen ind ewelichen sunder eynche kunne werwort. Ind up dat der vurschreven Danel ind sine erven dye sicherse sijn der vurschreven zweylff par corns up die vurschreven zijt alle jare, so hayn (ich) Johan Sturm vurschreven vur mich ind myne erven dem vurschreven Danel ind sinen erven zo underpande gesat ind setzen eyn ind zwentzich morgen eygens lantz an eyme stucke geleygen van me Doyvenwyer bis up Nuenhuser wech, dá vurgenoysse an is zo eynre siden uys ind uys her Gerard van Knyproyde, ind mit sulcher vurwerde, oft sache were, dat ich Johan Sturm vurschreven of myne erven Danel vurschreven of sinen erven den vurschreven pecht neyt en bezalden up dye vurschreven zijt, also dat eyn pecht den anderen ervolgede, so moychte sich Danel vurschreven of sine erven sich underwinden der vurschreven eynindzwentzich morgen lantz mit dem vurschreven erve ind gûyde dat hey[a] mir zo pechte hayt gegeyven vur sich ind sine erven ind doyn dan damit as mit ander sime erve ind gûyde buyssen wederreyde myns Johan Sturm vurschreven, mynre erven of emans van mynen weygen. Ind vort so sal ich Johan Sturm vurschreven ind myne erven dem heren[1] geyven dyrdehalf summeren weys ind seyszeyne pennyncge brabens min eynen capûn van dem vurschreven erve, ind alle dat recht dat dat vurschreven erve gilt, it si heren recht of wat rechtz dat it si, dat sal ich Johan Sturm vurschreven gelden ind myne erven, alle argljst uys gescheyden in desen breyve. Ind up dat alle dese punten ind vurwerden stede vaste sijn ind bliven, so hayn ich Johane Sturm vurschreven myn segel vur an desen breyf gehancgen vur mich ind myne erven, ind hain vort gebeyden ind bidden dye eyrbere Iude dye scheffene van Broyche dat si ur scheffensegel vur mich ind myne erven an desen breyf willen hancgen. Ind wir scheffen van Broyche vurschreven umb beyden wille Johans Sturms vurschreven ind sijnre erven, so hayn wir ûns scheffen(segel) mit siime segel an desen breyf gehancgen zo eynre kunden der wayrheyde alle der vurschreven punten ind vurwerden[b], mit beheltnis rechtz des heren vanme lande ind mallich

---

a) dat hey dat hey. b) vurwerden.
1) Es sind Abgaben an den Landesherrn gemeint.

sijns. rechts unverzegen. Datum anno domini M. CCC. lxxx sesecundo ipso die nativitatis beati Iohannis baptiste.

Orig. Perg. mit 2 anhgndn. wenig beschädigten Siegeln, 1.: *drei Lilien (2 : 1, keine Gleven oder doppelte Lilien), Umschrift*: S. . . . rm de Sīstedē; 2.: *Thorburg mit Wehrgang, rechts der Jülicher (Kessel'sche?) Löwenschild, Umschrift*: sigil . . . cabinorum de broche; *Rückaufschrift 15. Jhdts.*: Item eyn erffbreyff van tzwelff par korns uß dem hoeff Voldenrait.

1382 Dezember 20. — Johann Durst von Aldenwede und seine Frau Neta von Herten verpfänden dem Arnold Huge von Troisdorf und seinen Söhnen für 32½ Pagamentsmark ein Grundstück von 2½ Morgen auf dem Turnierfelde (bei Katzem), behalten sich jedoch die nächste Ernte vor und die Einlösung innerhalb sechs Jahren, wobei sie ausser der Pfandsumme nur die Kosten der gegenwärtigen Urkunde und den Werth etwaiger Düngung erstatten sollen. **123.**

Ich Johan Dûyrst van Aeldenwede ind Neta van Herten mijn eliche wijf geyn ind bekennen oyvermitz desen i offenen breyf, dat wir seymetlichen versat hayn inde setzen zo pande Arnoylde Hûgen van Troystorp, Heyn|riche ind Arnoylde sinen soynen ind eren reychten erven dirdenhalven morgen lantz uns wislichen erfs dey geleygen sijnt an eyme stucke up deyme Tûrneyfvelde[1], ind rûyrent zo eynre sijden der junferen lant van Vûyssenich[2], vûr driendrissichdehalve marc paymencz as zû Caster of zo Rûyding genge ind geve is, dey uns Arnoylt Hûge vurschreven zu unsme nûcze ind ûrber wael bezaelt hayt, mit alsuylger vurwerden, dat wir elude vurgenant of uns erven dat harde korn, dat nû zerstunt up deym vurschreven lande weyst, na uns in unser behalt ind in unsen urber solen voiren, ind darna zohantz sal Arnolt Hûge, sine soyne vurschreven, ere erven of helder dis breifs mit eren willen sich underwinden des vurgenanten lantz ind doin damit alle ûren wille as mit anderme yrme wislichen erve. Vortme is gevurwert, .

---

1) Dieses Turneyfeld liegt nach der Rückaufschrift in der Gemarkung des Dorfes Katzem, südöstlich von Erkelenz.

2) Ueber Besitzungen des Klosters Füssenich bei Katzem finde ich sonst keine Nachrichten; in dem weiter südöstlich gelegenen Bettenhoven besass die Abtei das Patronat, Lacomblet Urkb. Bd. 2 no. 60.

dat wir elude vurschreven of unse erven dat vurgenante lant binnen seys jaeren neest komend na datum dis breyfs lûysen mogen mit assuylger summen geltz ind paymentz as vurschreven steyt, dat uns darvur bezaelt wart, ind oych soyl wir bezalen so wat deis breyf gekost hait zo schriven, ind dat gelt soyl wir bezalen up derselve zijt in deym jaer dat deys breyf gegeyven wart; ind dis ensoil wir anders neyt mogen doyn dan in deym jaer dat dat vurgenant lant beseet leyt mit hardme korne in assûylcher wijs, of wirt lûysten up der zijt as vurschreven steit, dat dan Arnoilt Hûge, sine soyne vurschreven of ûr erven dat hardekorn, so wey dat up deym vurgenanten lande beseet leyt, zo reychten ziden na in soylen voyren zo yrme behoyve. Oych me, hedden sij dat vurschreven lant eyt gebessert mit misten of mit mirgelen[1], dat soil wir in vergulden na sagen der scheffen van sent Margareten-Herten[2] up dey zijt as vurschreven steit dat wir dey summe geltz soylen bezalen. Ind weyrt sache, dat wir dit vurschreven lant ind underpant en binnen desen seys jaren neyt enloisten zo den zijden ind in alle der wijs as vurschreven steyt, so sal id erflichen ervallen sijn an Arnoilde Hugen, sijn soyne vurschreven ind an ûr rechte erven also dat sij damit mogen doyn alle eren wille zû ewigen dagen as mit anderme yrme wisligen erve sunder wedersprache unser ind unser erven of eymes van unsen weygen, alle arglist geystlichs ind weyrentlichs gereychtz ûysgescheyden dey man nû of ummerme weder eynche punten dis breyfs vinden mach. Inde in gezuge der wareyt alle deser vurschreven sachen so hayn ich Johan Dûyrst van Aeldenwede vurschreven mijn segel vur mich, vur Neten mijn eliche wijf ind vur unse erven an desen breyf gehangen. Datum anno domini M°. CCC°. octuagesimo secundo in vigilia Thome apostoli gloriosij.

Orig. Perg. mit kleinem Bruchstück des anhgdn. Siegels: Scepterkreuz; Rückaufschrift 16 Jhdts.: 2½ morgen lantz zo Katzem.

1383 Juni 24. — Burkard Stecke von der Steckenburg und sein Freigraf Lusse von Hoete bezeugen, dass Hermann von Randerath vor ihrem Gerichte nicht beklagt ist. **124 (Randerath 1).**

---

1) Vgl. hierzu Lamprecht, Deutsches Wirtschaftsleben Bd. 1, S. 560.
2) Das heutige Grottenherten, westlich Bedburg.

Ich Borgart Stecke van der Steckenborch[1] end Lusse van Hoete myn vrygreve | dont kundych allen Iuden dye dyssen bryef syet, lesen oder hort lesen, dat | Harman van Randenrade unbeclaget eys vor mynen gerychte end vor mynen vrygreven Borgardes Stecken vorscreven. End ych Borgart Stecke end Lusse van Hoete myn vrygreve hebben toe enen merren tuge der warheyt unse ingesegel beyde an dyssen bryef gehangen. Gegeven eyn den yar uns heren dae men scref dusent drye hundert drye en achtentycht yaer op sunte Johanes dage eyn den mydden sommer.

Orig. Perg. mit 1 Pressel und 1 anhgdn. wohlerhaltenen Siegel: Querbalken mit vier Schindeln (oder einer Zinne) belegt, Umschrift: S. Burgardi Sthecke.

1384 März 18, Fritzstrom [Zons]. — Friedrich III. Erzbischof von Köln befiehlt dem Dechanten der Christianität Bergheim sowie den Pfarrern von Frimmersdorf und Königshoven, über Lage, Umfang und Beschaffenheit der Güter, mit denen Caecilia, die Wittwe des Ritters Johann von Harff, [und deren Söhne] Gottfried Propst zu Kerpen, Heinrich, Adam, Gotschalk, Johann und Wilhelm einen Altar in der Kirche zu Morken ausstatten wollen, genaue Erkundigungen einzuziehen. **125** (Harff [Morken] 13).

Fridericus dei gracia sancte Coloniensis ecclesie archiepiscopus sacri imperii per Italiam archicancellarius apostolice sedis legatus | dilectis in Christo decano christianitatis concilii in Bergheim necnon in Vremerstorp [et in Konynxhoven nostre diocesis[a]]| ecclesiarum rectoribus salutem in domino. Pro parte dilectorum nobis in Christo Cecilie relicte quondam [Iohannis de Harve][a] militis, Godefridi prepositi ecclesie Kerpensis nostre diocesis, Henrici et Ade militum, Gotschalci, Iohannis et Wilhelmi fratrum[2]

---

a) *Schrift durch Nässe erloschen.*

1) Kaiser Karl IV. hatte im Jahre 1360 dem Burkard Stecke und Richard Hildigehand die Freigrafschaft im Veste Recklinghausen übertragen; auf eine Beschwerde des Erzbischofs von Köln befahl er ihnen zwar im Jahre 1374, keine Gerichtshandlungen mehr vornehmen zu lassen, allein das Verbot fruchtete so wenig, dass König Wenzel es noch im Jahre 1396 wiederholen musste, Th. Lindner, Die Veme (Münster u. Paderborn 1888) S. 57.

2) Die Brüder sind auch sämmtlich genannt in der Urkunde vom 9. Juli 1387, durch welche Adam von Harff dem Erzbischofe Friedrich III. von Köln

(expositum est nobis), ut, cum ipsi pro suarum progenitorumque et amicorum suorum animarum salute altare quoddam in ecclesia parrochiali de Nedermorke nostre diocesis certis quibusdam hereditariis bonis et possessionibus suis dotare in ecclesiasticum beneficium creandum desiderent et affectent, nos dotacionem huiusmodi admittere, auctorizare et approbare ipsaque bona et alia quecunque imposterum ad altare eroganda predictum eidem applicare et ea eximere et liberare[a] ac emunitati ecclesiastice ascribere et ipsum altare in beneficium ecclesiasticum erigere seu creare auctoritate nostra ordinaria dignaremur. Nos igitur cupientes, prout officii nostri debitum nos astringit, divini cultus ampliacionem quantum possumus promovere, ipsorum huiusmodi piis supplicacionibus inclinati, vobis committimus et mandamus, quatenus mediantibus fidedignis testibus recipiendis per vos in forma iuris testium recipiendorum et examinandis de et super deputacione assignacione et dotacione bonorum huiusmodi, que et qualia sint et an alicui aliqua debeant servitutem censum vel alia iura et de·eorum certo valore ac eorum descripcione ac super omnibus aliis et singulis condicionibus circumstanciis et situacione eorundem diligenter et fideliter inquiratis et quicquid circa premissa inveneritis nobis per scripturam publicam sigillis eciam vestris impendentibus sigillandam fideliter remandetis. Datum Fridzstroim anno domini millesimo trecentesimo octogesimo quarto die decima octava mensis marcii.

Orig. Perg. mit Bruchstück des abhgdn. erzbichöflichen Sekrets; Rückaufschriften 17. Jhdts.

1384 Juni 22. — Heinrich und Gerhard, Pfarrer zu Frimmersdorf und zu Königshoven, erstatten dem Erzbischofe Friedrich Bericht über die bei Jackerath in der Pfarrei Mündt belegenen Güter, mit denen ein Altar in der Kirche zu Morken ausgestattet werden soll.

126 (Harff [Morken] 14).

Reverendissimo in Christo patri ac domino domino .. Frederico dei gracia saucte Coloniensis ecclesie archiepiscopo sacri

---

a) libertare.

sein Schloss Höningen im Amte Hülchrath zum Offenhause aufträgt, Lacomblet, Urkb. Bd. 3 no. 915; vgl. Strange, Beiträge zur Genealogie Heft 5, S. 24 f.

imperii per Ytaliam ar[chicancellario sedis apostolice legato, nos
.. Henricus et .. Gherardus in Vremersdorp et in Konynxhoven
Coloniensis dyocesis | ecclesiarum rectores debitam obedienciam ac
devotam et cum gaudio de inimicis triumphare[1]. Paternali domi-
nacioni vestre declaracione presencium evidentius enodamus, quod
nos una cum testibus infrascriptis fidedignis videlicet .. Johanni
armigero dicto van deme Holze commoranti in villa dicta Godde-
keroede .. Johanne carpentario et .. Arnoldo ibidem et aliis
quampluribus personis honestis et discretis ad hoc specialiter ro-
gatis et vocatis presens vestrum mandatum et commissionis debitum
cui hec presens cedula est transfixa fideliter et prout melius po-
tuimus, sumus examinando executi de et super deputacione assi-
gnacione et dotacione ipsorum bonorum ad altare pro salute ani-
marum in ecclesia parrochiali de Nedermaerke assignata prout in
litteris vestris quibus hec nostra littera est annexa plenius conti-
netur. Nichilominus tamen accedentes ad villam .. Ghoddeke-
roede predictam in parrochia de Mûne[2] situatam ubi eciam ipsa
bona sunt sita et collocata se ad octuaginta iugera terre arabilis
extendencia cum propria curia seu area et horreo nulli aliquam
servitutem pactum nec censum vel aliqua alia iura quecunque,
decimis demptis et exceptis solvendo debencia, sicut alias pater-
nitati vestre reverende nostro transfixo primario enucliacius decla-
ravimus et de eorundem bonorum certo valore qui in disposicione
divina videbatur latere nec tutam tunc non valuimus facere men-
cionem vel certitudinem specialem; sed examinacione seraria
a predictis fidedignis personis et honestis plenius et lucidius
sumus informati, ipsa octuaginta iugera cum curia seu area et
horreo predicta singulis annis pro pensione et pactu in certo
valore decem et octo paria et maldra bladorum partim sili-
ginis et partim avene vel circiter viginti valencia et faciencia.

---

1) Die Form des Grusses verdient Beachtung: Erzbischof Friedrich
befand sich eben damals, nach der im Sommer 1383 erfolgten Zerstörung
des Schlosses Dyck, im Kampfe mit den Grafen von Kleve und von der Mark,
Kölner Jahrbücher, Chroniken der deutschen Städte Bd. 13 (Cöln 2)
S. 46.

1) Die Pfarrei Mündt (Mune) wird bereits im 10. Jahrhundert in dem
Güterverzeichnisse der S. Lupusbrüder zu Köln erwähnt, Archiv für die Ge-
schichte des Niederrheins Bd. 2, S. 62 no. 16; Zeitschrift des Aachener
Gesch. Ver. Bd. 14, S. 105; über Jackerath, das alte Godekerode, unter-
richtet Giersberg, Geschichte des Dekanats Grevenbroich S. 235 f.

Item invenimus in loco ubi predictum altare est situm et collocatum unam aream liberam et curiam sive ortum cum domo nova ad ipsum altare per ipsos fundatores nomine dotis perpetue assignatam. Quod vobis et omnibus quorum interest sub sigillis ecclesiarum predictarum huic transfixo et cedule in testimonium appensis significamus. Datum anno domini millesimo CCC. octuagesimo quarto ipso die decem milium martirum.

Insuper[a] noverit vestra reverenda paternitas, quod sepedicta bona in Goddekeroede summopere vel ipsa decem et octo paria bladorum predicta mensure ibidem annuatim valent, quodlibet par pro 5 marcis computando, viginti septem florenos, et ipsa domus nova prefata valeret annuatim cuicunque locaretur in certo valore cum orto suo et area tres florenos. Datum ut supra.

Orig. Perg. mit 2 Presseln, Transfix zu no. 125.

1384 Oktober 23, Jülich. — Wilhelm Herzog von Jülich und Geldern erklärt, dass die Güter, welche dem † Ritter Johann von Setterich durch Dietrich von Mörs verpfändet waren, kein jülich'sches Lehen sind. 127 (Setterich 2).

Wir Willem van goitz genaden herczoge van Guilche ind van Gelre kennen | mijt deysme breve, dat alsulche erve ind goit als her Johan van Set|trich ritter dem got genaide[1] zo pande hadde van hern Deriche heir zo Moyrse[2] ind van synen erven dat zo Settrich gelegen is, dat alsulche erve ind goit vurgenant neit van uns herczog rorende in is noch uns mantz goit ind egeyn recht da ayn indhayn wyr neyt[b], ind hain darumb dis zo gezuge ind wairheid unse heymmelich segel an desen breif doin hancgen. Gegeven zo Guylche int jair uns hern dusent drijhondert veir ind echzig up sent Severijncz dach.

Orig. Perg. mit anhgdm. wenig verletztem Sekret, Helmsiegel; Rückaufschriften 17. u. 18. Jhdts., Signatur: 56.

1385 Oktober 26 (des nyesten donrestaigs na sent Severyns dage). Arnold Herr zu Randerath und zu Erprath und Maria von Sayn seine

---

a) *Dieser Zusatz von blasserer Tinte.* b) wyr neyt *von anderer Hand auf Rasur.*

1) Ueber die Familie von Setterich vgl. oben S. 151, Anm. 2.

2) Dietrich IV. von Mörs war bereits im Jahre 1372 gestorben und es regierte Friedrich III., H. Altgelt, Geschichte der Grafen und Herren von Mörs (Düsseldorf 1845), S. 20.

Gemahlin[1] erklären den Schöffen und Gemeineren von Wadenheim sowie dem Ahrweiler Bürger Jakob von Remagen, dass Hermann von Randerath[2] durch besiegelte Briefe zur Erhebung der Weinrenten in Wadenheim ermächtigt sei. 128 (Randerath 2).

Orig. Perg. mit Bruchstücken von 2 anhgdn. Siegeln, 1.: Schachbrett, 2.: gespaltener Schild, rechts Schachbrett, links Löwe; Rückaufschrift 14. Jhdts.: Wanheim.

1386 Februar 21 (in vigilia cathedra b. Petri apost.). — Die Brüder Dietrich und Arnold Scheel von Vietinghoff (Schele van den Vitinchoven)[3] verkaufen der Frau Caecilia (Cilie) von Harff ihren Hof zu Mailstorp im Kirchspiel Oeckhoven (Udichoven), der zum Theil an die Fronhöfe zu Anstel und Oeckhoven gehört[4], zum Theil freies Eigen ist und stellen die Knappen Clas von Velrode und Bernkin von Gruten als Bürgen mit der Verpflichtung zum Einlager in Neuss bei etwaiger Besitzstörung. 129 (Harff 15).

Orig. Perg. mit 3 Presseln und 1 Siegeleinschnitt; Rückaufschrift 15. Jhdts.: der hoff zo Mailstorp gelegen in dem kirspel van Udenchoven we in dey van Harve gegolden hant.

1386 Oktober 4. — Hesgen von Gripekoven Gattin Werner Büffels beurkundet, dass ihre † Mutter Sophia von Gripekoven Wittwe Johanns von Broich vormals dem Clas Smeitgin von Allrath 5 Mor-

---

1) Aeg. Müller, Die Herrschaft Randerath, Zeitschrift des Aachener Gesch.-Ver. Bd. 1, S. 200.

2) Am 31. März 1396 erscheint ein Ritter Hermann von Randerath im Besitze einer Rente zu Bodendorf an der Ahr, Günther, Codex diplomat. Rheno-Mosellan. Bd. 3, no. 650.

3) Ueber die Familie von Vietinghoff s. Fahne, Geschichte der köln. jülich. und berg. Geschlechter Bd. 2, S. 175.

4) In Anstel besass nach der Bestätigungsurkunde Kaiser Friedrichs I. vom Jahre 1155 die Abtei Knechtsteden einen Hof, Lacomblet, Urkb. Bd. 1, no. 384, allein hier dürfte doch wohl der Fronhof gemeint sein, der dem Schatzmeisteramte des Kölner Domstiftes gehörte, s. die Urkunden vom 21. Juni 1287 und vom 25. Januar 1288, Korth, Liber privilegior. maior. ecclesie Coloniensis S. 175, no. 294; S. 176, no. 297; zu Oeckhoven verkauft am 4. April 1343 der Knappe Friedrich von Mailstorp dem Domkapitel 30 Morgen Land, die mit einer Abgabe an das Schatzmeisteramt belastet sind, es gab aber dort auch schon von Alters her einen Hof des S. Gereonsstiftes, a. a. O. S. 187, no. 359; S. 174, no. 287.

gen Land am Wege nach Krahwinkel verkauft habe und gewährleistet dem Käufer den ungestörten Besitz.

130.

Ich Hesgen van Gripenkoeven Werner Buffels[1] wijff doin kunt ind kenlich allen luden die dissen brieff soelen sien of horent lesen | ind zuyghen offenbeirlichen vůr mich, mijn erven ind nakoemlinch zů ewigen dagen, dat ich over eyme coeuff byn gewesen | vůr zjiden den myn lijff moeder by namen Fye van Gripenkoeven[2] wilne elich wijff was Johans van Broich, den god beyden genedich sij, den mijn moeder vurschreven gedaen hatte ind dede mit gůedem willen ind ganczem vůrberade yre ind yre erven rechtlichen ind besteitlichen as van vůnff moergen artlandes die gelegen synt an deme weghe zů Crawynkel by deme lande dat zů der kirken gehoert van Alderoydt, dat myn moeder vur zijden vercoueft ind hait vercoueft as eynen besceidenen eersamme manne genant Claes Smetgin van Aldenroydt, eme, synen erven ind naekomlinghen as mit willen ind wist mijns ind mynre erven zů der selver zijt vur eyn summe geltzs de der vurschreven Claes mynre moeder vurschreven zů derselver zijt ouch ganz ind alinck wail bezaelt hait zů willen ind genůechden mynre moeder ind myns vurschreven, ind scelden den

---

1) Ueber die Familie Büffel s. oben S. 135 Anm. 1 und besonders Richardson, Geschichte der Familie Merode Bd. 1, S. 26, Anm. 8; zu beachten ist sodann noch: am 6. März 1396 sagt Ritter Godart Büffel von Berensberg der Stadt Köln den durch Werner Büffel von Güsten vermittelten Waffenstillstand auf, Mittheilgn. a. d. Stadtarch. v. Köln Heft 22, S. 125, no. 434.

2) Gripekoven ist das bekannte Raubschloss zwischen Rheindahlen und Wegberg, nördlich von Erkelenz, das im Jahre 1354 durch den Landfrieden zerstört worden war, s. die Chronik der Stadt Erkelenz bei G. Eckertz, Fontes rerum Rhenanarum Bd. 1, S. 107; J. Laurent, Aachener Stadtrechnungen aus dem XIV. Jahrhundert (Aachen 1866), S. 47 ff.; damals hausten auf der Burg die Ritter Goswin und Arnold von Zievel sowie der Knappe Otto von Dreyle, ein nach dem Orte benanntes Geschlecht aber war nicht mehr dort ansässig, s. den Vertrag vom 23. Juni 1354 bei Ennen, Quellen zur Gesch. der Stadt Köln Bd. 4, no. 361; Gripekoven befindet sich im Besitze derer von Endelstorp und wird von diesen am 24. Juni 1348 dem Markgrafen von Jülich verkauft, Lacomblet, Urkb. Bd. 3, no. 459; vgl. daselbst no. 894; allein noch am 7. Dezember 1385 vergleicht sich Emont von Endelstorp wegen der während seiner Unmündigkeit erfolgten Zerstörung des Schlosses mit Bürgern von Köln, Ennen, Quellen zur Gesch. der Stadt Köln Bd. 5 no. 326, und am 21. November 1391 erscheint ein Ritter N. von Endelstorp Herr zu Gripekoven und Reuland in Beziehungen zu Gerhard Herrn zu der Dyck, Mittheilgn. a. d. Stadtarch. v. Köln Heft 9, S. 68, no. 4514.

Claes ind sijn erven ind nakoemlinch as van der bezalingen ind des couefs des vurschreven artlandes ledich los quijt ind wail bezaelt as vur myn moeder vurschreven mich ind unss erven .. Ind op dat die vurschreven Claes ind sijn erven des zů vaster sicher ind steder sy des coůeffs der vůnff morgen lantzs vurschreven zů ewigen dagen alre aenspraich as van yemanczs wegen ind ouch myner moeder seyl neit vurder bevlecht noch ouch beswert en werde, soe laven ich, Hesgen van Gripenkoeven den vurschreven coueff der vurschreven vůnff morgen artlandes, alsoe' dat ich noch myn erven ind naekomlinch na disser zijt nummerme eynge aenspraich, vůrderinch noch eisschinch heven en sal des vurschreven lanczs overmiczs mich selven mynre erven ofte yemant anders van mijnre wecgen mit eynge gerichte ofte enbuyssen gerichte aenspraich zů doen gerichtlichen mit worden ofte mit werken, mit rade ofte mit dade yemant anders van mijnre wegen zů doen, sonder der vurschreven coůeff den mijn moeder vurschreven, der god genedich sij, gedaen hait na deme vurschreven is, sal gans vast stede ind unverbrugblich blyven ind sijn in sijnre macht zů ewigen dagen as vůr mich, mijn erven ind naekoemlich vurschreven sonder argelist, uysgenamen all ergelist verwort ind bescudtnis de men erdencken kan ofte mach, die mir mynen erven stait můchten doyn ind Claes ind synen erven hernamails unstade in den mynsten off in den meister in eynger wijs ind maniren mochten inbrengen. Ind alre punten ind vurwarden zů merre vaster stedicheit soe hait myn man Werner Buffels ind ich uns ingesegele mit willen ind wist an dissen brieff gehangen, ind hain vort gebeden unsen vrunt ind maich by namen Johan Storm van Volderoid[1] um mere stedicheit ind gezuychuis vurschreven[a], dat he sijn segel as mit unsen segelen an dissen brieff wil hangen. Ind ich Johan Storm vurschreven um beden willen der vurschreven Heesgin mijnre nichten soe hain ich mijn ingesegel zů eyme gezuychnis der vurschreven pünten an dissen brieff mit willen ind wist gehangen, die gegheven is in die jaer uns heren Jesu Christi důesent drihondert lxxxvj des donredages na sent Remeiss dage.

Orig. Perg. mit 2 Siegeleinschnitten und 1 anhgdn. beschädigten Siegel: gespaltener Schild, rechts drei Ringe (2:1), links getheilt, oben drei Rosskämme, unten schraffirt, Umschrift: .... **buffe**...

a) *Vorher durchstrichen* der.

1) Es ist derselbe Besitzer des Hofes Vollrath, der sich oben no. 122 Johann Sturm von Sinsteden nennt.

1387 Juli 19. — Heinrich von Cröv vergleicht sich Namens seiner Frau Karissima mit deren Brüdern Ritter Roilman vom Thurne zu Sinzig und Wilhelm vom Thurne über den Nachlass ihres † Bruders Johann auf Grund der Schöffenweisungen von Ingelheim, Koblenz und Rhense.   131 ([Hostaden 10]).

Ich Henrich van Croeve důn kont allen luden ind bekennen oevermitz diesen brief vůr mich ind myne erven | dat ich geneczlicheu geracht ind gesont byn mit heren Roilman vamme Thurne zo Sintziche ritter in Wilhelm | vamme Thurne gebroderen mynen swageren umbe alle ansprage ind vorderinghe die ich bis an diesen hudigen dach datum dis briefs an sij zo vorderen of zo sprechen hatte of haven moechte as van Carissemen myns wijfs wegen yre suster, also dat sij mir deylen solen Johans seligen irs broder goit, eygen ind erve, pantgoit ind varende haefe wae of an wilchen enden die gelegen synt, so wie verre unse vrůnt die wir darzo gekoren hain nâ mynre vorderuncgen ind der vurgenanter mynre swager antworte die wir ezont unsen vronden beschreven ind besiegelt gegeven hain zo Ingelenheim ervarent ind mit urdel gewijst werdent, dat sij ire suster dae durch recht deylen solen, usgenomen die goit zo Covelenze ind zo Rensse, dat sall verlyven up eder sijt unser yeclichem zo syme rechtem nâdeme die scheffen daselbis gewijst haint; ind ouch die hondert gulden die ich zo Rensse gehafen hain as van Johans seligen varender haefen wegen, die solen stain yn der vogen as unse raitlude uns daroever gesprochen haint, beheltnisse mir der zwenzich gulden geltz die ich zo Rensse hain as van myns helichsgeltz wegen. Ind geloven yn guden truwen vur mich ind myne eren diese vurgenante soene ind rachůncge stede ind vaste zo halden ind her weder nyet zo doyne mit keyn den vonden die da synt of vonden mogen werden die mir ind mynen erben nůtzellichen ind den vurgenanten mynen swageren schedelichen moechten sijn yn keyne wijs, alle argeliste ind geverde usgescheiden in diesem dincge. Zo urkonde so hain ich Henrich vurgenant myn ingesiegel heran gehancgen ind hain vort gebeden Johanne Hâller van Esche, dat hie syn ingesiegel bij dat myne heran wille hancgen; des bekennen ich Johan Haller vůrgenant dat ich myn ingesiegel umbe bede willen des vurgenanten Henrichs heran gehancgen hain. Datum anno domini millesimo trecentesimo octuagesimo septimo feria sexta post divisio apostolorum.

Orig. Perg. mit 2 anhgdn. Siegeln, 1.: *Schräggitter, rechtes Obereck frei, Umschrift:* S. Heynrich van... 2.: *Schild unkenntlich auf dem Helm eine dreiblättrige Krone, Umschrift:* S. Johannis....

1388 Januar 6, Siegburg, Haus zum Eisenmarkt. — Die Ritter Johann Wolf von Rheindorf und sein Sohn Godart übertragen Winrich von Kempenich dem Sohne Johanns zwei Höfe zu Holtorf im Lande Löwenburg und zwei Morgen Weingarten zu Rheindorf.

132 (Schwarzrheindorf 1).

Wir.. Johan Wolff van Rijndorp ind Goedert sijn eelich sûn rittere[1] doen kûnt allen luden dỹ diesen brief solen | seyn hoeren off lesen und bekennen offenbaerlichen vur uns ind unse erven, dat wir mit gudem vůrbedaichtem moitwillen | rechtlichen ind redelichen hain gegeven und geven overmitz diesen brief ind updraigen overmitz alsulche heirlicheid as darzů recht ind gewoenlich is umb rechter gûnst ind natûrlicher leifden willen Wijnriche van Kempenich mijn Johans sune dỹ diese gifte ind updraginge lijfftliche ond denklichen untfangen hait zwene hoeve gelegen zu Holttorpe in dem lande van Lewenbergh[2], der ein roerende van dem hoyve des goitzhuiss van Gladbach ind der ander roerit van dem hoyve der.. heren vant sente Cassius zů Bunna gelegen zu Wailevelt; vort dat guid zů Rijndorph mit namen zwene morgen wijngartz gelegen up der Kere mit allen iren rechten ind zůbehoeringen so wỹ dỹ vurschreven hoeve ind wijngarden gelegen sint, nỹt daran uzgescheiden, also dat derselbe Wijnrich dỹ vurschreven hoeve ind wijngarden haven ind besitzen sal, allen sinen nûtz ind urber damit zů schaffene ind zů doene ind sijne noytdorft danaff zů nemen sunder argelist, under alsulchen vurwerden ind underscheide, dat der vurschreven Wijnrich mach ein eelich wijff nemen ind dỹ

---

1) Johann Wolf von Rheindorf ist, ebenso wie sein Sohn Godart, sehr häufig in Lehnsangelegenheiten des Erzstiftes Köln thätig, s. z. B. Lacomblet, Urkb. Bd. 3, no. 748, 766, 772, 800, 842, 889, 897 u. ö. In dem Landfriedensvertrage vom 30. März 1375 wird Johann Amtmann zu Lechenich genannt, Lacomblet a. a. O. no. 766; Godart ist am 6. September 1374 noch Knappe, Ennen, Quellen zur Gesch. der Stadt Köln Bd. 5, no. 60; am 1. Dezember 1378 verhandelt er als Ritter mit der Stadt Köln wegen Schaden am Hofe zu Gleuel, Mittheilgn. aus dem Stadtarch. v. Köln Heft 9, S. 15, no. 3211.

2) Ober- und Niederholtorf in der Bürgermeisterei Vilich, Kreis Bonn.

wedemen an den hoeven ind wyngarden vûrschreven, und off he eeliche kindere gewunne, dỹ solen dỹ vurschreven gûid erflichen ind ewelichen haven ind besitzen. Were aver sache, dat he geyne eeliche kindere gewunne, off dat he eeliche kindere gewunne ind dỹ sûnder eeliche erven aflivich wûrden, so soelen dỹ vurschreven zwene hoeven ind wijngarden na irr aller dode in unsen hoff gelegen zu Rijndorph genczlichen ind zûmale irvallen sijn, beheltnisse den goitzhûiseren van Gladbach ind van Bunna allewege irs rechts an den hoeven vurschreven. Vortmee is gevurwerdt, were it sache dat der vûrschreven Wijnrich zû einicher tzijt gevangen ind in dem gevengnisse geschat wûrde, des god nỹt enwille, dat he dan des vûrschreven guids also vil versetzen off verkouffen mach, dat he sich damit loesen môge, sunder unse, unser erven of ỹmans anders einicherhande wedersprache. Und Wynrich vûrschreven hait geloift in guden trûwen, diese vûrschreven vûrwerden wail ind genczlichen stede vaste ind unverbrûchlichen zû haldene ind geinere wijs darweder zu doine mit eynicherhande list beheindicheit of varwen, alle argelist drûgene loisheid ind nâwe vunde in allen diesen vurschreven sachen zumale ind gentzlichen uzgescheiden. Dit is geschiet in der stat zû Syberg in der stûven des huiss genant zû dem Ysernmartte[1] dâ ouch tgaenwordigh waren bescheidene manne Ailf ind Dederich van Eckerscheid gebrodere, Johan van Rijndorp Schruithoin genant wepelinge, Johan van dem Airen, Johan Starkenberg, Ailff Creûwel, Henkin Pesch. Jacob van Schûren, Henno Heinrichs sûn up der Bach, Tielo genant Guldenbart ind Ludwich Georgius Mûcgelchijns sun bûrger zû Syberg geloufsame geczûge her zu gebeden ind gerouffen. Und dieser dinge zû getzûignisse ind ewigem urkunde so hain wir Johan ind Goedert Wolf vurschreven gebeden Burcharde van Clotingen tabelliûn he unden geschreven, dat he up alle diese vurschreven sache in der bester formen mache ein off mee offenbaere instrumente, und hain ouch unse ingesigele heran gehangen. Und zû merrem getzûichnisse hain wir ein mit Wijnriche vûrschreven samentlichen gebeden den edelen hern Johanne vam Steyne heren zû Lewenbergh unsen lieven heren ind heren Johanne Schilling van Vijlke ritter unse lieven mâich ind vrund, dat sỹ ouch yre

---

1) Die Herberge zum Isermart war in Siegburg die gewöhnliche Stätte für gerichtliche Verhandlungen, J. B. Dornbusch, Aus dem Leben und Treiben einer alten Siegstadt, Annalen des Hist. Ver. Heft 30, S. 101.

ingesigile heran haint gehangen. Und wir Johan vam Steyne ind Johan Schilling vůrschreven irgien, dat wir umb bede hern Johans Woulfe, hern Goedertz sijns sůns ind Wynrichs vurschreven unse ingesigele zů merre getzůichnisse an diesen brieff hain gehangen Datum anno domini millesimo trecentesimo octogesimo octavo indiccione undecima mensis ianuarii die martis sexta et hora ipsius diei quasi sexta.

[*Notariatszeichen*] Et ego Bůrchardus de Clotingen clericus Coloniensis diocesis publicus imperiali auctoritate notarius premisse donacioni eiusque recepcioni condicionum apposicioni et promissioni per dictum Winricum facte dum, ut supra narratum est, fierent una cum supra nominitatis testibus interfui, has presentes litteras seu presens publicum instrumentum exinde confeci, manu propria scripsi signoque meo solito signavi vocatus ad hoc specialiter et rogatus.

Orig. Perg. mit Notariatszeichen, Bruchstücken von 3 anhgdn. Siegeln und 1 Siegeleinschnitt, auf dem Umbug die Namen: d. Wolf. d. Godfridus. d. Joannes de Lapide. d. Schilling. 1: getheilter Schild, oben ein schreitender Wolf, Umschrift: Joh. Wolff . . . 2: *Helm mit Adlerflug.* 3: *getheilter Schild, auf dem Helm Büffelhörner, Umschrift*: Johannes Scilling van . . . *Signatur 17. Jhdts*: num. 33.

1388 April 22. — Hermann Claes Sohn, Schöffe zu Grottenherten und seine Frau Adelheid versprechen der Kölner Bürgerin Adelheid Wittwe Goebels von Linnich am 1. Oktober 600 Mark für geliefèrten Wein zu bezahlen und stellen dafür Haus und Hof nebst 31³/₄ Morgen Acker in elf Stücken zu Pfand. **133.**

Id sy kunt allen luyden die diesen intgaenwordigen brief aen sient ove huyrent liesin, dat ich Herman Claes sůn scheffen tzo sent Margraten-Herten | ind Ayleit myn elige huysvroůwe schuldich syn ind verbůnden der eirsamer personen Ayleit Goebels wijf was van Lynche burgerse tzo Coelne ind eren | erven of behelder dis briefs sieshundert marcke coelch paeymentz die sij uns aen wyne vruntlichen geleent ind gelevert haet zu unsme goeden urber ind vrien willen; wilch summe geltz vurschreven as seishundert marcke vurschreven wir geloeft baent ind geloeven in goedin trůwen wail ind genczlichen zo beczaelen sunder wederreide as nů czo seut Remeis myssin des hielgen buysschoffs neyste czokomende of in-binnen vierczienachten darna nyeste volgende sunder langer ver-trecken, ja in alsulchene vurwarden, of wir der vurschreven Aileit eren erven of behelder dis briefs versumelichen weren an deile of an zomaele, so haen wir in czo underpande[a] gesat ind versec-. zen unse hûys ind hof dat geliegen is by der doemherren[1] hove-recht[b] vur ind hindin, oyven inde unden, myt alle syme czobehûyren, ind vort als viel artlantz als albie myt namen beschreven steit, ja as wir brûychlich vunden wůrden van eynicher deser pünten vůr-schreven, dat asdan Aileit vurschreven of ere erven uns ind unse erven ansprechen mach ind beclagen as vůr schaden ind coeste die sy darumb leeden of deden, ind vort wilch huys, hof ind lant in ir ind ire erven hanter vallen syn sal, zo wenden ind zo keren, zo verkouffen ayn eymans anspraiche of hindernisse zerstûnt sûnder wederreyde: in den eyrsten vůnftehalve morgen lantz an den junferen lande van Mechteren[2]; ind vunftehalve morgin an der kinder landẹ van Harfe; ind dry morgen an der Locherechte kůlen wiege: ind czwene morgen ame Nůysser wiege; ind tzwene morgin bij Karnaůwislande; ind vierdenhalven morgin ame Pützer pade; ind anderen halven morgen by Herman Maessun; ind czwene morgen an Eyverart Harden; ind vûnf vierdel aen der Naschart-ynne; ind vûnf morgen bi Dryden Sturren lande; ind dyrdenhalven morgen aen Tytzer wiege. Dit vurschreven lant haent wir versat ind verseczen czo henden Ayleytz vurschreven ind eren erven czo wenden ind czo keren in eren urbuyr ayn wederreyde, beheltnissen unsme genedigen heyren dem herzoge van Guylghe inde unsme hieren herzogen czo Gelren ure reicht. Vort urkunden wyr scheffen van Kyrcherten gemeynenclichen, dat dit vurschreven huys ind hoff ind lant, so wie dat vur genoempt ind geschreven steyt, neyman

---

a) *Vorlage* urderpande. b) goliegen — hoverecht *auf Rasur*.

1) Gegen Ende des 12. Jahrhunderts hatte das Kölner Domstift von der Abtei Brauweiler deren Güter zu Kirchherten erworben und König Hein-rich VI. bestätigte den Kauf am 14. Juli 1190, J. F. Böhmer, Acta imperii selecta no. 177; vgl. Liber privilegior. maior. eccl. Coloniensis no. 22, 36, 52, 153, 293, 378.

2) Das Kloster Mechtern (ad Martyres), bei dem Stifte S. Gereon zu Köln gelegen, war 1180 als Augustiner-Chorherrenstift gegründet, im Jahre 1277 aber in ein Cistercienserinnenkloster umgewandelt worden, Ennen, Quellen zur Gesch. der Stadt Köln Bd. 1, S. 580, no. 93; Bd. 3, no. 149.

zo urpande in steit noch versat in is vurder dan in disme intgaenwordigen breyve, alle argelist uzgescheyden, nůwe vůnde, werwort, fyrpel of excepcion die man hie ynne vynden moichte. Ind dis czo urkůnde der wairheyt so haen wir Herman Claes sun scheffen vurschreven ind Ayleyt syn wijf gebeyden die ersamene scheffene van Kircherten, dat sy eren scheffensegel aen diesen brief willen hangen czo eyme geczuyge der wairheyt. Ind wir scheffen gemeynenclichen van Kircherten bekennen, dat alle diese vurschreven punten wair synt ind vur uns geschiet ind erschenen synt. Ind want wir scheffen van Kircherten geynen segel in haen, so haen wir sementlichen gebeiden die yrsamene scheffene czo Roedynck, dat sy yren gemeynen scheffensegel aen diesen brief willen hangen as umb bieden willen Herman ind Ayleytz vurschreven. Ind wyr scheffen gemeynenclichen van Roedynck bekennen, dat alle diese vurschreven punten wayr ind vaste synt, in urkunde uns gemeynen scheffensegels, den wir umb beyden willen der scheffen van Kyrcherten ind vort umb beyden willen der partyen vurschreven as Hermans ind Ayleytz aen diessen brief haent gehangen. Gegeven in den jaren uns hieren dusint druyhundert eycht ind eychtzich up sen Joeris ayvent des hielgen ritters ind mertelers.

Orig. Perg. mit Bruchstück des anhgdn. Siegels: gespaltener Schild, links vierstöckiger Thurm, rechts der jülich'sche Löwe; Rückaufschrift 16. Jhdts: ‚Lant zo Kircherten 31 morgen myn 1 virdel (!) ind 1 hoestat'.

1388 April 25. — Die Schöffen zu Niederkassel beurkunden, dass Lopha von Rode und Junker Matthias ihr Sohn den Eheleuten Heinrich Schorn von Rheidt und Gertrud eine Erbrente von 6 rheinischen Goldgulden aus ihrem Hofe zu Kassel verkauft haben.

134 (Rott 1).

Wir Johan Blanckart, Johan Greyve, Teile Boŭdendorp, Cristiain up dem Schellenberge, Henkin Mengijs, Heyne Roilkin ind Teil Boyseman scheffenen ind die ander scheffenen gemeynlich zu Cassil[1] | dun kunt allen luden die desen brief an sient off hoirent leysen, dat vur uns comen ind erschenen sint die eirsam vrouwe

---

1) Welcher Ort hier gemeint ist, beweist unter anderm das Bild des b. Matthäus, des Kirchenpatrons von Niederkassel (westlich von Siegburg), im Siegel des Kaplans.

Lopha[a] van Roide ind juncherm Mathijss ere eliche sun ind[b] havent samen bekant ind ergiet offenbair, dat sy eindreichtlichen vur sich ind ere erven verkoufft hant ind verkouffent oyvermijtz desen brieff den bescheiden luden Heynrich Schorne van Reyde ind Girdrude syme elichen wijve die weder die vurgenante vrouwe Lophien[a] ind eren sun vurgenant bescheidclichen ind reichtz koufs vur sich ind ere erven vergoilden hant seyss gulden geldens rynscher muntzhen ind gud ind swair an goilde ind an gewichte erfflicher jairlicher renten ind gulden umb eyne bescheiden summe geltz die sy yn darvur gentzlichen ind wal betzalt hant, as sy des dieselve vrouwe Lopha ind ere sun vurgenant vur uns gegiet hant ind Heinriche ind Girdrude elude vurschreven van der betzalungen vur sich ind ere erven quijt ind loss gesacht hant ind saigent zu ewichen daighen; ind solen vrouwe Lopha[a] ind ere sun Mathijs ind ere erven alle jairs erflichen ind ewelichen nu vort up sent Mertijns dagh in dem wynter den vurgenanten eluden Heinriche ind Girdrude ind eren erven geven, rychten ind beczailen an goilde of dat wert an pagamente darvur na sacze der steyde van Coelne, ind wilche seyss gulden erflicher renten vrouwe Lopha[a] ind ere sun vurgenant die vurgenante elude Heinriche ind Girdrud bewijst hant ind bewijsent overmijtz desen brief up ere erve ind gud herna geschreven, dat sy yn darvur verbunden hant as mit naymen: ere huyss, hoff ind hoverychte so wie dat geleigen czu Kassil mit vunf morghen wyncgartz neist Lodewiche van Bleidersheim ind is vrij rijttergud, ind wilchs gehuys ind wijncgarde vurschreven vrouwe Lopha[a] ind ere sun vurgenant vur sich ind ere erven in urkunde unsser usgegancgen sint ind hant die mit munde henden ind halme upgedraighen Heynriche ind Girdrude eluden ind eren erven vur die vurgenante seijs gulden jairlicher renten ind gulden zu wijslichem erve ind gude, also dat doch dieselve Heinrich ind Girdrud elude vur sich ind ere erven alle dat vurgenante erve ind gud, beide huys hoyverychte ind wijncgarde wederumb in urkunde unsser geleent hant zu erflicher besijtzungen vrouwen Lopheen[a] ind juncheren Mathijse yrme sone vurgenant ind eren erven, so dat sy dat erve nu vort also zu erve haven ind besijczen solen van Heinriche ind Girdrude eluden vurschreven ind eren erven as umb die vurgenante seys gulden erflicher jairlicher renten ind gülden yn die jairs davan nu vort zu rychten, geven

---

a) *Auf Rasur, anscheinend verbessert aus* Sophia.   b) ind *zweimal*.

ind zu betzalen so wie ind wat zijden dat vurschreven steit. Ind ouch so hant vrouwe Lopha[a] ind ere sun vurschreven vur uns bekant ind ergiet vur sich ind ere erven, dat sij dat vurgenante erve ind gud in reichtem zijtlichen unvergenclichen buwe halden solen, up dat Heinrich ind Girdrud elude ind ere erven der vurgenanter erflicher jairgulden de sicher sin; ind is gevurwert, of sache weire, dat Heinriche ind Girdrude eluden vurschreven of eren erven an betzaluncgen deser vurgenanter erfgulden ind renten eynichs jairs eit verkürt würde of dat sy dat vurgenante erve in vergenclichem küntlichem abuwe wijsten, dat sij asdan die elude Heinrich ind Girdrud of ere erven damit vortvaren mogen[b] as mit uns scheffenen in gerychte vur erfliche gulde, zinse ind peichte reicht ind geweinlich is, ind vort ouch also desgelichs vur den abu, alle argelist hie an usgescheiden. Ind dis zu urkunde ind ganczer steidycheide, want wir scheffenen ghein segil enhan, so han wir scheffenen gemeinlichen gebeiden den irbern man hirren Heinriche uussen juncgen ind ein cappellain unsser zu Cassil, dat hey sin ingesegil an desen brief gehancgen heit; des ich her Heinrich caplain vurschreven bekennen, dat ich dit besegilt han zu geczuge van beiden der scheffenen vurschreven. Ind zů myrre kunden han ich Mathijs vurgenant ouch myn ingesegil vur myn můder Loppen vurschreven ind mich an desen brief gehancgen; des ich Loppe bekennen zu gebruchen in desen sachen. Datum anno domini millesimo trecentesimo octuagesimo octavo die sabbati post beati Georgii martiris in aprijlle.

Orig. Perg. mit 2 anhgdn. beschädigten Siegeln, 1.: *St. Matthaeus mit der Hellebarde, Umschrift:* „S. ec .... in Cassel'; 2.: *Löwenschild im Vierpass, Umschrift:* ℓ. s: . . ñieð . . s tŋ (?) *Rückaufschrift 17. Jhdts.:* „ein verschrebung auff Casselerhoff und wingardt, weder gelost."

1388 Dezember 20. — Johann von Virneburg bekennt dem Ritter Godart Herrn von Drachenfels 70 Goldgulden für einen Hengst zu schulden und verpfändet ihm dafür seinen Stall zu Virneburg unter der Blide nebst zwei Wiesen ‚vur der Hiedesbaig' und ‚unter Boelenrait in deme Hussijffen.'   **135** (Drachenfels **26**).

---

a) *Auf Rasur, anscheinend verbessert aus* Sophia.
b) mogen *klein über der Zeile*.

Ich Johan van Vijrnenburg bekennen mych uffentlich yn diesme brieve dat ych reichter schoult | schůldych byn dieme eirberen strengen rytter hern Godart van Drachenveltz und synen eirven | 70 gulden gut van goelde und swayr van gewijchte van eyme henxte den hie mir verkouft hait. Darvůr han ych hern Godart vůrgenant oder synen eirven versat und versetzen ov̊ermicz diesen brieff den stal zu Vyrnenbůrg under der blyden[1] unden und oven, so we die geliegen is, und zwa wyssen, mit namen die Důrre wysse vur der Hiedesbaig und die wiesse under Boelenrait die geliegen is in dieme Hůssijffen; ind weilch zijt oder wanne ich oder myne eirven koemen nae dieme eirve mit der vůrgenanter summen geltz, so sal her Godart vůrgenant oder syne eirven myr oder mynen eirven den vůrgenanten stal und wiessen gůtligen aen alrelei widderspraige wijdder zů loesen geiven. Wir ouch sache, dat ich oder myne eirven quemen myt dieme vurgenanten gelde vůr dieme eirve, so souldeu wijr dye schare semencligen dielen. Ind weir ouch saigė, dat her Godart vůrgenaut oder synen eirven eyngen kůntlichen bú an dieme vůrgenanten stalle gedaen hetten, so wes hie mych oder myne eirven dan overqvemen myt eirbern lůden, so wat der bú gekost hette, die kost sol ich oder myne eirven goitlichen aveliegen und bezalen. Ouch ist gereit, dat ich noch myne eirven des vůrgenanten staltz noch wijessen neit loesen in soelen dan myt unsme eygenen gelde, alle argelijst uysgescheiden. Ind wẙr ouch saige, dat her Godart vurgenant oder sijne erven eynge ansprage lieden der vůrgenanter wiesen oder myt reicht angewunnen wůrden, dese anspraiche geloven ych vůr mych (und) vur myne erven hern Godart und sijnen eirven gůtlich ind zu male ave zů doen und mynre eygenre wiesen as vil zů bewijsen, dat her Godart oder syne eirven sijcher syn. Alle [dese vurschreven][a] púnten geloven ich Johan van Vyrnenburg vur mych und myne eirven in [goiden truwen][a] vast und stede zu halden und geingerlei sache darwijdder zů doen oder zů sprechen, alle argelijst uysgescheiden geistligs oder weretligs gerijtz. Des zů urkunde und zů ganczer steitgeit han ich Johan van Vijrnenbůrg vůrgenant myn ingesiegel an diesen brieff gehangen und han ge-

---

a) *Schrift erloschen.*

1) Die Blide ist eine zur Vertheidigung wie zum Angriffe bestimmte Kriegsmaschine, s. die Beschreibung und die Abbildungen bei A. Schultz, Das höfische Leben zur Zeit der Minnesinger Bd. 2 (Leipzig 1889) S. 380 ff.

beiden die eirsam lůde mynen oemen hern Johan van me Geisbusch ritter[1] und Boesclais van Munreal[2], dat sy zů gezůge yre segel by dat myn an diesen breiff gehangen hant. Und ich Johan und Boesclais vurgenant erkennen, dat wir umb beiden wil Johans van Vyrnenburg uns segel an diesen breiff han gehangen. Gegeven in den jaren uns herren na goitz geburde dae man schreif důsent drůhundert·eicht und eichtziig up sente Thomas avent des heilgen apostolen.

Orig. Perg. beschädigt mit 2 Siegeleinschnitten (einer ausgerissen) und 1 Pressel; Signatur 17. Jhdts.: Drachenfeltz Lit. A num. 14.

1389 Juni 15. — Der Allodialhof zwischen S. Maria und S. Lambert zu Lüttich beurkundet, dass Stassars de Mons dem Priester Johann Frapilbe für den Lütticher Kanoniker Walther von Charneux Ländereien bei Parfondvaux in der Herrschaft Saive verkauft habe.

136 (Saive 10).

A tous cheaus qui ces presentes letres verront et oront .. ly homes delle cyese dieu appelleis alluweus entre sainte Marie | et saint Lambiert eigliez de Liege salut et cognissanche de veriteit. Sachent tuit que lan de grasce milh trois chens | quatre vins et noef XV jours de june condist resalhe mois vienrent personelement pardevant nous comme pardevant court en lieu deseure nommeit pour faire che chi apres sensijet Stassars de Monz frère jadit Colart de Mont de Saivez d'une part et homme discreit sengnor Jehan dit Fraphilhe prestre partye faisant pour homme reverent monssieur Wautir del Charneur canoine de Liege d autre part.; la meismes li dis Stassars de

---

1) Der Stammsitz des Geschlechtes lag bei dem jetzigen Hofe Geisbüsch zwischen Mayen und Monreal; Johann verspricht am 1. Januar 1386 dem Erzbischofe Kuno von Trier die Wiedereinlösung einer verkauften Rente, am 7. März 1387 ist er Zeuge in einer Urkunde Friedrichs von Schöneck, Günther, Codex diplomat. Rheno-Mosellan. Bd. 3, no. 597; vgl. Schannat-Bärsch, Eiflia illustrata Bd. 2, Abth. 1, S. 128 f.; Bd. 3, Abth. 1, S. 93.

2) Monreal liegt südwestlich von Mayen an dem Flüsschen Elz; Nikolaus von Münrean genannt Boys Clais schliesst bereits am 14. Mai 1343 eine Sühne mit der Stadt Köln, am 26. Dezember 1344 vermittelt er auch zwischen seinem Vater und etlichen Kölner Bürgern einen Vergleich, Mittheilgn. aus dem Stadtarch. v. Köln Heft 6, S. 49 no. 1772; S. 51, no. 1798; vgl. über die Familie im allgemeinen Schannat-Bärsch, Eiflia illustrata Bd. 2. Abth. 2, S. 97 ff.

Mons fut teillement conseilhies de se propre et lige volonteit sens nulle descramcion que ilh affaitat absoluwement a dit sengnour Jehan Fraphilhe prendant en nom de dit monssieur Wautier de Charneur quatre boniers on tirchaul journal moins ou la entoure pou plus ou pou moins, de terre heroule gisans en terroir et haultour de Saive deleis Parfontvaaz[1] em pluisseurs pieches en le maniere que chi apres s ensyet: premiers unk bonier de leis davy Haye joindant az hoires qui furent Renier de Saive d une part et a prestre de Saive d autre part; item unk tirchaul journal desous joindant a dit monssieur Wautier dune part et a Colart Bengamien d autre part; item unk tirchaul journal sour le fosse joindant a dit monssieur Wautier et le prestre de Saive; item demy bonier de preit, pou plus ou pou moins, deseure le vingne joindant a cheauz de Fleron; item unk bonier en Meilhemont[2] en dois pieches joindant a lune de pieche le dit monssieur Wautier et a lautre pieche alle terre saint Piere .. qui tous estoient ses beins alleuz dont ilh soy cognissoit est bin avestis et ahiretcis a droit et les werppit, quittat et del tout sen desherytat et y renunchat sens rins ens a retenier en aiowe de dit messire Wautier del Charneur pour et en nom de quil li dis sengnour Jehan Fraphilhe estoit requirant et demandant des quatre boniers une tirchaul journal moins devant escripte a quil en nom come deseure a nostre ensengnement Jaquin de Fairon mayour de nostre dicte court tant comme a ce l en fist don et vesture pour faire a tous jours se lige volonteit comme de sez boins allouz , . et ens li commandat ban et pais a droit et a loy en om comme deseure et salveit le droit de cescun ..; les queilez (oivres) .. li dis maires mist en le warde de nous les hommes delle ciese dieu a ce presens, assavoir sunt: Enghebier de Juppilhe, Jehans li Pollain, Colar de Cheureneur, Jehan de Rogierster, Desier de Latinez, Jehan Pikair, Lambiert Dalleur, Gerar li kokin, Jehan Allewot, Herman Dalleur, Donys de Vilheir, Colart de Feirs, Eustasse franke homme de Hollengnoulhe et pluisseur autres .. Et par tant que ce soit ferme cause et estable nous avons fait saielleir ces lettres de seaul monssieur l archeprestre de Liege dont nous usons en nous oeuvres, avoec le queile nous Enghebier de Juppbilhe, Jehan Pikars et Lambiers Dalleur si que hommes avoecques les autres deseur nommeiz alle

---

1) Parfondvaux, Hauptort einer kleinen Herrschaft südlich von Saive.
2) Mielmont.

relaciou de dictes partijes avons aussi pendut ou fait appendre a ces dictes lettres nous proprez seaulz en tesmongage de veriteit La daute est deseur dicte . . .

  S. . Wilheame de Havelg. per homines etc.

Orig. Perg. mit 1 Pressel und 2 Siegeleinschnitten, 1 anhgdn. beschädigten Siegel: Löwe.

1389 November 8. — Lambert Bollart überträgt Johann dem Sohne des Dietrich Diederix einen halben Morgen Ackerland zu Olmendale bei Héverlé.   **137** (Vorst [Brabant] 4).

. . Notum sit universis quod Lambertus dictus Bollart superportavit cum cespite et ramo in manus domini allodii dimidium iurnale terre | arabilis allodialis paulo plus vel minus, situm apud Olmendale in dominio de Heverlis inter bona[a] liberorum Iohannis van der Tammen[1] et Elisabeth | ts Hertoghen et bonificavit in eisdem bonis Iohannem filium Theoderici Diederix eidem bona iure allodiali tenenda et possidenda per licentiam et monitionem domini allodii et sententiam allodii consortum infrascriptorum; et si quid[b] minus sufficienter dicto Iohanni factum esset in premissis hoc semper ad monitionem suam prefatus Lambertus perficere[c] et adimplere promisit, prout eidem Iohanni et successoribus suis sufficere poterit iure allodiali perpetuo et valere. Quibus sic peractis Johannes filius antedicti Lamberti quitavit expresse omne ius et omnem actionem quod et quam idem Iohannes habet in bonis predictis, promittens eadem bona de cetero non alloqui seu calaugiare aliquo iure vel aliqua ratione quomodolibet in futurum. Hiis interfuerunt et allodii consortes Theodericus Diederix, Arnoldus de Berlaer, Henricus dictus Nocx et Godefridus van der Molen qui premissa sic esse acta in presentia scabinorum de Heverlis recitando testabantur, ea acta fuisse prout ius dictabat fore faciendum, nullo iuris articulo debito in hiis pretermisso, rogantes ipsos scabinos de Heverlis, quatenus premissa omnia et singula ulterius super se sigillent et testentur; quod faciunt scabini de Heverlis qui sigillum eorum commune quo pariter uti solent, presentibus litteris apposuerunt in testimonium veritatis. Datum anno domini millesimo CCC mo LXXX mo nono mensis novembris die octavo.

---

  a) inter bona inter bona,   b) quit.   c) pficere.

  1) Ueber die Familie van der Thommen s. Willem Boonen, Geschiedenis von Leuven S. 279.

Orig. Perg. mit 1 Siegeleinschnitte; gleichzeitige Rückaufschrift: Jan Dieric Dirix sonc. *Aufschriften 15. Jhdts.:* Eghenhoven; 3 dach bij Olmendale eygens lants.

1389 Dezember 22, Neuss. — Gottfried Blanckart Amtmann zu Neuss und seine Frau Sophia geben den Eheleuten Tilmann Pyper von (Greven)broich und Fitzela die Wüste Hofstatt zu Rath im Kirchspiel Glehn gegen einen Zins von 6 Sümmer Roggen, 4 ℔ und 2 Hühnern in Erbpacht. 138 (Epsendorf 1).

In nomine domini amen. Noverint universi hoc presens instrumentum publicum visuri et audituri, quod anno a nativitate eiusdem millesimo trecentesimo octagesimo nono indictione decima tercia mensis | decembris a) ⟩die vicesima secunda hora none vel quasi in mei notarii publici et testium subscriptorum ad hoc vocatorum et rogatorum presencia constitute discrete persone Godefridus dictus Blanckart | officiatus Nussiensis[1] et Sophia eius uxor legitima parte ex una et Thilmannus Pyper de Brůch et Fitzela eius uxor legitima parte ex altera, iidem Godefridus et Sophia coniuges ipseque Godefridus feodominus bonorum infrascriptorum manu coniuncta pro se et suis successoribus transtulerunt comparaverunt et donaverunt donacione legitima inter vivos ad duas manus, prout moris est et consuetum, Thilmanno et Fitzele coniugibus supradictis recipientibus pro se et suis heredibus hereditarie et in perpetuum tres iurnales agrorum seu terre dictos die Vůstehoyffstat cum edificiis nunc in eisdem edificatis situatos in villa de Royde infra parrochiam de Gleyn iuxta agros Hermanni de Epsendorp ex uno et Drůde dicte Caterof utriusque lateribus ad habendum et possidendum hereditarie et perpetue ipsis prout ⟨siti sunt in longum, latum altum et profundum ac omni suo iure; et comparaverunt iidem Godefridus et Sophia coniuges eosdem agros cum edificiis in eisdem edificatis dictis coniugibus coram me notario publico et

---

a) decembris decembris.

1) Gottfried Blanckart ist derselbe Neusser 'raitzgeselle', den der kölnische Amtmann zu Hülchrath Scheiffart von Merode am 1. September 1372 bei Zons gefangen genommen hatte, s. die Klageschrift der Stadt Neuss vom 2. Juni 1373, Lacomblet, Urkb. Bd. 3, no. 738, sowie die Antwortschreiben des Erzbischofs vom 12. und 13. Juli, daselbst no. 742, 743; Tücking, Geschichte der Stadt Neuss S. 37 ff.

testibus subscriptis ore manu et calamo cum sollempnitatibus ad hoc debitis et consuetis solito more, renunciaveruntque ipsi Godefridus et Sophia super eosdem in manus Thilmanni et Fitzele predictorum, sub condicione tamen tali, quod ipsi Thilmannus et Fitzela coniuges et sui successores de eisdem bonis hereditariis superius expressis solvent et presentabunt singulis annis hereditarie et perpetue Godefrido et Sophie aut suis heredibus antedictis ipso die beati Remigii episcopi aut infra octo dies inmediate subsequentes sine capcione laboribusque suis periculis et expensis infra opidum Nussiense ante sumbrinum et obtentum Godefridi et sue uxoris Sophie aut suorum heredum predictorum certam annuam pensionem sex sumbrinorum siliginis mensure nussiensis melioris iuxta duos denarios nec non censum annuum quatuor denariorum pagamenti; quos denarios una cum duobus pullis eciam nomine census dicti coniuges et sui heredes solvent et presentabunt ibidem in Royde vulgari eloquio *up dy saelstat* singulis annis hereditarie et perpetue in dominica die proxima post Kuniberti episcopi infra obtentum Godefridi et Sophie aut suorum heredum predictorum. Preterea condicionatum est premissum, quod dicti Thilmannus et Ficzela et eorum successores huiusmodi[a] bona hereditaria predicta edificabilia hereditarie et perpetue et incollisa observabunt in suis edificiis, sic quod feodales bonorum predictorum ibidem et in eisdem quiete sedere valeant, iudicialiter sentenciando ac iudicando super recepcione et acceptacione et presentacione pensionum et censuum presentandorum ibidem singulis annis, ut solitum est et consuetum et ibidem Thilmannus et Fitzela coniuges et sui heredes semper erunt presentes exspectandum. Ceterum condictum est, quod si dicti coniuges vel sui heredes negligentes fuerint reperti aut remissi in solucione pensionum et censuum predictorum aliquo anno termino predicto, sit quod una pensio aut unus census aliam seu alium supercreverit nondum solutum, extunc iidem Thilmannus et sui heredes cadunt et ceciderunt ab omni iure ipsis in dictis bonis hereditariis concesso nil iuris in huiusmodi bonis hereditariis nec in melioracionibus circa ipsa factis et faciendis, constructis et construendis, ipsis deinde reservato. Item adiectum est condicionaliter premissis, quod quandocumque aliquem dictorum coniugum aut eorundem heredum post ipsorum obitum possessorem bonorum (mori contigerit)[b], extunc alius dictorum coniugum aut alius heres

---

a) huigd   b) *fehlt*.

ipsorum et possessor bonorum predictorum superstes vivus ᵃ dicta bona hereditaria repetere et acceptare vulgariter dictum *wederwerven* debet ad unam manum cum duplici censu et pensione siliginis denariorum et pullorum predictorum. De quibus (omnibus)ᵇ et singulis supradictis partes hincinde pecierunt a me notario publico subscripto sibi fieri duo publica instrumenta unius eiusdemque tenoris in forma meliori qua fieri poterit ad dictamen sapientis pro qualibet parte unam ᶜ, sigillo tamen dicti Godefridi solo et dumtaxat instrumento Thilmanni et Fitzcle coniugum predictorum una cum signo mei notarii infrascripti signato ad maiorem firmitatem premissorum appenso. Acta sunt hec infra camenatam domus habitacionis Godefridi et Sophie coniugum predictorum anno mense indiccione die et hora quibus supra, presentibus viris discretis et honestis videlicet Thilmanno dicto Schotten sculteto, Thilmanno Fabro Cleynsmede opidano Nussiensi feodalibus de consimilibus bonis, Ludolpho de Scellicheym dicto Keyer et Bela eius uxore testibus ad premissa vocatis specialiter et rogatis.

[*Notariatszeichen*] Et ego Iohannes dictus Snephorn clericus Coloniensis dyocesis publicus imperiali auctoritate notarius qui premissis omnibus et singulis una cum testibus predictis presens interfui eaque sic fieri vidi et audivi hoc presens instrumentum publicum exinde feci, manu propria conscripsi signoque meo solito et consueto signavi vocatus ad hoc specialiter et rogatus.

Et ego Godefridus predictus ob maius robur firmitatis premissorum sigillum meum pro me et Sophia uxore mea predicta presenti publico instrumento ᵈ una cum signo notarii prescripti signato appossui in testimonium predictorum quoque fidem.

Orig. Perg. mit anhgdm. beschädigtem Siegel: Treppensparren, auf dem Helme zwischen Büffelhörnern ein kleiner Schild mit Kreuz; das Rücksiegel zeigt gleichfalls einen Schild mit Kreuz.

1391 April 3. — Johann Wrede, Henkin Gebůys und Heidenrich Kreyfftz, Schöffen zu Bergheim an der Sieg, beurkunden, dass der Knappe Lutter Stail von Holstein dem Remboilt Důlle zu Bergheim 3 Viertel Weingarten, ‚in der vlachten die die Junfer is genant'[1] sowie 1½ Mor-

---

a) vivis.　　b) *fehlt*.　　c) una.　　d) publico *wiederholt*.

1) Vgl. die Urkunde vom 22. Februar 1397, unten no. 161.

gen Ackerland in der Gewanne ‚die Kyrvel' um ½ Fuder Wein jährlich in Erbpacht gegeben und dafür 3 Morgen Acker ‚in der Myttelgewanden' in Pfand genommen haben.

Es siegeln: 1. Hilger Pastor zu Bergheim ‚want wir vurschreven scheffen agein segel en haven'; 2. Ritter Zander von Langel; 3. Knappe Wolter von Plettenberg. 139 (Stael von Holstein I).

Orig. Perg. mit 2 Presseln und geringem Reste von dem Siegel des Pastors, auf dem noch das Haupt eines Bischofs[1] zu erkennen ist.

1391 Juli 22. — Pawin von Hemberg und Heinrich von Bell vermitteln einen Vergleich zwischen Ritter Wilhelm von Hostaden und Gerhard Herrn zu der Dyck. 140 (Hostaden II).

... Kunt sy allen luden die desen brieff sient off horent lesen, dat wir Paûwe van Hembergh ind Heynrich van Belle[2] gededingt haven eyne | vůrwarde ind eyne dedinge, ungůnst ind zwist die gevallen was tůysschen her Willem van Hoesteden rijtter ind Gerarde here zo der Dicke dat | wir guetlichen ind mynnenclichen nedergelecht håven umb oere beyder beste wille in alsulcher vůeghen ind vurwarden, dat her Willem van Hoesteden rijtter ind Gerart here zo der Dicke genslichen ind wail gesoent soelen sijn, sy ind die oer an beyden sijden die an deme gescheffs gewest synt, ind van alle deme gescheffs dat sy ye zosamen gehadden bis up desen bůydigen dagh datum dijs brieffs sunder alreleye argelijst. Oc ys gevurwart ind gededingt, were sache dat ich Gerart here zo der Dicke heren Willem van Hoesteden rijtter eniche naem genomen hedde die ich oem van eren ind van enichem bescheidtz wegen rijchten solde, die sal he groessen doen wie gůet dat sy sy, wes syne megede ind knechte ind vort di oem zo verantwerden stain myt rechte zo den heilgen behalden; wat sy wert sy, dat sal de vurgenante Gerart zo der Dicke deme vurgenanten her Willem rijchten in alle der mayssen als Paûwe van Hembergh ind Heynrich van Belle gededingt. Vortme is gevurwart, dat ich Gerart here zo der Dicke myn vrouwe ind moder

---

1) Es ist der h. Lambertus, der Patron der Pfarrkirche zu Bergheim an der Sieg.

2) Ritter Pawin von Hemberg und der Knappe Heinrich aus der Familie der Schall von Bell erscheinen auch zusammen in der Urkunde vom 10. Mai 1398, durch welche Heinrich von Eich sein Schloss Bettingen zum Offenhaus der kölnischen Kirche macht, Lacomblet, Urkb. Bd. 8, no. 1045.

Aleit van Schonenvorst vrouwe zer Dicke ind zo Wachtendonck[1] verboden ind bidden sal, vur mich zo komen zo Beydbur off zo Hemmerden ind dae zo rechenen nae ingehalde syns brieffs den he van oer hait ind van heren Arnolt van Wachtendonck, ind her Willem van Hoesteden rijtter ouch in alsulcher voegen: were sache dat her Willem vurgenant enich gelt geburt hedde van Wanle dae un myn here van Guylge aen gewijst hait als umb syns gelts wille[2], des he brieve ind segele hait van heren Arnolt van Wachtendonck ind van oer: vůnde man dat he zo viel geburt hedde van Wanle dae he id billichen boren solde nae ingehalde sijnre brieve, dat sal her Willem vurgenant rijchten; were sache dat he zo wenich gehaven hedde, dat sal man un layssen vort heven nae ingehalde sijnre brieve. Vortme were sache dat vrouwe Aleit van Schonenvorst vurgenant boven die rechenschaff yet gehaven hedde dat sy myt kummer[3] gewunnen hedde, dat sal sy rijchten; were sache dat vrouwe Aleit van Schonenvorst dis nyet doen in wolde, so sal ich Gerart here zer Dicke den vurgenanten her Willem setzen in den hoff zo Bůyssche[4] ind in alle dat guet dat sy oem myt gerijchte affgewunnen hait, ind sal oem alle gewalt affdoen als des lancz recht ist und oem nyet hynderlich sijn. Vort ys gededingt: were sache dat yeman deme vurgenanten her Willem zuspreche in deme lande van der Dicke myt rechte, dat sal ich Gerart here zer Dicke vurgenant dem vurgenanten her Willem

---

1) Adelheid von Schönvorst war in erster Ehe mit Konrad Herrn zu der Dyck, in zweiter mit Arnold von Wachtendonk verheirathet; bereits am 2. Februar 1371 belehnt Herzog Edward von Geldern auf ihr Ansuchen ihren zweiten Mann mit dem Hause Dyck, Fahne, Codex diplomat. Salmo-Reifferscheid. S. 137, no. 209; ihr Sohn Arnold von Wachtendonk macht am 20. Dezember 1390 nach dem Tode des Vaters seine Burg zum Offenhaus der Kölner Kirche, Lacomblet, Urkb. Bd. 3, no. 951; am 2. Oktober 1392 einigt er sich mit seinem Bruder Gerhard Herrn zu der Dyck über den Nachlass der Mutter, Fahne, a. a. O. S. 177, no. 265.

2) Der Markgraf Wilhelm von Jülich hatte sich am 11. Mai 1352 mit Konrad Herrn zu der Dyck dahin geeinigt, dass Jülich im Dorfe Wanlo seinen sprechenden, der Herr zur Dyck seinen schweigenden Amtmann haben solle, Fahne, a. a. O. S. 128, no. 195; am 1. Januar 1386 verkaufte dann Gerhard zur Dyck dem Jülicher das Dorf Wanlo ‚mit scheffenen dienste gerychte renten gulden' und allem Zubehör, Lacomblet, Urkb. Bd. 3, no. 899; vgl. auch Giersberg, Geschichte des Dekanats Grevenbroich S. 357.

3) Kummer, Bekümmerung, Beschlagnahme.
4) Ueber Haus Busch s. oben S. 81 Anm. 3.

zo gueder zijt laissen wissen vierzien nacht off dry wechen zo vorentz ind deme vurgenanten here Willem eyn unverzocht recht laissen wedervaren ind velich myt sinen vrunden dar ind dan zo rjiden vur mich ind vur alle die gene der ich mechtich bin, sunder argeljist. Vortme is gevurwart, were sache dat here Willem van Hoesteden an die heirschaff van der Dicke yet tastede, des he billichen ind mit rechte nyet doen in solde, so sal ich mynre vrunde zween schicken untgegen synre vrunde zween, wes den vieren dunckt des mir her Willem billichen rijchten sal, dat sal he mir rijchten. Were sache dat ich Gerart here zer Dicke overtastede ind overgryffe here Willem vurgenant an syme guede off an den synen off an oem, so sal he synre vrunde zweij schicken untgegen mynre vrunde zween, so wes den vieren dunckt dat ich un overtast haen, dat sal ich ouch oem rijchten. Vortme were sache dat unser eyn deme anderen yet verkurde na der viere sagen, so sal unser eyn deme anderen inryden, der eyn zer Dicke, der ander zo Nothûsen[1] bis dat gerijcht is, sunder argelijst. Vortme were sache dat id unser enichen luste des anderen viant zu werden ind synen vrunden zo helpen, so sal ich Gerart here zer Dicke heren Willem vurgenant zo voerencz eynen maent langh laissen wissen ind werden dan guet zijt sijn viant. Were sache, dat her Willem vurgenant myn Gerartz here zer Dicke viant werden wolde ind sinen vrunden zo helpen, so sal her Willem vurgenant mich ouch eynen maent langh zo voerencz layssen wissen ind werden dan guet zijt myn viant, sunder argelist up beyden sijden. Vortme were sache alsulchen guet als Arnolt van Hoesteden der jonge myt synem wyve genomen hait myt namen Burghartz dochter van der Horst, den sol ich Gerart here zer Dicke an deme guede halden als myn alderen ind vurvaderen gehalden haven, sunder argelijst. Ind alle dese vurgenante pônten haven wir sementlichen gesichert ind geloyfft ind zen heilgen gesworen vaste stede ind unverbrüchlich zo halden sunder argelijst. Ind dijs zo urkunde der wairheit so hain ich Willem van Hoesteden ritter myn segel an desen brieff gehangen ind hain vort gebeden myne lieve vrunt ind maege Pauwe van Hembergh ind Heynrich van Belle ind Johann van Belle gebrodere, dat sy oer segele myt an desen brieff gehangen havent zo eynre kûnden up dat un dese vurgenante

---

1) Ueber den Hostaden'schen Hof Noithausen westlich von Wevelinghoven s. Strange, Beiträge zur Genealogie Heft 6, S. 65 ff.; S. 93; Giersberg, Geschichte des Dekanats Grevenbroich S. 84 ff.

punten myt kundich; dat wir Paûwe van Hemberch ind Heynrich van Belle ind Johan van[a] Belle vurgenant gerne gedaen haen umb beden wille her Willems vurgenant. Datum anno domini millesimo ccc[mo] nonagesimo primo[b] ipso die Marie Magdalene virginis.

Orig. Perg. mit 1 Siegeleinschnitt, 1 Pressel und 2 beschädigten Siegeln; 1: *drei Pilgermuscheln* (2 : 1), *auf dem Helme ein Hundekopf, Umschrift:* f. pawi......mberch 2: *zwei geschachte Sparren, Umschrift:* .... an Schalle va Belle.

1391 September 29. — Ritter Gillis van den Wijer gelobt den Zehnten zu Schönau, den der Aachener Schöffe Johann von Hochkirchen der Lisbeth von Schönau abgekauft hat, frei und unbelastet zu übergeben. **141** (Hochkirchen 1).

Ich Gillis van den Wijer ritter doin kunt allen luden ind kenne mit desen brieve vur mich ind myne erven | want her Johan van Hoynkirchen scheffen des kunenclichs stoils van Aichen[1] weder Lijsbetth de wilne | elige doichter was heren Goidartz van Schoynauwe[2] gegolden hait den ziende van Schoynauwe mit alle synre zobehoere ind so wie die van altz in den hof van Schoynauwe gehoirt hait, nyet ussgescheiden, na ynhalt der brieve die darup gemacht ind besegelt sin, so geloven ich Gillis vurschreven in guden truwen, den vurschreven heren Johanne ind synen erven den vurgenanten ziende los leidich ind onbeswiert zo leveren ind sij des zo weiren binnen jairs ind buyssen jairs ind alle recht anspraiche yn darvan af zo doin sunder alle argelist. In orkunde der wairheit so hain ich Gillis van den Wijer vurgenant mynen segel an desen brief gehangen. Gegeven int jair ons heren duysent drijhondert eyn ind nuyntzich op sint Michiels dach des heiligen engels.

---

a) van van.   b) *Das folgende von dunklerer Tinte.*

1) Johann von Hochkirchen wird als Schöffe zu Aachen genannt u. a. am 9. Juni 1394, H. Loersch, Aachener Rechtsdenkmäler aus dem 13., 14. und 15. Jahrhundert (Bonn 1871) S. 91 unten, sodann am 12. Dezember 1398, Zeitschrift des Aachener Gesch.-Ver. Bd. 1, S. 162; er zählt zu den Bürgern im Bezirk der Portschierportze, die Pferde zum Dienste der Stadt zu stellen verpflichtet sind, Loersch, a. a. O. S. 189.

2) Ueber Godart von Schönau vgl. u. a. J. J. Michel, Zeitschrift des Aachener Gesch.-Ver. Bd. 5, S. 247 ff.; J. Hansen, daselbst Bd. 6, S. 97.

Orig. Perg. mit Bruchstück des anhgdn. Siegels: drei Sterne, darüber eine, darunter zwei Reihen Eisenhütlein, auf dem Helm ein sitzendes Windspiel mit Halsband.

1391 Oktober 27. — Thola, Tochter des † Ritters Hermann Reuver von Harff Witwe des Ritters Sibrecht vom Spiegel, und ihr Sohn Hermann Reuver vom Spiegel versetzen dem Ritter Heinrich von Harff und dessen Frau Greta von Eschweiler 63 Morgen Ackerland, die zu ihrem Hofe in Harff gehören.   142 (Harff 16).

Wir Thola dochter wilne hern Herman Reuvers van Harve ritters, elich wijff wilne hern Sibgins vamme Spiegel ritters den got semelich genaide, ind Herman Reuver | vamme Spiegel yre sun knape van wapenen doin kunt allen luden ind bekennen oevermitz diesen offenen brieff vur uns ind unse erven, dat wir mit wale bedachtem willen ind | mit raede unser vrunde, umb zu verhoeden unsen verderfflichen schaden versat hain ind versetzen oevermitz diesen brieff den cirberen vromen luden hern Heynrich van Harve rittere ind vrouwen Greten van Esschwijlre[1] sijme eligen wijve ind yren erven drij ind seestzich morgen artlantz, uyssgenomen ind gescheyden uyss dem gantzen artacker unsme hoeve zu Harve zu behoeren; wilch vurschreven lant gelegen is ind bewijst in drijn gewanden an stucken ind steden as hernae mit namen becleert ind beschreven steyt: in dem eirsten ein ind tzwentzich morgen mit den wijden an eyme stucke gelegen hinder Fien Frederichs hoeve; die ander gewande helt ouch eyn ind tzwentzich morgen, der synt gelegen sevendenhalben morgen mit den wijden hinder Roderbuechs hoeve, vort vierdenhalven morgen die roerent an hern Scheyfartz[2] sees morgen die dae schiesent up den patt de reicht geit uys der Noytzgassen, vort sees morgen die roerent an Webils acker ind schiessent up den Emmerwech[3], vort vunff morgen gelegen by Mestgis drijn morgen; ind die leste gewande helt ouch eyn ind tzwentzich morgen, dat is zu verstaen, vunff morgen gelegen bij dem dorpe hynder der Noitzgassen en-

---

1) Nach Strange, Beiträge zur Genealogie Heft 5, S. 26 war Margaretha eine Tochter des Ritters Heinrich von Hüchelhoven Schultheissen zu Eschweiler; vgl. H. Koch, Geschichte der Stadt Eschweiler (Eschweiler 1882) S. 143.

2) Heinrich Scheiffart von Merode besass zu Harff den Bornheimer Hof nebst dem Müllershofe und dem benachbarten Hohenholz, E. Richardson, Geschichte der Familie Merode S. 75, 78, 105.

3) Der Weg nach Niederembt.

boeven hern' Scheyfartz vunff morgen, vort nuyn morgen up Aelrover wege[1], vort seven morgen an eyme stucke dat tzwelff morgen helt, die schiessent up die Wassersey[2] affgemessen alreueeste bij hern Heynrich acker vurschreven. Wilch vurschreven artlant wir deme hern Heynriche ind vrouwe Greten ind yren erven losledich ind vrij versatt ind verbunden haven, versetzen ind verbynden oevermitz diesen brieff tzwelff jair lanck nae datum dis brieffs angaende nu up sent Remeys dach neest zu komende mit alsulchen vurwerden, dat sij diese vurschreven jare lanck alle yre beste daemit doen moegen as mit anderen yren vrij eygen erve, sunder eyncherhande loesse off beschuddinge van uns off van unsen erven off van ymanne anders de leeft, as vur lieffnisse eynre summen geltz, mit namen drijhondert ind tzwey ind tzwentzich gude sware rijnssche gulden guet van goulde ind swaer van gewijchte, die sij uns denclichen ind liefflichen zu unsme nutze ind urber diese vurschreven tzwelff jare lanck geleent, gelevert ind wale betzailt haint. Ind wir geloeven in guden truwen den vurgenanten eluden hern Heynrich, vrouwe Greten ind yren erven, diese vurschreven somma sware gulden off guit ander payment an guden andere gemuntzden goulde darvur as in der tzijt der betzalingen zu Caster genge ind geve is, gentzlichen ind wale zu betzalen bynnen dem lesten jare van diesen vurschreven tzwelff jaren up sent Remeys dach des heilgen busschoffs off bynnen viertzienachten darnae umbevangen sunder gebrech ind zu leveren up yre slos zu Harve off up eyn mijle na bij Harve, so war sij willent, up unsen anxt, cost ind schade in yre sicher behalt. Ind off wir des nyet en deden in der maissen as vurschreven is ind bruchlich vunden wurden an betzalingen ind leveringen dis vurschreven geltz an eyme deyle off an altzomale up die vurschreven tzijt, dat got verhoede, so sal dat vurschreven lant, so wie dat benoempt steyt, dem vurschreven hern Heynrich, vrouwen Greten ind yren erven los, ledich ind vrij vererfft ind hervallen sijn zu ewigen dagen, daemit zu doen as mit yrem vrijen erve sunder eyncherhande herkoevernisse, bekroenynge off werwort uns off

---

1) Am Wege nach Alrehoven, einem Theile von Königshoven.
2) In einer Aufzeichnung vom 29. Mai 1494 (Orig.-Papier Archiv Harff) erwähnen die Schöffen von Kaster eine Feldflur ‚up der Wassersoeden intgain dem Wingartzberch'; es ist wohl dieselbe Oertlichkeit, die heute ‚im Wassersack' heisst, Annalen d. Hist. Ver. Heft 52, S. 52.

unsen erven. Vort is me gevurwert nae deme dat unse hoff zu
Harve vurschreven mit syme gantzen erve ind zubehoer dem leen-
herren darzu gehoerende erfflich verbunden steyt as vur kornpeichte,
kurmeden off eynge die gulde off recht, darum man dat vurschre-
ven erve nyet splijssen en mach, darumb herkiesen wir oevermitz
diesen brieff ind kennen dat zu ewigen dagen vur uns ind unse
erven, dat wir alle reichte ind unreicht des vurschreven hoeffs
betzalen ind verrichten sullen sunder argelist. Ind wert sache, dat
wir des nyet endeden, also dat her Heynrich vurschreven, vrouwe
Grete off yre erven des ummerme anspraiche off krut gekregen,
so solen sij sich zerstont underwinden des gantzen ali(n)gen art-
lantz des vurschreven hoeffs gelich dem vurschreven verbunden
lande alle yre beste daemit zu doin vur ind nae, ind vort dan aff
zu verrichten alsulchen gulde ind reicht, as darup gebunden steyt,
alle argelist uyssgescheyden in allen punten dis brieffs. Ind zu
urkunde alre vurwerden vurschreven so hain ich Herman Reuver
vamme Spiegel vurschreven mijn segel vur vrouwe Thole mijn
moider vurgenant ind vur mich ind vur alle unse erven an diesen
brieff gehangen, dat ich Thoile vurschreven zu der wairheyt kenne
ind mede gebruchende bijn an desen brieff; ind hain vort gebeden
die eirbere lude herren Brune van Alderoide canoench zu Kneicht-
steden, Philips vamme Holtze ind Aloff Noulden kuapen, want
sij as leenlude van beyden sijden bij alle desen vurgenanten vur-
werden geweest synt, dat sij yre siegele bij dat unse an diesen
brieff willen hangen. Ind wir Bruyn van Alderoede canoench zu
Kneichtsteden, Philipp vamme Houltze ind Aloff Nolde knapen vur-
schreven zugen ind kennen as leenlude van beyden sijden, dat
alle dese vurschreven vurwerden wair sijn ind alsus vur uns ge-
schiet synt. Ind umb beden wille vrouwe Tholen ind Herman
Reuvers yrs soens vurschreven so hain wir zu getzuge der wairheijt
alre vurwerden vurschreven unse segele an diesen brieff bij dat yre
gehangen. Gegeven int jair unss herren dusent druhondert eyn ind
nuyntzich up sent Symon Juden avont der heiliger apostolen.

*Orig. Perg. mit abhgdn. beschädigten Siegeln und 2 Presseln,
1: v. Spiegel'scher Schild, darüber drei Spiegel im Pfauenwedel, Um-
schrift: s. her ..... m spegel, 4: dreieckiger Schild mit fünf
Querbalken, im rechten Obereck Lilie, Umschrift: .. ilf van koin-
chov*[1]; *Rückaufschrift 18. Jhdts.*

---

1) D. i. Adolf Nolden von Königshoven.

1392 Februar 1, Kaster. — Wilhelm von Jülich Herzog von Berg und Graf von Ravensberg belehnt den Ritter Heinrich von Harff mit einer Rente von 17 Malter Weizen aus der Pacht, welche die von Harff jährlich aus ihren Gütern zu Harff und (Hohen-)Holz nach Monheim zu liefern haben[1]. **143 (Harff 17).**

Wir Wilhem van Gûylge hertzoge van dem Berge unde greve van Ravenberg doin kont allen luyden die desen breiff solen sien off hoeren | lesen ind bekenen, dat wir umb denclichs deynstes wille den her . . Henrich van Harve ritter uns vurmails gedain hait ind noch doin mach | ind sal, gemacht hain ind machen unsen man den vurgenanten heren . . Henrich van Harve in urber sijn ind sijnre erven. die dat hûys tzû Harve haven ind besitzen soelen ind hain eme ind sijnen erven dar umb gegeven zû rechten leen[a] alle jaere sevenzeyne malder weys eyns halven sumberen myn coelscher maissen, die wir eme ind synen erven vûrscreven bewijst hain ind bewisen zû heven, zo haven ind inne zû halden an alsulghen pachte as die vûrscreven her . . Henrich ind sine erven uns schuldich moegen sijn jairs zû Mûnheym zu leveren van yren gûyden zû Harve ind zû me Holze; van wilchen sevenzein malder weys eyns halven sumberen myn die vûrschreven her Henrich van Harve ind syne erven, besitzere des hûys van Harve man solen syn ind blyven unse ind unsen erven uns danaff verbonden myt hûlden eyden ind schuldychen diensthe as man yren heren van rechte schuldich sint, ind solen oech uns ind unsen erven behûlplich sin van dem hûyse zû Harve andere unse pachte aldae gelegen in zû werven off uns des noit gebûrt, sûnder eynghe argelijst. Ind des zû urkûnde ind erfliche stedicheijt hain wir Wilhem van Guylghe herzughe van dem Berghe greve van Ravensberge vur uns ind unse erven unse segel an diesen breiff doin haengen, de gegeven wart zû Caster in den jaren unss heren dusent drubûndert zwey ende nuyntzych op unser vraûwen avent as men schryft purificacio.

Orig. Perg., mit 1 Pressel; Rückaufschrift 15. Jhdts: ccc xcii; Signatur 17. Jhdts: no. 13.

---

a) *Vorher anscheinend ‚man' ausradirt.*
1) Erwähnt bei **Strange**, Beiträge zur Genealogie Heft 5, S. 26.

1392 Juni 24. — Adolf (Ailff) von Wolkenburg beurkundet, dass er von dem Ritter Ludwig von Roide 100 Gulden auf seinen Zehnten zu Uckendorf (Ockendorp) erhalten habe[1]. **144** (Rott 2).

Orig. Perg. mit Spuren des anhgdn. Siegels; Rückaufschrift: no. 39. legi 1689. no. 24.

1392 Oktober 3, Maastricht. — Servatius van Mulken und Johann van den Herte Schöffen zu Maastricht verzeichnen als Testamentsvollstrecker die bewegliche Hinterlassenschaft des † Reinhard Thoreel von Berne in Gegenwart seiner Wittwe Elisabeth Gottschalks von Valkenburg und zugleich im Namen des abwesenden Schöffen Heinrich von Cleermont. **145.**

In nomine domini amen. Universis et singulis presens hoc publicum instrumentum visuris seu audituris pateat evidenter, quod anno nativitatis domini millesimo trecentesimo | nonagesimo secundo indiccione decima quinta mensis octobris die tercia, hora summe misse vel quasi in presencia mei notarii publici et testium subscriptorum, | vocatorum ad hoc specialiter et rogatorum, propter hoc personaliter constitute persone discrete et honeste scilicet Servacius de Mulken, Iohannes de Cervo scabini opidi Traiectensis Leodiensis dyocesis et Elysabet Gotschalci de Valkenborch, relicta quondam dicti Thorele de Berne bone memorie[2], executores testamenti seu ultime voluntatis eiusdem quondam Reynardi Thorele de Berne, ne de mala amministracione bonorum mobilium post obitum eiusdem quondam Reynardi relictorum redargui possent in futurum omnemque materiam dubietatis et suspicionis amputare cupientes de universis et singulis bonis mobilibus post obitum dicti quondam Reynardi in domo eius inventis seu relictis inventarium fecerunt et per me notarium publicum infrascriptum huiusmodi bona scribi peciatim mandaverunt; ac protestati fuerunt dicti executores coniunctim et divisim tam pro se quam pro Henrico de Clermont scabino opidi Traiectensis predicti eorum coexecu-

---

1) In den Jahren 1392 und 1395 steht Adolf in Fehde mit der Stadt Köln, Mittheilgn. a. d. Stadtarch. v. Köln Heft 22, S. 106, no. 275; S. 119, no. 380.

2) Am 28. Januar 1393 einigt sich Aleidis van Berne, Wittwe des Johann Thoreels van Berne, mit dem Kapitel der Liebfrauenkirche zu Maastricht über Erbzinse von einem Hause ‚bij des busscops maltmoelen'; Zeugen sind auch dort Servaas van Mulken und Johan van den Hertte, Franquinet, Oorkonden en bescheiden van hett kapittel van O. L. Vrouwekerk te Maastricht Bd. 1, S. 158.

tore absente, quod se intromittere volebant de execucione testamenti predicti quondam Reynardi de Thorele ad ea in quantum huismodi bona ad ipsorum manus perveniencia se exstendant et non ultra se astringere seu prefate execucionis onus assumere volebant nec assumpserunt. Et huiusmodi protestacione eis semper salvo inventarium de eisdem bonis per modum et formam inferius conscriptos fecerunt et conscribi mandaverunt[1]. [*Schlafzimmer*] Primo invenerunt in camera parva ubi antedictus Reynardus dormire consuevit in uno parvo scryneo dicto *kompe* bene firmato et clauso in quadam bursa corea mille pecias auri duobus minus, videlicet denarios aureos nuncupatos vulgariter *gulden helme*; item in eadem camera invenerunt in techa una stante in muro quindecim florenos aureos renenses vel circiter in diversis monetis tam aureis quam argenteis existentes, necnon decem conchas magnas de una forma et tres parvas de alia argenteas, duodecim coclearia, tria crusebilia et duo alia rotunda argentea nec non duos clypeos parvos argenteos de armis eiusdem Reynardi, ponderantes in simul decem et septem marchas duobus dictis *loyte* minus, ponderis coloniensis, qualibet marcha valente sex florenos renenses; item in eadem camera lectum cum duobus sargiis unum blavii et aliud rubei coloris cum gardijno et aliis suis pertinenciis; duas tunicas dictas *kerle* forratas, unam cum forratura *marten* et aliam cum dicto *vissen*; item duo parva scampna cum pannis contexta dictis *bancklaken*; item duo thetra et tenellam ferream; item duos parvos pottos stagneos; item supra lectum iam dictum unam tunicam longam, mediatim rubei et mediatim grisei coloris et forratam cum forratura alba agnina; item ibidem iuxta cameram predictam unam cupam in qua balneare solent, parvam[a] cistam et ollam cupream magnam. [*Grosser Saal*] Item in aula magna invenerunt sedile unum, cathedram unam *kuytsc* cum parvo lecto

---

a) pravam.

1) Die im folgenden aufgeführten Gegenstände sind meist so genau bezeichnet, dass es einer Erläuterung kaum bedürfen wird; ich verweise nur im allgemeinen auf einige Nachlass-Inventare und Testamente aus niederrheinischen Gegenden, die bereits früher veröffentlicht sind, so A. Heuser, Das Testament des Heinrich von Hirtz gen. von der Landskron, Annalen d. Hist. Ver. Heft 20, S. 70 ff.; H. Cardauns, Ein Kölner Bürgerhaus im 16. Jahrhundert, daselbst Heft 41, S. 109 ff.; A. Ditges, Eine Kölner Gerkammer im 16. Jahrhundert, daselbst Heft 45, S. 117 ff.; L. Korth, Nachlass-Verzeichniss des Kölner Stiftsherrn Peter Quentel, Westdeutsche Zeitschr. für Gesch. u. Kunst Bd. 6, S. 354 ff. u. a. m.

et sargiam glauci et rubei coloris; item adhuc duo sedilia, scampnum unum, duas mensas et duo paria crepidum; item instrumentum ligneum dictum *trysore*, super quo invenerunt tres quartas stagneas et unum candelabrum; item quatuordecim cussinos rubeos et septem griseos; item instrumentum unum dictum *rolle* in quo arma solent purgari, et in illo invenerunt unam loricam de calibe; item in dicta aula invenerunt scryneum in quo erant quatuordecim mensalia tam bona quam mala continencia insimul septuaginta octo ulnas. paulo plus aut minus; item septem manutergia continencia quadraginta tres ulnas; item septem cum dimidio paria linteaminum, item tres sedes ligneas; item unum scrineum in quo erant diverse littere [*Mägdezimmer*]. Item iuxta aulam in quadam parva camera ubi anchille solent dormire invenerunt duos parvos lectos cum duobus paribus lintheaminum modici valoris. [*Vorhalle*] Item in porticu domus predicte unam mensam longam, par crepidum, scampnum unum et schalam ligneam parvam[a]; item ibidem scrineum rubeum in quo invenerunt decem et octo cum dimidio paria lyntheaminum; item viginti duo mensalia[b] . . . . . .; item decem et septem mappas continentes nonaginta novem ulnas. [*Vordere Kammer*] Item in camera anteriori unum sedile, tria scampna cum pannis dictis *banclaken* et unam mensam rotundam dictam *rondele*; duo thetra ferrea; unum wambosium dictum *jacke*; instrumenta ferrea videlicet *boerstblcke, beynenharnassche*; item pannum de tunica domine ducisse; item sargiam blavii coloris; octo folia cussinorum laneorum. [*Küche*] Item invenerunt in coquina unum sedile; unam *moelde*, cupam unam; tria verua ferrea; duo thetra; tenellam; ollam cupream dictam *oyspot*; duos mortarios; follem; vas salis ligneum; octo ollas cupreas; septem patellas et unam certaginem; quatuor cacabos parvos et unum magnum; item duas pelves rotundas cum lavatorio; item pendulum ferreum; duas pelves latas; septem candelabra stagnea; quinque quartas stagneas et unum pottum; lagenam stagneam de duabus quartis; duas duodenas scutellarum stagnearum et septem parvas scutellas dictas *sausyere*. [*Küchensöller*] Item supra solarium coquine lectum parvum cum sargia rubea, et uno pari lyntheaminum; item lanxem stagneam. [*Oberstock*] Item supra stalgiam[1] cacabum unum; mensam dictam *rondele*. [*Kleiner vorderer Söller*] Item supra parvum solarium anteriorem quatuor

---

a) pravam.   b) Die nächsten 5 oder 6 Worte sind unlesbar.

1) stalgia, Etage, Stockwerk, hier wohl eine Art Entresol.

lectos cum uno pulvinari; item unum scrineum in quo erant tres pecie linei panni continentes quadraginta septem ulnas, item una sargia rubea, unum par lintheaminum et unum auricale. [*Speicherzimmer*] Item ibidem in camera unum *spambedde*, in alia vero parva camera· ibidem contigue sita invenerunt unum lectum cum sargia, unum par lyntheaminum; tunicam dictam *strypechtich* forratam cum pelle agnina; item duas cistas modici valoris in quibus nihil erat. [*Hintere Kammer*] Item in posteriori camera ibi supra lectum magnum cum sargia rubea unum par lintheaminum, duo auricalia et rubeam tapitam, unam *gardijne*; item unum lapidem lane vel quasi. [*Unterer Söller*] Item supra solarium inferiorem quinque modios siliginis vel circiter. [*Oberer Söller*] Item in solario superiori quadraginta modios siliginis, paulo plus aut minus. Quo inventario, ut predicitur, facto, iidem executores protestacionem per eos superius factam, repetiverunt et pro repetita haberi voluerunt. Super quibus antedicti executores a me notario publico subscripto sibi pecierunt fieri publicum instrumentem signo meo solito et consueto signatum. Acta fuerunt hec Traiecti in domo antedicti quondam Reynardi Thorele de Berne sita ex opposito capelle sancti Amoris[1], presentibus ibidem personis discretis et honestis scilicet Mychaele dicto Neve de Steyne scabino opidi Traiectensis predicti, Arnoldo de Schommert commoranti in Wije, Arnoldo Cloc campsore, Reynardo filio Reynardi quondam sepedicti, Goblino de Berne, domicella Alcyde relicta Iohannis quondam de Berne, Margreta uxore legitima Henrici de Cleermont, Elysabet uxore Arnoldi de Scommert predicti, Cecilia uxore Iohannis Gotscalci de Valkenborch, testibus fidedignis dicte Leodiensis (diocesis) ad premissa vocatis specialiter et rogatis.

[*Notariatszeichen*] Et ego Iohannes Coci de Valkenborch Leodiensis dyocesis publicus imperiali auctoritate notarius *etc. etc.* propria manu scripsi *etc. etc.*

Orig. Perg. mit Notariatszeichen, beschädigt, die Schrift stark verblasst.

1393 März 13, Düsseldorf. — Wilhelm von Jülich Herzog von Berg und seine Gemahlin Anna von Bayern verkaufen den Eheleuten

---

1) Die dem h. Amor geweihte Kapelle lag auf dem Moesmarkte, vgl. Franquinet, Oorkonden en bescheiden van het kapittel van O. L. Vrouwekerk S. 71, Anm. 1 und 2.

Godart Herrn zu Drachenfels und Adelheid [von Merode] eine Erbrente von 200 rheinischen Gulden, die aus den landesherrlichen Einkünften zu Sinzig nach Königswinter in das Haus Schruchelenberg geliefert werden soll, und stellen dafür zehn genannte Edele als Bürgen.

146 (Drachenfels 27).

Wir Wilhelm van Guilche van goitz gnaiden herczouge van deme Berge greve van Ravensberg ind here zo Blanckenberg und Anna van Beyeren van derselver genaden hertzoginne grevynne | und vrauwe der lande vurschreven doin kunt allen luden ind bekennen offenbeirlichen vur ons onse erven ind nacomelincge overmicz desen brief, dat wir mit guedem eyndrechtigen moitwillen rechtligen ind | redelichen hain verkouft ind verkouffen overmicz desen brief onsen lieven Godarde heren zo Drachenveltz ind Ailheide eluden ind yren erven erflige jairliche gulde tzweihondert rijnsscher gulden guet und swair an goulde ind gewichte as zer zijt zo Coelne gencge ind geve sijnt omb eijne somme geltz mit namen tzweidusent gulden die ons ee dan dis brief gegeven worden, allenclichen ind wail betzailt was; ind geloiven in gueden truwen vur ons, onse erven ind nacomelincge den vurschreven eluden ind ijren erven die vurschreven jairlige gulde tzweihondert gulden as vur gesaicht is of an anderen gulden pennijnghen die also guet sijn, wail zo beczalen van nu vortme alle jairs op dat hoegetzijde cristsmissen bis op den nuwen jairs dach darna nyest volgende unbevancgen zo Coninxwinteren in yre huyss dat genant is Schruchelenberg[1], los ind ledich zo leveren uiss onssen gulden, renten ind beeden die wir in onsen lande van Sijntzijge[2] haven. Ind der betzalincgen zo meirre sicherheide hain wir den vurschreven eluden burgen gesatt ind settzen overmitz desen brief, dee wir ouch geloiven schaidloiss zo halden hinaff, mit namen onsen lieven getruwen Frederich heren zo Toenberg ind zo Landscronen, Geirhart sijnen soen, Wilhelm Stail van Houlstein onsen hovemeister[3], Herman van der Seeldonck, Rein-

---

1) Vgl. Annalen d. Hist. Ver. Heft 54, S. 38, Anm. 2.
2) Ueber das Verhältniss des Landes Sinzig zu dem Herzogthum Jülich s. u. a. Strange, Beiträge zur Genealogie Heft 10, S. 56; Wilh. Graf v. Mirbach, Zur Territorialgeschichte des Herzogthums Jülich Th. 2, S. 31.
3) Ueber Wilhelm Stael von Holstein Erbhofmeister des Landes Berg handelt ausführlich A. Fahne, Forschungen auf dem Gebiete der Rhein. und Westphäl. Geschichte Bd. 3, Abtheil. 1, S. 100 ff.

hart van Schoenroede, Rulman vam Turne, Lodewich van Reyde
rittere; Johan van Revele, Johan van Attenbach ind Geirhart·
Puncte van Remagen[1] wepelincge, die sich mit uns hervur verbon-
den haint in alsulcher wijse: were sache, dat wir, onse erven of
nacomelincgen in der bezalincgen ind leverincgen der vurschreven
erfliger jairlicher gulden eynichs jairs op den termyn vurschreven
versumelich of verbruchlich wurden an zo male of an eynchem
deile anders dan as vurschreven is, as dan zo manincge der vur-
schreven elude off yrre erven soelen onse burgen vurschreven un-
verstreckt, yrre.egein op den anderen zo warden, in leistincge
senden yeckliger eynen knecht mit eynem perde zo Coelne in eyne
eirsame herberge die yn alda van den vurschreven eluden of yren
erven mit boiden of brieven bewijst wirt, alda zo leisten zo ge-
woenligen mailtzijden as guder burgen recht ind gewoenheit is
op yrs selffs eygenen pende, ind as ducke as eyn pant verleist
is eyn ander. in die stede zo ersetczen ind geynewijss van der
leistincgen op zo hoeren noch yrre eynich in eyncher wijss quyt
zo sijn, den vurschreven eluden ind yren erven ensij zo voe-
rens van der vurschreven gulden daromb sy gemanit weren,
alenclichen ind wail genoich geschiet; ind so wanne sy eynen
maindt lanck viere wechen also in leistincge gelegen ind ge-
leist hetten, so mogen asdan nichter deme mainde die vurschre-
ven elude of yre erven die tzweihondert gulden renten vurschreven
zer stunt.zo Joeden of Lombarden leenen ind fenijers zo gewoen-
ligen oppgainde schaden, ind noch dan ensoelen die burgen die
mijn nyet verbunden syn, ain sij soelen leisten bis den eluden
ind yren erven die erflige jairgulde mit deme schaden de darop
gegangen were wail betzailt is sonder gebrech zo der vurgenanter
elude of yrre erven simpelen woirden. Und verbreche ouch eynich
onser burgen eyn of me ind nyet leistincge enhilde as vurschre-
ven is, wilche die verbrechgen, die soelen zor stunt der jairgulden
ind allez schaden vurschreven mit ons sachwalden sijn ind mal-
lich vur all, ind die burgen die in leistincge weren en soelen doch
ouch die myn nyet leisten noch verbunden syn zo leisten as vur-
schreven steit. Were ouch sache dat eynich onser burgen aflivich
of nislendich woirde, also soelen wir eynen anderen gelijch gue-
den burgen in des stat ersetczen as ducke as des noit .geburde

---

1) Girart Punte ist erwähnt in den Drachenfelser Ausgabe-Rechnungen,
Annalen d. Hist. Ver. Heft 54, S. 32, no. 109.

overmitz eyn transfix an desen brief zo hancgen, daromb ouch dis brief nyet gelestert noch gekrenckt sijn ensal; ind of ouch de burge de da erstorven of nislendich woirde mit eyme transfixe bynnen eyme mainde nyet ersat enwurde, dat asdan die andere burgen zo manincgen der elude vurschreven of yrre erven in leistincgen senden soelen as vurschreven is, nyet van danne zo komen, de burge en sij gesat as vurschreven is as ducke as des noit geburde. Ouch so bekennen wir vur ons, onse erven ind nacomelincge, dat so we zer zijt onse amptman zo Sintzijge is, dat de die vurschreven jairliche gulde beczailen ind leveren sal also as vurschreven is; ind as dicke as wir eynen anderen amptman setczen, de seulde sich bynnen eyme mainde na deme dat he gesat were mit eyme transfix an desen brief zo hancgen verbinden in alle der maissen as dis principailbrief ynnebaldende is. Und wir Frederich here zo Toenberg ind zo Lantzcroenen, Geirhart sijn soen, Wilhelm Stail, Herman van der Seeldonck, Reinhart van Schoenroede, Roilmann vam Torne, Lodewich von Royde, Johan van Revele, Johan van Attenbach ind Geirhart Puncte vurschreven geloiven in gueden truwen den vurschreven hern Godarde, vrauwen Ailheide eluden ind yren erven guede gehoirsam burgen zo sijn ind zo doin as vur van ons geschreven steit, alle argelist nuwe vunde ind alle behelp geistlich of weretlichs reichtz dat Godarde ind Ailheit eluden vurschreven of yren erven unstade doin meuchte ind ons onsen erven ind nacomelincgen of ouch onsen burgen stade doen meuchte in desen sachen genslichen uisgescheiden, und wir noch hyeman van onsse wegen ensoelen egein behelff soechen noch her weder appellieren in eijncher wijss. Und zo getzuichnisse der wairheit ind gantzer stedicheit hain wir hertzouge ind hertzouginne van deme Berge ind vort wir burgen vurgenant allesamen onse ingesegele an desen brief doin hancgen ind gehancgen. Datum Dussildorp anno domini millesimo trecentesimo nonagesimo tercio in crastino Gregorii pape.

Orig. Perg. mit 1 Siegeleinschnitt, 7 Presseln und 4 anhgdn. beschädigten Siegeln, 1: zwei geschachte Querbalken, auf dem gekrönten Helm zwei Bockshörner, Umschrift: S. Frederich v... bonburgh 2: geschachter Schrägbalken, 3: Maueranker, 4: Schräggitter mit Schildeshaupt, Umschrift: .. erardi Pun... de Rema... Signatur 17. Jhdts.: Drachenfeltz num. 13 Lit. A.

1393 April 18 (18 jours en mois d avrilh). — Der Allodialhof zwischen S. Maria und S. Lambert zu Lüttich beurkundet, dass Heinrich de Charneux Stiftsherr von S. Servatius zu Maastricht (S. Servalz de Treit) und sein Bruder Arnold, Stiftsherr der Liebfrauenkirche daselbst, ihrem Vetter (cusien) dem Knappen Dietrich von Moilant die nach dem Testament ihres Vaters des Ritters August de Charneux und ihrer Mutter Maria ihnen zugefallenen Theile der Herrschaft Saive bei Bellaire nebst dem dazu gehörigen Zehnten zur Hälfte verkauft haben [1].

Maire: Lambiers d Alleur; hommes delle ciese dieu: Abrehan de Waruz; Jehan Karey d Orey; Gilhe de Huy; Gerar li Kokin; Jehan d Espiroul; Lambert Goble li Parlier; Gilbe le Riche homme maistre; Jehan d Alleur; Wilheame de Havelange clerc. — Unter dem Siegel des Erzpriesters von Lüttich Radoulph d Ombray. — Unterschrift unter dem Texte von dunklerer Tinte: ‚en tesmoing de veriteit Wilheame de Havelange per homines'. **147 (Saive 11).**

Orig. Perg. mit Bruchstück des anhgdn. Siegels, wie oben no. 55. Rücksiegel: Adlerschild im Dreipass, Umschrift: S Ra'. de Ombraco.

1393 November 25. — Die Geschworenen des Kirchspiels Villip beurkunden, dass Winand von Palmersheim dem Jakob von Uerdingen Pfarrer zu Villip und Philipp Scherfgin zu Gudenau mehrere Pachtzinse zu Gunsten eines Altars in der Kirche zu Villip verkauft hat.

148 (Drachenfels 28).

Wir Johan Nois, Johan Koetz, Geirlach van Bech, Herman Smoltz, Johan Reynartz son, Johan Kratz, Herman Wynantz son, Heynze Molbach, Johan | Moeser der junge ind Johan Walrave scholtisse zerzijt ind vort andere gemeyne geswoyren ind kirspelslude des kirspels van Vijlpe doen kunt | allen die desen brieff solen sien off hoeren leisen, dat vur ons komen ind erschenen is der bescheyden man Wynant van Palmersheym ind | hait ergiet ind bekant, dat he vur sich ind syne erven verkouft have ind verkouffe erflich ewelich ind ummerme den eirberen Iuden heren Jacob van Urdingen pastoir der kirchen van Vylpe ind Philips Scherfgin wanechtich zů Gůdenauwe zů urbere ind in behůyff des elters de gelegen is in der kirchen van Vylpe ind gewijet is ind begaift in ere ind in namen Marijen der muder goitz ind sent Georgius des heylgen ritters ind der heylger juncfrouwen sente

---

1) Vgl. E. Poncelet, La seigneurie de Saive S. 25.

Katherinen alsulghe gůde cinse ind peichte as hernae geschreven steent, dat is zů wissen: eyn half malder roggen bunscher maissen alleweige zů bezalen zů sent Remeysmissen heren Jacob ind Philips vurschreven off deme rectoir des elters vurschreven, ind eynen capuyn up sent Merthijns dach zů bezalen, ind vort tzien schillinge coelsch pagamentz ind eyn huyn ind half malder eiven up sent Merthijns dach, umb eyne summe geltz der sy op beyden sijden eyndrechtich woirden sijn; wilghe summe geltz derselve **Wynant** vur ons bekant hait dat he die entfangen hait ind vort in synen urber gekeert have ind schilt dan aff los ledich ind quijt heren Jacob ind Philips vurgenant ind vort alle die ghene den dat[a] angain maich, mit vurwerden as hernae geschreven steyt, dat is zu wissen: dat Wynant vurgenant verbonden ind zo onderpande gesat hait as vur dat halve malder roggen ind den capuyn alle jair erflichen zu bezalen as vurschreven is zwene morgen artlantz mit yren zůbehoeren die geleigen sint by Essich off by der wesen die der gemeynden van Vylpe zugehoirt ind růerent sich mit zwen enden an dieselve wese ind dat alleyne mit eyme capůyne zu winnen ind zů werven as sich dat heysche ind reicht is. Ind dat halve malder eiven zů bezalen, so hait he zu onderpande gesat zwene morgen artlantz die geleigen sint by ind onder Holtzheymer weige ind by lande des vurschreven Philips. Vort umb die tzien schillinge ind dat hůn zů bezalen as vurschreven steyt, so hait Wynant vurschreven verbonden ind zů onderpande gesat eyne hoifstat die geleygen is by der Soetenlinden zu Vylpe genant, ind dat mit deme hůne alleyne zů winnen ind zů werven as die zijt sich gebůrt. Wilghe vier morgen lantz ind hoifstat besitzende is nů zer zijt Johan Kratz mit yren reichten, ind he hait dat ouch vur ons van den vurgenanten heren Jacob ind Philips entfangen also dat he vort dan aff den vurschreven cyns ind paicht gelden sal erflichen den vurschreven heren Jacob ind Philips off deme rectoir des elters vurschreven. Ind die vurschreven onderpende hait Wynant vurgenant geloift zů vrijen ind zů weiren jair ind dach as reicht is ind gewoenlich, ind alle reichte anspraiche aff zu doen, ind he hait sich ind syne erven danaff vur ons onterfft in darop verzegen mit hande halme ind monde op der vrijer straissen onss kirspels ind vur den kirspelsluden vurschreven ind die vurschreven heren Jacob ind Philips daran geerft ind geguet

---

a) *Das folgende von blasserer Tinte.*

iu behûif des elters vurschreven mit allen reichten ind hoichgeyt as erfs reicht is. Her enboyven haint die vurschreven her Jacob in Philips eynen vurvanck gedain ind ercleert, want also as sy sprechent, dat gelt dat sy umb dat erve cynse ind peichte vurgeschreven gegeven haint ind gegolden, dat dat an sy komen is as van testamentz weigen, also off id sache were dat sy sementlich off sunderlich darvan eynghe anspraich lijden muesten ind egheyn ander gût enhetten as van testamentz weigen, dat sy dan dat vurschreven erve ind gût sementlich off sunderlich verkouffen ind angrijffen mogen sich damede zû erweiren off is noit gebûrde, dat got vurhueden mûesse; alle argelist in desen vurschreven punten gentzlichen ind zûmail ussgescheyden. Ind dis zû meirre sicherheyt so hain ich Wynant van Palmersheym vurgenant mijn seghel an desen brieff gehangen. Ind want wir geswoyren vurschreven egheyn seghel enhain, so hain wir gebeiden die cirbere Iude Lodewich van Grymerstorp ind Jobanne van Holtzbeym wepelinghe, dat sy yre siegele vur ons an desen brieff willen haugen in urkunde alle der punte vurschreven. Ind wir Lodewich van Grymerstorp ind Johan van Holtzbeym wepelinghe bekennen, dat wir onse siegele umb beiden willen der geswoyren van Vijlpe vurschreven an desen brieff gehangen han by des vurschreven Wynantz segel in urkunde alle der punten so wie sy vurschreven steent. Gegeiven in deme jaere dû man schreyff nae Cristus geburde dusent druhondert drû ind nûynzich jair up sent Katherinen dach der heylgher juncfrouwen.

Orig. Perg. mit 3 Presseln, Rückaufschrift 14˙ Jhdts.: Vilpe; *Signatur 17. Jhdts.*: Drachenfeltz Lit. A. num. 14.

1393 November.27. — Der Neusser Bürger Hermaun Sohn des † Hermann van den Claeren stellt zum Zwecke einer Erbtheilung mit seinen beiden Schwestern ein Drittel der Besitzungen und Einkünfte urkundlich fest. **149.**

Ich Herman wanne Herm'ans soen van den Claeren burghere tho Nusse doen kunt allen luden die desen brief sulen | sien off hoeren lesen ind bekennen offenbair, dat ich mit guden moitwillen ind vurbedachten rade na plechseden ind ge|woenden der stede van Nusse eynre deijlinge geroympt hain tuschen mynen susteren Belen Stynen ind min as van eerftalen ind guede des onss sementlichen erstorven is van onsen vader ind moeder, den got genedich sij. Wilche deilinge ich Herman vurschreven gesat have ind sette in drij deil, also dat ich eyn deil van desen vurgenanten drijn deilen sette as heerna geschreven steit: dat hûys dat gelegen is bij Coenken Prijter de scoemecher an eyne sijte ind Heynken Syberichts soens van Kirsmach des bruwers an die ander sijde; wilch hûys vurschreven jaerlichs geldende is tho eerftnisse deym convent van den Claren vier scillinge brabantz op sente Remeys dach, deym convent van sente Quirijne tween scillinge brab. tho paischen, heren Johanne Koninch vier scillinge brab., half tho paischen ind half the sente Remeysmissen, ind Diederich Flecken van der Baere seestien scillinge brab. op sente Remeys dach ind dan der stat van Nusse seestien peninge brab. op des heiligen cruces dach as man schrijft tho latijn exaltacio sancte crucis: vort eyne marck pamentz dije wir jaerlichs geldende hain an Wijcops hûys in gheer Rijnstraten; vort vier scillinge brab. die wir jaerlichs geldende hain an eynre hoefstat dije gelegen is bij Greten wanne huysfrouwe was Wilhems van Capellen des smeetz; vort seven morgen artlantz dije gelegen sint an tween stucken tuschen deme Oevercloister[1] ind der Abbatissen moilen[2] zoe der rechter hant, wilche seven morgen artlantz vurschreven jaerlichs geldende sint unsme lieven genedigen heren van Coelne twey malder rogghen up sente Remeys dagh; vort nûentien morgen artlantz die Lambericht Scharant van onss tho pecht hait, wilche nûentien morgen artlantz vurschreven der nûen jaerlichs geldende sint deme convent van sente Quirijne twey malder weytz op sente Remeys dach ind vort dan so gelden die nûentien morgen vurschreven sementlichen jaerlichs den heren van Geladbach eyn half malder even ind eynen scillinge brab. tzo tinsse, ind dese vurgenante nuentien moergen lantz sint leengoet under die halle tho Geleynen; vort vûnftenhalven moergen artlantz dije gelegen sint bij deym Planckerwege an eyne sijde ind bij Estas lande an die ander sijde, wilche vûnftehalven morgen lantz jaerlichs geldende sijnt Henrich Robels eydem vier peninge brab. op sente Martius dach; vort dirdenhalven morgen artlantz dije gelegen sint an der Joedengaten tho Gleyn; vort vierdenhalven

---

1) Das Oberkloster ist die im Jahre 1181 gegründete Niederlassung von regulirten Chorherren, Tücking, Geschichte der Stadt Neuss S. 16.
2) Diese Mühle der Abtissin von S. Quirin zwischen Grimlinghausen und Neuss an der unteren Erft gelegen hiess im Volksmunde die Epgesmühle, Tücking, a. a. O.

morgen artlantz die gelegen sint op den Berghe intgheyn des Ovelers lande, wilche dirdenhalven ind vierdenhalven morgen lautz vurschreven sementlichen jaerlichs geldende sint Seger van Kessel nûen penninge brab. myn eyne mijte op sent Martins dach; vort vûnff morgen artlantz die gelegen sint bij den kinderen van Slijcheym an vier stucken: vort drij ind drissich morgen artlantz dije gelegen sint bij Boeckom mit eynre hoefstat ind eyne holtgewalt kûrmoitgûet der heren van Werde[1] ind denselven heren jaerlichs geldende drij scillinge brab. op sent Andreis dach, wilche drij ind drissich morgen lantz hofstat ind holtgewalt ouch jaerlichs geldende sint deym convent intgheyn den mynrebroederen tho Nusse vier malder rogghen op sente Remeys dach; vort dirdehalf sumberen rogghen dije wir geldende haven Jacob vamme Stade; vort eyn half sumberen dat wir geldende haven tho Luttelgleyn. Vortme so we dit deil behelt, want dit deil besser is dan dat ander eyne deil, de sal mir Herman vurschreven gheven tien marck brab., drij lichte gemeyne jonche baller vur eynen ycgelichen penninch gerekent, as van besettinghe wegen dije mir Ebel mijn broder besat bait an seven morgen artlautz gelegen echter deme Overcloister, wilche seven morgen lantz onss thogoerenden sint ind deme vurschreven Ebelen mynem broder pantz stoynden vûr viertich marck brab. ind ich Herman vurschreven dijeselven seven morgen lantz darumb weder in die deilinge geworpen have. Ind dis to getuge hain ich Herman vurschreven myn segel an desen brief gehangen. Datum anno domini M°. CCC.^{mo} nonagesimo tercio feria quinta post beate Katherine virginis.

Orig. Perg., ohne Umbug, mit beschädigtem abhgdm. Siegel: gespaltener Schild, rechts Löwe, links drei Querbalken; Umschrift: S . . . . . Claren.

1394 Februar 14. — Konstantin Crone schliesst einen Ehevertrag mit Anna der Tochter des Maes von Losen genannt von Troisdorf und verschreibt ihr als Leibgedinge Güter zu Hüchelhoven und Hünxe sowie ihre baare Mitgift von 500 Gulden. **150.**

Ich Constantin Crone bekenne apenbaer in dessen apene bryve so wij eyn hilich as eyn recht e gededinget is mytz over rechte hilix lude | und tugen myr und Annen Maes dochter van Losen[2]

---
1) Der Stiftskirche zu Kaiserswerth.
2) Ein Rabodo von Losen besiegelt am 25. November 1366 eine Ur-

genant van Troistorp und Aled syns eliken wyffs in sachen ind
maniren as hirna | bescreven steit. Dat is to weten, dat to
dem yersten male dat ich de vurschreven Anna haven sal to eme
elichen wyve und hebbe oer gemaket to eynre lifftůcht, off dat
sake were dat see mych verleffde, myn hůs ind hoff to Hukelaven
myt alle synen tobehoeren to bůsche to velde to water to weiden
ind nyet daran uyt gescheden, dan eyn vrij eygen gůyt is inde
aeck eyn deil mangůyt is myns juncheren van der Marken, ind
eyn ander eygen guyt dat gelegen is te Hůnxe und is gehiten de
Lohůve, inde de vyffhůndert rynsche gulden de myr Maes vur-
schreven myt Annen synre dochter gegeven haet; welke somme
gulden off ir wert myt dessen guden vurschreven ir lifftucht haven
halden ind besitten sal aen emans wedersprake. Wert sake, dat
Anna vurschreven myn elike wyff geyn geboert van mir en ge-
wonne ind verstorve, des god nyet en wille, so sullen Annen
neiste erven mage ind vrunde de vurschreven vyfhůndert gul-
den wederhaven ind boren an dessen guden vurschreven und
an dem gude daer de vurschreven vyfhůndert gulden an gelacht
weren bis also langhe dat myne erven na mynem dode Annen
vurschreven ind oeren neisten erven de vurschreven vyfhůn-
dert gulden genslich in tomael betaelt weren, wont ich de vur-
schreven vůnfhůndert gulden myn lifftucht besitten sal. Vort wert
sake, dat ich Annen vurschreven verleifde [?]. Desse saken haen ich
Crone vurschreven gesekert ind gelavet in guden trouwen alle desse
půncten voer ind na bescreven vast ind stede to halden aen arge-
list, und haen myne vyer bruder as myt namen Dederich, Heinrich,
Bernd in Johan gehiten Histvelderer darvor to borgen gesat in
sulker vůgen, dat desser puncte geyn gebroken en werde; mer wert
sake dat desser půncten enych gebroken worde, dat god vor sij,
so sal ich Crone vurschreven to Ratingen leisten myt tween perden
to guder lude rechte ind elyck mynre bruder vurschreven myt
enen perde in derselver wijs. Wert oyck sake dat enich van
mynen borghen afflivich worden, asdan sal ich enen anderen gůden
borgen in syne stad setten bynnen dem neisten maende na maninge
Maes vurschreven off synre erven under peynen der leistinge vur-
schreven. Onde ich Crone vurschreven bekennen alle desse saken
waer, unde Anne vurschreven vertyget und vertegen haet op alle

kunde zu Gunsten des Stiftes Gerresheim, J. H. Kessel, Geschichte der Stadt
Ratingen Bd. 2, no. 261.

dat erve ind gûyt as ir vader ind ir můder ind ir bruder in henden haent so we dat gelegen is, varende ind vlisende, t en weer off Annen vurschreven god ind dee helge kerckhoff war mede an erffden, des dan onvertegen aen argelist. Welke vunfhundert gulden vurschreven myr Maes vurschreven betalen sal nů en neisten esschedage na datum dis bryffs, off vûnftich gulden hilix geldes darna alle jaer to betalen op de vurschreven tijd. Weer dat sake dat Maes vurschreven de vyfftich gůlden bijix geldes affleggen wolde, so mach Maes vurschreven brengen vůnfhůndert gulden op de vurschreven tijd off alwege op sent Peters dage cathedra Petrij off myt hundert gulden tyen gulden aff to losen, unde beneden hůndert gulden nyet. Unde to rechter stedichheit ind to getůge der waerheit so hebbe ich Crone vurschreven desse hilixlude gebeden myt namen den abbt van Hamboren[1] ind Aloff van Winkelhůsen op eyn syden ind her Harman van der Seldenduck unde Reynart van Bodelenberg op de ander syden gebeden to getůge as hilixlude dessen bryff mit my to besegelen und myne vurschreven brudere myt myr to besegelen dessen bryff as rechte saeckwalden ind borgen, so we vurschreven steit. Und wir hilixlude vurschreven bekennen dat wir om bede willen Cronen vurschreven dessen bryff besegelt hebben to getůge; ind wir gebruder vurschreven as borghen hebben myt namen dat gesekert ind gelaefft myt Cronen onssen brůdere vurschreven ind gelaven in guden trouwen ind sicheren alle desse puncte vurschreven die desse bryeff begrepen haet vast ind stede to halden sonder alle argelist. Datum anno domini M^{mo}. CCC^{mo}. nonagesimo quarto ipso die beati Valentini episcopi.

Orig. Perg. mit 4 Presseln und Bruchstücken von 5 anhgdn. Siegeln, 1.: vier Reihen Eisenhütlein (4:4:3:1), darüber dreilätziger Turnierkragen, 2.: ebenso, Umschrift: S. Joh. . . stvel . . . 3.: ebenso, Umschrift: S. Bernardi . . . . . 4.: sitzender Prälat mit Stab und Buch [Kopf fehlt]. 5.: Theerkranzeisen[2]. *Rückaufschrift 15. Jhdts.:* betreffde alde alde hylyxbreiff.

---

1) Der damalige Abt des Prämonstratenserklosters Hamborn ist ein Verwandter des Bräutigams und heisst gleich diesem Konstantin Krone, G. Bärsch, Annalen d. Hist. Ver. Heft 2, S. 167.

2) So bezeichnet Fahne, Geschichte der köln. jül. u. berg. Geschlechter Bd. 1, S. 458 das Winkelhausen'sche Wappenbild.

1394 März 29. — Hermann von Epsendorf und sein Sohn Arnold verzichten auf alle Ansprüche an das Erbe zu Berg, welches Johann von der Blume dem Heinrich von dem Berge, dem Oheim der jetzigen Inhaberin, verkauft hatte. **151 (Epsendorf 2).**

Wy Herman von Epsendorp ind Arnolt mijn witteliche kijnt ind onse erven doen kont allen Iuden dye desen brief solen syen | off horen lesen, dat wy sementlichen myt guden moetwillen vertzien op alle sullighen erve als Johan van der Blomen ver|koecht hadde Heinrich van dem Berghe, deen got genedich sy, dat tzo Bergh in dem baefe[1] gheboirt, da nů dertzijt is Katherijn Witten wyf van Cappellen als van uyrs oems wegben Heinrich voirschreven in alle sulligher maessen, dat sy ons ghenoych ghedaen haet als myt eenre summen van geld, ind hebben daerop verzeghen myt halme ind myt monde als ghewonlich is. Ind haen voirt ghelaeft ind gheloven in guden trouwen der voirschreven Katharinen ind uren erven vaste stede weringhe tzo doen ind alle rechte aenspraccke aff tzo doen binnen jaer ind daghe as erfs reicht is aen all argelist geystelichs off wertlichs gherichtz. Voirt meer tzo ghetzuge haynt daer aen ind over gheweist eersum birf lude, then yrsthen Gobel der möllener van Broeche ind Heyn Hůen, dertzijt kelner toe Synsteden der Duestger heren[2] ind Rutger Goisdorp ind Johan Brugh der kelner van Elze der Duestger heren[3]. In orkonde der wairheyt so hebben wyr Herman ind Arnt voirschreven onse inghesegel unden aen desen brief ghehangen. Datum anno domini millesimo trecentesimo nonagesimo quarto dominica letare in ieiunio.

Orig. Perg. mit 2 Presseln.

1394 Dezember 10 (feria quinta post Nicolai episcopi). — Ailf von Wolkenburg verpachtet dem Ritter Ludwig von Roide seinen be-

---

1) Bergerhof bei Helpenstein, südlich von Neuss oder der Hof zu Fürther Berg bei Grevenbroich.

2) Bei Sinsteden in der Pfarrei Rommerskirchen hatte das Deutschordenshaus zu Gürath den Zehnten von 4 Hufen und 11 Morgen Ackerland gekauft, den Burchard von Hackenbroich am 14. März 1262 aus dem Lehnsverbande entliess, Lacomblet, Urkundenbuch Bd. 2, no. 502, irrig zum 29. März 1261.

3) Die Herrschaft Elsen bei Grevenbroich war von den Deutschherren zu Gürath im März 1264 erworben worden, Lacomblet, a. a. O. no. 528 zu 1263.

reits auf vier Jahre vergebenen Zehnten zu Uckendorf gegen eine bestimmte Kornlieferung auf ein weiteres Jahr[1] und verpflichtet sich eidlich, bei etwaiger Besitzstörung zu Siegburg ‚yn Johannes hůyss zom Yseren marte'[2] Einlager zu halten. **152** (Rott 3).

Orig. Perg. beschädigt, mit 2 Siegeleinschnitten; Rückaufschrift: legi 1689 no. 16. *Signaturen 64; 212.*

1395 Februar 10. — Ritter Godart Wolff von Rheindorf und seine Frau Greta vergleichen sich mit Godarts Bruder Winrich unter Vermittelnng genannter Schiedsleute über die Besitzungen zu Holtorf im Lande Löwenburg und zu Schwarzrheindorf[3].

153 (Schwarzrheindorf 2).

Wir Godart Wolff van Ryndorp ritter ind Greta myn eliche huysfrauwe důn kunt allen luden ind bekennen offenbeirlichen in desem brieve vur | uns ind unse erven, dat tzwijst ind tzweyunge is geweist tuschen Wynrich Wolff van Ryndorp unsme brueder ind swager up eyne sijte ind uns | Godart ind Greten elude vůrschreven up die ander sijte as umb erve ind guyt dat unse vader seilich dem got gnade dem vurgenanten Wynrich gegeyven sulde han, also dat wir oevermitz gude lude myt namen heren Engelbrecht van Orsbeck, her Johan Schillinck van Vylck rittere, Ruelff van Seichteim ind Herman Roitkanne scheffen zu Bůnne alle der sachen vorderuncge ind anspraichen die Wiinrich vůrschreven an uns haven moicht ave wir zu eme, derre sachen ind vorderuncgen sin wir lůytterlichen oevermitz die gude lude vurschreven gemoytsaist ind gescheiden as herna geschreven steit, dat also zů verstain: dat wir Godart ind Greta elude vurschreven dem vurgenanten Wynrich gegeyven haven ind geyven oevermitz desen breiff sulchenen tzweyn hoyve so wie unse vader seilich ind wir die lijgende hatten zů Hoilttorp in dem lande van Lewenbergh, dere eyn rorende is van dem hoyve des goitzhus der herren van Gladbach ind der ander hoff is rorende van dem hoyve der herren zů sent Cassius zu Bůnne de geleigen is zů Wailvelt; vort dat guyt zu Ryndorp myt namen huys hoff ind tzweyn morgen wyncgartz geleigen up der Keren myt all yren rechten und zůbehoiruncgen

---

1) Vgl. die Urkunde von 24. Juni 1392, oben no. 144.
2) Ueber die Herberge zum Iscrenmarte in Siegburg s. oben S. 183, Anm. 1.
3) Vgl. den Vertrag vom 6. Januar 1388, oben no. 132.

ind wie die vurgenante hoyve ind wyncgart geleigen synt, neyt darave uysgescheiden, also dat derselve Wynrich vurschreven die hoyve ind wyncgart vurschreven haven halden ind besiczen sal ind mach die verkouffen, geyven, verseczen, wenden ind keren war hie wilt ind mach da myt doin as myt anderme syme wijsliche erve ind guyd sunder wederreyde unser off eyman anders van unsen weigen off unser erven. Ouch is zů wissen, die tzweyn morgen wincgartz die wir Wynrich vurschreven gegeyven haven, die han wir eme gegeyven in alsulchenre wijsen, ave sache were dat Wynrich vurschreven die vurgenante wyncgarde verkouft ave zů anderen henden kijrde, so solen die wyncgarde vurschreven uns Godart ind Greten elude vurschreven gelden eyne tunne wyrcz, ind were sache dat Wynrich vurschreven sich veranderwerfft dan aff hie eliche geburt kreghe ind leyse den die wincgarde vurschreven valen na syme dode ave yn syme leyven, so ensolen uns die wincgarde vůrschreven neyt gelden; ind we unsen hoff zů Rijndorp heit, de sal die tunne wijrtz jairs gelden dem goitzhuyse van Rijndorp, want unse hoff die wincgarde vůrschreven danaff vrijen sal van der tůnnen wijrcz jairs vurschreven. Ouch is gevurwert, ave sache were dat Wynrich vůrschreven stůrve sunder eliche geburt ind dat guyt eyns deils unverkouft ave unvergichtgit were, so wat des gůtz dan bleve, dat sal an uns Godart ind Greten elude vurschreven ind an unse erven ervallen ind erstorven syn. Vort geloyven wir Godart ind Greten elude vurschreven up alle die steide zů komen dar die vurgenante guyde rorende synt den vurgenanten Wynrich da ane vaste ind steide zů machen, also dat hie alle syne vryen eygenen moytwillen damyt doin mach as myt anderem syme wijslichen erve ind guyde, behalden den leenherren irs rechten unverlorn, ayn eynicherley argelijst. Ind umb dat wir Godart ind Greta elude vurschreven alle dese vurgenante punte dijs breifs vaste ind steide halden, darumb han ich Godart vurschreven myn ingesiegel vur mich ind Greten myn eliche wijff an desen breiff gehancgen, des ich Greta vurschreven bekennen, dat ich des siegelcz in desen sachen gebruychen. Ind wir Godart ind Greta elude vurschreven han vort gebeiden die eirber herren ind wijse Iude myt namen heren Encgelbrecht van Orsbeck, her Johan Schillinck van Vylke rittere, Ruelff van Seichteim ind Herman Roitkannen scheffen zů Bunne die hie oever ind an geweist sint, dat sij zů getzuge der wairheit yre ȷcliche syn ingesiegel myt uns an desen breiff willen hancgen; des wir *etc. etc.* bekennen dat wir hie ane ind oever geweist sin da alle dese vurgenante punten dijs breiffs geschiet synt also as vurschreven steit, ind han des zû getzuge ind van beiden weigen heren Godartz ritter, vrauwe Greten syns elichen wiffs ind Wijnrichs vurschreven unser eiclich sin ingesiegel an desen breiff gehancgen. Gegeyven in dem jaire uns herren do man schreiff dûsent drûhundert vûnff ind nuyntzich jaire des tzeynden days in der spuyrkelen.

Orig. Perg. mit 2 Presseln und 3 anhgdn. beschädigten Siegeln, 1.: Schild mit Schildeshaupt, auf dem Helm zwischen zwei Büffelhörnern ein Vogel, Umschrift: S. Johans Scilinck vā. Vylk. 2.: fünf Lilien (2 : 1 : 2) Umschrift: S. Rodvlfy de Segtem. 3.: drei Kannen (2 : 1) Umschrift: Hermanni Roitkanne. Signatur 17. Jhdts.: Num. 33.

1395 Februar 14. — Ritter Johann von Drimborn, Johann von S. Margraten Bürgermeister zu Aachen, Gerhard von Haren Bürger daselbst, Heinrich vom Meil Küchenmeister zu Kaster, Iwan von Adenau, Hermann Testbirnre, Hans von Würzburg und Hermann Vûystgin von Nideggen schliessen eine Genossenschaft zum Betriebe eines Bergwerks in Nideggen. **154.**

Wir Johan van Drijnborne ritter[1] . . Johann van sent Margrathen burgermeister zer zijt zo Aiche[2], Gerart van Haren burger zo Ayche[3], Heynrich van dem Meyle kûchen | meister zer zijt zo Caster, Iwaen van Adenaûwe, Herman Testbirnre, Hans van Wyrtzborch ind Herman [a] Vûystgin van Nydecken doin kunt allen luden ind kennen | offenbirligen mit desen brieve vur ons ind vur onse erven, dat wir sementlichen ind eyndrechtligen mit onsen guden

---
a) *In „Herman" die ersten Buchstaben von dunklerer Tinte.*

1) Ein Johann von Drimborn wird bereits am 18. Oktober 1369 als jülichscher Amtmann zu Nideggen aufgeführt, Lacomblet, Urkb. Bd. 3, no. 693, S. 597.

2) Johann von S. Margraten war 1394/95 Bürgermeister neben dem Schöffenbürgermeister Volmer, Laurent, Aachener Stadtrechnungen S. 389, S. 400; Loersch, Aachener Rechtsdenkmäler S. 187, S. 286.

3) Gerhard von Haren wird am 13. Juni 1403 in einer Klage des Rathes von Halberstadt wegen der Bebelligung von Pilgern genannt; am 15. Juni 1423 beurkundet ihm Johann I. von Looz gewisse Zugeständnisse, Zeitschrift des Aachener Gesch.-Ver. Bd. 6, S. 241; Bd. 1, S. 165. Lange Zeit hindurch bezieht er von der Stadt Köln eine Leibrente, s. Mittheilgn. aus dem Stadtarch. von Köln, Register, besonders auch Heft 22, S. 135, no. 516 ff.

vůrraide ind moitwillen ons zosammen verbunden ind oeverdragen hain, eyne geselschaf onder ons zo haven ind zo halden as van des berchwerx weigen geleigen onder onsme genedigen herren deme hertzoigen van Gelre ind van Gulge in Gulger lande bij Nydecken in alle der maissen as herna beschreven volgt: (1.) In den yrsten so solen wir alle samen gude gantze getruwe geselschaf halden ind nyeman van ons gesellen ensal sine geselschaf uss synre haut setzen noch sin deil daevan deilen noch besweren noch ouch nyeman anders bůyssen ons oevergeven, id en sij mit willen ind consent onser gantzer geselschaf. (2.) Vort so is onse verdrach, of onser gesellen eyn of me uss were in orber des berchwerx vurschreven ind van weigen onser geselschaf vurschreven, so wat schaden de dan darumb neme, den schade solen wir andere gesellen vurschreven mit lijden ind mallich sin antzail na gebur dat derghien van ons den schade lede op den dach gelden moechte, ussgescheiden, of yeman van ons umb dageloyn an desem berchwerke woerte ind schade neme, des en soilen wir andere gesellen nyet zo schaffen haven. (3.) Ouch so en solen wir onder uns egeyne gesellen me in onse geselschaf vurschreven neymen, id en sij mit onser alre willen. (4.) Ouch is onse verdrach, so wilch van ons gesellen nyet gevoelgich en were deser geselschaf noch sin gelt nyet in enlechte zerstunt in orber der geselschaf as sich dat gebůrt, de sal damit asdan deser geselschaf zomoil quijt (sijn) ind de en sal ouch nyeman sin deil in egeynre wijs besweren noch egeyne anspraiche noch vorderunge darumb doin, id en sij mit willen ind consent onser alre. (5.) Vort so solen wir alle sementligen ind eyndrechtligen mit gantzen truwen ind ernste der gemeynre geselschaf des vurgenanten berchwerx orber ind beste werven ind zo allen zijden vort keren, ind nyeman van ons en sal sin beste noch orber noch nyemans anders sunderlingen in deser geselschaf werven noch vortkeren as van des berchwerx weigen vurschreven. (6.) Ind of yeman van ons gesellen vurschreven of ouch onse erven namoils of ouch yeman anders den wir in onse geselschaf nemen in deser geselschaf in allen of in eyngen dis briefs půnten zo kort deden ind da ynne versůmelich of verbruychlich wurden, des nyet sin en můsse, de verbrechende sal asdan zerstunt der geselschaf zomoil quijt sin ind egeyn recht noch vorderunge me daran haven noch nyeman van sinen weigen. (7.) Vort weret sache, dat wir zo raide wurden, yeman me in dese vurschreven onse geselschaf zo neymen, der were eyn of me, die soilen sich asdan ouch gelich ons zo allen ind yecligen pûnten dis briefs verbinden ind dese geselschaf truweligen geloven zu halden oevermitz yre besegelde transfixbrieve dorch diesen brief zu stechen, dat doch desen brief asdan nyet ergeren noch vicijeren en sal, sunder alreleye argelist. — Alle ind yeclige pûnte dis briefs vurschreven hain wir alle samen so wie wir mit onsen kirstligen namen ind zonamen vurschreven vur ons ind vur onse erven onser eyn deme anderen mit hande ind mit monde in guden truwen ind in eitstat gesichert ind geloift, sicheren ind geloven in guden truwen ind in eytstat die vurgenante pûnte ind die geselschaf vaste stede ind onverbruchligen zo halden ind mallich van ons deme meisten part van deser geselschaf gevoelgich zo sin so wanne sich dat geburt of noit were, sunder eyngerkunne werwort of wederspraiche, ain alle argelist. In orkunde der wairheit ind vaster stedicheit alre vurschreven saichen so hain wir Johan van Drijnborne ritter, Johan van sent Margrathen, Gerart van Haren, Heynrich van den Meyle, Iwan van Adenauwe, Herman Testbirnre ind Johan van Wirtzborch vurgenant vur ons ind vur onse erven onse segele an desen brief gehangen. Ind want ich Herman[a] Vûstgin vurgenant· egeyn segel en hain, so hain ich gebeiden heren Ulrich van Lupenhoven ritter[1] dat he sinen segel vur mich ind myne erven in getzuchnisse deser sachen an desen brief gehangen heit; dat ich Ulrich vurgenant kennen wair sin ind umb beiden wille des vurschreven Hermans[a] Vûystgins gerne gedain hain. Gegeven int jair unss herren dûyset drijhondert vûnff ind nûyntzich op des guden sent Valentijns dach.

Orig. Perg. mit 1 Pressel und 7 Siegeleinschnitten, auf dem Umbug die Namen: ',Drijnborn, Margrathen, Haren, Henrich, Ywaen, Herman, Henrich, her Ulrich'. *Die Urkunde ist durch einen Längsschnitt kanzellirt.*

1395 Mai 16. — Kunigunde Wittwe Heinrichs von Aldenacher nimmt von dem Ritter Godart Wolff von Rheindorf und dessen Frau Greta Ländereien im Kirchspiel Lohmar gegen einen jährlichen Zins von 5 Malter Hafer in Erbpacht. **155** (Schwarzrheindorf 3).

---

a) *In ,Herman' die ersten Buchstaben von dunklerer Tinte auf Rasur.*

1) Ulrich von Lüppenau, nach einem Edelhofe bei Nideggen benannt, Fahne, Geschichte der köln. jül. und berg. Geschlechter Bd. 1, S. 263; Müller, Beiträge zur Gesch. des Herzogthums Jülich Bd. 2, S. 166 ff.

Ich Cunegund elige huysvrauwe wilne Heynen van Aldenacher kirspelswijf zo Lomer[1] doen kunt allen luden ind bekennen oevermitz |desen brieff, dat ich umb nucz myn ind mynre erven mit gudem vurdachten moitwillen haen gewunnen ind untfangen, ind wynnen ind| untfangen oevermitz desen brieff weder den erberen vromen man heren Goedarde Wolff van Rijndorp ritter ind vrauwen Greten syne eliche huysvrauwe ind yre erven dye gude ind erve herna geschreven in dem kirspele van Lomer gelegen: tzo dem eirsten seven virdeil artlands gelegen beneden[a] Aldenacher bi Tielen van Aldenacher; vort eynen morgen artlands gelegen up der Kuterart bi erve Eilges van Ynre[2]; vort eynen halven morgen artlands gelegen bi erve der vurschreven elude up der Krutzkulen; vort eynen halven morgen artlands gelegen an geenre Kirbach bi herren Hermans erve van der Seldung ritters; vort vier morgen artlande gelegen up der Vynkenhart bi erve hern Hermans vurschreven; vort eynen halven morgen busches gelegen an der Vynkenhart; vort eyne artwese gelegen bi erve myn Cunegund vurschreven van eynre sijden ind up der ander sijden bi Tielen van Alpach in der Stockwesen bi Krolenbroiche[3]; vort anderhalven morgen artlands gelegen up der Krutzkulen bi Herman van Alpach[3] vurgenant; vort tzwene morgen artlands gelegen up der Kirbach bi erve Weynen van Muijche; vort eynen hoff geheisschen der Alde Garde, umb eynen erfligen jairligen tzyns vunf malder evenen blankenbergisscher maissen dye wir den vurgenanten eluden ind yren erven of helder dis briefs mit yren willen in yre hof zo Lomer[4] in guden truwen geloyven vri los ind ledich zo leveren ind zo antwerden up mynen ind mynre erven kost anxt ind arbeit alle jairlichs up sente Mertijns dach des heiligen bisschofs in dem wyntere nyest komende na datum dis briefs of bynnen virtzien daghen darna neest volgende unbevangen. Ind deser betzalingen ind leveringen zo meerre sicherheit so haen ich Cunegund vurgenant den vurgenanten eluden

---

a) bneden.

1) Inhaberin des Kirchenpatronats zu Lohmar; Aldenacher ist vielleicht das heutige Algert östlich von Lohmar. Im übrigen vgl. Aeg. Müller, Siegburg und der Siegkreis Bd. 2, S. 349 ff.

2) Inger östlich von Lohmar.

3) Krolenbroich und Albach südwestlich von Lohmar.

4) In Lohmar hatte auch Graf Dietrich von Looz ein Burghaus erbaut, Lacomblet, Urkb. Bd. 3, no. 608, Anm. 1.

zo underpande gesat ind verbûnden ind vur den bescheidenen mannen den scheffenen des lands van Blankenbergh herna geschreven mit hande halme ind mit münde upgedragen, mit heirlicheide as darzo recht ind gewoenlich is, eyne myne wese geheissen in der Gromanswesen haldende tzwene morgen, gelegen bi Aldenacher beneden erve hern Hermans van der Seldung vurgenant, mit alsustenen vurwerden ind pijnen dye wir willencligen angegangen ind erkoyren han, also: weert sache dat ich of myne erven in betzalingen ind leveringen des erfspaichtz vurschreven up den vurgenanten termyn in eynichem jaire versumelich of bruchlich weren in deile of zomale, so sal asdan dye wese vurschreven dye verunderpeudt is so wye sy liget zerstunt eyh mit der vurgenanter elude erve ind gude los ledich in ⁾ zomale ervallen syn, also dat sy damit doyn ind schaffen mogen as mit yrme eygenen gude sunder mynen of mynre erven eynicherhande wederspraiche. Ouch is gevurwert, dat so watkunne tzynss of rechts dye vurgenante erve geldent, watkunne dye sijn, dye sal ich ind myne erven danne af richten ind antwerden. Ind wir Vulquijn van Lomer ind Hannus van Happerschosse scheffene des lands van Blankenberg vurgenant doen kunt allen luden ind tzugen offenberlichen, dat alle dese sachen so wye dye vurschreven steent, urkunde unser synt geschiet as sy van rechte soulden, dan af wir unse urkunde untfangen haen ind haen ouch dat vort an unse gesellen bracht. Ind des zo urkunde, want wir gheyn eygen segel enhaen, so haen wir eyn mit Cunegund vurschreven geheden den erberen man heren Herbord rector der kirspelskirchen zo Lomer dat he der vurgenanter kirchen ingesegel an desen brief hait gehangen; dat ich Herbord vurschreven umb beide beider partijen vurgenant erghien dat id wair is. Datum anno domini millesimo trecentesimo nonagesimo quinto mensis maii die sexta decima.

Orig. Perg. mit anhgdm. Siegel: Haupt des h. Johannes des Täufers, Umschrift: S. ecclesie ī Lomer.

1395 August 13. — Johann von Huffle und Gottfried Kersmaker Schöffen zu Loewen vidimiren die Urkunde vom 23. Oktober 1354. oben no. 63.   156 (Lombeck I ᴬ).

Die Stückbeschreibung s. oben S. 89.

---
a) *Verbessert aus* ind.

1395 Oktober 13. — Ritter Johann von Efferen und seine Frau Metza verkaufen ihrem Schwiegersohne Franke vom Horne zu Lindlar und dessen Frau Bela 10 Morgen Wiesen bei Frens und Ichendorf. **157.**

Wir Johan van Efferen ritter ind Metza syn elige wijff doin kunt allen luden ind bekennen oevermitz diesen brief, dat wir da ynne unsen ind unser erven nutz ind urber | vlijslich vurdacht ind vurproift hain ind hain mit guedem vurraide umb unsen merren schaden zu verhoeden ind mit gesamender hant vur uns ind unse erven .. | rechlichs ind bescheidens koufs verkoicht ind verkouffen oevermitz diesen brief Francken vamme Horne zu Lyntlair[1] unsme eydum ind Belen syme eligen wijve unser doichter die vur sich ind yre erven rechlichs ind bescheidens koufs weder uns vergoulden haint drij morgen beenden geleigen hynder Vrayntze in dem Ychwijlre bij beenden der junffrauwen van Meichteren[2] up eyne sijde ind zer anderre sijden geleigen by dem morgen der kirchen van Seendorp, ind scheyssent vurheuft up die Arve, ind die synt vrij; vort seven morgen beenden geleigen tusschen Roydermoelen ind Ychendorper moelen bij Coyngis beenden van der Goultbach an eyne sijde ind zer ander sijden bij Otten van Ychendorp ind scheissent up dat velt ind gelden jeerlichs Coyngin van der Goultbach vunfdenhalven schillinck, as umb eyne reichte bescheiden summe geltz die uns die vurgenante Francke ind Bele elude darvur getzalt gelevert ind wale betzailt haint ind davan wir vur uns ind unse erven sij ind yre erven loss ind quijt schelden oevermitz diesen brief; ind wir hain sementligen ind sunderlingen vur uns ind unse erven des vurschreven lantz uysgegangen ind darup vertzegen mit hande halme ind mit munde in alle der bester formen reicht ind manyeren so we wir dat alre bescheidelichste doin soilden ind moichten zo henden des vurgenanten Francken ind

---

1) Franko vom Horne (de Cornu) zu Lindlar, gleich seinem Schwiegervater Johann von Efferen dem kölnischen Patriziate angehörend, stand vor der Umwälzung von 1396 im Kriegsdienste der Stadt, am 13. Dezember 1396 schwört er Urfehde wegen der Haft, die er erlitten, Mittheilgn. aus dem Stadtarchiv von Köln Heft 9, S. 113, no. 5884. Beachtenswerth ist der Erbtheilungsvertrag vom 24. November 1402, nach dem die Familie auch Güter zu Quadrath, Zieverich und Mödrath besass, Annalen d. Hist. Ver. Heft 31, S. 28.

2) Ueber das Kölner Kloster Mechtern s. oben S. 185, Anm. 2.

Belen elude ind yrre erven, *etc. etc.*ª Ind deser dincge zo urkunde ind ganczer stedicheit so hain ich Johan van Efferen ritter vurgenant myn ingesiegel vur mich ind Metzen myn vurschreven wijff an diesen brief gehangen, wilchs ingesiegels ich Metza in diesen sachen gebruchen; ind hain vort zo meerre getzuge gebieden Werner van Kattervorst unsen eydum, dat hee ouch syn ingesiegel bij dat unse zo meerre getzuge an diesen brief gehangen hait, dat ich Werner vurgenant ergien ind bekennen dat id wair is. Datum anno domini millesimo trecentesimo nonagesimo quinto feria quarta post festum beati Gereonis et sociorum eius.

Orig. Perg. mit 2 unhgdn. Siegeln, 1.: *Wappen der Overstolzen drei Turnierkragen je mit fünf, vier und drei Lätzen, das Helmkleinod zu einem Elephantenrüssel verlängert, Umschrift:* ...... stol van Efferen ritt. . 2.: *gehender Löwe, rechtes Obereck frei, Umschrift:* S. Werner van Kat ... vort; *Rückaufschrift 15. Jhdts.:* Item dyt sint de breyf van den 10 morgen beynden.
Gedruckt: Strange, Beiträge zur Genealogie Heft 9, S. 63 f.

1396 Mai 2. — Reinhard von Jülich und Geldern Herr zu Münstereifel verbessert dem Knappen Heinz von Mirbach die Burglehen zu Münstereifel und Roderath durch eine Rente von 10 rheinischen Gulden.

158 (Mirbach 2).

Wir Reynart van Gûylge und van Gelre here tzo Mûnster in Eyfflen[1] .. doen kunt allen luden und bekennen | overmytz diessen offenen brieff assûylchen erve hûys und hoff geleigen inbijnnen Munster Eyfflen | und dat erve und gûet so wie dat zo Roedelroide[2] geleigen is myt all irme tzobehoeren als myn lieve herre und vaeder dem got genaide beleent und gevreyt hatte zo reichtem bûrchleene deme eirberen kneichte van den waipen Heynczen van Meirbach und sinen reichten erven und dat vurschreven burchleen van uns nû entfangen hait und wir yn damyt beleent hain, da hain wir Reynart van Gûylge und van Gelre herre tzo Mûnster vurschreven deme egenanten Heynczen umb truewen dienstzt den

---

a) *Folgen die Formeln der Enterbung und Anerbung.*

1) Am 24. Juli 1394, am Freitage nach S. Maria Magdalena hatte Junker Reinhard von Jülich die Huldigung der Bürger von Münstereifel entgegengenommen, vgl. u. a. J. Katzfey, Geschichte der Stadt Münstereifel Bd. 2 (Köln 1855), S. 262.

2) Roderath, südwestlich von Münstereifel.

hie uns gedain hait und noch doen sal hie und sine erven dat vurgenante burchleen gebessert mit zeyn gueder swairre rijntzscher. guldenen guet van goulde und en vollen swair van gewichte, die wir und unsse erven off de unsse guylde und rente upheyfft, sůllen deme egenanten Heynczen und sinen erven alle jaire up sonte Mertins dach in deme wijnter geleigen, hantreicken und betzailen van unsser gulden und renten die wir tzo Mŭnster hain und in deme lande dat dartzo gehoerich is sůnder alre kunne verzoich und argelist darin tzo keren . . Dis tzo urkunde und tzo getzuyge der gantzer wairheide so hain wir Reynart van Gůylge und van Gelre herre tzo Munster vurschreven unsse siegel vůr uns und vůr unsse erven an diessen brieff doen hancgen . . Gegeven in den jairen uns herren do man schrieff na goitz geburde důsent drůhoendert seijs und nůyntzich jair des anderen daichs na sent Walpurgh dage der heiliger juncfrauwen.

Orig. Perg. mit 1 Pressel; Rückaufschrift 15. Jhdts.: „Roedenraidt".

1396 Mai 15. — Hermann Roitkanne und Johann Wynmar Schöffen zu Bonn beurkunden, dass Henkin Cornelis und seine Frau Metza der Abtei Heisterbach eine Erbrente von 3 Gulden verkauft und dafür ein Haus in der Bonngasse verpfändet haben.

159 (Gudenau 3ᵃ).

Wir Herman Roitkanne ind Johan Wynmar scheffenen zů Bunne ind vort die ander scheffenen gemeynlichen důn kunt allen [luden]ᵃ ind tzugen oevermitz | desen breiff dat vůr uns comen ind erschenen synt Henkyn Corneylis ind Metza sin eliche wijff burgere zů Bunne ind [haint ange]sien nutz ind urber | ind umb myrren schaden zů verhoiden ind hant bekant vůr sich ind syne erven, dat sij richtlich ind bescheidlich verkouft [haven]ᵃ ind verkouffent oevermitz desen breiff dem eirwirdichen prelaten heren Rutghere zorᵇ zijt abd zů Heisterbach[1] ind dem convente van Heister[bach]ᵃ drij gulden guyt van goilde ind swair van gewijchte errflicher jairlicher renten, also as Henkyn ind Metza elude vurschreven vůr sich ind ere erven [geloy]fftᵃ ind bekant hant heren Rutgher abd ind dem convente vurschreven die vurgenante drij

---
a) *Loch im Pergament.*   b) *Verbessert aus* zijt.
1) Abt Rutger von Plittersdorf.

gulden alle jaire up sent Mertyns dach des heijligen buyschoffs erfflichen ind ewelichen die zů geyven ind wale zů betzalen. Ind des zů myrre sijcherheit so hant Henkyn ind Metza elude vurschreven heren Rutghere abd ind dat convente vurschreven bewijst up ere huys so wie die elude vurschreven dat lygen hant in der Bungassen up der Margassen orde zů Mart wert bij huysse des Swartzen Voys ind danaff dat man alle jaire vurschreven zů gelden pleit seestzeyn schillinck coeltz pagamentz Arnoilt Kaderele as eyme leenherren *etc. etc.* [*Anfall des Unterpfandes an die Abtei bei Zahlungsversäumniss*]. Ouch hant Henkyn ind Metza elude vůrschreven vůr sich ind ere erven vur uns bekant, dat yn van alre betzaluncge dijs vurgenanten kouffs, as vur eicliche gulden tzwoelff gulden genzlich ind zůmaile genoich gescheit'sij, ind saynt herren Rutghere abd ind dat convente van Heisterbach vurschreven davan quijt ind loss zu ewijchen dagen, ain alle argelijste. Ind dis zů urkunde ind getzughe der wairheit so han wir scheffenen vurschreven unse gemeyne scheffendums ingesiegel an desen breiff gehangen van beiden weigen der partien vurschreven. Gegeyven in dem jaire uns herren dûsent drijhundert seess ind nuyntzich jaire des vunfftzeynden dags in dem mey.

Orig. Perg. mit Bruchstück des anhgdn. spitzovalen Siegels: quergeteilter Schild, oben das kölnische Kreuz, unten ein stehender Löwe, Umschrift: ..... ab. Bonn ... [1]. *Rückaufschriften 15. Jhdts.:* Henkin Corneelis 3 gl. Daniel de Muffendorp et Johannes de Dreyse. Item 3 goldgl. to Bunne an eyme huse ind der Bungassen. *17. Jhdts.:* no. 49. Brieff und siegell abts und convents zu Heisterbach c. den hern zu Gudenau montags den 6. martii 1600. *Zusatz von anderer Hand:* 11. Febr. anno sechszehn hondert und acht ist durch Henrichen Nolden und Gilberten Helmighs gegenwurtiger brief mit zwolf gemeiner thaler ganz abgeloist *etc. etc.* Johan Roißbach.

1396 Mai 29. — Gobel van Hamer und Genossen verzichten auf genante Güter zu Oberlar und gewähren der Abtei Altenberg das Recht, die auf den Besitz bezüglichen Urkunden nach Belieben zu übertragen. **160.**

---

[1]) Ausführlich ist über die merkwürdigen Bonner Siegel gehandelt in den Jahrbüchern des Vereins von Alterthumsfreunden im Rheinlande Bd. 76, S. 186 ff.

Wir Goebel vam Hamer, Bele van Wijlre, Heyncze ir sůn, Lodewich van Ockendorp ind Druytgin sijn elige wijf doin kunt allen | Iuden *etc.* ind bekennen, dat wir mit gudme vurdachten rade ind moitwillen vur | uns unse erven ind nakomelingen rechtlichen ind redelichen verzegen haen ind verzigen oevermitz desen brief zo ewigen dagen zo up alle alsulche erve ind gůt, id sij huyss hoff lant mit allen synen rechten zobehoerungen ind besseruugen so wie dat gelegen is zo Overlair, dat wilne plach zo sijn Buschofs Johans ind dat nů na der hant gehait ind besessen haent Heyncz Halme ind sijn wijf Nese, nyet davan usgescheiden; ind is mit unsen guden willen ůrloff ind geheys, dat die erbere geystliche herren abt ind convent des goiczhuys van dem Aldenberghe overgeven ind leveren wem sij willent, nyeman usgescheiden, alle alsulche vurbesegelde brieve as sij hadden of ouch noch haent up demselven hoff ind gůt zo Overlayre vurgenant sprechende, ind kennen uns noch nyeman anders van unsen wegen an dem vurgenanten erve ind gude noch ouch an den vurschreven brieven die die vurgenante herren abt ind convent van dem Aldenberge vurschreven up dat selve gůt zo Overlair sprechende hadden geynreley recht noch vorderunge nů noch aichtermails nummerme zo haven noch zo behalden, geystlich noch wereutlich, ind id is unse gude wille, dat sij die vurgenante brieve enwech ind overgegeven haent. *etc. etc.* [*Verzicht auf alle Ansprüche*]. Ind dis zo gezuge der wairheit ind zo eynre erflicher stedicheit, so hain ich Goebel vam Hamer vurschreven myn ingesegel vur mich ind myn erven vur an desen brief gehangen; ind want wir Bele van Wijlre, Hentze ir sůn, Lodewijch van Ockendorp ind Druytgiu sijn wijf vurschreven selve engeyn ingesegel enhain, so hain wir *etc.* gebeden die erbere Iude Goedert Roitstock sůn wilnee hern Goedertz Roitstocks ritters ind Johan vam Dauwe amptman ind burger zo Coelne[1], dat sij yre segele *etc.* vur uns an desen brief gehangen haent. Des erkennen wir Goedert Roitstock *etc.* Datum anno domini millesimo trecentesimo nonagesimo sexto feria secunda proxima post festum sancte trinitatis.

Orig. Perg. mit Bruchstücken von 3 anhgdn. Siegeln, 1.: *drei*

---

1) Ausführlichere Nachrichten über die kölnischen Familien von Roitstock und vom Dauwe gibt Fahne, Geschichte der köln. jül. und berg. Geschlechter Bd. 1, S. 76, S. 368 f.; Bd. 2, S. 123; vgl. Ennen, Quellen zur Gesch. der Stadt Köln Bd. 6, S. 184.

Hämmer, (2 : 1) in der Mitte eine Kugel, Umschrift: . . bel van me Ham . . 2.: *Querbalken mit drei Kugeln (?) belegt, darüber ein wachsender Löwe, auf dem Helme ein Eselskopf;* 3.: *drei Sterne (2 : 1). Rückaufschrift 15. Jhdts.:* littera abrenunciacionis heredum super bonis in Oyverlair. *Signatur 17. Jhdts.:* 103.

1397 Februar 22 (ipso die cathedra Petri). — Die Eheleute Henkin Gensgin von Bergheim an der Sieg und Gertrud verkaufen dem Ritter Lutter Stael von Holstein und dessen Frau Beatrix[1] eine erbliche Weinrente von 1 Ohm aus einem halben Morgen Weingarten ‚de liet und geyt mit eine ende op hern Sanders zuyn van Langel ritters, mit dem anderen ende up Kunagundt Schembirs ind beneven Jutten Roelandes', indem sie ausser diesem zugleich anderthalb Viertel Weingarten ‚in der Juncfrouwen' neben dem Baumgarten Wolters von Plettenberg verpfänden.

Es sollen siegeln: Rembolt Dulle, Henkin Wrede, Henkin Gebus[2] und Heyn Duysgijns Schöffen zu Bergheim, ‚want wir gheyn segel en han' vertreten durch Ritter Sander van Langel und Herrn Hilger Pastor zu Bergheim.   161 (Stael von Holstein 2).

Orig. Perg. mit Bruchstück 1 abhgdn. Siegels und 1 Siegeleinschnitte, 1.: doppeltgezinnter Querbalken, Umschrift: . . . . . m Sanderi . . . .

1397 Juli 8. — Jakob von Remagen und seine Frau Kunigunde, Bürger zu Ahrweiler, verkaufen dem Ritter Hermann von Randerath die Güter in den Kirchspielen Wadenheim und Gimmigen, die sie ehedem von Arnold Herrn zu Randerath und Erprath in Erbpacht genommen hatten nebst einer Reihe von Besitzungen im Gerichte Ahrweiler.   162 (Blanckart 3).

Wir Jacob van Remagen ind Conegunt sine elige huysfrouwe burgere zo Arwijlre doin kunt allen luden ind bekennen overmitz desen brief, dat wir vur uns ind unse eirven eirflichen ind ewe-

---

1) Vgl. A. Fahne, Forschungen auf dem Gebiete der Rheinischen u. Westfälischen Geschichte Bd. 3, Heft 1, S. 128 f.; Heft 2, S. 53, S. 68.

2) Diese drei Schöffen begegnen auch in einer Urkunde für das Kloster Dünwald vom 23. Dezember 1394, Zeitschrift des Bergischen Gesch.-Ver. Bd. 22, S. 140, no. 235.

lichen reichtlichen ind bescheidelichen verkouft han ind vercouffen overmitz desen brief | deme eirberen herren Heirmanne van Randen-rode ritter de vur sich ind sine eirven reichtlichen ind bescheide-lichen gegolden hait weder uns assulche wingarde eirve ind goit as wir vurczijden weder den edelen unsen leven herren herren Arnolde herren zo Randenrode ind zo Eirprode entphangen ind zo eirfpaichte van yme genomen han¹ mit namen hoiffrechte wingarde artlant zinse peichte ind so wat hie ind sine eirven da reichtz hatten in den zwen kirspellen mit namen zo Wadenhem ind zo Gymmenich², ind ouch assulche eirve ind goit as wir ligen han in Arwilre ge-richte mit namen: eyn virdel wingartz of umb die maisse gelegen up Romersshecken, an eynre sijten bij wingarde Peters van Enten-rode ind an der andere sijten bij wingarde Lodewichs van Gilres-soven ind gilt alle jair eynnen penninc zins den juncfrouwen van sente Mariendale³; item eyn halff virdel wingartz gelegen up Romersseckén vürschreven an eynre sijten hy wingarde Peters van Entenrode vurgenant ind an der andere sijten by wingarde Heinrich Steven soens ind gilt den juncfrouwen van sente Mariendale vür-schreven eynen halven penninc' zinss; item drye pinten wingartz gelegen hinder Wijlre an eynre sijten bij wingarde Heinrich Stiven soyns ind an der andere syten by Hannes Freissgins eydüm; welche eirve ind wingarde vurschreven wir deme vurschreven herren Heirmanne ind sinen eirven vercouft han mit deme Eirproider gode vürschreven umb eyne bescheiden summe geltz die uns de vurschreven herre Herman zo unsme nucz ind urbere goitlichen getzalt ind wail betzailt hait, *etc. etc.* [*Quittungsformel*]; up wilche wingarde ind eirve vurschreven wir *etc.* verczegen han ind verczijen *etc.* ind han des uyssgegangen zün henden des vurschre-ven heren Heirmans ind synre eirven ind han des uysgegangen ind in dat upgedrayn mit halme ind mit münde in deir vrijer straisssen vur den scheffenen zo Arwilre ind han ouch des vur-schreven eirfs ind wingarde uyssgegangen vur den vurgenanten

---

1) Vgl. den Erbpachtbrief vom 3. Juni 1374, oben no. 104.

2) Vgl. Wilh. Graf v. Mirbach, Zur Territorialgeschichte des Her-zogthums Jülich, Theil 2, S. 27.

3) Das Kloster Marienthal war am 28. August 1130 gestiftet und der Abtei Klosterrath in Limburg unterstellt worden, G. D. Franquinet, Oor-konden en bescheiden van de abdij Klosterrade en van de abdijlike vrouwen-kloosters Marienthal en Sinnich, S. 4, no. 4; S. 199 ff.

leenherren ind leenfrauwen vůrschreven, ind han gebeden den vurschreven herren Heirmanne damede zo belenen mit' alle deme reichte as zo Arwilre reicht is *etc. etc. [Enterbungs- und Anerbungsformel]*. Ind wir scheffenen zo Arwilre gemeynlichen vurschreven *etc. etc. [Beurkundungsformel]*. Deser dinge zo urkünde so han wir Jacob ind Conegünt elude vůrschreven gebeden deir eirbere scheffennen ingesiegele van Arwijlre vurschreven zo geczuge alle deser vurschreven sachen vur uns ind unse eirven an desen brief zo hangen; des wir scheffenen zo Arwilre vurschreven bekennen, dat wir umb beden willen Jacobs ind Conegünde elude vůrschreven unse gemeyne scheffen ingesigel vurschreven an desen brieff han gehanghen. Datum anno domini millesimo trecentesimo nonagesimo septimo octavo die mensis iulii.

Orig. Perg. mit Bruchstück des anhgdn. schön ausgeprägten Siegels: Schild geviert von Adler und Kreuz, Umschrift: . . . . . cabinor . . . Rückaufschrift 14. Jhdts.: van Wadenheim: Inhaltsangabe 17. Jhdts. und Signatur: 12.

1397 Juli 13. — Reiner Potken Vogt oder Richter des Landes Wassenberg sowie Sibertus Schröder und Johannes Vynck Schöffen des Gerichtes Doveren beurkunden, dass der Knappe Meiner von Nievenheim seinen Söhnen Gottfried Gerhard und Wilhelm gemeinschaftlich 2000 französische Goldschilde von seinen Einkünften im Gerichte Doveren geschenkt und dabei zugleich Bestimmungen über die Erbfolge getroffen habe. **163** (Nievenheim 4).

Nos Reynerus dictus Potken advocatus sive iudex pro tempore terre Wassenbergensis, Sybertus Sartor necnon Johannes Vynck scabini sedis iudicialis in Doveren[1] notum | facimus per presentes publice protestantes, quod in nostra presencia propter hoc personaliter constitutus probus et honestus vir Meynerus de Nyvenheym armiger nulla sinistra callidi|tate seu quacunque indecenti necessitate ad hoc inductus aut verbis circumventus, ut asseruit, se de suo consulto proposito ex certa sciencia pura et

---

1) Es ist auffallend, dass in dieser Zeit, in der man selbst in Köln bereits bei den Akten der freiwilligen Gerichtsbarkeit zur Volkssprache übergegangen war, ein ländlicher Schöffenstuhl sich der lateinischen Sprache, und noch dazu in sehr gelehrten Formen bedient.

mera eius voluntate confessus fuit palamque et publice recognovit, se libere pure simpliciter et irrevocabiliter dedisse donasse deputasse donacione perfecta que dicitur fieri inter vivos de consilio consensu et voluntate quorundam suorum proximorum et amicorum assignasse ac omnibus melioribus iure via modo causa et forma a nobis scabinis antedictis sibi datis ac traditis, per nosque desuper quod id licite et de iure facere valeat[a] et possit plenius edoctus et informatus, tenore presencium dat donat deputat atque assignat dictis suis filiis videlicet Godefrido Gerardo et Wylhelmo duo milia scudata auri de Francia boni et legitimi ponderis habenda et levanda a dictis donatariis de et in omnibus bonis hereditariis in et sub[b] sede iudiciali in Doveren antedicta[c] constitutis et existentibus ad ipsum Meynerum de Nyvenheym donatorem antefatum spectantibus et pertinentibus necnon in et de omnibus ipsius Meyneri donatoris bonis mobilibus sive domus utensilibus quibuscunque nominibus censeantur. Que omnia et singula et omne ius et omnem actionem sibi in illis vel ad illa competens et competentem prefatis donatariis pro eorum donacione scilicet duorum milium antiquorum scudatorum auri de Francia obligavit et ypothecavit ac obligata et ypothecata esse voluit et mandavit, volens nichilominus idem Meynerus donator, quod sui filii sive donatarii predicti pretacta bona omnia et singula, mobilia et immobilia, presencia et futura, ubicunque locorum existencia et invenienda, habeant et possideant ac eisdem utantur pacifice et quiete, fructusque commoda[d] et emolumenta exinde proventuros et proventura percipiant obtineant et assequantur libere et non in defalcacionem prescripte eorum donacionis donec et quousque aliquis vel aliqui de parentela et consanguineitate dicti Meyneri donatoris qui id facere poterit seu poterint de iure legeve seu consuetudine prefatis donatariis predicta. duo milia scudata antiqua auri de Francia simul et semel in bonis et bene numeratis denariis, absque ulla defalcacione de fructibus commodis seu emolumentis per ipsos donatarios inde perceptis facienda, persolverit seu persolverint realiter et cum effectu, sub hiis modo et forma: videlicet quod quicunque dictorum donatariorum absque prole legitima ab ipso procreata alium vel alios premori contigerit, quod extunc porcio decedentis tam de bonis mobilibus quam immobilibus ad alium seu alios superstitem seu superstites cedat et devolvatur absque

---

a) valet.   b) sub sub.   c) antedicte.   d) comede.

contradiccione aliqua heredum dicti Meyneri aut alterius cuiuscumque; et in casu quo ipsos donatarios prenominatos deo iubente omnes sine prole sive prolibus ab eis aut eorum altero procreata sive procreatis viam universe carnis, quod absit, ingredi contingeret, quod extunc pretacta bona omnia et singula mobilia et immobilia ad proximiores ipsius Meineri donatoris heredes cedent et devolventur, illo tamen presupposito, quod omnia et singula debita, si qua sint, de quibus legitime constare poterit a sepedicto Meynero donatore aut a suis filiis donatariis sepedictis factis et relictis, ipsius Meyneri donatoris heredes huiusmodi debita primo et ante omnia plenarie et integraliter restituere et persolvere debeant et teneantur, fraude et dolo in premissis omnibus et singulis ac utriusque iuris et facti, canonici et civilis, semotis penitus et exclusis. In quorum omnium et singulorum premissorum fidem et testimonium ego Reinerus advocatus sive iudex prelibatus sigillum meum proprium una cum sigillo ipsius probi viri Meyneri de Nyvenheim donatoris memorati ad ipsius instanciam et preces ac pro scabinis supradictis ob eorundem rogatum presentibus duxi appendendum; unde nos scabini memorati sub sigillo advocati pretacti, quo in presenti causa propter proprii sigilli carenciam utimur, omnia premissa protestamur fore vera. Et pro maiore securitate et certificacione premissorum ego Meynerus de Nyvenheym sepedictus supplicavi probis et providis viris domino Hermanno de Randenrode militi[1] nec non Gerlaco de Leeraide armigero, quatinus in testimonium veritatis premissorum donacionis deputacionis et assignacionis filiis meis, predictis modo et forma prescriptis rite et legaliter facte[a] eorum sigilla presentibus apponere et appendere velint et dignentur, quod nos Hermannus et Gerlacus antefati recognoscimus ob precum instanciam Meyneri de Nyvenheym supradicti libenter fecisse protestantes premissa fore vera. Datum et actum anno domini millesimo tricentesimo nonagesimo septimo ipso die sancte Margarete virginis.

Orig. Perg. mit 1 Siegeleinschnitt, 1 Pressel und 1 anhgdn. Siegel: Schachbrett von 24 Feldern, in der Mitte belegt mit einem Adlerschilde, Umschrift: . . erman van Randerode ritter.

---

a) factis.

1) Ueber ihn vgl. Aeg. Müller, Die Herrschaft Randerath, Zeitschrift des Aachener Gesch.-Ver. Bd. 1, S. 203.

1397 Oktober 4. — Heinrich Morea li Hulhoir de Peroise beurkundet, dass Mabille de la Tour de Wandres durch ihre Söhne dem Wilhelm Dyerpen von Wandres eine Erbrente von 6 Sester Spelt verkauft habe. **164** (Saive 12).

Nos Henrar Morea li Hulhoir de Peroise maire instablis de par damoselle Habielhe delle Towre de Wandres pour les | oeuvres a faire qui s ensiwent et litenans hiretables la dicte damoselle a savoir sumes Hanoton de Raboseez, Johan | le foorfy et Loren le molnir faisons savoir a tos que pardevant nos si comme devant court est venowe damoselle Mabielhe desordit qui nos signifiat qu elle avoit sijes stir de speat hiretables que Thiris de Moijlan li devoit sor unke tircha jornal de preit ow environ en jugable de Seve se gijst a desoir de preit condist de Froypreit et d altre part tint li femme Henri le Pexlhir, se quittat damoselle Mabielh desor nomme ses hums en ayowe de Wilheame et Owry ses dois fuis legitimes qui furent avestis par nos dy ces sijes stirs d'espeat a leur request et eas avestis repourtarent sus les, desoirdis sijes stirs de speat hiretavles elle main nostre maieur, lez quittarent et werpirent en ayowe Wilheame Dyerpen de Wandres a quele cuis dois freres les avoent vendu por une certene summe d argent delle quele ilh soy tenoent asoolt et bin paijet en si qu eilh le cognurent devant nos. Des queis sijes stirs d 'espeat hiretavles desor nommeis je li maires ay fait a dit Wilheame Dyerpen ce requeran don et vesture et ens ban et pais comandeit a tot le solleniteis acostomeez parmey quatre denirs petits monoie corant en burse que li dis Wilheames en renderat a dois freires desordis cescon an a noyc elle justice de Seve a paijer et sens amende nulle a meffaire enver eas par faut de cely paiement; et si ont creauteit li meme et si dois fuis sovent nomeis que jamais en nulle temps a venir par eas ne par altruy ne yront ne procederont et ne contrediront a encontre de ces presentes oevres en afaitizons et qu eilh les ferons greeir Randaxhe leur freir quant ilh revenrat a paijs et de che seront requis de par Wilheame desordit et li feront a l encontre alte assenement de hiretage ausi suffisant comme y cest presente qui doit quitteir. Les queiles oevres reportacions et covenances ci ens escriptes furent mieses par moy le maire elle warde delle court, qui bin en oit ses drois et je les miens, par le tenoir de ces presentes: a queles je Wilheame fuis damosel Mabielh desordis por le maire et je Renar de Villeir por les tenans a leur request avons fait cescons de nos pendre son seal en temognage de veriteit, et des queis sealz nos li maire et tuit li tenans usons a cest fois et si leur avons sor ce prijet et requis. Ces oevres furent faites[a] sor lan delle nativiteit nostre segnor Jesus Crist milhe trois cens nonante et septe quatre jours en mois d octembre.

Orig. Perg. mit 2 anhgdn. Siegeln: 1. schraffirter Querbalken, darüber ein Löwe wachsend zwischen zwei aufrechtstehenden Hümmern, Umschrift: S. Willame Trembeleur; 2: *fünf Reihen Feh, die mittlere Reihe mit einem Hufeisen belegt, Umschrift:* S. Renar de V . . er.

1398. — Gertrud Witwe des Ritters Johann von Drimborn und ihre Kinder Greta, Witwe des Knappen Dietrich von Sechtem, Johann und Gertrud verkaufen der Bruderschaft S. Maria Magdalena zu Froitzheim für deren Altar in der Pfarrkirche eine Hufe Ackerland, die von dem Herzoge von Jülich lehnrübrig ist und verpfänden bis zur Einwilligung des Lehnsherrn den Busch Stutge zwischen Kuhpesch und Froitzheim[1].   165 (Froitzheim 3).

Ich Geyrdrud elich beddegenoysse wijlne heren Johans van Driinbrun ritters[2] dem got genayde ind myne elichge kynder | myt namen Greta wijlne hüysvrauwe Deyderichgs van Seychten knappen dem got genayde, ind Johanne ind Geyrdruyt doen kunt | allen luden ind bekennen oevermicz desen offenen brieff vur uns ind unse erven, dat wyr in reychter tzijt unss dess wale berayden ass in eyme erffcouffe vur uns ind onse erven verkoufft haben ind verkouffen oevermicz desen offenen brieff umbe unser kenlichger noyt wille ind unsen kenlichgen verdreffelichgen schaden day mijt zu weyren alsuylchge erschaff eyure hoven artlantz dy czu Vroyrtzheym geleygen ys, dy wir van unsem selichgen heren herczoge Wilhelm van Güylchge, dem got genayde[3], zu leen haven

---

a) faites *über der Zeile.*

1) Die gegenwärtige Urkunde ist erwähnt bei J. Strange, Nachrichten über adlige Familien und Güter, Heft 2, S. 44 Anm.

2) Johann von Drimborn war 1869 Amtmann zu Nideggen, vgl. z. B. Lacomblet Urkb. Bd. 3, no. 693, S. 597; Fahne, Geschichte der köln. jül. und berg. Geschlechter Bd. 2, S. 33 irrt, wenn er ihn in demselben Jahre Amtmann von Zülpich sein lässt. Im übrigen s. auch die interessante Urkunde über die Bergwerksgründung bei Nideggen vom 14. Februar 1393, oben no. 154.   3) Gestorben am 13. Dezember 1393.

haven ind begåyfft siin zů ewijgen dagen vůr uns ind onse erven, dess wijr goyde brieve haven, umbe eynen zijtlichgen penninck eyne reychte summe geltz der broyderschaff sent Marien Madalenen an eren elter zů keren de zů Vroirczheym in der kirchgen steyt ind umbe dat der deynst goytz de bass gedaen werde, ind wir ouch hoffen, dey erffschaff myt unsen vrůnden zů werven an unsem genedichgen heren dem herczogen[1] van Gůylchge ind van Gelre ind greve zů Sůtven; wijlchge vůrgenante summe geltz uns der pastoir mit rayde dess gemeynen kirspeltz zů Vroirtzheym goitlichen gelevert geczalt ind betzaylt haent in reijchter zijt van der vurgenanter broyderschaff weygen ind wir dat vurgenante gelt in unsen nůtze ind urber gekeyrt (ind) gewant haven, ind haven unsen verderffelichgen schaden daymyt gekeyrt ind verhoyt, ind schelden dy vůrgenante broyderschaff ind gemeyne kirspel oevermicz desen brieff der vůrgenanter summen geltz loss quijt, ind vort alle dy gene den van reychte umberme quitancie danave geboeren sulde, dat wir dy in reychter zijt gehaven haven, haen dy vůr uns gekeyrt ass vůrschreven steyt. Were ouch dat saychge, dat wyr dijs neyt gewerven enkůnden ind umbe dat der kouff stede sij ind zů ewijchgen (dagen) gehalden werde ind vort der elter ind broyderschaff der koyrengulden ind vrijheyde sijchger sij ast vůrschreven steyt, so haven wir myt goyden moytwillen versat ind verseczzen oevermicz desen offenen brieff zů underpande den bůsch genant der Stůtge geleygen tůsschen Koepesch[2] ind Vroirczheym myt siinre geleygenheyt ind zůbehoyr, myt vůrwerden: off saychge were, dat dem elter ind dy broyderschaff vůrgenant eynnichger kůnne hiindernisse off wederstant geschege van dem paychte ind vrijheyt der vůrgenanter hoyven lantz, des kroytz schaden ind wederstans sulden sich der elter ind broyderschaff ind gemeyne kirspel sich herkoyveren ind herhoylen an desen underpandé vůrgenant sůnder wederspreychgen unser off eymant anders van unsen weygen.., ind alle argeliste geystelichgs ind werretlichgs gereycz ind reychgs dy eynnichge mynschen vůnden of herdencken kůnden dy desen brieff ind vůrwerden ind erffkoyff hiindern moychten, siint zů måyle uyssgescheyden. Oych ys dat gevůrwert, off saychge were

---

1) Wilhelm III. (VII.)
2) Ueber den Hof Kuhpesch s. Strange, Nachrichten über adlige Familien und Güter Heft 2, S. 46 f.; Beiträge zur Genealogie Heft 12, S. 132; und oben S. 46.

dat dijs brieff sijch verlege, also dat hey veralde, dat hey eijnnich vitium krege off loch gewoynne, dat ensal desen brieff nummerme hernaymayls hiinderen an sijnen vurwerden ind inhalt. Ind zů eyme geczůge der wayrheit so haen wyr Geyrdrůd ind Greta, Johanne ind Geyrdrůd myne kiinder vůrgenant seymetlichgen gebeyden ind bidden dỷ irsome vrome Iude heren Wilhelm van Můyssbach ritter[1] ind Johan van den Heysteren knappe[2], dat sij ere segele vůr uns ind unse erven an desen brieff gehancgen haent, beheltnisse eydermanne siins reychgs; etc. etc. [*Besiegelung*]. Ind zů noch meyrre kůnden der wayrheyt so haen wir gebeyden dỷ scheffen van Vroyrtzheym myt namen Gerart Bardenbach, Peter van Kempen, Iohan Důdelinck, Stheyven van Empke, Gobel Hardevoyst[3] zů der zijt scheffenen, dat sij eren scheffensegel bij segele heren Wijlhelmps ind Johans an desen brieff hancgen willen, want dyt vůrschreven underpant in dem gereychte Vroyrczheym licht, dat wir scheffenen vůrgenant kennen gedåen haven umbe beyden willen vrauwe Geyrdrůd ind irre kinder vůrschreven; ind want wir egeyn gemeyne scheffensegel enhaven, so haen wir vort gebeyden deu irsomen man Wynmar van Tzůlpge pastoir zů Vroirczheym dat hey siin segel vůr uns scheffenen vůrgenant gehancgen hayt an desen brieff, beheltnisse eydermanne siins reychgs; dat ich Wynmar pastoir vůrschreven kennen gedaen haven um beyden willen der scheffenen vůrschreven. Gegeyven in den jayren uns herren dusent drůhondert eycht ind nůynczijch jair.

Orig. Perg. mit 3 beschädigten anhgndn. Siegeln, 1.: drei Pfähle, im rechten Obereck drei Pfähle, auf dem Helm eine dreiblättrige Krone, aus der ein Baum hervorwächst. 2: Löwe nach rechts[4], *Umschrift*: . . . vom . heisteren . . . 3: *im Vierpass der*

---

1) Wilhelm von Mausbach erscheint sehr häufig in jülich'schen Staatsverträgen unter den Räthen und Vertrauensmännern des Herzogs, so bereits am 16. Juni 1361 in den Abmachungen über Zülpich, Lacomblet, Urkb. Bd. 3, no. 617; vgl. no. 621, S. 525; no. 683, S. 583; no. 777, S. 680; no. 1000, S. 886.

2) Ueber die von Heisteren vgl. Fahne, Geschichte der köln. jül. und berg. Geschlechter Bd. 1, S. 153.

3) Es ist auffallend, unter ländlichen Schöffen dem Namen des bekannten Kölner Patriziergeschlechtes mit einem in der Familie üblichen Vornamen zu begegnen.

4) Das Wappen der von Heisteren zeigt den Löwen manchmal auch mit einem ausgezackten Schildesrand, s. E. v. Oidtmann, Zeitschrift des Aachener Gesch. Ver. Bd. 6, S. 143, Anm. 3.

h. *Martinus mit dem Bettler den Mantel theilend*[1]. *Umschrift:* . . Wenemari presbiteri. *Rückaufschriften 15. Jhdts:* Maria Magd.; *16. Jhdts*: eyn breyff daruyß tzo bewysen, daß Stutgen geyn leengoed. *Signaturen 17. Jhdts:* B. N.; Latte D. no. 25.

1398 Januar 4. — Adolf Keselink vergleicht sich gegen eine Abfindungssumme von 12 rheinischen Gulden mit dem Kloster der Weissen Frauen zu Köln. **166.**

Ich Aijlff Keselinck[2] doin kůnt allen luden dey desen breyff ainseint off horent leyssen | ind bekennen vur mich ind myne erven, dat ich der ainspraich ind vorderongen dey ich gelaycht hatte an dey eyrwirdigen geystlichen personen priorsen ind gemeinen ·convent zo den Wyssen Vrauwen in Coelne, der vyant ich worden was ind alle yrre halffen as umb Duijrgens willen van Bansbůrch, des ich gentzlichen ind zůmaylle myt in verslicht ind gesoint bin, ind myr darum gegeven ind gelevert haint tzwelff rinsche gůlden, ind darumb so hain ich in geloyft in gůyden trůwen ind in eytzstat vůr mich ind myne erven, dat ich an dey vůrgenante priorsen ind convent ind irre nakomelingen nůmmer klage noch vordering off ansprayche off schade an sy legen noch keren ensall noch neyman van mynen wegen *etc. etc.* [*Verzicht*], beheltnisse myr doch an Důyrgen vůrgenant rechter anspraichen, day mich der convent vůrgenant neit an hinderen en sall. Ind zo mere sichgereit ind steytgeit vur mich ind myne erven *etc. etc.* [*Besiegelung*] ind hain vort gebeyden den wysen vromen man Costin Craycht von Myrkenich dat hey sin ingesegel by dat mijn an desen breyff gehangen hait, des ich Costin Cracht *etc. etc.* [*Besiegelung*] Datum anno domini millesimo trecentesimo nonagesimo octavo die quarta mensis ianuarii.

Orig. Perg. mit 2 Presseln; Rückaufschriften 15. Jhdts.: Aylf Keselinck. Eyn soen breyff ind quitantie.

---

1) Der h. Martinus ist Patron der Pfarrkirche zu Froitzheim.
2) Am 28. November 1397 erhält Ailf Keselink von der Stadt Köln vierzehn Tage Sicherheit, um seine Ansprüche an den Nachlass des Hermann Scherffgin d. j. geltend machen zu können, Mittheilgn. aus dem Stadtarch. von Köln, Heft 22 (Bd. 8, 1892), S. 141, no. 562.

1398 Januar 23. — Hermann Scherffgin Schöffe am hohen Gericht zu Köln und Hermann von Gudenau bereden eine Ehe zwischen ihrer Nichte Elisabeth, der Tochter des † Philipp Scherffgin oder deren Schwester Katharina einerseits und Heinrich von Drachenfels, dem ältesten Sohne des Burggrafen Godart oder dessen nächstältestem Bruder andererseits[1]. **167 (Drachenfels 29).**

Orig. Perg., geschrieben von der Hand des Kölner Stadtschreibers Gerlach vom Hauwe[2], mit 3 Presseln und 1 Siegeleinschnitt; Rückaufschrift 15. Jhdts: Hillixsbreyff Gudenauwe antreffend; *Inhaltsangaben 17. Jhdts.; Signatur 17. Jhdts:* Drachenfeltz num. 16. Lit. A.
Gedruckt: Annalen des Hist. Ver. Heft 54, S. 67 ff.

1398 Januar 27 (1397 [Lütticher Stil] vinte sept jours en moys de genvier). — Renechons de Fléron, wohnhaft zu Alleure, nimmt als gerichtlicher Vormund (manbours par justiche) seiner Mutter Katharina de Forons von Nikolaus (Colaurs) Stassars, natürlichem Sohne des † Stassart de Mont zu Saive eine Hofstatt nebst Zubehör, etwa einen Morgen gross, in der Stadt Saive entgegen und überträgt sie dem Knappen Dietrich von Moilant, dem Sohne des gleichnamigen Ritters, mit der Verpflichtung, seiner genannten Mutter jährlich auf S. Stephanstag einen Zins von 6 Sous und 4 Kapaunen nach Lüttich zu liefern.

Zeugen: Lowy de Hons dis d Aleur, Johans alle Motte li merchier, Jakemien de Fairon, Herman d Aleur clerc citains de Liege.

Es sollen siegeln: der Aussteller und die vier Zeugen.
168 (Saive 13).

Orig. Perg. mit 4 Presseln und 1 Siegeleinschnitte; Rückaufschrift 15. Jhdts: Letre.

---

1) Es ist bereits an anderer Stelle auf die engen Beziehungen des Burggrafen Godart zu dem Patriziat der Stadt Köln in den Zeiten der Verfassungsänderung hingewiesen worden, Annalen des Hist. Ver. Heft 54, S. 31, Anm. 2; S. 52, Anm. 4 u. ö. Dass er den Vertriebenen thätige Hilfe geleistet habe, scheint auch sein Sühnevertrag mit dem demokratischen Rathe vom 15. November 1398 zu beweisen, Mittheilgn. aus dem Stadtarch. v. Köln, Heft 22, S. 149, no. 623.

2) Vgl. über ihn H. Keussen, Mittheilgn. aus dem Stadtarch. v. Köln, Heft 15, S. 1 ff.

1398 Februar 25. — Ritter Wilhelm von Hostaden einigt sich mit Heinrich von der Nersen, welchem er seine Tochter Johanna zur Frau gibt, über deren Mitgift und Witthum.

169 (Hostaden 12).

In den name goicz amen. Up dat die sachen die in der tijt under den luden geschent mit der tijt ind luden nyt vergenclichen noch vergeten en werden, want die tijt ind lude | vergenclichen ind vergetende synt, so is doch van wisen luden vunden ind herbracht, dat die sachen die under den luden geschent overmids die schrijft tho ewigen daghen | behalden werden. Herumb sij kunt allen luden die desen offenen brieff suelen seyn ind horen leisen, dat her Wilhem van Hoesteden ritter[1] vur sich an eyn sijde ind Henrich van der Nersen vur sich an die ander sijde overmids eere vronde die hernae geschreven steynt eyns witlichen hylinghs eyn worden synt ind overdragen hant, also dat die vurscreven her Wilhem geloift ind gegheven hait Henrich vurgenant Johannen syn witliche dochter tho eynre witlicher bruyt ind thokomen wijffe; ind Henrich hait sich wederumb der vurscreven Johannen gegheven ind geloift tho eyme witlichem brudegam ind thokomen man[2]. Ind herumb so hait her Wilhem vurscreven gegheven ind geloift tho gheven as in eynre bruytgijfft Henrich vorgenant ind Johannen synre dochter vunffteynhundert rynscher swarre guldene, g. v. g. ind sw. v. g., off dat weirt darvur ther tijt der betalinge in der vogen ind maneren as hernae geschreven steyt, dat is tho verstaen: dat die vurgenante her Wilhem nu an Henrich vurgenant gheven sal dusent rynsche sware gulden off alle jaer darvur as lange as hie die nyt en betalt tho hylingsgelde hundert rynsche sware gulden, up sinte Andreas daich des heilgen apostels nu neist thokomende die yrste betalinge tho doen, ind vort alle jaer

---

1) Am 17. Januar 1400 trägt Wilhelm von Hostaden zusammen mit seinen, auch unten genannten Söhnen Arnold und Johann dem Erzbischofe von Köln sein Haus Noithausen als Lehn und Offenhaus auf, Lacomblet, Urkb. Bd. 3, no. 1074; vgl. Strange, Beiträge zur Genealogie Heft 6, S. 67 f.; Richardson, Geschichte der Familie Merode Bd. 2, S. 185 und oben no. 140.

2) Am 26. Februar 1402 erklären Heinrich, ‚hern Henrichs vaitz van der Nersen sun' und seine Frau Johanna von Hostaden ihre Burg Holzbüttgen aufs neue als Offenhaus des Erzbischofs von Köln, Lacomblet, Urkb. Bd. 4, no. 10; vgl. auch Strange, Beiträge zur Genealogie Heft 6, S. 68.

up sinte Remeyss dagh des heilgen bisschops neist darnae komende off bynnen veyrtennachten darnae die betalinge der hûndert gûlden tho doen, ind nae heren Wilhems doide so sûelen syn neiste erven Henrich vûrscreven ind Johannen gheven ind betalen die andere vûnffhûndert rynsche sware gûlden off alle jaer darvûr tho hylingsgelde vûnfftich rynsche gulden. Ind des tho merre sicherheit dese vûrgenante hûndert rynsche gûlden tho hylingsgelde des jaers tho betalen as vûrscreven is, so hait her Wilhem vûrgenant Henrich ind Johannen vûrscreven gesaet ind settet tho underpande synen hoeff them Bûssche mid alle syme thobehoire gelegen in dem lande van der Dyck tusschen Gleyn ind sinter Claes [1] ind veyrteyn sware gûlden die her Wilhem geldens hait an dem hoeve tho Wilderaide gelegen tho Nûwenhoven [2], ind vort twyntich sware gûlden die hie geldens hait tho Gûrsennich an' Reynards gûyde tho Gûrsennich, mid desen vûrwerden: offt sache were dat her Wilhem off syn erven hirynne versûmeliche worden up eynich jaer dat sy die hûndert gûlden Henrich ind Johannen vûrscreven nyt en betalden, so mogen sich Henrich ind Johanna vûrscreven deser vûrgenanter pende underwynden die an oer hant tho nemen ind oere beste darmid tho doen ind dat also lange, bijs oen off oeren erven die hûndert gûlden tho hylingsgelde versehen wail bestalt synt off die dûsent gûlden. Ind is mid gevurwert, dat her Wilhem off syn erven wanne sij willent mogen mid vûnffhûndert swarre gûlden vûnfftich gûlden affloisen van desen hûndert gûlden vûrscreven ind also vort nae gebûr. Vort nae heren Wilhems doide vûr betalinge der vûnffhundert gulden off vunfftich gûlden jarlichs tho hylingsgelde tho betalen, so hait her Wilhem vûrscreven gesaet ind settet tho underpande Henrich ind Johannen vûrscreven synen hoeff ind teynden tho Wanle [3] mid alle oerme thobehoiren, offt sache were dat oen die vûnffhûndert gulden off die vûnfftich gulden nyt betalt en worden, so mogen sich Henrich

---

1) Ueber Haus Busch vgl. oben S. 81, Anm. 3; über die Kapelle zum h. Nikolaus in der Trifft, unfern Glehn, bei der im Jahre 1403 ein Tertiarierkloster errichtet wurde, s. Giersberg, Geschichte des Dekanats Grevenbroich S. 24 ff.

2) Der Hof Wilderath zu Neuenhoven bei Bedburdyck wird u. a. im Jahre 1382 erwähnt, Giersberg, a. a. O., S. 275.

3) Der Zehnte zu Waulo war Wilhelm von Hostaden durch den Herzog von Jülich verpfändet worden, s. oben S. 197.

ind Johanna vůrscreven gelicher wijs balden an den hoeff ind teynden tho Wanle vůrscreven as dat van den anderen gůden vůrscreven steit, oere beste darmid the doen bijs as lange dat oen die vůnffhůndert gůlden off die vůnfftich gůlden jaerlichs wail betalt synt. Ind is mid gevůrwert, so wat geltz her Wilhem off syn erven betalent ind ghevent Henrich ind Johannen vůrgenant van desen vůnffteynhůndert gůlden hoiftgeltz, dat sal men an errftail legen as erve darmid tho gelden off an erve tho bewisen, off dat sache were, dat Henrich ind Johanna vůrscreven afflyvich worden sůnder witliche gebůrt undereynander gewůnnen, dat dan die erve mid dem gelde gegůlden quemen ind komen solden an Johannen neiste erven. Ind berumb so haint Henrich ind Johanna vůrscregen vertegen up alle erve ind gůyt dat Johannen anervallen is van doide wanne vrouwe Barbaren oerre moider[1] ind nae ervallen ind ersterven mach van doide heren Wilhems oers vaiders vůrscreven, id en were dan sache, dat Johannen id anerstorve, dae sal sij gelich an geerft syn as oere brodere ind des unvertegen. Vort so hait Henrich vůrgenant wederumb gegheven ind geift Johannen vůrscreven in eynre medeghaven ind gewedemet syne hoeve ind gůde gelegen in dem kyrspel van Bůdke mid namen den hoeff genant Hoefsteden ind den hoeff Upperhoe ind den hoeff tho Grensholt[2] ind den hoeff the Werentstenrade in dem lande van Gůilge gelegen, so wie die vůrgenomde hoeve mid alle oerme thobehoire, nyt uytgescheiden, gelegen synt in alle oerme rechten. Vort is gevůrwert, off Henrich vůrscreven nae doide heren Wilhems vůrgenant die vůnffhůndert sware gůlden bůrde off vůnfftich gůlden darvůr as vůrscreven steit, so hait Henrich vůrgenant Johannen gegheven ind gewedemet an alle syne gůyt ind erve die hie hait off gekrigen mach vůnfftich gulden des jaers tho heven ind bůren, uytgescheiden dat slois tho Holtbudke[3] mid syme

---

1) Barbara stammte aus dem Hause Frechen, und war nicht, wie Strange, Beiträge zur Genealogie Heft 6, S. 67 angibt, eine Merode zu Bornheim.

2) Die Höfe Upperhoe und Greenssholt sind als Besitzungen des Geschlechtes von der Nersen erwähnt in dem lehrreichen Weisthume der Holzbank zu Büttgen vom 13. März 1408, Lacomblet, Archiv für die Gesch. des Niederrheins Bd. 6, S. 436.

3) Es ist zu beachten, dass Heinrich der ältere, Vogt von der Nersen in dem eben erwähnten Weisthume vom Jahre 1408 einen Johann von Holz-

plochgewyn, ind an desen vůrscreven gůden sal Johanna blyven sitten tho heven iud tho bůren bijs as lange dat oer die vůnfftich gůlden wail bewist synt ind sij der wail seyker sij des jaers tho bůren as hylingsrecht is. Ind alle dese vurcreven půnten ind vůrwerden haven wir Wilhem van Hoisteden vůrscreven, Arnd van Hoisteden rittere, Johan ind Henrich van Hoisteden gebrodere syn soene sementlichen vůr uns ind unse erven gesekert ind geloift in gůden trůwen ind in eytstat Henriche van der Nersen vůrscreven ind synen erven stede vaist ind unverbrůchlichen tho halden ind dar nyt tho weder doen in ghenreleye wijs of synnen den wir darynne vynden off soeken mochten, alle argelist dregen nůwe ind alde vůnde ind allen quaiden klochen firpel ind behendicheit die erdacht synt off die men erdencken off vynden mach an geistlichen off an wereltlichen gerichte in alle desen půnten uytgescheden. In getuchnisse der warheit, meire stedicheit ind ewich vestnisse so synt tweyne brieve gemacht die geliche sprekent, vůr eyn ycliche partije eynen. Darumb so haven wir Wilhem van Hoisteden, Arnd van Hoisteden rittere, Johan ind Henrich van Hoisteden syne soene vůr uns ind unse erven unse ingesegele an desen openen brieff gehangen, darunder wir bekennen, dat alle dese vůrscreven půnten ind vurwerden war synt, ind haven vort gebeiden die hylingslůde die hir over ind an van beiden partijen gewest synt, den edelen ind ersame bescheden lude heren Johan herre tho Rijfferscheit tho Bedber ind ther Dyck, heren Schevart van Meroide herre tho Bornhem[1], Tilman van Brempt, Johan Esel genant Bůff[2] ind Godert van Brochsteden[3], dat sij oere ingesegele tho eyme ge-

---

büttgen als seinen Schwiegervater bezeichnet, Lacomblet, Archiv Bd. 6, S. 436.

1) Heinrich Scheiffart von Merode, Herr zu Hemmersbach und Bornheim, Richardson, Geschichte der Familie Merode Bd. 2, S. 190, no. 134.

2) Aus dem zu Neuenhoven ansässigen Geschlechte Esel (nicht von Esel); Ritter Arnold „geheyssen der Esel' ist am 13. Juli 1361 Bürge für Arnold von Hostaden bei der Uebernahme des Deutschordensgerichtes zu Elsen, Lacomblet, Urkb. Bd. 3, no. 622; ein Rembold Esel besiegelt die Urfehde Gerhards van der Dyck vom 15. Juli 1383, Lacomblet, a. a. O., no. 874; Werner Esel erscheint am 7. Dezember 1418 unter den Vormündern Johanns von Reifferscheid, Fahne, Codex diplom. Salmo-Reifferscheidan. no. 234, S. 158; no. 309, S. 212; vgl. Giersberg, a. a. O., S. 275.

3) Godart von Broichsteden zählt in dem mehrerwähnten Weisthum

tûge der warheit mid unsen segelen an desen brieff willen bangen. Ind wir Johann herre tho Rijfferscheit *etc. etc.* Datum anno domini m°. ccc^{mo} nonagesimo octavo feria secunda proxima post festum Mathie apostoli gloriosi.

Orig. Perg., durch drei Einschnitte kanzellirt, mit 6 Presseln und 3 beschädigten anhgdn. Siegeln[1], *auf dem Bug die Namen*: 1. her Wilhem van Hosteden 2. her Arnd van Hosteden, *Siegel: dreï Pfähle mit Schildeshaupt, Umschrift* . . oldi . . 3. Johann van Hosteden 4. Henrich van Hosteden 5. der herre van Rijferscheit 6. her Schevart, *Siegel: vier Pfähle, auf dem gekrönten Helm ein Drache wachsend*[2], *Umschrift:* . . Schevardi . . . Roide milit . . 7. Tilman van Brempt 8. Johan Buff 9. Godert van van Brochsteden, *Siegel: Schachbrett von 28 Feldern, Umschrift:* . . Gode . . . Bruech . . . *Rückaufschriften: Inhaltsangaben 16. und 17. Jhdts.*

1398 September 2 (in crastino s. Egidii confessoris). — Ritter Dietrich Huysten ein Herr zu Ulmen und seine Frau Christine bekennen, von ihren Schwiegereltern und Eltern dem Burggrafen Godart von Drachenfels und dessen Frau Aleidis 1500 rheinische Gulden als Heirathsgut empfangen zu haben[3].   **170** (Drachenfels 30).

Orig. Perg. mit 2 Presseln; Signatur 17. Jhdts.: Drachenfeltz Lit. A. num. 17.

Gedruckt: Annalen d. Hist. Ver. Heft 54, S. 69.

1398 September 21 (ipso die Mathei apostoli). — Godart Herr zu Drachenfels und seine Frau Aleidis geben den Eheleuten Ailff

---

vom Jahre 1408 zu denen, die Pacht auf das Haus Erprath liefern, Lacomblet, Archiv' Bd. 6, S. 436.

1) Da die Ehe, wie u. a. aus der oben S. 242 Anm. 2 angezogenen Urkunde hervorgeht, wirklich zu Stande gekommen ist, könnte diese Kanzellirung etwa auf eine spätere Abänderung des gegenwärtigen Vertrages hindeuten.

2) Nach E. v. Oidtmann ist diese Helmzier den frühesten Besitzern von Bornheim, den Schilling Vögten von Bornheim entlehnt, Zeitschrift des Aachener Gesch.-Ver. Bd. 4, S. 345.

3) Vgl. die ausführlichen Nachrichten über Dietrich Huyste und die Familie von Ulmen Annalen des Hist. Ver. Heft 54, S. 24, Anm. 2.

Doysser und Greta ihren Weinberg Hyldestein gegen den halben Herbst in Erbpacht und übertragen ihnen zugleich als Entgelt für die Bestellung die Büsche ‚in der Vogelkauwe' und ‚in der Eysselssleype'.
    171 (Drachenfels 31).
Orig. Perg. mit Bruchstück des anhgdn. Helmsiegels; Rückaufschrift 15. Jhdts.: belenonge mit dem Hillensteyn. *Signatur 17. Jhdts.:* Drachenfeltz Lit. A. num. 18.
Gedruckt: Annalen d. Hist. Ver. Heft 54, S. 70 ff.

1398 Oktober 7 (feria secunda post Remigii episcopi). — Gerhard Clute Pfarrer zu Rheinbach[1] nimmt von dem Stifte S. Maria ad gradus in Köln dessen Zehnten zu Neukirchen in der Sürs[2] unter der Bedingung in Pacht, dass er nach seinem Tode an [N. N.] den Altaristen zu Maischoss übergehen soll und stellt dafür seinen Bruder Thomas Clute als Bürgen.   172.
Orig. Perg., zur Hälfte zerstört, mit 1 Pressel und 1 Siegeleinschnitt; Rückaufschrift 15. Jhdts.: [litte]ra decime in Neunkirchen.

1398 December 21. — Bürgermeister und Schöffen von Saive weisen den Knappen Dietrich von Moilant in den Besitz (saizine) eines Hauses nebst Zubehör in Klein-Saive ein.   173 (Saive 14).
A tous cheaus qui ces presentes letres veront et oront .. ly maires et ly esquevins de Saivez de leis le Scaveie de Wandres[3] salut et cognissanche de veriteit. | Sachent tuit que par devant nous si comme

---

1) Ein Joeris Clute begegnet unten no. 179 als Vogt zu Ahrweiler.

2) Es ist, so viel ich sehe, über diesen Zehnten sonst nichts bekannt, doch war das Stift S. Maria ad gradus im Kreise Rheinbach, insbesondere im benachbarten Meckenheim begütert, vgl. z. B. die päpstliche Schutzurkunde für das Stift vom 1. Mai 1059, Lacomblet, Urkb. Bd. 1, no. 195, sowie das von E. Berrisch veröffentlichte Weisthum aus dem Jahre 1421 und dazu die Ausführungen von H. Loersch, Annalen d. Hist. Ver. Heft 44, S. 176 ff., S. 183 ff. Die Sürs ist ursprünglich ein Theil des grossen Flamersheimer Waldes, E. Decker, Annalen d. Hist. Ver. Heft 24, S. 154 f.

3) Gemeint ist la Xhavée in der Gemeinde Wandre, wo sich ein Kloster und eine Pilgerherberge befand, Poncelet, La seigneurie de Saive S. 162, Anm. 3.

par devant court et justice vient en sa propre personne pour faire ce que chi apres s ensijet .. Thirys de Moilant escuier; la meisme | li dis Thirys nous rechitat, qu ilh astoit resaizis et les forkemans sour ce fait si avant que loy requeroit et apres ce expireiz de dois ans ou environ pour faute de cens a paijer et d amende scur Jehan le Mangecheval de Sair de nomeement et sour tous cheaus qui ay dier y avoient d une court maison jardien et assize seante a Saive le Petite deleis le mostier, asseis pres joindant a dit Thiry, a Maron Bosse et viers le dit mostier a le cheriavle voie adjourniers anchois a ce a la dicte saizine pour ce veoir aprendre pardevant nos, premierement les pavres beghinez de saint Christofre, li vestis et li manbours de Saivez, les dames de Vivengnis, li manbours nostre dame de Mengneez et li hoires de jadit Jehan le Mangecheval assavoir Johanne dame Maghien Seremez, Henry de Sars, Werys leurs maris et damme Johanne femme maistre Johan Haweaul, pour savoir se de rins a le encontre de la dicte saizine voroient alligier ne mettre empechement nulle; qu y point ne fisent ne de riens soy alligarent ne prometterent defencion nulle, si que par ces raisons li dis Thirys requist a Bodechon Jolygas maieur de nostre dicte haulteur qu ilh nos samonist a ce pour voir une recort de nos sour ceste cas et que nos en saviemes et wardimes; a la prijer de queil a le somont de nostre dit mayeur recoirdames et raportames par plaine siete de nos et seins debat, qu ilh astoit ben veriteit que li dit Thirys de Moilant astoit resaizis de la dicte ten^e et les forkemans fais par loy sour le jadit Jehan Mangecheval adjourneit ausi a ce les personnez devant nommeez qui de rien n avoient proposeit ne alligiet a le encontre de la dicte saizine et estoit li dis Thiry en la dicte ten^e expireiz paisiblement seins reclam de dois ans ou la entoure dont chidevant fait mention, parmy les treffons paiant a Ernut de Weiz et a Colinet Jaquin de Thois a teiz jours que on les doit cescun an heritablement si avant que la dicte ten^e en est cargie et oblige, et salveit en ce le boin droit de cescun. Et ce ensi por nos raporteit et recordeit li dis maires mist en le warde de nos les esquevins la presens, qui nos drois en euwimes et li dis mairez les siens drois; assavoir sunt: Jaquin de Bavenz, Colinet de Cheureneurs, Colinet li hoeste de Barxbon, Colet de Cheureneurs, Wilheame de Jardien de Hersta, Colez Stassar et Boscoule de Cheratte. Et por tant que ce soit ferme couse et estable je li dis maires ay prijer et requis a Renar de Villeir manant a Rabozies qu ils pour my pende son seaul a ces letrez de queile je use en ce cas; et je li dis Renars a sa requeste, nos Jaquins de Bavenz et Wilheames de Jardin deseure nomme ausi pour nous et pour les autres dis esquevins a leur prijere et requestes avons pendut u fait appendre a ces dictes letrez nos propres seauz en tesmongage de veriteit. Ce fut fait 1 an de grasce milh ccc quatrevins et dijes owijt xxj jours de mois de dechembre.

Orig. Perg. mit 1 Siegeleinschnitte, 1 Pressel und 1 Siegel: vier Reihen Feh; Umschrift: S. W. . . . e de . . n.

1398 Dezember 22 (XXII jours en mois de dechembre). — „Henrars Moreaul li huilheur de Peroise mayeur institueit a ce delle court honeste damoiselle et saige damoiselle Mabilhe del Toure de Wandre Wilheame l abbe et de Ury se frere ses dois fis' beurkundet, dass Wilhelm Dyerpen Schöffe zu Herstal dem Knappen Dietrich von Moilant ein Drittel Wiese gegen eine Rente von einem Mud Spelt von einem halben Bunder Wiese bei der Mühle zu Saive übertragen habe mit der Verpflichtung, der genannten Lehnsherrin Mabilhe de la Tour de Wandre jährlich eine Abgabe von 4 kleinen ₰ zu leisten.

Zeugen: Haneton de Raboseez hulheur et Jehan le For.

Es sollen siegeln: Renar de Vilheir mauant a Raboseez; Jaquins de Bavenz esquevin de Saive. **174** (Saive 15).

Orig. Perg. mit 1 Siegeleinschnitt und 2 Presseln; Rückaufschrift 15. Jhdts.: Letre del descange entre Wilheame Dyerpen et Thiry.

1399 März 18. — Die Knappen Johann und Philipp des Armoises gewähren ihrem Gegner dem Ritter Heinrich von Orley Herrn zu Beaufort und dessen Helfern einen Stillstand von Dienstag vor Palmsonntag bis vierzehn Tage nach Pfingsten. **175** (Orley 2).

Nous Jehan et Philippe des Harmoisses escuiers[1] fassons savoir a tous ceauls qui ces | presentes letres veiront et oiront que dou debat discencion et descort estant ad present entre messire | Henry d Ourley sire de Beffort chevalir[2] d une part et nous

---

1) Aus dem Luxemburgischen Geschlechte des Armoises.

2) Heinrich von Orley Herr zu Beaufort „prévôt d'Ivoix et d'Ardenne gouverneur du pays Wallon', verheirathet mit Helene von Brandenburg, wird

a autre part, dou quoil debat discencion et descort nous donons et par ces presentes letres avons donneit pour nous nos aidans servans resitans et complisses bonnes loiauls et seurez treveez et souffertes au dessordit messire Henry ad ses aidans servans resitans et complisses et ad ceste cause commensant le mardy devant pasques florie[1] lan et le jour dou datum de ces presentes letres et finant et durant jusques a quinzes jours apres le jour de feste de pentecouste tantost apres enseiwant I an XIIIc quatrevins et dixnuef[2], et avons promis et promettons par la fois de nos corps sur nos honours que nous les dictes treveez et souffertes tenrons bonnement sans affrende aucunement le dit terme durant, tous malengiens fraudes et baras hors mis et excluse ..'En tesmongnaige de veriteit nous Jehan et Philippe dessordis avons mis et appendus nos propres saiels ad ces presentes letres qui furent faites et donnez le dit mardy devant la florie pasquez 1 an XIII c quatrevins et dixewyt selonc le setiele de la court de Trevens.

Orig. Perg. mit 1 Pressel und Bruchstück 1 anhgdn. Siegels: Schildchen im Schilde, rings besteckt mit sechs Nägeln, auf dem Helme zwei Kugeln (?)

1399 April 16. — Friedrich von Matlar bekennt, dem Dietrich Knode von Lobberich 115 rheinische Gulden schuldig zu sein und stellt für die Rückzahlung auf S. Andreastag drei Bürgen mit der Verpflichtung zum Einlager in Aachen. **176.**

Ich Frederich van Mâtlâr elich sun herren Gerartz van Mâtlâir ritters[3] vůr mich ind myne erven doen kunt allen luyden myt diesen brieve ind kennen offenberlich, dat ich van gerechter kenlicher scholt schůldich byn Dyederich Knöyden van Lubbröich

---

zuletzt im Jahre 1407 erwähnt, Annuaire de la noblesse de Belgique 1882, S. 5, no. VII; vgl. auch z. B. Würth-Paquet et van Werveke, Archives de Clervaux (Publicat. de la sect. hist., Bd. 36, Luxembourg 1883), no. 613, 625, 661 u. ö.; van Werveke (a. a. O. 1889), Bd. 40, S. 92, no. 129; S. 123, no. 252; unten no. 187.

1) Pàques fleuries, in Deutschland Blumostertag genannt, ist der Palmsonntag.

2) Der Stillstand dauerte im ganzen 10 Wochen und 5 Tage: der Dienstag vor Palmsonntag des Jahres 1398 nach 'Trierischem Stile (Jahresanfang am 25. März) fiel auf den 18. März 1399 unserer Zeitrechnung, der zweite Sonntag nach Pfingsten auf den 1. Juni.

3) Ueber die von Matlar zu Tüschenbroich s. oben S. 166, Anm. 2.

ind synen | erven hundert ind vûnfczien goide swôir rijntsche gulden die hei myr in goiden trûwen ind gelôyven guetlichen geborgt, geleyndt ind gelevert haeit, dye ich yeme ind ª sijnen erven in eynre gantzer summen gelôift haen ind geloyven in gôiden truwen ind in eydtstadt wâle zû betzâlen ind bynnen die stadt van Aychen vur des rijchs weissel zu leveren up des goiden sent Andries dach des heilgen apostolen nyest kômende nâ datum dis briefs sûnder langer vertzôch; ind haen demselven Diederich ind sijnen erven zû meyrre sicherheit deser betzalingen goide burgen gesadt, die ich ouch in goiden trûwen bij der vurschreven mynre trûwen ᵇ in eydtstadt geloift haen waele zu quijten ind hervau schadelos zu halden, as myt namen heren Dryess Smeychen van Lyessingen[1], heren Dryess vamme Rôyde den juncgen rittere ind Tzielman van Rijschmûellen[2] die sich vur mich as goide gehoirsam burgen zû henden des vurgenanten Diederichs Knoiden, sijne erven ind heldere dis briefs versegelt ind verbunden haent in suyleger (mayssen): of ich Frederich van Mâtlâr ind myne erven versumelich ind brûchlich wurden aen betzalingen ind leveringen der vurschreven summen geldtz up den vurschreven sent Andries dach, des got nyet en wille, ydt were in eyme deyle of in allen, ind die vurgenante burge nâ dem vurgenanten sent Andries dâge van dem vur-

a) dye — ind *auf Rasur.* b) truwen *auf Rasur.*

1) Der Stammsitz des Geschlechtes Lissingen liegt am rechten Ufer der Kyll südwestlich von Gerolstein, Schannat-Bärsch, Eiflia illustrata Bd. 2, Abth. 1, S. 232; Bd. 3, Abth. 2, S. 45; Andreas Smeych von Lissingen begegnet u. a. im Jahre 1401 in einem Vertrage Werners von Vlatten mit Arnold von Blankenheim über Elvenich a. a. O., Bd. 1, Abth. 1, S. 273; sodann am 16. April 1429 in dem jülich'schen Landfrieden, Kremer, Akadem. Beiträge zur Gülch. u. Bergisch. Geschichte Bd. 1, Urkb. no. 43, S. 101; am 29. April 1433 in dem Schiedsspruche zwischen Erzbischof Dietrich und Adolf von Jülich, Lacomblet, Urkb. Bd. 4, no. 206; vgl. ferner Strange, Beiträge zur Genealogie Bd. 5, S. 107; Richardson, Geschichte der Familie Merode Bd. 2, S. 192 ff., no. 145; no. 150; no. 168; no. 207; S. 386; unten no. 232 a ff.; gestorben ist er vor dem 17. Februar 1440, s. den Erbtheilungsvertrag bei Strange, a. a. O., Heft 2, S. 92 ff.; v. Oidtmann, Zeitschrift des Aachener Gesch.-Ver. Bd. 6, S. 158, Anm. 2.

2) Strange, Beiträge zur Genealogie Heft 6, S. 66 spricht die Vermuthung aus, dass Tzilmann ein Mitglied des Geschlechtes Hostaden sei; in der That wird im Jahre 1428 ein Mönch im Kloster Brauweiler „Adam de Rismolen sive Hoesteden" genannt, Chronicon Brunwylrense, Annalen d. Hist. Ver. Heft 18, S. 135; über das Gut Rischmühlen bei Linnich vgl. u. a. v. Mering, Geschichte der Burgen etc. Heft 9, S. 25.

genanten Dyederich Knoyden, sijnen erven of heldere dis briefs zu leisten gemaent wurden, idt were mit munde, boiden of brieven, so geloyven die vurgenante burge alle samen in goiden truwen, yrre eyn des anderen nyet zo warden dat irste dat sij sementlichen of sunderlingen darumb gemaent werden, dat eyn yeclich van yn sal ind môyss vur sich eynen eirsamen knecht myt eynen perde bynnen die stat van Aychen in eyne herberge, dye yn van Dyederich Knôyden of sijnen gewijssen boiden gewijst wirdt in leistûnge senden, in der selver herbergen zů legen ind zů leysten as goide gehôirsam burgen, mallich up sijns selfs perdt ind pende, ind die also ducke zů ersetzen as des nôit gebuyrdt, noch egeyn van den vurgenanten burgen van der leistûnge up zů hûeren, dach noch naicht, uyre noch stunde, demselven Dyederich Knôyden, sijnen erven of heldere dis briefs en sij zirst van den vurgenanten hûndert ind vunfczien gulden heûftgeltz ind ouch van allen schâden ind costen darûmb geleden gentzlichen ind zůmôile voldaen ind genôich geschiet zu synen symplen worden. Wurde ouch eynich deser burgen aflijvich of uyslendich ee van allen puntten dis briefs genôich geschiet were, der were eyn of me, so gelôyven ich Frederich in goiden truwen, den of dye aflijvicge of uyslendige bûrgen bynnen den nyesten vyertzienâichten nâ dem ich darûmb gemaent byn, die aflijvicge of uyslendige bûrgen zů ersetzen myt anderen gelichen goiden bûrgen, dâmyt den vurgenanten Dyederich of heldere dis briefs genûege, de sich verbinden sal myt sijnen transfixbrieve durch desen brief zů stechen gelich der geyn verbûnden was, in des stadt hei gesadt wûrde, sûnder alle argelijst. Ind dis zu urkûnde der wôirheit so haen ich Frederich van Matlâir vurschreven myn siegel vur mich ind myne erven vur aen diesen brief gehangen, de na mit segelen der vurgenanten burgen umb mynen wille myt besegelt is; des wir Dryess Smeyche van Lyessingen, Dryess vamme Royde der jûncge rittere ind Tzilman van Rijschmûlen burgen vurschreven ergien ind kennen, dat wir uns vur den vurgenanten Frederich van Matlâir verbunden haen as vûr van unss beschreven is, ind geloyven ouch as goide geboirsam bûrge zů halden ind zu voldoen, so wie vur van uns beschreven steit under unsen segelen myt unser alre wijst ind willen aen diesen brief gehangen. Gegeven int joir unss heren dûseut drijbûndert nuyn indè nuyntzich joir des seystzienden daichs in den aprille.

Orig. Perg. mit 3 anhgdn. stark beschädigten Siegeln und 1 Pressel, die Namen auf dem sehr schmalen Bug der Urkunde:

1. Mâtlaer, *Querbalken mit einem Turnierkragen belegt, Helmkleinod ein Eselskopf, Umschrift:* ‚S. Fred .... vā ... yr. 2. Lyessincgen: *drei Seeblätter, Schildeshaupt schraffirt.* 3. Roide, *ab.* 4. Rijschmullen: *drei Querbalken, der oberste mit einem Turnierkragen belegt. Rückaufschrift 15. Jhdts.:* 115 golt gulden.

1399 Mai 17 (XVII jours en mois de may). — Wilheame de Jardien von Herstal Schöffe zu Saive verkauft dem Knappen Thiry von Moylant eine Erbrente von 21 Sester, und 2 Viertel Spelt „qui rendent debant tresfons owijt doniers de bonne monoie al forcens biretables qui sont exstimeis a sijes quarte delle dicte espealte en si apeirt qu ilh en remant queite et lige al dit Thiry vinte stiers d espealte, les queis li costent vinte deus dobles muthons, voire nuef libres common payement de Liége pour cescun de ches dis dobles muthons comptant". 177 (Saive 16).

Orig. Perg. mit 1 Siegeleinschnitt; Rückaufschrift 15. Jhdts.: acqueste fait par Thiry de Moylant a Seeves.

1399 Oktober 21. — Gerhard Scharant überträgt seiner Schwester Nese seinen vom Erzbischofe von Köln lehnrührigen Hof im Dorfe Glehn und verkauft gleichzeitig ihr und seinem Bruder Peter sein übriges Erbe daselbst. **178.**

Ich Gerait Scharant doin kunt allen luden ind bekennen overmitz desen offenen breiff vur mich ind myne erven | dat ich gegheven hain ind geyve mit mynen vrijen willen mynre suster Nesen Scharantz ind yeren erven mynen | hoff de myr ervallen was van mynen alderen de geleigen is zo Gleyne in deme dorpe, den ich entfangen hain van myme lieven genedigen herren van Colne ind van deme gestichte[1]. Vort so hain ich Gerait vurschreven verkoiff ind verkoiffen vur mich ind myne erven myme broder Peter Scharant ind mynre suster Nesen vurschreven ind yeren erven al dat erve ind goit dat mir erstorven ind ervallen is van

---

[1] Ueber die Beziehungen des Dorfes Glehn zu dem Kölner Domstifte s. Lacomblet, Urkb. Bd. 3, no. 273; no. 310; no. 500; hinzuzufügen ist, dass am 19. Oktober 1336 Wilhelm Herr zu Helpenstein dem Domkapitel Vogtei, Gerichtsbarkeit und Hoheit zu Schlich und Glehn verkauft hatte, Liber privilegior. maior. ecclesie Coloniensis S. 185, no. 352.

unsen vader ind moder so wie dat geleigen is, alsulch lant myt al syme zobehoere bynnen Geleyn off bussen Gleyn, so wa id myr geervet is van vader ind moder, ind da ain nyet uissgeseheiden, myt dufden myt hoeden myt breyden ind myt lengden, so wa dat geleygen is, as vur eyne summe van gelde des wir do eyns woirden ind noch eyns syn ind ouch sy myr die summe geltz wale bezalt haint in myn sicher behalt, dat ich mich des van un bedancken. Ouch so hain ich Gerait vurschreven geloifft [a] des vurschreven erffs ind goitz uiszogain zo henden myns broder Peters vurschreven ind Nesen mynre suster up alle den steyden da sich dat vurschreven goit rurende is uiszogain zo yrme gesynnen, sy alda zo erven ind yere erven ind mich ind myne erven zo unterven. Ind hie over ind ain sint geweist burchlude van Ledberg [1], vur den ich dese vurschreven punten ergeit ind bekant hain sunder eynger kunne argelist vast ind stede zo halden ind unverbruchlich, as myt namen Remboilt van Slickheim ind Gerait van Epsendorp. Ind des zo eyme gezuge der wairheit so hain ich Gerait Scharant vurschreven vur mich ind myne erven myn segel an desen breiff gehangen ind vort gebeiden Remboden van Slickheim ind Gerait van Epsendorp, dat sij as burchlude ir segel zo eynre kunden ind gezughe der wairheit an desen breiff haint gehangen, ind hain vort gebeiden zo eynre vaster stedicheit ind myrre sicherheit mynen lieven herren Scheyvart van Meroide herren zo Bornheim [2] ind Lambrecht Scharant, dat sij yr segel zo eynre kunden ind gezughe der wairheit an desen breiff haint gehangen. Ind wir Remboit ind Gerait vurschreven kennen dat wir umb beiden wil Geraitz vurschreven as burchlude zo eyme gezughe der wairheit unse segel an desen breiff hain gehangen. Ind ich Scheivart van Meroide herre zo Burnheim ind Lambrecht Scharant vurschreven *etc. etc.* Datum anno domini millesimo trecentesimo nonagesimo nono ipso die undecim sanctarum milium virginum.

Orig. Perg. mit 3 anhgdn. Siegeln und 2 Presseln, 1: Querbalken mit einer Lilie belegt, im Schildeshaupt ein Turnierkragen, Umschrift: S. Gerit Scharant; 2: *vier Pfähle, gekrönter Helm mit*

---

a) *Vorher „des" durchstrichen.*

1) Was wir über die oftmals streitige Jurisdiktion des Schlosses Liedberg wissen, ist übersichtlich zusammengestellt von Fr. Verres, Niederrheinischer Geschichtsfreund Jahrg. 1881, S. 105 ff.

2) Heinrich Scheiffart von Merode, s. oben S. 245, Anm. 1.

wachsendem Drachen, Umschrift: S. Schavardi de Meroidemilitis; 3: *Schach von 23 Feldern, Umschrift:* S. Lambert Scarant.

[14. Jahrhundert, Ende.] — Kraft von Saffenberg verpflichtet sich, N. N. ein Darlehen von 110 rheinischen Gulden am nächsten Weihnachtstage zu erstatten und setzt dafür Joeris Cluute den Vogt zu Ahrweiler, Peter Bullisheim sowie die Brüder Johann und Peter Scheffen als Bürgen mit der Verpflichtung zum Einlager in Ahrweiler.

Bruchstück, Orig. Perg. 179.

[14. Jahrhundert, Ende] Bonn, Remigiusstrasse. — Die Eheleute Dietrich und Sophia verkaufen den Eheleuten Nikolaus und Bela ein Haus nebst Hofstatt. ‚Acta fuerunt hec Bunne in introitu domus inhabitacionis mei notarii publici subscripti vulgariter Nuwenar appellate site in vico sancti Remigii contigue iuxta puteum, presentibus honestis et discretis viris domino Mathia dicto Crull pastore ecclesie parrochialis in Witterslick[1] ac Iohanne de Brilon et Iohanne dicto Essemunt notariis in curia prepositure Bunnensis nec non Henrico filio Martini et Gobelino dicto Vur carnificibus tutoribus supradictis'.

180.
Bruchstück, untere Hälfte eines Notariatsinstruments mit dem Zeichen des Notars ‚Johannis Mathie dicti Crull de Bunna cler. Col. dioc.'; hat als Umschlag gedient für ein ‚Registrum thesauriae renovatum anno domini 1592'.

1400 Januar 25 (1399 [Lütticher Stil] xxv jours en mois de genvier). — ‚Wilheames del Jardien esquevin de Seyve deleis le Xhavee' verkauft dem Knappen Dietrich von Moilant eine Erbrente von 20 Sester Spelt in der Herrschaft Saive unter Verpfändung seiner gesammten Habe ‚et renonche tant comme a chy a tous privileiges status homaiges borgerie clergie lyberteit et franciese'.

Es soll siegeln der Aussteller. 181.
Orig. Perg. mit 1 Pressel.

---

1) ‚Mathias Crul de Bunna' studirt im Jahre 1388 an der Universität Köln; am 1. Juni 1401 erscheint er als Stiftsherr an S. Kunibert, H. Keussen, Die Matrikel der Universität Köln Bd. 1, S. 25, no. 298.

1400 März 4 [1399 Trierer Stil][1]. — Gerhard von Blankenheim Herr zu Casselburg und Gerolstein bekennt, dem Knappen Heinz von Mirbach und dessen Frau Ida 200 Mark zu schulden und stellt die Knappen Klas von Nattenheim und Arnold von Densborn als Bürgen für die Rückzahlung. **182 (Mirbach 3).**

Ich Gerart van Blanckenheym herre zo Castelberch ind zo Gerartzsteijn .. doen kunt allen luden ind bekennen yn diesme offenen | brieve, dat ich schuyldich bijn van reichter wislicher schoult den bescheidenen eluden Heynczen van Meirbach knappe van | den wapen ind Yden syme elichen wijve yren reichte erven off beheldere dis brieffs myt yren willen zweijhoendert marck coelcz payemencz die ich geloven in gueden truewen vur mych ind vur myne erven yn guytlichen ind waile zo beczailen zo paischen nyest komen sal na datum dis brieffs, verczeynacht alre nyest darna volgende unbevancgen, ind han des zo eynre myrre sichgereide yn darvur zo burgen ind sachwalden gesat ind seczen myne guede vrunt, myt namen Clais van Nattenheym ind Arnolt van Deynßpur[2] knappen van den waipen myt alsulchen vurworde: off sache were, dat ich Gerart van Blanckenheym herre zo Castelberch ind zo Gerarczsteijn vurschreven off myne erven versumelich vunden wurden an beczailingen der vurgenanter summen gelcz up die egenante zijt, id were an eyme deile off an zo male, so sullen myne burgen ind mytsachwaldere myt namen vurschreven zoer stunt aen verczoich na manuncgen der egenanter elude Heynczen ind Yden, irre erven of beheldere dis brieffs myt yren willen manlich eynen eirsamen kneicht myt eyme perde schicken yn leistuncgen, nummer up zo boeren dach noch nacht sij en sijn zeirst genczlichen ind zo mail wail beczailt van allen sachgen .., alle argelist ussgescheiden. Dis zo urkunde ind zo geczuge der ganczer wairheide .., so han ich Gerart van Blanckenheym herre zo Castelberch ind zo Gerarczsteijn vurschreven myn siegel vur mych ind vur myne erven an diesen brieff doen haucgen. Ind wir Clais van Nattenheym ind Arnolt van Deynspur knappen vurschreven geloven yn gueden truewen gehoirsam burgen ind mytsachwalden zo sine yn al der maissen as vur van uns yn diesme brieve begrijffen ind geschreven steit, gancz vast ind stede zo halden, ind han des zo geczuge der wairheide unsse sigelle

---

1) Nach Kölner Stil (Jahresanfang am 25. Dezember) 1399 Februar 13.
2) Ueber die von Densborn vgl. Strange, Beiträge zur Genealogie Heft 3, S. 15 ff.

an diesen brieff gehancgen . . Gegeven in den jairen uns herren do man schrieff na goitz geburde dusent druhoendert nuyn ind nuynczich jair des doenrestaichcz na vastavent.

Orig. Perg. mit 3 beschädigten anhgdn. Siegeln: 1: *Löwe mit Turnierkragen, Kleinod unkenntlich, Umschrift:* . . . her . . . lberc; 2: *Schild mit Schildlein, Umschrift:* . . Claes . . attenhem 3: *Schräggitter, im rechten Oberwinkel eine unkenntliche Figur, Umschrift:* s. Arnold va Deinsbur. *Rückaufschrift 15. Jhdts:* Eyn breiff van herrn Geirhard van Blanckenheym etc.

1401 Januar 4*. — Brun von Halle und seine Frau Mettel verkaufen vor den Schöffen des Hofes von S. Maria im Kapitol zu Efferen[1] den Eheleuten Hinricus Gruwel und Bela 3½ Morgen und ein Viertel weniger 8 Ruthen Ackerland an einem Stücke in der Feldflur von Efferen ‚bij lande der abdissen van sent Marien in Coelne an eynre sijden' ind lanx lande Arnoltz van Efferen an der ander sijden ind schuyst ûp die Stotzheymer straisse' zum Preise von 9 rhein. Gulden für den Morgen.

Es sollen siegeln: der Aussteller, ‚Teylgijn vamme Cüesijn ritter ind Arnt van Efferen geswoiren des hoiffs der junfrauwen van sent Marien'. 183 [Drachenfels 32].

Orig. Perg., mit 1 Pressel und 2 beschädigten anhgdn. Siegeln 1: *Löwe, Umschrift:* Brunonis de Hal . . 2: *drei Turnierkragen zu je 6, 5 und 4 Lätzen, Umschrift:* Arnolt va . . ere. *Rückaufschrift 15. Jhdts.:* Bruns breyff van Hal.

1401 Juni 28 (vxviij jours de junne condist resalhe mois). — Das Allodialgericht zwischen St. Maria und St. Lambert zu Lüttich beurkundet, dass Wilhelm de Jardien von Herstal Schöffe zu Saive dem Knappen Dietrich von Moilant Grundstücke in der Herrschaft Saive verkauft habe und zwar: 3 Morgen ‚entre Saivelet et Hoigneez

---

*) Das Originaldatum wird für die Folge nur dann wiedergegeben, wenn es von der heutigen Datirungsweise irgendwie abweicht.

1) Efferen gehörte zu den ältesten Besitzungen des Stiftes S. Maria im Kapitol, vgl. Bonner Jahrbücher Bd. 53/54, S. 224, sowie die Urkunden der Erzbischöfe Philipp vom Jahre 1189, Lacomblet, Urkb. Bd. 4, no. 639, und Konrad von 1249, Annalen d. Hist. Ver. Heft 41, S. 94; ferner die Bestimmungen der Aebtissin Gerbirgis aus dem Jahre 1223 u. a. m. bei R. W. Rosellen, Geschichte des Dekanats Brühl S. 598 ff.

joindants d aval a dit Thiry et d amont a Herkien manant a Hoigneez et venant deboutez a dammes de Vivengnis viers Raboseez[1'], 80 kleine Ruthen ,deseure a preit que Hannekien Grevier tient de dit Thiry et a desous a Gile Cheverie et vient le riwe auz boires Jehan Stassar de Harsta', $1/_3$ Morgen ,joindant a Oxheaul Cortilh[2] viers le riwe etc. et vient debûte sour les terres le vestit de saint Humbier de Liege', $1/_3$ Morgen joindant d amont Hanneton le Huilheur de Raboseez et d aval a unk jardien qui est auz enfin Ury l.abbe de Wandre et a Colon Stassar viers Raboseez'.

Hommes delle ciese dieu: Renar de Villeir maire de Saive, Jehan de Floxhe manant a Tilhiche, Jehan Pikar, Lowy de Houz, maistre Pire de Luisein, Jehan 'd Espiroul laveit, Ernut Paulus, Jehan de Mellins, Jaquin de Jalheaul.

S. Wilh. de Havelg. per homines.

Es sollen siegeln: Wilhelm de Jardien und Radoulph d Ombray arceprestre de Liege. 184 (Saive 18[*]).'

Orig. Perg. mit 2 Presseln.

1401 November 5. — Ritter Teylgin vamme Cuesyn schliesst mit Katharina, der Tochter des † Philipp Scherfgin einen Ehevertrag unter folgenden Bedingungen: Katharina behält alles, was ihr nach dem Tode ihrer Eltern innerhalb der Stadt Köln zugefallen ist, während ihrer Schwester Elisabeth die in deren Ehevertrage mit dem Sohne Godarts Herrn zu Drachenfels bezeichneten Güter ausserhalb der Stadt verbleiben, beide Schwestern versprechen jedoch, einander zur Erlangung ihres anderweitigen Erbes behilflich zu sein; Teylgin verschreibt seiner Braut als Heiratsgut seinen Hof zu Efferen, den sie auch nach seinem Tode als Witwensitz behalten soll, wie er seinerseits nach dem Tode seiner Frau im Genusse der kölnischen Einkünfte bleiben wird.

Es siegeln: 1. ,die eirwerdige edel vrauwe vrauwe Irmgart van Schonecke abdisse zo sent Marien Mailtzbuchel in Coclne die des vurgenanten hoiffs erffs ind gutz zo Efferen eyne reichte leenvrauwe' is'[3], welche zugleich dem Fronhofe des Stiftes 29 ₰ Erbzins am Sonntage

---

[*]) Saive 17 = oben no. 181.

1) Vivegnis (Vinea dominae), Cistercienserinnenkloster an der Maas, unfern Lüttich.

2) Von Cortils bei Wandre.

3) S. oben S. 257, Anm. 1 und Rosellen, Geschichte des Dekanats Brühl S. 176 ff.

nach Mariae Himmelfahrt, ebensoviel am Sonntage nach Neujahr und 1 Malter Weizen, 1 Malter Hafer und 1 Huhn auf S. Remigiustag nebst den Kurmeden vorbehält. 2. Junker Johann Herr zu Reyde. 3. Ritter Emont vamme Cuesyn. 4. Heinrich vamme Cuesyn. 5. Heinrich vamme Cuesyn, letztere beiden Schöffen zu Köln.

185 (Drachenfels 33).

Orig. Perg. mit 6 Presseln; Signatur 17. Jhdts.: Drachenfeltz Litt. A num. 20.

1402 Mai 13. — Gerhard von Bell und seine Frau Elisabeth Scherfgin verkaufen mit der lehnsherrlichen Zustimmung des Erzbischofs von Köln dem Burggrafen Godart von Drachenfels und dessen Frau Adelheid ihr Haus Gudenau nebst dem Burglehen zu Ahr sowie mit Kirchengift, Zehnten, Weinzapf und Dinghof zu Villip und ausserdem das von der Propstei des S. Cassius-Stiftes zu Bonn lehnrührige Gut zu Merl für 4000 Gulden, von denen jedoch der Burggraf bereits 2600 Gulden an Gudenau verbaut hat.

186 (Drachenfels 34).

Wir Gerard van Belle sůn herrn Everhartz vaidtz zů Belle ritters ind vrauwen Stijnen syns eligen wijfs ind Elisabeth des vurgenanten Gerartz elige wijff doychter wilne herrn Philips Scherf|gins scheffens zů Coelne ind Lijzabeth van Gudenauwe synre eliger vrauwen ..[1] doen kunt *etc. etc.*, dat wir semenclichen ind eyndrecht|lichen myt gudem vurraide umb unsen meerren schaden zů verhoeden rechtz ind bescheidens kouffs verkouft haen ind verkouffen overmitz desen brieff .. den vromen ind eirberen luden herrn Godarde burchgreven tzu Drachenveltz ind vrauwen Aleide synre eliger vrauwen die vur sich ind yre erven reichtz ind bescheidens kouffs weder uns vergoulden haent unse huys zů Gudenaůwe myt dem burchleene zů Are ind vort mijt der kirchgift zienden wijnzappen ind dynckhoyve zo Vilpe ind vort myt allen synen zůbehoeren, so wie dat zů leene roerende is van unsme. genedigen herrn van Coelne ind syme gestijchte[2]; vor dat

---

1) Elisabeth von Gudenau war in erster Ehe mit Heinrich dem Sohne des Burggrafen Godart von Drachenfels verheirathet gewesen, s. den Vertrag vom 23. Januar 1398, Annalen d. Hist. Ver. Heft 54, S. 67 ff. und oben no. 167; vgl. Strange, Beiträge zur Genealogie Heft 5, S. 6 f.

2) S. die Belehnungsurkunde für Philipp Scherfgin vom 27. Februar 1366, oben no. 86.

gůet zu Merle as dat geliegen is ind zů leene roert van. der proistijen zu Bunne[1], darup ouch bijsundére brieve gemacht ind besegelt synt, as umb eyne rechte bescheiden summe geltz mit namen vierduysent gůde swaire rijnsche gulden, davan dat die vurgenante her Goedart ind vrauwe Aleit seess ind tzwentzichhundert gulden verbuwet ind an dat huys Gudenaůwe myt synen zubehoeren gelacht haent, as sy uns dat genczlichen ind kuntlichen berechent haent; ind die andere achterstedige vierczeenhundert gulden haent uns die vurgenante her Goerdart ind vrauwe Aleit verrijcht, gelevert ind wale beczalt an gereidem gelde, also dat wir vur uns ind unse erven die vurgenante her Goedart ind vrauwe Aleit elude ind yre erven van der vurschreven summen der vierduysent gulden loss liedich ind quijt schelden. Up wilch vurschreven huyss Gudenauwe myt allen synen zubehoeren, wie vur ercleirt steit, wir vur dem eirwirdigen vursten unsme lieven gnedigen herrn hern Frederich ertzschenbusschoff zu Coelne hertzogen in Westphalen ind zu Enger vur synen burchmannen myt namen hern Wilhelm Beyssel van Gymnich, hern Diederich van Gymnich ritteren ind Diederich van Oedinghoven knappen van den wapen vur uns ind unse erven myt hande halme ind myt munde luterlichen genczlichen ind zomaile vertzeegen hain ind syn der vur yn ussgegangen ind vort an allen den enden ind steden da sich dat heyscht off geburt zů henden hern Goedartz burchgreven zů Drachenveltz ind vrauwen Aleide elude ind yrre erven, *etc. etc.* [*Enterbung und Anerbung*], beheltnisse doch allweige unsmo genedigen herrn van Coelne, synen nacomelingen ind syme gestichte an dem huyse zu Gudenauwe ind syme zubeoere vurschreven syns reichtz, alle argelist *etc. etc.* ussgescheiden. Ind deser vurschreven punte zo urkunde ind ganczer steidicheit so hain wir Gerart van Belle ind Elisabeth syn elich wijff vurschreven mallich syn ingesegele vur uns ind unse erven na ingesegele uns gnedigen herrn des erczschenbusschoffs vurgenant an desen brieff gehangen. Ind zu meere stedicheit alre vurschreven sachgen hain wir vort gebeeden denselven unsen gnedigen herrn den erczschenbusschoff vurgenant, dat hie den vurgenanten herrn Goedart burchgreven zů Drachenvelcz ind vrauwe

---

1) Besitzungen zu Merl im Kreise Rheinbach hatte das S. Cassius-Stift wohl zugleich mit denen im dicht benachbarten Meckenheim erworben, doch fehlen urkundliche Nachweise dafür, vgl. Loersch, Annalen d. Hist. Ver. Heft 44, S. 183 f.; M. Perlbach, Neues Archiv Bd. 13, S. 161, no. 30a.

Aleit elude ind yre erven myt dem huyse Gûdenauwe ind dem burchleene zu Are ind myt allen yren zûbehoeren beleenen ind dyesen kouft steidighen ind confirmyeren wille vaste ind stede zu syn, ind dat hie syn gehenckniss volbort iu willen dartzû geven wille in alle der bester wijs ind voigen as man dat van rechte doen sall ind mach, ind dat hie darumb syn ingesegele vûr an desen brieff wille doen hangen. Ind wir Frederich ertzbusschoff zû Coelne hertzouge in Westphalen ind zo Enger hekennen, dat wir die vurgenante Goedart burchgreven zû Drachenveltz ind Aleit elude ind yre erven myt dem vurschreven huyse Gudenauwe ind myt dem burchleene zû Are ind myt allen yren zobehoeren van verzichnis ind upgevungen Gerartz van Belle ind Elysabeth syns eligen wijfs beleent ind unse gehencknis ind willen zu dem vurschreven kouffe gegeven haen, stedigen confirmyeren ind decernyren denselven couff vaste ind stede zû syn ind zû blijven zû ewigen dagen. Darumb zû urkunde hain wir unse ingesiegele vur an desen brieff doen hangen, de na besegelt is myt ingesiegele der vurschreven elude Gerartz ind Elisabeth ind vort unser burchmanne vurschreven. Ind wir Wilhelm Beyssel van Gymnich, Diederich van Gymnich rittere ind Diederich Oedinghoven knappe burchmanne vurschreven *etc. etc.* [*Besiegelung*] Datum anno domini millesimo quadringentesimo secundo ipso die beati Servacii confessoris que fuit tredecima mensis maii.

Orig. Perg., mit 6 anhgdn., zum Theil beschädigten Siegeln, 1.: *erzbischöfliches Sekret, das kölnische Kreuz in der Mitte bedeckt von einem Schilde mit Doppeladler;* 2.: *vier Pfähle, Umschrift:* . . *erart van bel.* 3.: *gespaltener Schild, rechts quer getheilt, links zwei Linksschrägbalken auf schraffirtem Grunde, im Schildeshaupt ein vierlätziger Turnierkragen, Umschrift:* S. lisbet scherfgis. 4.: *ausgekerbtes Kreuz mit Turnierkragen, Umschrift:* 5.: wilhelm beissel van gymnich ritter. 6.: *dasselbe Wappen, Umschrift:* . . . an gimnich. — *Rückaufschrift 15. Jhdts:* we Gudenauwe gegulden is. *Signatur 17. Jhdts.:* Dracheufeltz Lit. A. num. 20; Cista 6ta 7ter auszug no. 1.

1402 November 29, Ivois. — Herzog [Ludwig] von Orléans ernennt den Ritter Heinrich von Orley zu seinem Kämmerer.

187 (Orley 3).

De par le duc d Orliens conte de Valois de | Blois et de Beaumont, seigneur de Coucy.

Maistres de nostre hostel et vous maistre et 'contre roleur de nostre chambre aux deniers .. savoir vous faisons que nous | confians a plain des sens loyaute et bonne diligence de messire Henry d Ourle chevalirs y cellui avons aujourdui retenu et | retenons par ces presentes nostre chambellan pour nous servir ou dit office aux gaiges drois profiz livroisons et emolumens acoustumez[1]. Si vous mandons et a ... de vous si comme a lui appartendra que nostre presente retenue vous enregistrez ou faites enregistrer es livres et registres de nostre dicte chambre aux deniers avecques celles de noz autres chambellans et des gaiges drois profiz livroisons et emolumens dessus dit souffrez et laissez joir et user plainnement et paisiblement nostre dit chambellan. Et nous voulons tout ce qui a ceste cause paye baillie et delivre lui aura este, estre sanz .....[a] ue es comptes de vous maistre de nostre dicte chambre aux deniers et rabatu de vostre recepte par tout ....[a], non obstans ordonnances mandemens ou defenses quelxconques a ce contraires. Donne a[a] Yv[oix][2] ... le XXIXe jour de novembre lan de grace mil cccc et deux.

Par monseigneur le duc
.. M. Heron[3]   [Spuren des aufgedrückten Siegels.]

Orig. Perg. beschädigt mit Spuren des unter dem Texte aufgedrückten Siegels; stark verblasste, bemerkenswerthe Rückaufschrift 15. Jhdts.: brieff von dez herzogen weghen von Orliens von 2000 gulden myns heren seilgen lebedage; der somma hat der marschalck von Orliens here Wihelm Bracismont 600 behal-

---

a) *Löcher im Pergament.*

1) Herzog Ludwig von Orléans, der Luxemburg und die Grafschaft Chiny in Besitz genommen hatte ‚au cler et évident honneur et profit du royaume' war auf das eifrigste bemüht, Vasallen und getreue Diener in den neuen Gebieten zu werben; bereits am 19. November 1402 hatte auch Heinrich von Orley ihm gehuldigt und dafür ein Lehen von 200 Pfund Turnosen aus den Einkünften zu Ivois und Bastogne erhalten, N. van Werveke, Publications de la Sect. histor. de l'Institut de Luxembourg Bd. 40 (N. F. Bd. 18), S. 84, no. 119 ff.; S. 92, no. 129.

2) Auch die Erlasse des Herzogs vom 19. und vom 30. November sind in Ivois ausgestellt, van Werveke a. a. O., S. 92, no. 129, no. 130.

3) Macé Heron, a. a. O., S. 97, no. 148.

den dy̆ er deme heren van Havery vur sinen schaden von myns heren seilgen wegen bezalen soilde, dez er nit gedaen in haet und wart myn here selich bij sime leben zumael hart darum geverantwort. *Signatur 17. Jhdts.:* Beffort anlangendtt . . no. 23.

1402 Dezember 10 (des sondaes na sente Nycolaes dage). — Die Brüder Wilhelm und Rabodo von Gymnich nebst ihren Frauen Guitgin von Flerzheim (Vleirczbeym) und Katharina von Densborn (Deynsbur) gewährleisten den Eheleuten Heinz und Ida von Mirbach sowie deren Sohne Heinrich auf Lebensdauer den ungestörten Besitz der Güter zu Holzheim, Mechernich und Bergheim[1].

Es siegeln: die beiden Aussteller und für deren Frauen Werner von Vlatten. **188** (Mirbach 4).

Orig. Perg. mit 1 Pressel, 1 kleinen Siegelbruchstücke, auf dem noch ein ausgekerbtes Kreuz, oben mit einem Turnierkragen belegt, zu erkennen ist und mit 1 anhgdn. Siegel: vier Pfähle, im rechten Oberwinkel ein Stern, auf dem Helm zwei Adlerflügel, Umschrift: S. werner van vlatten. *Rückaufschrift 16. Jhdts.:* E. antreffende Mirbach.

Gedruckt: Strange, Beiträge zur Genealogie·Heft 5, S. 116 ff.

1403 Juli 25 (ipso die b. Jacobi apostoli). — Nesa von Setterich Witwe Koenes von Reuschenberg (Rueschenberch) gelobt, den Ritter Hermann von Randerath im Genusse der Einkünfte aus dem Gute Airseit in der Herrlichkeit Setterich[2], das gegenwärtig an Henkin Kalde von Setterich verpachtet ist, bis auf weiteres nicht zu beeinträchtigen.

---

1) Holzheim, Mechernich und Bergheim in der Bürgermeisterei Vussem, Kreis Schleiden.
2) Es ist dasselbe Gut, das in dem Vergleiche von 20. Dezember 1375, oben no. 107, erwähnt wird; dazu ist nachzutragen, dass Arnold von Aerscheit Stiftsherr zu S. Geron in Köln am 18. April 1385 zwei Nonnen im Kloster Dünwald eine Wiese zwischen der Mühle zu Wichheim und dem Lande der Abtei Deutz verkauft, dass also auch oben a. a. O. Wichem auf den genannten Ort, östlich von Mülheim a. Rh., bezogen werden muss, Zeitschrift des Bergischen Gesch.-Ver. Bd. 22, S. 139 no. 229.

Es sollen siegeln: die Ausstellerin und ‚her Peter van Aldenroede preister officiant nů zer zijt der kirchen van Setterich'.

189 (Setterich 3).

Orig. Perg. mit Bruchstücken von 2 anhgdn. Siegeln: 1. *unkenntlich.* 2: *getheilter Schild, unten schraffirt, oben drei Sterne, Umschrift:* . . te . . aldrot presbit. . .

1403 September 8 (up unser leyver vrauwen dach nativitas). — Johann Kijtzsoen von Morken (Marick) verkauft ‚den eersamen broederen ind susteren zu Marick in die broederschaff geborende die alda gestediget ind geordynert is in eer des heiligen sacramentz' eine Erbrente von einem Malter Roggen Kasterschen Masses und verpfändet dafür ein Viertel und zwei Morgen Land im Kirchspiel Morken ‚an den Boirchwege[1] ind dat schůyt mit dem eynen ende up joncker Derichs lant van Marick ind mit dem anderen ende up Kůenken Knijns lant van Marick'.

Es sollen siegeln: ‚Johan van Herve heren Henrichs son van Herve[2] ind Philipps vamme Hoiltze' (?).

190 (Harff [Morken] 18).

Orig. Perg., stark beschädigt, mit 2 Presseln.

1403 Oktober 9. — Engelbrecht Nyt von Birgel Erbmarschall des Herzogthums Jülich und Heinrich von Hüchelhoven Schultheiss zu Eschweiler bereden eine Ehe zwischen ihren Kindern Frambach und Johanna.

191 (Birgel 1).

In goecz namen amen. Kunt sy allen luden die desen breyff seynt off hoerent leyssen, dat wir Engelbret Nijt van Birgel erfmarschalc des herzodůmps van Guilge[3] ind Heynrich van Huchel-|hoeven schoiltisse zo Eschwijlre[4] haen mit rade ind willen unsse

---

1) Der Burgweg führt zum ‚Huhsterknupp', der Stelle der alten Burg Hostaden, Annalen d. Hist. Ver. Heft 52, S. 52.

2) Strange, Beiträge zur Genealogie Heft 5, S. 26 vermuthet, dass Ritter Heinrich von Harff der ältere im Jahre 1403 nicht mehr gelebt habe.

3) Strange, Ueber das Erbmarschall-Amt des Lands von Jülich, Beiträge zur Genealogie Heft 3, S. 8 ff.; Heft 4, S. 56 ff.; eine Reihe wichtiger Urkunden aus dem zu Herten befindlichen Archive der Herren von Birgel ist abgedruckt a. a. O. Heft 8, S. 64 ff.

4) Die reichhaltigsten Nachrichten über die von Hüchelhoven gibt E.

kinder zo rechter wiczelicher ee zo hoeif gegeyven mit namen ᵃ Frambach mijn Engelbretz soen vurschreven ind Johanna mijn Heynrichs | vurschreven dochter. Ind ich Engelbret sal mijme soene nů zo hantz geyven mijnen hoff zo Strijthagen mit alle syme zobehoir ind na mijme dode soe sal hie dat marschalkampt mit alle syme zobehoer ind die bůrch zo Roede mit vůrburghe ind mit graven hayven ᵇ ind vůruys behalden ind asdan den hoff zo Strijthagen weder inbrengen ind deilen mit synen susteren ind broederen. Ind ich Heynrich vurschreven sal mijnre doychter geyven nů zo kirsnacht kompt over eyn jair hundert alde schilde off pagament darvůr as zo Důren zo der zijt der bezalůngen genge ind geve is ind vort al jair also as lange ich leyven ind in den kyrshilligen dagen wael bezailt zo sin, ind wat ich Frambach an goedeme geleygen erve beweist, dat sal myr an der vurschreven summen aefgain, ind nå mijme doede soe sal sy hayven ind behalden die burch zo Boevenberg[1] mit al eirme zobehoer ind mit al der gereyder haven die dan darzo gehoirt ind darup is, ind al di goede die mijn wijf besitzende is hude up desen dach, uisgescheyden vůnfzijch mark ind eyn voder wijntz dat sy zo Hemberch haet ind darvůr sal Johanna behalden dat wijnhůys zo Berghe; ind dese guede sint geacht vůr zweyhůndert rijnczer gulden jairs. Vortme soe sal sy behalden den hoff zo Hoengen mit all syme zobehoer ind dat goit zo Mircsteyn up der Afden[2], dat is zosamen geacht vůr hůndert rynscher gulden, ind dan uys sal sy geyven

---

a) namen *über der Zeile.* b) hayven *über der Zeile.*

v. Oidtmann, Die Besitzer der Burg Eschweiler, Beiträge zur Geschichte von Eschweiler und Umgegend Bd. 1 (1880) S. 378 ff.; vgl. dazu Richardson, Geschichte der Familie Merode Bd. 2, S. 241 no. 385. Beachtenswerth ist auch eine Stiftungsurkunde Heinrichs von Hüchelhoven vom 2. Mai 1398 für die Kapelle zu Arzdorf bei Rheinbach, Annalen d. Hist. Ver. Heft 24, S. 295 ff.

1) Bovenberg in der jülich'schen Unterherrschaft Weisweiler, vgl. [E. v. Oidtmann?], Die adeligen Häuser Bongart, Bovenberg und Holzheim, Beiträge zur Gesch. von Eschweiler und Umgegend Bd. 1, S. 268 f.; E. v. Vorst-Gudenau, Zeitschrift des Aachener Gesch.-Ver. Bd. 4, S. 17 Anm. 5.; v. Oidtmann, a. a. O. Bd. 6, S. 248 ff.; R. Pick, Annalen d. Hist. Ver. Heft 17, S. 231 ff.

2) Strange, Beiträge zur Genealogie Heft 5, S. 26 liest ‚Nierstein': es ist Merkstein nördlich von Herzogenrath gemeint, vgl. Kaltenbach, Der Regierungsbezirk Aachen, S. 385.

zwen nunnen van Weynnaûwen eickelicher zeyn malder roggen
des jaers as' lange sy leyvent. Vort sal sy behalden den zeynden
zo Dûrwijs soe wie de geleygen is ind dat goet zo Hergarden
so wie dat geleygen is, ind dat is zosamen geacht vûr hundert
rijnscher gulden. Ind were sache dat dese vurschreven goede
neyt alssoe goet en weren als sy hie geacht sint, soe sal ich sy
as soe goet machen. Ouch is gevûrwert, off Frambach stûrve ee
sijn vader, ind hie mantzgeburt leisse van syme wijve vurschreven,
so sûlde die mantzgeburt staen in des vaders stat, mere leisse hie
vrauwengebûrt, die suld oych staen in des vaders stat, uysgeschey-
den dat marschalkampt ind die burch zo Roede, ind die kijnt
soellen anders gelich mit deillen off ir vader leyfde; ind leisse
hie geyn leyvendich gebûrt van Johannen vurschreven, soe sal sy
behalden den hoff zo Strijthagen ind darzo eyn ind drissich malder
roggen jaers an deme zeynden zo Hoeven as lange as sy leift.
Ind were sache dat sy stûrve ee eir vader ind leisse geburt, it
were mantz off vraûwen gebûrt, die solen staen in ere moder stat.
Ind were sache dat sy kijnt leissen ind die kynt stûrven âen eliche
geburt, soe sal al goet vallen da it herkomen is. Oich is gevûr-
wert, off der schoiltisse eynche schoilt leisse, dat Frambach ind
Johanna der schoilt neyt zo schaffen ensoillen haen, it en were
dan sache, dat der schoiltisse gevangen woirde off noetkreyche
lidde, darumb hie schoilt machen moeste, der solden sy zo schaffen
hain na sinme gebûyr, anders neyt. Oich is gevûrwert, off Jo-
hanna Frambach verleyfde ind Johanna sich zo eren kijnden neyt
enheilt, soe sal sy haeven dat huys zo Boevenberg ind allit dat
goet half sy samenklich hetten; ind bleve sy by eren kinderen
aen man, so sal sy haeven Boevenberch ind alsulgen erve as van
eren weygen herkomen is vûr ére wedûm. Ind al dese vurschre-
ven, punten ind vûrwerden sint gedenght ind verbreyft in rechten
hijlychs vûrwerden, dar wir Werner van Palant here zo Breyden-
bent ind Johan van Birgel[1] up eyn syde, ind Reymer van Wys-
wijlre ind Willem van Haessenwert up die ander syte by gebeyden
ind gebat haen ind uns haint helpen dengen as hijlijchslude. Ind
wir Engelbret ind Heynrich vurschreven hain dyt gedaen in unsme
gantzen bette, doe wir dyt wail doin mochten vûr uns ind unse
erven ind nâcomelinge: des wir hijlijchslude vurschreven beken-

---

1) Johann ist ein Bruder des Marschalls Engelbrecht, ein Oheim des
Bräutigams, Strange a. a. O. S. 56.

nen, in den jaeren uns heren doe man schreyf dusent veirhundert ind dry jair up sente Dyonisius dach. Ind umb deser vurschreven sachen zo urkunde ind gezûchnisse der wairheyt soe haen wir Engelbret ind Heynrich vurschreven unse segele her an desen breiff gehangen ind hain uns maege ind vrünt vurschreven gebeyden, mit uns zo segelen as dengslude. *etc. etc.* [*Besiegelung*].

Orig. Perg. mit 6 Siegeleinschnitten; Rückaufschrift 16. Jhdts.: item Frambach van Birgel hylichsbreyff.

1403 Oktober 28. — Gerhard Herr zu Bolchen und zu Ueseldingen entbindet Johann von Strucht genannt Tottelart von dem Mannschaftseide, den dieser ihm bei der Gefangennahme Johann Heralts genannt Mentze und Thijs von Hetzingen genannt Kitzink geschworen und verbrieft hatte, indem er zugleich erklärt, dass das Siegel Tottelarts nur deshalb an der Urkunde verbleiben solle, damit diese nicht beschädigt werde. 192

Ich Gerhart herre zu Bolchen und zu Unseldingen[1] dun kunt allen luden und bekennen uvermitz diesen offenen brieff, also as | Johan von Strucht dem man spricht Tottelart myn losledich man worden was und dat nummer up zu geven als | von wegen eins gefencknissz dat ich Johanne Heralt dem man spricht Mentze und Thijs von Hetzingen dem man spricht Kitzinck[2] gefangen hatte, des ich einen besiegelten heufftbrieff von dem vurgenanten Johanne Menczen, Thijs und Tottelart und vort von anderen yren frunden besiegelt hain, in wechem brieve der vurgenante Tottelart mit

---

1) Gerhard von Bolchen (frz. Boulay in Lothringen), Herr zu Ueseldingen erscheint am 10. März 1393 in einem kaiserlichen Urtheilsspruche gegen die Stadt Metz; am 6. November 1395 besiegelt er den Burgfrieden von Esch an der Sauer, Würth-Paquet et van Werveke, Archives de Clervaux (Publicat. de la sect. hist. de l'Institut de Luxembourg Bd. 36 [N. F. Bd. 14]) no. 594; no. 600; zu Anfang des Jahres 1402 wird er Mann des Herzogs von Orléans, van Werveke a. a. O. Bd. 40 (N. F. Bd. 18), S. 83, no. 115. Ueber Ueseldingen, nordwestl. Luxemburg, vgl. Glaesener, Le Grand-Duché de Luxembourg (Diekirch 1885), S. 374 f.

2) Aus dem dicht bei Nideggen angesessenen Geschlechte der Rummel von Hetzingen, vgl. Schannat-Bärsch, Eiflia illustrata Bd. 1 Abth. 1, S. 292; Abth. 2, S. 1099; Bd. 2 Abth. 1, S. 172; Fahne, Gesch. der köln. jül. und berg. Geschlechter Bd. 1, S. 273; Aeg. Müller, Beiträge zur Geschichte des Herzogthums Jülich Bd. 2, S. 192 ff. u. a. m.

monde mit henden geloifft hait und mit upgereckten vingeren zun heilgen gesworen hait, mir holt und getruwe zu sin as ein man sime herren billichen sin sal, und mynen schaden zu warnen und mit voegest zu werben und nummer wieder mich, myne lijffserven, die myne noch alle diegiene die mir zu verantwerten stient zu dûn, so dat ich Gerhart herre zu Bolchen vurgenant kunt dun und kennen uvermitz diesere quitancienbrieffe, dat ich mit mynen guden mutwillen up den vurgenanten Tottelart luterlichen vertziegen bain und vertzigen und schelden yn der vurgenanter manschaff huldingen geloeffden eyde, so wie he mir die geloifft und gedain hait und so wie die in dem vurgenanten besiegelten heufftbrieve begriffen stient, los ledich und quijt, so dat ich noch myne erben noch nyman anders von myñen wegen den vurgenanten Tottelart as umb des verbunteniß wegen as he mir von Johans Mentzen wegen verbonden gewest is, nummer aensprach gedun noch gemaenen ensollen, sunder alle argelist, und kennen, dat des vurgenanten Tottelarts siegel ain dem vurgenanten heufftbrieve niergen anders umb hangen en is blieven, dan dat der vurgenante brieff [a] ungekancellert und ungevicert blieve umb Thijs Kitzinges willen vurgenant und sine manne die mir in demselven brieve verbunden blivent. Und dis zu urkunde und gezuge der warheit so bain ich Gerhart herre zu Bolchen vurgenant mynen siegel mit mynre rechter wiste und willen ain diesen brieff gehangen mich zu besagen alre dieser vurgenanter sachen. Geven in den jaren unsers herrn dusent vierhondert und dru jair up sent Symon und Juden dach der heilger apostolen.

Orig. Perg. mit 1 Pressel.

1403 Juli 4, Brüssel. — Johanna Herzogin von Luxemburg Lothringen Brabant und Limburg Markgräfin des Reichs gibt ihre lehnsherrliche Einwilligung dazu, dass Stas van Bolle dem Willem Gans einen Erbzins von 6 ß Geld und 56 Kapaunen innerhalb der Stadt Loewen verkauft.

Es siegeln: 1. die Herzogin und die Lehnsmannen, 2. Jan van der Meeren, 3. Goidfroit van der Noeveruwen, 4. Jan van Ghemert, 5. Vranc Collay, 6. Daneel van Watermale.

193 (Vorst [Brabant] 5).

---

a) brieff *über der Zeile*.

Orig. Perg. mit 4 Presseln und 2 Siegeleinschnitten; Rückaufschrift 15. Jhdts.: tgroet leen dat Willem Gans houdt van den hertoge van Brabant; *17. Jhdts.*: No. 47. acquisitie van den chyns onder Loven.

1404 Juli 31 (op sente Peters avont ad vincula Petri) — Johann van Berenbroick belehnt Johann Kock van den Walde mit dem Hofe zu Kyekenem, den dieser vor den Schöffen zu Kapellen von Margareta der Witwe Dietrichs van Berenbroick, ihrer Tochter Katharina und ihren Söhnen Johann und Loif gekauft hat.

Es siegeln: Johann van Berenbroick als Lehnsherr; Ritter Johann van der Straten und Elbert von Eyl Everts Sohn als „manne myns l. g. h. des hertoghen van Gulich ind van Gelre omme gebreich mijnre manne op dese tijt'. **194**

Orig. Perg., mehrfach durchlöchert, mit 3 anhgdn. Siegeln; 1.: schreitender Bär nach rechts an einer Kette, Umschrift: s. jan h' van berenbroec. 2.: Fisch mit stachliger Rückenflosse nach rechts, Umschrift: . . Johan . . . . milit . . 3.: Gleve (Lilie).

[c. 1405.] — Ritter Dyrc van Egmond verkauft seinem Verwandten (neve) Willem Aernts Sohn vier Morgen Land „in den ambocht van Erderveen die nu ter tijt in hurwair heeft Martiin Willems soen legghende al langs an den Airdijck' um die Summe von 66 englischen Nobeln.

Es siegeln: der Aussteller und sein Bruder Willem van Egmond. **195**

Orig. Perg., die linke Ecke abgerissen, mit 1 abhgdn. sehr beschädigten Siegel und 1 Pressel; 1.: der von einem natürlichen Adler gehaltene Schild zeigt sechs (?) Sparren.

Hierzu die Transfixe von 1407 März 28 (unten no. 199ᴀ), 1520 März 29 und 1520 November 20.

1405 Oktober 25 (in vigilia apostolorum Symonis et Jude). — Die Brüder Pilgrim Abt zu Siegburg und Godart Herr zu Drachenfels erlassen bei der Neuverpachtung ihres durch Brand geschädigten Hauses auf dem Steinwege zu Siegburg dem Erbpächter Johann Ketzgin und dessen Frau Nesa auf acht Jahre den Jahreszins von 20 Mark, verpflichten ihn jedoch, die der Abtei Siegburg jährlich geschuldete halbe Ohm Wein zu liefern. **196** (Drachenfels 35).

Orig. Perg. mit 2 Presseln; Signatur 17. Jhdts.: Drachenfeltz num. 21 Lit. A.
Gedruckt: Annalen d. Hist. Ver. Heft 54., S. 71 f.

1405 November 22. — Friedrich III. Erzbischof von Köln gibt seine lehnsherrliche Einwilligung dazu, dass Wilhelm von Orsfelt seiner Frau Hadwig von Gustorf den Hof Orsfelt zum Wittum aussetzt.

197 (Gustorf 1).

Wir Frederich van goitz genaden der heilger kirchen zo Colne ertzebusschoff des heiligen romisschen rijchs in | Italien ertzcanceller hertzoge van Westfalen ind van Enger etc. doin kunt allen, also as Wilhelm van Or|felt[1] unse lieve getruwe Hadewich van Goistorp syn elich wijff gewedompt hait as wedoms reicht is up den hoff zo Oyrsfelt de mit synen zobehoren van uns ind unsem gestichte zo leene rueret ind de vurschreven Wilhelm de van uns hait entfangen, so bekennen wir, dat wir unsen guden willen ind gehencknisse zo dem wedem gegeven hain ind wedemen de vurgenante Hadewich mit dem vurgenanten hoive zo Orsfelt na wedems reicht ind gewonheit oevermitz desen brief, beheltniss dar ane uns ind unsem gestichte alle unss reichten. Des zo urkunde hain wir unse segele an desen brieff doin haucgen de gegeven is in den jaren unss herren dusentvierhundert ind vunff jair up sente Cecilien dach der heiliger jonfrauwen.

Orig. Perg. mit abhgdm. Sekret des Erzbischofs: das kölnische Kreuz in der Mitte bedeckt von einem Schilde mit Doppeladler.

1405 November 25 (. . . Katherine virginis) — Dietrich von Grenzau (Grenschauwe), Sohn des † Ritters Dietrich von Grenzau und seiner Frau Lysa, schliesst einen Ehevertrag mit Greta der Tochter Godarts Herrn zu Drachenfels und seiner Frau Aleidis[1], wobei er seiner

---

1) In dem Urbar des Aachener Regulierherrenklosters vom Jahre 1423 heisst es: „item buyssen dem rych van Achen Willem von Oirffelt van synen hoive zu Oirffelt mit allen synen rechten ind zubehoirre 22 mudde roggen up sent Andries dagh. Item dis vurschreven pacht is manguyt myns heren van Collen', H. Loersch, Annalen d. Hist. Ver. Heft 21, S. 270 no. 174.

2) Vgl. Strange, Beiträge zur Genealogie Heft 5, S. 8; Annalen d. Hist. Ver. Heft 54, S. 26 Anm. 3.

Braut den von Junker Johann Grafen zu Sayn lehnrührigen Zehnten zu Anhausen (Ainhusen)[1] und den zur Hälfte um 500 Gulden an Salentin Herrn zu Isenburg verpfändeten Zehnten zu Kettig (Ketge)[2] verschreibt, während Greta eine baare Mitgift von 800 rhein. Gulden einbringt.

Es siegeln: der Bräutigam, seine Mutter Lysa, Junker Johann Graf zu Sayn als Lehnsherr des Zehnten zu Anhausen; Friedrich vom Steine, Wilhelm von Steinenbach und Wigand von Steinenbach als Freunde des Bräutigams. **198** (Drachenfels 36).

Orig. Perg., in der Mitte durch Moder zerstört, mit 6 Siegeleinschnitten; Inhaltsangaben 15. und 17. Jhdts.; Signatur 17. Jhdts.: Drachenfeltz Lit. A. num. 22.

1406 Mai 23 (feria sexta post Urbani episcopi) — Dietrich von Grenzau (Grensauwen) und seine Frau Greta bescheinigen ihrem Schwiegervater und Vater Godart Herrn zu Drachenfels den Empfang eines Heirathspfennigs von 400 rheinischen Gulden.

199 (Drachenfels 37).

Orig. Perg. mit 1 Siegeleinschnitt; Signatur 17. Jhdts. unkenntlich.
Gedruckt: Annalen d. Hist. Ver. Heft 54, S. 72 f.

1407 März 28. — Ritter Wilhelm von Egmond[3] verkauft Wilhelm Aernts Sohn sieben Morgen Land im Amte (ambocht) Arderveen, den Morgen zu 17½ englischen Nobeln, und gewährleistet ihm den ungestörten Besitz, behält jedoch dem angrenzenden Jan van Tecroede einen Nothweg über das Grundstück vor.

Es siegeln: der Aussteller und sein Bruder Wilhelm von Egmond.

199ᴬ

Orig. Perg. mit 2 Presseln, Transfix zu no. 195.

---

1) Anhausen, unfern der Burgruine Braunsberg, im Thale der Wied.

2) Die Herren von Isenburg trugen die Kirchengift und den Zehnten in Kettig bei Bassenheim von den rheinischen Pfalzgrafen zu Lehen, vgl. Günther, Codex diplom. Rheno-Mosellan. Bd. 4 no. 3 und S. 89 Anm. 1.

3) Wilhelm von Egmond erscheint mit seinem Bruder Dietrich zusammen u. a. am 3. Juni 1419 als Bürge in dem Bündnissvertrage Johanns von Baiern mit Reinald von Jülich gegen die von Utrecht und Amersfoort, J. A. Nijhoff, Gedenkwaardigheden uit de geschiedenis van Gelderland Bd. 3, no. 385.

1407 Juli 8, Godesberg. — Erzbischof Friedrich III. von Köln entscheidet zwischen dem Ritter Godart Burggrafen zu Drachenfels und Reinhard von Sechtem über Zehnten und Weinzapf zu Villip (Vilpge) sowie über die Anlage von Wegen, Hecken und Thoren, daselbst.
200 (Drachenfels 38).

Orig. Perg. mit 1 Siegeleinschnitte; Rückaufschrift 15. Jhdts.: Van tzienden und wynzappen zo Vyllipgh; *Signaturen 17. Jhdts.:* Drachenfeltz num. 27. Lit. A.

Gedruckt: Annalen d. Hist. Ver. Heft 54, S. 73 no. 6.

1407 September 20 (in vigilia b. Mathei apostoli et ewangeliste) — Scheiffart von Merode Herr zu Hemmersbach (Heymersberg)[1] verpflichtet sich, seinem Schwager Godart Herrn zu Drachenfels das rückständige Heirathsgut seiner † Schwester Aleidis im Betrage von 2000 Gulden zu Hälfte baar, zur anderen Hälfte durch Ueberweisung von Gütern zu zahlen und stellt dafür (die in no. 202 näher bezeichnete) Sicherheit.

Besiegelung wie unten no. 202.   **201** (Drachenfels 39).

Orig. Perg. mit 4 Presseln und 1 Siegeleinschnitte; Signatur 17. Jhdts.: Drachenfeltz Lit. A. num. 26.

1407 September 20 (in vigilia b. Mathei apostoli et evangeliste) — Scheiffart von Merode Herr zu Hemmersbach stellt mit Einwilligung seines Sohnes Scheiffart seinem Schwager Godart Herrn zu Drachenfels Sicherheit für das Heiratsgut seiner † Schwester Aleidis in der Höhe von 2000 Gulden und zwar für 400 Gulden das Gut Ohlert (Ulroide) bei Siegburg[2], für 600 das Lehen „dat myn selige vader mir geerft hait an myme genedigen heren dem .. ertzebusschof van Triere' und für den Rest das Gut zu Sechtem „na formen ind ynnehalde zwijer principailbrieve die darup sunderlinge gemacht ind besiegelt synt', indem er sich zugleich für die spätere Zustimmung seines noch unmündigen Sohnes Friedrich verbürgt.

---

1) Es ist Johann Scheiffart IV von Merode-Hemmersbach, Richardson, Geschichte der Familie Merode Bd. 2, S. 192, no. 146.

2) In der Bürgermeisterei Neukirchen nordöstlich von Siegburg; einen Hof „Uhlroth bei Siegburg', der im Besitz der Kölner Schöffenfamilie von Edelkirchen gewesen, erwähnt Aeg. Müller, Siegburg und der Siegkreis Bd. 2, S. 362.

Es siegeln: der Aussteller, sein Sohn Scheiffart, Everhard Vogt zu Bell, Rutger von Brempt, Roland von Odenhausen.

202 (Drachenfels **40**).

Orig. Perg. mit 5 anhgdn. Siegeln, 1 (beschädigt): wie oben no. 169, 2; 2: vier Pfähle, ohne Helm, Umschrift: s. Schevart vanme Roide. 5: *vier Pfähle, Umschrift:* s. Everhart vait vā belle. 4: *vier Querbalken:* s. Rutgeri de Breimt; 5: *quergetheilt, Umschrift:* „Rolant van Oden . . sen. *Inhaltsangaben 16. und 17. Jhdts., Signatur 17. Jhdts.:* Drachenfeltz Lit. A. num. 25.

Verzeichnet: Richardson, Geschichte der Familie Merode Bd. 2, S. 192 no. 146.

1407 September 20 (in vigilia b. Mathei apostoli et ewangeliste). — Scheiffart von Merode Herr zu Hemmersbach urkundet wie oben no. 202, verspricht jedoch ausserdem noch, die Belehnung durch den Erzbischof von Trier für Godart von Drachenfels zu erwirken.

Siegel wie oben no. 202. **203** (Drachenfels **41**).

Orig. Perg. mit anhgdm. Siegel des Ausstellers, 3 Siegeleinschnitten und 1 Pressel; Signatur 17. Jhdts.: Drachenfeltz Lit. A. num. 25.

1407 September 30. — Die Schöffen zu Königswinter beurkunden, dass Godart Herr zu Drachenfels den Hof Friedrichs Herrn zu Tomburg und zu Landskron im Gerichte Königswinter nebst allem Zubehör wegen einer Forderung von 1400 Gulden ordnungsmässig beschlagnahmt habe, indem sie ihm zugleich auf Grund einer Schöffenweisung ihres Oberhofes Bonn den Besitz unter einem gewissen Vobehalte bestätigen[1]. **204** (Drachenfels **42**).

Wir Lambricht van Oessendorp, Johan Soevener, Johan genant Vleysheuer, Heinze Vynckerney, Teile van Emme, Herman Weckeysser ind Heyn Volroede scheffen zu Koeninxwinteren alle gemeynlichen doen kunt allen luden ind zugen oevermytz desen brieff, dat unss kundich is | so wie der eirber strenge ritter her Goedart herre zu Drachenveltz overmitz den gesworen boeden des weirentlichs gerichtz zu Koeninxwinteren in kummer haet doen

---

1) Die umfangreiche Urkunde verdient den Abdruck schon deshalb, weil sie mit lehrreicher Ausführlichkeit den Hergang einer gerichtlichen Beschlagnahme veranschaulicht.

eygen alsulchen hoff gehûysse ind hoeffreichte ind voirt alle erven ind guede van artlande wincgarden ind beenden | broechen bûsschen zijnsen ind peechten as die der eydele her Frederich herre zu Toenenbûrch ind zû Landzkroenen lijgende bait in dem gerichte zu Koeninxwinteren, neyt da aene uyssgescheiden, ind so wie die erve ind guede bij underscheide herna geschreven volgent, ind der ein deyl roeirich synt van dem hoeve der jûnffrauwen van Essen ind eyn deyl van dem hoeve der herren des goitzhuysse van sent Apostelen, ind voirt eyn deyl van dem hoeve der juncfrauwen des goitzhuysse van Deytkijrchen[1]). Ind dyt synt dye erven ind guede myt naemen: drûytzein moirgen buyssche an dem Hyttenbroich lancgs erve der hern van Heysterbach ind eychtenhalven moirgen buyssch an der Silverkûylen, ouch ligende neyst erve der heren van Heisterbach vurschreven, ind vuynff veirdel ind eyn pynt buyssch in der Saelwijden, ind veyr moirgen bûyssch an dem Hûynffer laege; item dirdenhalven moirgen ind ein veirdel weesen zû Roedelbach, ind zû Yttenbach tzween moirgen weesen genant die Bûrnwese, ind dirdenhalven moirgen ind ein veirdel weesen in der Pleysbach geleygen, ind druy veirdel weesen genant dye Roeseneûers; item nuyndenhalven moirgen bûyssch aen dem Maelberche geleygen, ind eylff moirgen bûyssch in Broechen geleygen, ind dirdenhalven moirgen buysch geleygen hinder dem Mynre Stroemberche, ind nûyntzein moirgen bûyssch an dem Eckenbroech; item tzwein moirgen wyncgairtz ind ein halff veirdel lygende an dem Sprencgescheyt, ind seven veirdel wincgairtz an dem Keytzberche, ind eynen halven moirgen dreijssch an dem selven wincgairden geleygen; item der hoff myt seyme gezymmer ind zûbehoere ind myt der hoeffrechten geleigen zu Koeninxwinteren, ind tzwey malder eyven erfflicher gulden ind drijssich hoenre erfflicher renten ind seistzeyn schillinck ind veir pennynck erfflichs pennyncgeltz ind drûy pûnt waess erfflichs tzynss ind renten,

---

[1]) In Königswinter war der geistliche Besitz von jeher ganz besonders ausgedehnt; eine ‚curia ecclesie sanctorum Apostolorum in Wyntere' wird bereits 1220 erwähnt, Lacomblet, Urkb. Bd. 2. no. 91. Ein Weisthum von Königswinter vom Jahre 1558 (1617) erklärt, dass das Kapitel von S Aposteln zu Köln, der Propst von S. Cassius zu Bonn, der Herr zu Drachenfels, zwei andere Edelherren und die Aebtissin des Stiftes Essen ‚mitregierende herren zu Königswinteren seind', Annalen d. Hist. Ver. Heft 5, S. 204 ff.; Grimm, Weisthümer Bd. 5, S. 742; über den Essener Hof vgl. ausserdem noch Fr. Gerss, Zeitschrift des Bergischen Gesch.-Ver. Bd. 12, S. 168 ff.

ind tzwey voeder ind nůyntzein veirdel erfflichs wijnpaechtz. Wilchen vůrgenanten kůmmer die vůrgenante her Goedart alsus gedaeů haet an die erven ind erffliche gůede, zijnsse ind peecht as vůrschreven steyt vůr veirtzeinhůndert rijnscher gulden gůet ind swaer van goelde ind van gewijchte, ind ouch der geswoeren boede vurschreven dem eydelen hern Frederich vurgenant den kůmmer vurschreven also gescheyt beboit haet, as der geswoeren boede des kůmmergeboetz also gedaen vůr uns bekant haet, ind darup overmyts den amptman ind unss as doe dem vurschreven hern Goedart rijchtliche dage bescheiden woerden drye veyrzeindage neyst pae einander volgende; up wilche rijchtliche daege derselve her Goedairt koemen ys ind haet dem kummer na gevolgt as recht ys, ind neymant den kummer da rijchtlichen entsat noch verantweirt en haet, ind darnae ouch her Goedairt vurschreven overmitz siju recht ind gerijchtzgelt in uirkunde unser van dem amptmanne geweldicht ys an alle dey vurgenoempde erven ind gueden. Ind hie haet voirt dieselven erven ind gůede entfangen ind dat ind ein eycliche erve ind gůet gewunnen ind gewoerven up den hoeven vůrschreven wie sich dat geboert in syne hant, myt naemen up dem hoeve van Essen vůr Johanne Soevener as vůr eym schultissen ind vůr Teylen van Emme ind Hennen Rost geswoeren desselven hoeffs; as up dem hoeve van sent Apostelen vur Hennen van Dollendoirp as vůr eyme schultissen ind vůr Herman Weckeysser ind Teylen Boess Teilen soene geswoeren des hoefs vurschreven; ind as up dem hoeve van Deytkirchen vůr Henkin Schaeveirde as vur eyme schultissen, vur Johan Soevener ind Herman Weckeysser gewoeren desselven hoeffs; ind hat also die gewalt ind leengicht ind erven ind guede vurschreven jaere ind dach beseyssen, as uns scheffen dat allet kundich ys ind wir ouch dat van den schultissen ind geswoeren der hoeve vurschreven verhoirt hain. Ind dat darna ys die vurschreven her Goedart weder vur gerijchte komen ind hait alda oerdels overmitz synen vůrsprecher doen versoecken den amptman an unss scheffen, synt dat hie dem vůrschreven kůmmer nagevolgt sij ind dat vůrschreven erve ind gůede uyserdijncgt haeve ind ouch die erven ind gůede ind die gewaelt vurschreven jaere ind dach besessen haeve, wie hie nu damyt voert varen sole, ind der amptman dat zů oerdel rijchtlichen an unss gestalt haet. Darup wir scheffen vurschreven sementlich in gerijchte begeirt hain van dem amptmanne vůrschreven unss zů gůnnen darup zů beraeden bys zů dem anderen gerijchte naest zů komende. Ind wijl wir des oerdels vůrschreven ña dem beraede neyt wijssentlichen wijse enwaeren zů wissen, darumbe macht unss der amptman rijchtlichen verdich an die yrber wijse lude die scheffen zů Bůnne, dat wir die oerdel vůrschreven an yn hoelen soelden, also recht ind gewoenlich ys;[1] also wir oůch gedaen hain up alle půncten in desem brieve begrijffen. Ind die scheffen van Bůnne vurschreven unss scheffen vůrschreven up dieselbe oerdel vůr recht gewijst haint, also dat wir dieselve oerdel van yn ind overmitz yr wysůncge zů Koeninxwinteren vůrschreven voirt in gerychte gewijst hain ind wijsen vůr recht: dat die vůrschreven her Goedairt sal ind mach alle die vůrschreven erven ind gůede offenbair zů koeff veyle beden zů kirchen ind zů stracssen, wie dat recht ind gewoenlich ys. As ouch her Goedairt vurschreven dat also gedain heyt ind neyman koemen en ys, dat vurgenante erven ind guede zu gelden, also hain wir scheffen myt oerdel overmitz den amptman myt den naperen der erven ind verstendicher lůede dey vurschreven erven ind gůede allenclichen beseyn geschat ind gepennyncgt na rechter achtůncge as gůet as drůytzeinhůndert eyn ind seystzich gůlden ind eyn oert myn eynen pennynck, also zů verstaen, dat dyt vůrgenoempde gůet ind erve, wie dat myt underscheide hie vůr in desem brieve genoempt steyt, also geaecht ind gepennyncgtschat ys. Ind der gesworen boede hait ouch rijchtlichen dat heren Frederich zů Toenenburch hern vůrschreven laessen wijssen ind offenbaer eme kůnt gedaen, dat hie dat vurschreven erve ind gůede darvůr beschoedde off loesse bynnen veirtzeindagen na rechte ind gewoenden des gerijchtz myt unss. Ind deselve herre Frederich vůrschreven doe zu Koeninxwinteren komen ys, ind her Goedairt vurschreven hait heren Frederich vurgenant uyrkůnde unser gerechende van allen den erven ind gůeden vurschreven van der tzijt dat hie da aen gesessen hatte bys up dese tzijt datum dis brieffs syne upheyvůncge[a] ind upkoemuncge ind ouch alle coste die hie an die erven gelaecht haet zů buwen ind voirt van tzijnsen ind peechten ind oůch van hervestbeiden, also dat hern Goedart vurschreven an inneemen ind an uyssgeyven geoevert was nůyn ind drissich gulden drij schillinck ind tzween pennyncge; desselven geltz der egenante

---

a) upheyuncge.

1) Ueber die Bedeutung des Schöffengerichts zu Bonn als Oberhof vgl. u. a. W. Harless, Schöffen und Siegel von Bonn (Bonn, Festschrift 1868) S. 29 ff., besonders die Weisung für das Gericht zu Flerzheim vom 4. Dezember 1392.

her Goedairt gehoirsam was aff zů slaen ind aff zů rechenen an der sümmen gulden darvůr dat die vůrschreven erven ind guede bekummert waeren. Ind want neyman koemen, die vurschreven erven ind guede also zu beschoedden off zů loesen, darumb wir scheffen sementlich overmitz den amptman in gerijchte myt oerdel gewijst hain ind wijsen vůr rechte ind gewoenden des gerijchtz myt unss, dat asdan nů voirt sal ind mach der vurgenante her Goedart herre zu Drachenveltz vůr sich ind syne erven dieselven vurschreven erven ind gůede vůr die vurschreven summe gulden, also eme geschat ind geacht ys, haeven halden ind besijtzen, wenden ind keren in synen nůytz ind uirber as syne wijsliche erven ind gůede sůnder hindernisse eymans, behalden den leenheren ind den hoeven yrs rechten davan die gůede ind erven roerich synt, ind voirt mallich syns rechten unverlocren; ind doch sůnderlichen boeven al dyt uyssgescheiden: off kyndere ind erven der erven ind guede vůrschreven noch bynnen·yren unmundigen dagen weyren off ouch buyssen lands unheboit deser sachen weyren, ind off ein zuchter deser erven ind gůede hie an beboet were ind der rechte erve neyt, behalden eyme eyclichem van desen yrs rechten an den erven ind gůeden vurschreven na rechte ind gewoenden des gerijchtz myt unss, alle argeliste *etc.* uyssgescheiden. Ind zů urkůnde ind gezůge ganczer ewiger stedecheyt alre sachen vurschreven, want wir der uirkůnde intfangen hain ind die vur unss gescheit synt, so hain wir scheffen gemeynlichen zů Koeninxwintern vůrschreven unse gemeyne scheffenampts ingesegele an desen brieff gehancgen. Datum anno domini millesimo quadringentesimo septimo feria sexta post festum beati Michaelis archangeli.

Orig. Perg. mit beschädigtem anhgdm. Siegel: Thorburg, auf deren Thürmen je eine Fahne, rechts mit dem kölnischen Kreuz, links mit dem Adler, in der Mitte darüber der Schild des Erzstiftes. Rückaufschrift 16. Jhdts.: Eyn breyff antrefft dat guit zo Wynteren genant Thoenburch; *Signatur 17. Jhdts.*: Wolckenburgh Lit. A num. 6.

1408 April 30. (ipso die b. Quirini martiris). — Scheiffart von Merode Herr zu Hemmersbach[1] bekennt, dem Kölner Bürger Johann

---

1) Johann Scheiffart IV oder V?, Richardson, Geschichte der Familie Merode Bd. 2, S. 192 ff.

von Tegelen und dessen Frau Katharina 150 rhein. Gulden für gelieferten Salpeter schuldig zu sein und stellt ihnen für die Zahlung auf S. Martinstag den Kölner Wolter vamme Dijke [1] und seinen Diener Konrad van Ae als Bürgen mit der Verpflichtung zum Einlager in Köln.

205 (Vlatten 1).

Orig. Perg., mit 3 Presseln; Rückaufschrift 15. Jhdts: Scheiffart van Hemmersbach 150 goltgulden.

Verzeichnet: Richardson, Geschichte der Familie Merode Bd. 2, S. 193 no. 148.

1408 November 22, Mainz (up sente Cecilien dach der hilger junffrauwen). — Adolf Herzog von Berg und Graf von Ravensberg [2] weist dem Ritter Syvart Walpode von Bassenheim ein Mannlehen von 20 rheinischen Gulden auf den Zoll zu Düsseldorf an.

206 (Waldbott 1).

Orig. Perg. mit wohlerhaltenem anhgdm. Siegel des Herzogs, das den von vier Löwen quadrirten Schild mit dem Ravensbergischen Herzschilde zeigt, auf dem gekrönten Helme Pfauenwedel.

1408 Dezember 6 (up s. Nyclais dach des heiligen busschoffs) — Ritter Andreas Smeich von Lissingen weist seinem Schwager Werner von Vlatten den aus der Mitgift der Letta von Lissingen ihm noch zukommenden Betrag von 500 rhein. Gulden auf den Hof zu Grottenherten (sente Margareten-Herten) an, den seine Frau Guitgin von Nievenheim ihm zugebracht hat und verschreibt dieser dafür nach dem Tode seiner Mutter die bei Heinrich von Krauthausen [3]

---

1) Wolter van me Dycke gehört um diese Zeit zu den angesehensten Bürgern Kölns: er war verheirathet mit Sophia einer Tochter Godarts von Lyskirchen; im Frühjahr 1403 gibt er von seinen Handelsreisen aus dem Rathe seiner Vaterstadt gelegentlich Bericht über politische Vorgänge, Deutsche Reichstagsakten Bd. 5, no. 361, no. 362, no. 318; Mittheilgn. aus dem Stadtarch. von Köln Heft 14, S. 9, no. 6792; S. 16, no. 6937; S. 47, no. 7572; S. 101, no. 109; S. 102, no. 111 ff.

2) Herzog Adolf, dessen Vater am 25. Juni gestorben war, befand sich auf der Reise nach Oppenheim, wo er am Tage nach der Ausstellung unserer Urkunde aus der Hand des Königs Ruprecht seine Lehen empfing, J. Chmel, Regesta Ruperti regis no. 2695.

3) 'Heynrich van Kruythuysen der alde' gehört zu den jülich'schen Edlen, die den Landfrieden vom 16. April 1429 besiegeln, Kremer, Akademische Beiträge Bd. 1 Urk., S. 101.

Das Gräflich v. Mirbach'sche Archiv zu Harff. — 1408

hinterlegten Leibzuchtbriefe: ,spreichende up Dame van Kelse, up Romel van Hetzingen, up die beynde zo Lovenich, up drij amen wyntz zo Wynden[1], up Arnolt van Stocheym, die brieve van Ysacks wyve van Bulhesheym, eynen brieff van dem goede zo Noemmenich ind eynen breiff van Roevenich'.

Es sollen siegeln: der Aussteller, Koyngin van Brantscheit[2] ind Friderich van Steppenroide. **207** (Vlatten 2).

Orig. Perg. mit 3 Presseln; Rückaufschrift aus der 2. Hälfte 15. Jhdts.: dat goit zo Herten hant nue Harve van Lorsbeck.

Gedruckt: Strange, Beiträge zur Genealogie Heft 5, S. 107 ff.

Verzeichnet: Richardson, Geschichte der Familie Merode Bd. 2, S. 193 no. 150.

1408 Dezember 21, Koblenz (up Thomas dach des heil. apostolen). — Reinald Herzog von Jülich und von Geldern Graf von Zutphen[3] belehnt den Ritter Syvart Walpoete von Bassenheim mit einer Jahrrente von 30 rhein. Gulden, welche bei dem Rentmeister des Landes Jülich jedesmal auf S. Martinstag zu erheben ist[4].

208 (Waldbott 2).

Orig. Perg. mit wenig beschädigtem Siegel des Herzogs, das die Wappenschilde von Jülich und Geldern zeigt; auf dem Bug der Kanzleivermerk: Per dominum ducem presentibus de consilio domino Iohanne de Wijenhorst milite magistro curie ac Arnoldo de Alpen marscalco curie.

---

1) Urkunden über Weinbau zu Winden finden sich u. a. bei Quix, Beiträge zur Geschichte der Stadt Aachen Bd. 3, S. 8; Beiträge zur Geschichte von Eschweiler und Umgegend Bd. 1. S. 95; im allgemeinen vgl. den inhaltreichen Aufsatz von E. Pauls, Zur Geschichte des Weinbaues in der Aachener Gegend, Zeitschr. des Aachener Gesch.-Ver. Bd. 7, S. 179 ff., S. 257 ff.

2) Koyngin von Brantscheit besiegelte am 21. Dezember 1405 zusammen mit seinem Bruder Heinrich die Urkunde des Grafen Ruprecht von Virneburg über den Verkauf von Erprath an Köln, Lacomblet, Urkb. Bd. 4, no. 40.

3) Der Ausstellungsort legt die Vermuthung nahe, dass Herzog Reinald sich auf der Reise zu dem Reichstage befunden habe, der im Januar 1409 zu Frankfurt eröffnet wurde, K. Höfler, Ruprecht von der Pfalz (Freiburg 1861), S. 413 f.

4) Am 29. November 1409 erhielt Sifried Waldbott von Bassenheim auch das kölnische Burglehen zu Nürburg, das Heinrich von Treis innegehabt hatte, Günther, Codex diplomat. Rheno-Mosellan. Bd. 4, no. 38.

1409 Januar 8. — Richter und Schöffen der Stadt Düren beurkunden, dass Heinrich Rether von Düren Advokat am erzbischöflichen Gerichtshofe zu Köln, den Altar des h. Nikolaus in der Pfarrkirche zu Düren mit zahlreichen Renten bewidmet hat. **208A.**

Wir Werner van me Royde ritter uu zer zijt rijchter, Herman Hoesch, Wilhelm Hecht, Johan Kelner, Wynand Paill, Gerard van Solre, Wilhelm Doetgin ind Wilhelm van Mertzenich scheffene zu Duyren doin kunt allen Iuden die diesen brieff soilen sien off hoeren leesen | ind tzugen oevermitz diesen offenen brieff, dat vur uns komen ind erschenen is der eirber wijse herre meister Heynrich Rether van Duren advocait in dem hoyve zu Coelne[1], ind hait moitwillich in der zijt do hee dat [wale ind richtlich][a] doin soulde ind moichte umb heyl ind troist | sijnre vader ind moider maighe ind vrunde selen luterlichen umb goitz wille iud in ere des guden heyligen sent Nyclais busschoffs upgedraigen ind gegeven errflich ind ewelich in urber ind behoiff sent Nyclais altairs gelegen bynnen der kijrspelskijrchen zu Duyren[2] ind eyns rectoirs der denselven altair besyncgt, besitzt, ind verdyenen sall alsulchen korengulde, pennynckgelt ind erffzijnsse as mit name herna beschreven steit:

10 Malter Roggen zahlt Herm. v. Dülken von 13½ Morgen Acker und Weingarten ‚by des Greven wijer'[3]; — 12 Sümmer Roggen Herm. der Bäcker und Matth. von Blatzheim von 3½ Mgn. Acker (7 Viertel ‚by dem weige do man zu Birkijstoirp gheit', 7 Viertel ‚bij der Herstraissen'); — Erben Peter Kleynremans 8 Malter Roggen von 17 Mgn. Acker (8 Mgn. ‚in dem Micheils-

---

a) *Loch im Pergament.*

1) Heinrich Rether, der Urheber dieser bedeutenden Stiftung, ist eine hervorragende Persönlichkeit. Im Jahre 1378 begegnet er als Licentiat der Rechte in Orléans, H. Loersch Mittheilgn. a. d. Stadtarch. von Köln Heft 17, S. 128; von 1381 ab treffen wir ihn als advocatus curie Coloniensis vielfach in Gerichtsakten thätig; der Universität Köln gehört er gleich unter den ersten Rektoraten (1389) als licenciatus legum et baccalaureus decretorum an, und um dieselbe Zeit ist er Stiftsherr zu Münstereifel und Altarist am Dome zu Köln, H. Keussen, Die Matrikel der Universität Köln Bd. 1, S. 8, no. 15.

2) Ein Schreiben der Freifrau Klara Katharina von Cortenbach geborene Pallandt zu Gladbach vom 9. November 1654 bezeichnet angeblich das beneficium ad altare s. Nicolai als eine durch ihre Familie erfolgte Stiftung, Bonn, Rumpel und Fischbach, Materialien zur Geschichte Dürens S. 261.

3) Ueber die meisten der im folgenden genannten Oertlichkeiten unterrichten Bonn, Rumpel und Fischbach a. a. O. S. 29 ff.

pade by Hoenslant', 3 Mgn. ‚entusschen dem Ossenweige ind der Herstraissen', 6 Mgn. ‚by dem pade zu Mertzenich wert'); 5 Malter Roggen Clais Heeke ‚Gobelgijns wijf in der Pletzergassen' von 10 Mgn. Acker im ‚Roessvelt'; — Vort so is dit pennynckgelt ind erffzijnse dat meister Heynrich Rether vurgenant bewist hait: 24 Mark zahlen Herm. Gartzwylre und Goetgyn, Tochter Lemgins des Löhers in dem Altwijke von $7^1/_4$ Mgn. Wiesen ‚by dem Houltzweige'; — 25 Mk. Roidolff Lewe von 9 Mgn. 1 Viertel und 6 Ruthen Wiese ‚buyssen der Houltzportzen'; — 17 Mk. ‚dat buys dat an dem Mommerssloich steit ind was wilne Jacob Remplins da Nummergoit ynne gestorven is'; — 11 Mk. ‚dat huyss da Zelijs der becker ynne woint an dem Marte ind plach zu heyschen Begynenmechers huys'; — 3 Mk. ‚Johan Zimmermans huys in der Oyverstraissen; — 35 Schill. ‚Snijcken huyss in der Oyverstraiseen'; — $25^1/_2$ Schill. ‚Gotschalck Leendeckers buyss in der Oyverstraissen; — 4 Mark und 2 Hühner Peter Segher in dem Essche von seinem Wohnhause ‚dat vurtzijden is geweist eyn wyngarde'; — 18 Schill. und 2 Kapaunen Jak. Gertruds Sohn ‚up dem Dreysche alrenyeste by Dreyschportzen up dem graven'; — 1 Mk. ‚Ernkyn Moelners huyss mit dem garden untgaen ver Thoelen hoyve oever alrenyeste bij der moelen'; — 6 Mk. Meys der Decker von 2 Gärten; — 3 Mk. 18 ₰ Bela und Zya Töchter Friedrichs des Deckers von Wohnhaus und Garten ‚by Heynrich Lewen hoyve in dem Altwijcke'; — 15 Schill. und 2 Hühner Gobel Loetsche von zwei Häuschen ‚die nu hoifsteit synt alrenyeste dem graven'; — 7 Schill. 2 ₰ Herm. Eiffeler, von Haus und Garten; — 7 Schill. von Pauwijns Hause; — $6^1/_2$ Schill. Nesa Moirgins von Haus und Garten; — 6 Schill. 2 ₰ Herm. Kruder von zwei Häuschen; — 11 Heller Herm. Hoynremengeres Haus und Garten; — 11 Heller von dem Hause ‚dat Johannes Neuden is ind Pauwijns doichter'; — 16 Heller Gobel Netgyns Haus; — 16 Heller Herm. Hoynremengers Haus und Garten; — 1 Schill. Ernkin Duyffeney von seinem Hause; — 1 Schill. Lewe Duysskin von seinem Hause ‚by der stede Drencken'; — $12^1/_2$ Schill. Hein Wunne ‚van cyme affhanck an syme buyse'; — 32 Schill. Gobel von Tzulpge von Haus und Garten; — $2^1/_2$ Schill. und $2^1/_2$ ℔ Wachs auf Lichtmess Christian Micheil up der Pletzergassen von seinem Wohnhause; — 8 Schill. Oetgin der Vysscher von einem Hause ‚buyssen der Phylipsportzen'; — 6 Schill. Henkin Goelgins Haus ‚in der Koygassen'; — $6^1/_2$ Schill. ‚des alden Stoessels buys in der Oyverstraissen'; — $2^1/_2$ Schill. Henkin Royden buyss in der Oyverstraissen'; — 1 Schill. Christ. Schoymechers huyss; — $2^1/_2$ Schill. ein Haus in der Oberstrasse ‚da der metzmecher ynne plach zu woynen'; — 9 Mk. Emmerichs Haus und Garten ‚in dem Essche'; — ‚Item druy huysergin in dem Esche so wie die gelegen synt under eyme dache mit drijn garden, da Reynard der Decker nu ynne woynt, bait meister Heynrich Rether vurgenant an den vurschreven sent Nyclais altair lossledich gegeven ind upgedragen'. — Vort so is dit die alde rente ind gulde herna geschreven die vur diesme updraige zu sent Nyclais altair vurschreven zu hoeren plach: 9 Mk. Kleffers huyss up dem Aldendijche; — 7 Mk. Tielgin van Goidelssheym von drei Häuschen ‚in dem Pessche', Kleffers Haus gegenüber; — 6 Mk. Henkin Beckers Haus ebenda; — 2 Mk. Matth. Bertgin von einem Hause ‚untgaen der Koygasse'; — 1 Mk. Joh. Berssgin von seinem Wohnhause ‚in der Wyerstraissen'; — 9 Schill. Punge der Schroeder ‚in der Oyverstraissen up der Spulssgassen orde'; — 3 Mk. Ulrich Duyrtenwalt von einem Hause ‚in der Oyverstraissen'; — 3 Schill. Harould Duysskin der Brauer von einem Hause ebenda; — 1 Mk. ‚dat huys up dem Coelre Steynwege by der. Baben schüren'; — 1 Mk. ‚die veyrde banck under der Vleischhallen van heren Diederich Pails huyss die nu Arnold Babe hait; — 1 Mk. ‚an Scheren huyss by dem Kyrchhoyve da nu Swinenvleisch ynne woint; — 4 Schill. .an Wilkins des luchtenmechers gadum by Goisswijn Bachen gadum zerzijt kyrchenmeisters'[1].

Ind umb dat eyn preister diese vurschreven korengulde ind erffzijnsse upheven ind innemen sall sijn competencie davan zu gebrůychen ind zu nemen, so sall hee darumb alsulche punte ind vurwerden schuldich ind verbunden siin zu doin ind zu halden as die cleirlich herna geschreven steint: In den eirsten so sall eyn priester alle weychen up sent Nyclais altair celebrieren ind doin veyr off vunff myssen ind nyet darbeneden up diesme vurschreven altair ind anders up egeyme. Vort is hee schuldich vigilien ind commendacien zu doin drij daige in der weychen as maendaigs guedesstaigs ind vrydaigs vur meister Heynrich, synre maighe ind vrunde selen zu bidden ind alle geleuvige selen ind vur alle die ghenen da diese vurschreven rente ind gulde herkomen is. Vort sall eyn priester jairlichs zu veyr zijden in eyme jaire memorie ind jairgezijde halden as mit vigilien ind commendacien ind selemysse zu lesen vur die vurschreven selen ind die da diese rente herkomen is ind sall doin upsetzen veyr kerczen, yecliche kertze van eyme punt waess, die soilen byrnen as lange die selemysse wert. Vort so sall hee geven den altaristen die in der kijrchen zu Duren prebendiert ind begaifft synt, die in der myssen in yren rocklin presentes synt zů der selver zijt mallich tzwen schyllincge, item den vurschreven priesteren die in der vigilien in yren rocklin presentes synt mallich eynen schyllincge, ind die in der commendacie in yren rocklin presentes synt mallich eynen schillinck. Ouch so sall eyn priester ind rectoir des vurschreven altairs zu allen maenden geven ind distribuieren umb goitz wille eyn malder roggen, half an korne ind halff an gelde, armen Iuden ind sunderlincgen huyssarmen die des noit-

---

1) Die Schenkung umfasst drei Häuschen nebst Gärten, an Kornrenten 23 Malter und 12 Sümmer, ferner an Zinsen 4 Hühner, 2 Kapaunen und 2½ Pfund Wachs sowie Geldrenten im Betrage von 134 Mark, 213½ Schilling, 54 Heller und 22 ₰.

durffdich synt ind da den priester vurschreven dunckt dat id wale bestad is, vur die vurschreven selen. Ind daromb so sall der priester alle dis brieffs punten ind vurwerden halden ind voldoin in urber ind behoiff sent Nyclais altairs vurschreven na ynnehalden ouch eyns anderen besegelden principailbrieffs den meister Heynrich vurschreven darup besegelt oevergegeven hait, ind geloyven, die vaste stede ind und unverbruchlich zu halden sunder alle argeliste. Ind so wanne eyn rectoir des vurschreven altairs vervaren ind gestorven were ind eyn ander priester an syn stat gesat wurde, so sall derselve priester all diese vurwerden ind punten, so wie die vur in diesme brieve geschreven steint, ouch geloyven in guden truwen die ghenen den hee dat billich doin ind geloyven sall, die vaste ind stede zu halden in der wijs as vurgeschreven is aen alle geverde. Vort so sall man den vurschreven altair nyemant geven noch damit versien dan burgers kijndere die bynnen Duyren geboiren synt, sunderlingen die priestere synt, ind nyemant anders, want dat meister Heynrich Rether vurgenant begert bait ind mit synen guden willen is. Alle argeliste *etc. etc.*, die eynche rectoir ind priester des vurschreven altairs vynden off erdencken moechte, mit den hee sich beschudden off untschuldigen weulde, synt *etc.* uyssgescheiden. Ind dis zu eyme urkunde ind getzuge der wairheit ind gantzer stedicheit, so hain wir rijchter ind scheffenen vurgenant unse scheffendums ingesegele umb beden wille des erbere wijse herren meister Heynrich Rethers van Duren vurgenant an diesen offenen brieff gehangen, want wir by ind an diesme updraige geweist sijn ind des unse urkunde untfangen hain. Gegeven in den jairen unss herren dusent veyrhundert ind nuyn jaire die octava mensis ianuarii hora completorii vel quasi.

Orig. Perg. mit 1 Pressel; gleichzeitige Rückaufschrift: Ista littera spectat ad altare per me in Duren dotatum.

1409 März 18 (des neisten mandages na dem sondage letare in der vasten). — Johann von Karden überträgt als nächster Erbe seiner † Eltern Peter von Karden und Beatrix von Ulmen die Herrschaft und die Güter zu Ulmen auf Godart Herrn zu Drachenfels, welcher sodann auf seine Bitte durch Erzbischof Friedrich III. von Köln damit belehnt wird.

Es sollen siegeln: der Aussteller und Erzbischof Friedrich.

209 (Drachenfels **43**).

*Orig. Perg. mit geringen Resten von 2 Siegeln; Signatur 17.
Jhdts.:* Ulmen. Drachenfeltz Lit. A no. 12.
Gedruckt: Annalen d. Hist. Ver. Heft 54, S. 74 ff.

1409 August 18. — Friedrich von Schleiden Abt zu Prüm überträgt dem Heinrich von Mirbach als Mannlehen eine Kornrente zu Kesseling an der Ahr an Stelle der Rente zu Winterspelt, welche sein † Vater Heintz von Mirbach von dem † Abte Dietrich von Kerpen zu Lehen erhalten. 210 (Mirbach 5).

Wir Frederich van der Sleiden van goitz gnaden abt zu Prume doin kůnt allen Iuden die diesin brieff ansehnt off horent lesin und erkennen allermenlich | als as Heintze van Meirbach dem got gnade eyn getrůwe man plach zů syn und mit eiden und hůlden verbunden waz unsem vůrfaren heren Dyederich | van Kirpen wilne abt was unsers goitzhůysz zů Prome dem got genade[1], umb sess malder korns die he alle jare zů Wijnterspelt[2] plach ûp zů beven als van syns manlehns wegen; welche manlehn sess malder korns vůrschreven vort ervallin is na dode des vůrschreven Heintzen an synen son Heinrich van Meirbach und syne erven, und want derselve Heinrich van Meirbach uns Frederich abt zů Prume obengeschreven und unserm goitzhůysze zů Prome mainchen getruwen dienst und geneymden dienst gedain hait und noch me gedoin mach, darumb han wir in unsen, unser nakomenden und unsers goitzhůys zů Prume man gemacht und overmitz diesme uffenen brieve machen und hain wir yme und syne erven manne unses goitzhůys zů Prume darumb bewiest und bewijsen sess malder harden korns und rocken die alle jare zů rechtem manlehn ûff zů heven und zů bůren uff sinte Mertyns dage des heiligen byschoffs in dem winter gelegen an unsem und unses goitzhůys zů Prume zehnden pechten renten und anderen unsen gůden und gulden so wie wir die ytzunt hain zů Kesselinck in deme dorffe uff der Are gelegen[1]

---

1) Dietrich von Kerpen war im Sommer des Jahres 1397 gestorben und ihm folgte Friedrich von Schleiden, der 40. Abt von Prüm, unter dem der Kampf gegen die Vereinigung der Abtei mit Trier heftiger entbrannte, s. u a. C. Schorn, Eiflia sacra Bd. 2, S. 362 f.

2) Winterspelt, westlich von Prüm, an der Strasse nach S. Vith; es wird in dem Kommentar des Caesarius zum Registrum Prumiense erwähnt, Beyer, Mittelrhein. Urkb. Bd. 1, S. 164 letzte Zeile.

oder hernamails mere gewynnen mogen sunder arglist, und sal der vurschreven Heinrich die vûrschreven frücht alda zû Kesselinck also alle jare zû rechtem manlehn up heven und enphain sess malder korns die syn vader selige plach zû Wynterspelt zû hain van sins manlehns wegen van unsem vûrfaren heren Dederich abt zû Prume selige vurschreven. Und vort so sal der vurschreven Heinrich und syne erven die vurschreven sess malder rocken und korns zû Kesselinch an unsme zehnde pechten renten und anderen gulden van uns, unsen nakomelingen und unses goitzhûys zû Prume zû rechtem manlehn hain halden haven und besitzen sunder hindernisse und alle unse wederspraich ader ymant anders in unsentwegen und uns unsen nakomenden und unses goitzhûys da van mit eyden und hulden verbunden syn, unse beste zû werven und archiste zû warnen und vort getrûweliche dienen as eyn man synem herren plijchtich ist zû doin und sulches manlehns recht is; und so wanne oder welche zijt wir Frederich vûrschreven oder unse nakomenden und unses goitzhuis a) zu Prume komen mit sesszich guden swaren rynschen gulden, so solin und mogen wir die vûr(schreven) sess malder korns manlehns ave losin und entslain van Heinriche vurschreven oder synen erven ane eyncherley wederspraich oder hindernisse yre oder yman anders in eren wegen, und solent sy uns und unsen nakomelingen die seszich gulden vurschreven zû stunt vort bewijsen an yre eigen gût und erve da uns dat aller bas gelegen sy, da van he und syne erven uns man syn, sunder alle archelist und geverde. Dis zû urkunde und getzuge der wairheit hain wir Frederich van der Sleiden van goitz gnaden abt zû Prume vurschreven unsen ingesegil vûr uns unse nakomende und uns goitzhûys zû Promen an diesin uffenen brieff gehangen. Datum anno domini millesimo quadringentesimo nono dominica proxima post festum assumpcionis beate Marie virginis gloriose.

Orig. Perg. mit 1 Pressel; Rückaufschrift 15. Jhdts.: Eyn maenbreiff van dem abt von Proyme.

---

a) huis *über der Zeile.*

1) Kesseling liegt nicht an der Ahr selbst, sondern an dem Kesselinger Bache, der sich bei Brück in die Ahr ergiesst; es ist das alte Casloaca, wo bereits im Jahre 762 ein der Abtei Prüm untergebenes Kloster genannt wird, Beyer, Mittelrhein. Urkb. Bd. 1, no. 15; daselbst S. 178, no. 62; vgl. auch Schannat-Bärsch, Eiflia illustrata Bd. 3, Abth. 1, S. 384 f.; Schorn, Eiflia sacra Bd. 1, S. 705 ff.

1409 November 10 (up s. Mertijns aevent des h. busschops). — Ritter Winrich von Troisdorf und seine Frau Konegunt von Birgel erklären, dass das Heiratsgut von 1000 Gulden, das sie von dem † Frambach von Birgel Erbmarschall des Landes Jülich, von Engelbrecht Nyt von Birgel dem jetzigen Erbmarschall und von dessen Bruder Johann von Birgel erhalten haben, zugleich mit den durch den Tod Rabodes von Birgel ihnen zugefallenen 200 Gulden an die rechten Erben zurückgelangen solle und stellen dafür ihren von dem Herzoge Adolf von Berg lehnrührigen Hof zu Troisdorf als Pfand.

Es sollen siegeln: Winrich von Troisdorf, Herzog Adolf von Berg, sowie die Knappen Rabode von Fischenich und Werner von Hasselt. **211** (Birgel 2).

Orig. Perg. mit 2 Presseln und Bruchstücken von 2 Siegeln, 1: Querbalken mit vier Andreaskreuzen belegt, darüber drei Vögel nebeneinander, Umschrift: Winrich van Tr . . . . . orp *2: lilienbestreuter Schild mit Querbalken.*

1410 Januar 17 (up s. Anthonius dach). — Johan von Hain genannt Ditscheit bekennt, dass ihm Godart Herr zu Drachenfels 10 rhein. Gulden gezahlt habe ‚von myns gnedigen hern wegen von Colne darumb dat ich vyant worden bin des greven van Seyne ind Gerhartz Schindekerll ind yre helffere'.

Es siegelt: Hermann von Crumbach. **212** (Drachenfels 44).

Orig. Perg. mit beschädigtem abhgdm. Siegel: Mühlrad, *Umschrift:* S. Herman . . rumbach. *Signatur 17. Jhdts.:* Drachenfeltz Lit. A. num. 25.

[c. 1410] März 6. — Die Ritter Heinrich von Drimborn und Ysaak von Büllesheim sowie der Knappe Johann von Vlatten bekennen von dem Knappen Dietrich van Meinweicgen und dessen Frau Heyva, bei denen sie sich für Dietrich [N.] als er den Hof zu Sechtem kaufte, gemeinsam verbürgt, 320 Gulden empfangen zu haben, rückzahlbar auf S. Martinstag in Köln oder Bonn, und stellen nunmehr ihrerseits die Ritter Ludwig von Auwe[1] und Wilhelm von Vlatten sowie den Knappen Johann von Hengbach[1] als Bürgen mit der Verpflichtung zum Einlager in Bonn [?]. **213** (Vlatten 3).

---

1) Ein Bastard Ludwig von Au, der Helfer Balduins von Vlatten gewesen, einigt sich am 7. September 1393 mit der Stadt Köln; Johann von Heimbach besiegelt am 29. September 1396 einen Urfehdebrief Johanns von Gartzem, Ennen, Quellen zur Geschichte der St. Köln Bd. 6, no. 103; no. 271; vgl. auch Th. Schön, Vierteljahrsschrift [des ‚Herold'] Bd. 19, S. 476 ff.

Orig. Perg., sehr verstümmeltes Bruchstück, mit 5 Siegeleinschnitten; war Umschlag eines Hebregister de anno 1511.

1412 März 10 — Ludwig von Royde der junge einigt sich mit seinen Eltern dem Ritter Ludwig von Royde und dessen Frau Styna dahin, dass diese lebenslang in all ihren Besitzungen verbleiben, dafür jedoch ihm den ‚oeversten hoff zo Cassel'[1] überlassen sollen ‚mit syme zobehoeren uysgescheiden den busch ymme Lynthoultze invall ind uyssgeven, . . . uyssgescheiden die wydenwass die darin gehoerent die myn vader ind ich geliche deylen mit dem losse; ind darvur hant sy mir gegeven yren busch as die geleigen ind geheischen is dat Ryncvelt ind darzo die Grevenart halff zo Lyndewort gelegen'.

Es sollen siegeln: der Aussteller und auf dessen Bitte seine ‚lieve vrunde ind maige' Hermann von Reven Propst zu Hirzenach (Hirzenauwen)[2], Ritter Wilhelm Quadt und Johann von Reven der Alte ‚myn lieve oeme'. **214** (Rott 4).

Orig. Perg. mit 3 Presseln und 1 beschädigten anhgdn. Siegel, auf der Pressel bezeichnet Hirtzenauwe: *Maueranker schräg rechts, Umschrift*: S. herma . . revel.

1412 Mai 13. — Engelbrecht von Gerendorp und seine Frau Katharina verkaufen den Eheleuten Albrecht von dem Broeche und Jutta[3] das von der Herrschaft Heinsberg lehnrührige Gut des † Ludwig von Blaedesheym ‚in deme Spijche under glocken der von Lair liegende'[4] behalten sich jedoch für die Dauer ihres Lebens die halbe Nutzung von sieben Holzgewalten im Altenforste vor.

Es sollen siegeln: Engelbrecht von Gerendorp, Johann Herr zu Wildenburg, Ritter Ludwig von Roide, Dietrich von Langel und Konrad von dem Broiche. **215** (Rott 5).

---

1) Niederkassel bei Rheidt.

2) Hirzenach bei S. Goar, die alte Propstei der Abtei Siegburg, Lacomblet, Urkb. Bd. 1, no. 271; no. 340 u. ö.; Müller, Siegburg und der Siegkreis Bd. 1, S. 315 ff. Hermann von Reven (Reull) wird auch im Jahre 1411 als ‚prepositus in Hirzenau' aufgeführt, Dornbusch, Annalen d. Hist. Ver. Heft 30, S. 77. Ueber die Familie vgl. u. a. Fahne, Gesch. der köln. jül. u. berg. Geschlechter Bd. 1, S. 359.

3) Ueber dieses nach dem Hause Broich im Spich benannte Geschlecht s. u. a. Müller, Siegburg und der Siegkreis Bd. 2, S. 230; ein ‚Henricus dictus van dem Broiche alias de' Spicho' ist im Jahre 1390 hospitalarius in der Abtei Siegburg, Annalen d. Hist. Ver. Heft 30, S. 77.

4) Müller, a. a. O. Bd. 2, S. 227 ff.

Orig. Perg. mit 4 Presseln und 1 anhgdn. Siegel: Löwe nach rechts, Umschrift: Lodewich van Roybe. *Rückaufschrift:* legi anno 1689. no. 26.

1412 Juli 20. — Kostyn von Lyskirchen Greve zu Airsburch[1] in Köln verkauft dem Gerhard von der Aldeburch genant Pieck einen Schuldbrief des † Herzogs Wilhelm von Jülich und seiner gleichfalls † Gemahlin Maria von Geldern[2] über 1800 Mark kölnisch, für welche seinem Vater ‚dienst schetzinge beede banwijn voyre ind alle ander besweernis' verpfändet waren, die der zu Geyen im Lande Jülich belegene Hof des Kölner Klosters S. Mavyren[3] dem Landesherrn zu leisten hat.

Es sollen siegeln: der Aussteller und die kölner Schöffen Heidenrich von Schallenberg und Johann Cannus. **216.**

Orig. Perg. mit 3 Presseln; Rückaufschriften 15. und 17. Jhdts. Gedruckt: Strange, Beiträge zur Genealogie Heft 4. S. 78 f.

1412 August 30 (in crastino decollacionis b. Iohannis baptiste) — Wilhelm Roilman vom Thurne zu Sinzig verspricht, so lange seine Nichte Karissima minderjährig sei, das Stift S. Severin in Köln wegen der Güter zu Rhens nicht zu behelligen[4].

217 ([Hostaden 13])

Orig. Perg. mit abhgdr. Pressel.

---

1) Am 4. Oktober 1413 verkaufte Kostyn die Grafschaft dem Erzbischofe Friedrich, Lacomblet, Urkb. Bd. 4, no. 79.

2) Herzog Wilhelm (VI.) II. von Jülich war am 13. Dezember 1393, seine Gemahlin Maria von Geldern am 12. Mai 1405 gestorben.

3) S. Mavyren (nicht Mauren) ist das Benediktinerinnen-Kloster zu den hh. Machabäern in Köln, dem bereits im Jahre 1211 Erzbischof Dietrich bezeugt, dass es unter seinem Vorgänger Adolf I. Güter ‚apud villam que dicitur Geine' erworben habe, Lacomblet, Urkb. Bd. 2. no. 36; auch im benachbarten Königsdorf hatten die ‚junfern von S. Mavieren' Besitzungen, Annalen d. Hist. Ver. Heft 11, S. 117. Später erwarb das Kölner Domstift die Grundherrschaft in Geyen, Lacomblet a. a. O. no. 724; no. 777; Ennen, Quellen zur Gesch. der Stadt Köln Bd. 3, no. 180; Korth, Liber privilegior. maior. ecclesie Coloniensis no. 260; no. 267; no. 275, S. 248; Strange, Beiträge zur Genealogie Heft 4, S. 9 ff.; S. 73 ff.; ein Weistum von Geyen bei Lacomblet-Harless, Archiv für die Gesch. des Niederrheins Bd. 7, S. 26 ff.

4) Bei Rhens hatten zahlreiche Kölnische Kirchen ihre Weingüter, so S. Kunibert, S. Caecilia, S. Martin, S. Ursula, S. Aposteln, Lacomblet Urkb. Bd. 1 no. 67, 93, 105, 123, 330, 400; S. Severin, Beyer, Mittelrhein. Urkb. Bd. 2, no. 21; im übrigen vgl. oben. no. 131.

1412 November 10. — Pilgrim von Rode und seine Frau Greta nehmen von ihrem Bruder und Schwager Johann von Rode das Haus Rode im Kirchspiel Sieglar nebst Zubehör gegen 25 rheinische Gulden jährlich in Pacht. 218 (Rott 6).

Wir Pylgerym van Roide sûn heren Lodewichs van Royde rittere ind Greta syne eliche huysfrauwe doin kunt allen luden ind bekennen oevermitz desen brieff vur uns ind unse erven, dat | wir *etc.* gepeicht hain ind peichten oevermitz desen brieff dat huyss zo Royde[1] mit synen zobehoeren | gelegen bijnnen deme kirspell van Lâyre[2] so we wilnee Thijs selige dat besessen hait bis an synen doit, uysgescheiden den bûsch up deme Zeegenberge ind den oyversten wijer in deme Aldenvorste[3]; ind dartzo soillen wir hain tzweyn morgen weesen in der Pannen gelegen, eyne ame wijntz zo Reide[4] ind eynen morgen wijngardes zo Uckendorp naest der Loe[5] ligende, mit alsulchen vurwerden, dat wir Johan van Roide unsme broider ind swager off beheldere dis briefs van nû vortan alle jairss van dem vurschreven huyse zo Royde mit synen zobehoeren as dat vur ercleirt is geven ind wale betzalen soillen vûnff ind tzwentzich guede swâre ryntzsche gulden up sente Remeys dach des heylgen confessoirs off bynnen viertzien dagen darna neest volgende unbevangen aen eynich langer vertzoch off wederrede. Ind were sache, dat wir an betzalûngen des paichtz der vûnff indzwentzich ryntzscher gulden vurschreven eynichs jairss up den vurschreven termijn versumelich off bruchlich weren bis als lange dat eyn pacht den anderen ervoilgede, so soillen wir asdan dat vurschreven huyss mit alle syme zobehoere, we wir dat nû untfangen ind gepeicht hain, wederumb keren in die hende ind in behoiff des vurschreven Johans uns broiders ind swagers off beheldere dis briefs sunder afslach dat darup gevallen is aen eyniche wederrede, doch mit alsulcher vurwerden, wilche zijt ind wannee dat wir synen versessenen pacht wale betzalen, dat hie off beheldere dis briefs uns alsdan dat huyss mit syme zobehoere

---

1) Rotterhof, westlich von der Strasse zwischen Sieglar und Spich.
2) Sieglar.
3) Die Weiher im Altenforst östlich von Spich sind jetzt noch vorhanden.
4) In Rheidt, zwischen Mondorf und Niederkassel, wurde ebenso wie in dem benachbarten Bergheim an der Sieg ein lebhafter Weinbau betrieben.
5) Loh, Lohmarer Wald zu beiden Seiten der unteren Agger.

vurschreven wederomb laissen sall vur den jairlichen pacht in der wijs as vurschreven steit; ind off id da enbynnen eyme halven uysgedain were, so soillen wir den synre jairtzalen da an gebruchen laissen. Vortme is gedadyngt, dat nemant zûnen en sall dan van alders up beiden hoeven gewoenlich geweist is, ind der drencken soillen wir ind der halffen samende gebruichen, dat backhuyss ind den perdtzstall daby alre naest sal der halffen[a] haven so wanne he des behoift. Ind were ouch sache, dat wir Hyldebrant Goegreven betzailden drûybûndert gulden, damit sollen wir die vurschreven vunff ind zwentzich gulden jairlicher renten quijt ind ledich syn. Ind also als wir dat vurschreven huyss mit syme zobehoere nû underhaven ind uns gelevert is mit der saydt, huyssrayde ind allen anderen sachen als dat gelegen is, also soillen wir id ouch wederomb laissen vynden Johan unsen broder ind swager vurschreven off beheldere dis briefs as dat an yn queme ind yem velliche wurde. Vortme is gevurwert, dat wir dat huyss noch des landtz gehoerende zo deme huyse zo Royde vurschreven nyet verkouffen noch versetzen ensoillen noch en moigen als lange der vurschreven her Lode[wich myn vader][b] ind swegerherre leyft. Ind were ouch sache, dat derselbe Johan afflivich wurde, da got vur sij, so soillen wir dan vortan dem vurschreven hern Lodewich unsem vader ind swegerherren syne [leifdage][b] lanck die vunff ind tzwentzich ryntzsche gulden jairlicher renten vurschreven alle jairss up den vurschreven termijn verrichten ind wale betzalen van dem huyse zo Royde ind syn zobehoere off war hee sy wijst vurschreven, under des ervelnisse we vurschreven steit, as verre Hildebrant Goegreven daran nyet affgeloist en were. Wilche scheydonge ind pechtûnge vurschreven duren ind weren sal as lange der vurschreven her Lodewich van Royde unse vader ind swegerherre leyft, ind dat yrste dat hee gestorven is ind van desem ertrich verscheiden is, so soillen asdan ich Pylgerym vurschreven, Lodewich ind Johan myne broidere zosamen ynwerpen alle erve ind guet die unse vader na syme dode gelaissen hait off gegeven hedde ind soillen die under uns gelich deilen as des landtz recht ind gewoinde is, da die gelegen is. Ouch so ensoillen wir noch enwillen vurschreven elude Pylgerym ind Grete noch nyeman van unsen wegen den vurschreven hern Lodewich unsen vader ind swegerherren nyet hynderen noch

---

a) halffen halffen.   b) *Loch im Pergament.*

kröden an alsulchme erve ind guede as hie nû vur sich syne leyfdage lanck behalden hait so we ind wa die gelegen synt, noch ouch diegene die dat van synen wegen besitzent vorderent wynnent noch geynrehande wijs. Ind ouch so en sall ich Pilgerym vurschreven nyet vyant werden der steede van Coelne as lange myn vader vurschreven leyft, id en were dan mit syme wijst ind willen[1]. Alle ind yecliche pûnten ind vurwarden vurschreven hain wir Pylgerym ind Grete elude vurschreven vur uns ind unse erven geloift in gueden truwen ind in eytz stat. Ind dartzo hain ich Pylgerym vurschreven mit upgerechten vyngeren ind gestaifden eyden lijfflichen zo den heylgen geswoeren; deme vurschreven hern Lodewich myme vader ind Johanne myme broider vaste stede ind unverbruchlich zo halden aen eyncherhande wederrede ind sunder alle argelist. Ind deser dynge zo urkûnde ind gantzer stadecheit so hain wir Pylgerym ind Grite elude vurschreven unser beider ingesiegel vur uns ind unse erven an desen brieff gehangen; ind wir hain vort gebeden die eirbere unse lieve mayge ind vrûnde hern Wilhelm Quâde ritter, Johanne van Reven den alden, Lodewich van Lulstorp ind Dederich van Langel[2] die an ind oever

---

1) Dieses friedliche Verhältniss Pilgrims zu der Bürgerschaft von Köln nahm in den Kämpfen der Stadt mit dem Herzoge von Berg ein Ende. Die Kölner Jahrbücher Recension B (Chroniken der deutschen Städte Bd. 13 [Cöln 2]) S. 57 ff. berichten zum 28. August 1416 von einem gewaltigen Kriegszuge der Stadt gegen ‚Roedo ind Siburchg'; ausführlicher erzählt die Recension C a. a. O. S. 108: ‚Up sent Johans avent decollacio do zoch dat vulk vur ein slos genant Rode, dat waz auch stark gebolwerkt und der stede wimpel waz auch mede vur dem slos *etc*. Do vurten si auch mit in de grosse busse genant Unversacht, dat waz derselber busse erste ausvart. Mit derselver busse wunnen si Rode dat slos. It waz wale gebolwerkt, noch gewunnen si dat slos mit zwen schussen. Der stein gink durg und durg dat slos ind durch dat bolwerck genant Rode'; H. Cardauns, a. a. O. deutet ‚Rode' und das in Recension B erwähnte ‚Roitgin' auf Rath oder Röttgen bei Mülheim, doch dürfte zu beachten sein, dass eben unser Pilgrim von Rode am 28. September 1418 mit der Stadt Köln einen Vertrag schliesst, nach welchem er auf Schadenersatz verzichtet, ein Mannlehen in Empfang nimmt und die Oeffnung seines Hauses gegen jeden Feind der Bürgerschaft zusagt, ausgenommen den Herzog von Berg und den Herrn von Löwenburg, Mittheilgn. aus dem Stadtarch. von Köln Heft 16, S. 90, no. 9093; vgl. daselbst no. 8960.

2) Am 8. Oktober 1418 vergleicht sich auch Dietrich von Langel mit denen von Köln, Mittheilgn. aus dem Stadtarch. Heft 16, S. 91, no. 9116; Heft 18, S. 113, no. 10729.

deser vurschreven sachen geweist synt, dat sy daromb yre ingeseigele zo meerre kůnden ind getzuge mit an desen brieff gehangen haint; des wir Wilhelm Quade *etc. etc.* erkennen ind getzugen dat id wair is. Datum anno domini millesimo quadringentesimo duodecimo in profesto beati Martini episcopi.

Orig. Perg. mit 6 beschädigten anhgdn. Siegeln, die Namen auf den Pressein: 1.: Pylgerym, *Löwe nach rechts, Helmkleinod wachsender Arm nach rechts, Umschrift:* Pilgerimi dci . . oid.; 2: Grete, *gespaltener Schild, rechts Löwe, links ein Maueranker* (?) *schräglinks, Umschrift:* Margrete der . . . (?) 3: her Wilhelm Quade, *zwei doppeltgezinnte Querbalken, Helmkleinod Hundekopf nach rechts, Umschrift:* S. Willem Quade; 4.: Johan van Reyven, *Maueranker schrägrechts, der Schild im Zweipass oben und unten von Männern gehalten, Umschrift:* S. Johann van Reven; 5.: Lodewich van Lulstorp, *doppeltgezinnter Querbalken, unten drei Zinnen;* 6.: Dederich van Laugel, *ebenso. — Rückaufschriften und Signaturen 17. Jhdts.:* Verpachtung des hauß Raede mit etzlichem seinem zubehoer; no. 2; no. 13; legi 1669 no. 30.

1412 Dezember 21 (up s. Thomas dagh des h. apostolen). — Philipp Herr zu Ulmen entsagt zu Gunsten Godarts Herrn zu Drachenfels und ihrer beiderseitigen Enkelin Lucia allen Ansprüchen an das Haus zu Ulmen, das sein † Bruder Kuno von Frankensteyn besessen[1].

219 (Drachenfels 45).

Orig. Perg. mit beschädigtem anhgdm. Siegel: vier Reihen Wecken, Helmkleinod zwei Adlerflügel, Umschrift: .. her zu Ulmen. *Gedruckt: Annalen d. Hist. Ver. Heft 54, S. 76.*

---

1) Es gab in Ulmen eine obere und eine niedere Burg, die sich ursprünglich im gemeinsamen Besitze mehrerer Ritter befanden. Am 29. November 1371 verpfändete Else von Ulmen dem Erzbischöfe Kuno von Trier die obere Burg, am 26. März 1378 verkaufte ihm Heinrich Bove seinen Antheil. Unter dem hier erwähnten Hause, das Kuno von Frankenstein besessen, ist gleichfalls die obere Burg zu verstehen: am 7. November 1380 hatte ihn Erzbischof Friedrich von Köln damit belehnt, Günther, Codex diplomat. Rheno-Mosellan. Bd. 3, no. 397; no. 531; no. 568; no. 585; vgl. de Lorenzi, Beiträge zur Geschichte sämmtlicher Pfarreien der Diöcese Trier Bd. 2, S. 251 f.

1413 Februar 8. — Der Knappe Roland von Odenhausen verkauft dem Ritter Godart Herrn zu Drachenfels den von der Propstei des S. Kassius-Stiftes lehnrührigen Zehnten von 20 Morgen Weingarten unterhalb und innerhalb Bonn, worauf der Propst Dietrich Sohn zu Mörs gegen ‚eynen syden budel ind vunff marck colsch pagaments' vor den ‚gehulden man' dem Bonner Schöffen Johann von Ahrweiler und dem Knappen Johann von Blittersdorf die Lehnsübertragung vornimmt[1]. **220** (Drachenfels **46**).

Orig. Perg. mit 2 Presseln und 2 anhgdn. Siegeln, 1: doppeltgezinnter Rechtsschrägbalken; 2.: quergetheilt, Umschrift: Roilant van Diberhusen. *Rückaufschrift 16. Jhdts.:* van dem tzienden zo Boenne 8; *Signatur 17. Jhdts.:* Drachenfeltz Lit. A num. 29.

1413 Februar 18 (des eichtzienden daighs yn deme maende zo latine genant februarius). — Dietrich Sohn zu Mörs (Murse) und Propst zu Bonn erklärt, dass er die Güter und Einkünfte zu Ahrweiler, die er von dem Ritter Gumprecht von Alpen Vogt zu Köln und dessen Frau Swanolt[2] erworben hatte, seinerseits dem Ritter Godart Herrn zu Drachenfels verkauft und diesem auch alle darauf lautenden Urkunden übergeben habe. **221** (Drachenfels **47**).

Orig. Perg. mit 1 Pressel; Rückaufschriften: Inhaltsangaben 15. und 17. Jhdts. ‚hierauß zu sehn, daß die von Drachenfeltz uber 100 jar herren daeselbst gewesen ehe Godenauw an sich bracht'; *Signatur 17. Jhdts.:* Drachenfeltz Lit. A. num. 30.

1413 April 22 (in vigilia pasche). — Friedrich von Matlar Herr zu Tüschenbroich bekennt, dem Vogte zu Wassenberg Reinhard von Binsfeld[3] 27 geldrische Kaufmannsgulden schuldig zu sein, von denen er 17 baar erhalten hat, während Reinhard die übrigen 10 an dem Hause Friedrichs in der Kirchstrasse zu Wassenberg verbauen

---

1) Annalen d. Hist. Ver. Heft 54, S. 22, Anm. 3.
2) Swanolt, Swenoldis von Harff, Lacomblet, Urkb. Bd. 3, no. 949; oben S. 153, Anm. 1.
3) Reinhard Rost von Binsfeld, der in diesem selben Jahre Elisabeth, die Tochter des jülich'schen Landdrosten Emerich von Droeten heirathete, Strange, Nachrichten über adelige Familien und Güter, Heft 1, S. 55; vgl. auch Wilh. Graf v. Mirbach, Die jülich'sche Unterherrschaft Binsfeld, Zeitschrift des Aachener Gesch.-Ver. Bd. 2, S. 127 ff.

soll; er verpflichtet sich zur Rückzahlung innerhalb drei Jahren und bis dahin zur Zahlung eines jährlichen Handgeldes von $2^1/_2$ Gulden und vermiethet überdies dem Vogte das Haus gegen einen Jahreszins von 4 Gulden.

Es sollen siegeln: der Aussteller und die Schöffen von Wassenberg.

222 (Harff 19).

Orig. Perg. mit 1 Siegeleinschnitte und 1 beschädigten anhgdn. Siegel: Schild mit dem doppeltgeschwänzten geldrischen Löwen, Umschrift: S. . . abinoru . Wasenber . . Rückaufschrift 16. Jhdts.: Tuchenbroich van dem huiss zo Wassenberg nichil.

1413 Juni 29 (die Petri et Pauli apostolorum). — Friedrich von Matlar Herr zu Tüschenbroich bekennt, seinem Freunde Goswin (Gosen) von Zievel genannt von Gleen 50 rhein. Gulden schuldig zu sein und stellt als Bürgen für die Rückzahlung in zwei Terminen seinen Verwandten (neve) Godart von Nievenheim Rentmeister zu Wassenberg, Sohn des † Meinart von Nievenheim[1] mit der Verpflichtung zum Einlager in Linnich.

223 (Harff 20).

Orig. Perg. mit Bruchstücken von 2 anhgdn. Siegeln, 1: unkenntlich, Helmkleinod Hundekopf wachsend, Umschrift: . . . van Matler; 2: Querbalken. Rückaufschrift 16. Jhdts.: item Frederich van Tuschenbroich is schuldisch Goischen van Zevel 50 gulden den hat der van Nevenheim as burge moissen bezalen.

1413 Juni 29 (die Petri et Pauli). — Derselbe verspricht, bei Strafe des eigenen Einlagers in Linnich, Godart von Nievenheim wegen der Bürgschaft bei Goswin von Zievel schadlos zu halten.

224 (Harff 21).

Orig. Perg., von anderer Hand wie no. 223, sehr beschädigt, das Siegel ausgerissen.

---

1) Godart oder Gottfried, der älteste Sohn Meiners von Nievenheim, s. die Urkunde vom 13. Juli 1397, oben no. 163. Auf enge Beziehungen der Familie Nievenheim zum Lande Wassenberg deuten auch einige Eintragungen im Nekrologium des Münsterstiftes zu Roermond: ‚Nicolaus de Nivenhem pastor in Kaldekircken avunculus domine Agnetis de Barick nostre abbatisse, a quo habuimus ducatum ad syboriam in qua reponitur corpus Christi'; ‚Eirmgardis de Nivenhem abbatissa in Dailheim'; ‚Catherina de Nivenhem monialis in Dalhem', Publications de la société hist. et archéol. de Limbourg Bd. 13, S. 269, 273, 277.

1414 Januar 13. — Die Brüder Tilgin und Konrad von Zolver (Tzolver), die ebenso wie ihr † Vater Tilgin von Zolver[1] mit Godart Herrn zu Drachenfels verfeindet gewesen sind ‚as umb dat gerichte zo Heerinckxbach gelegen tusschen Vyrnenburch ind Nurbergh dat zo leen ruert van der edelre vrauwen der abdissen van Essende ind yrme gestichte'[2] vergleichen sich nunmehr mit ihm gegen ein Mannlehen von 20 rhein. Gulden.

Es sollen siegeln: die Aussteller, Ritter Richard Hurt von Schonegghen und Syvart Wailbode von Bassenheim.

225 (Drachenfels 48).

Orig. Perg. mit 1 Pressel und geringen Bruchstücken von 3 anhgdn. Siegeln, 1: Schräggitter, im linken Oberwinkel drei Kugeln (1:2). 3: Adler. Signatur 17. Jhdts.: Drachenfeltz Lit. A. num. 31.

1414 Juli 12 (die duodecima[a] mensis iulii). — Johann von Harff der jüngere, Sohn des † Ritters Heinrich von Harff, präsentirt dem Offizial des Dompropstes und Archidiakons zu Köln an Stelle des † Priesters Bruno von Allrath (Alderode) den Priester Gottfried von Wanlo für die Pfarrvikarie (vicaria curata)[3] S. Martin zu Niedermorken und bittet um dessen Bestätigung.

226 (Harff [Morken] 22).

Orig. Perg. mit Bruchstück des schönen Siegels: im Vierpass der Schild mit dem Querbalken, darüber ein dreilätziger Turnierkragen, auf dem Helme zwei Flügel.

Gedruckt: Strange, Beiträge zur Genealogie Heft 5, S. 109.

---

a) duodecima *von anderer Hand.*

1) Zolver, lat. Celobrium, frz. Soleuvre, südwestlich von Luxemburg. Tilmann von Zolver d. ä. stiftet am 24. April 1389 ein Jahrgedächtniss für sich im Kloster Marienthal bei Luxemburg, N. van Werveke, Cartulaire du prieuré de Marienthal Bd. 2 (Publications de la sect. histor. de Luxembourg Bd. 39) no. 447. Zu diesem Geschlechte gehören übrigens auch die drei Brüder, die im Jahre 1352 als Georg, Richard und Arnold von Tzolner aufgeführt werden, Günther, Codex diplomat. Rheno-Mosellan. Bd. 3, S. 582.

2) Heerinkxbach ist Herresbach in der Pfarrei Wanderath bei Virneburg; im Jahre 1486 heisst es ‚das dorf Hersbach by Niderkaldenborn', Günther a. a. O. Bd. 4, S. 678; Schannat-Bärsch, Eiflia illustrata Bd. 3, Abth. 1, S. 432 f.

3) Die Pfarrvikarie ist die Pfarrerstelle, der vicarius curatus oder perpetuus der wirkliche Pfarrer, s. oben S. 64, Anm. 2.

1414 September 26. — Der Knappe Johann von Blyterstorp und seine Frau Elsa verkaufen dem Ritter Godart Herrn zu Drachenfels ihren Hof ‚up me Rongin' nebst Zubehör ‚dat manssguet is der heirschaff van Molenarcken'[1].

Es sollen siegeln: der Aussteller, der Knappe ‚Rulant von Odendorphusen' [sic!][2], Clays von Hammerstein und Hermann von Ahrweiler Schöffe zu Bonn.   **227** (Drachenfels **49**).

Orig. Perg. mit 4 Presseln. Rückaufschrift 16. Jhdts.: ‚Eyn erffkouff breyff van eyme haeve Rontghe; *Signatur 17. Jhdts.:* Drachenfeltz Lit. A. num. 32.

1414 Oktober 1 (ipso die Remigii confessoris). — Die Eheleute Pilgrim und Ermele nehmen von dem Junker Wilhelm Boultze von Nesselrode[3] ein Stück Land ‚in den Vrijlinger hoven mit boumen gelegen tuschen den juncvrouwen van Greverode'[4] gegen 2½ Sümmer Korn jährlich in Erbpacht und verpfänden dafür 2 Morgen Land ‚up Aervelde'.

Es sollen siegeln: Ritter Heinrich Vlecke von Nesselrode[3] und Junker Wilhelm vom Voerste.   **228.**

Orig. Perg. mit 2 Presseln..

1414 Dezember 31 (op den heilghen jaers avent). — Die Schöffen von Wassenberg beurkunden, dass Ritter Wolter von Erp und seine Frau Bela den Eheleuten Claes in gheyn Ursbecker-Raede und Mettel ihren Hof bei der Kirche zu Wildenrath mit 33 Morgen Ackerland, die dem Stifte S. Georg zu Wassenberg eine lebende Kurmede und 4 Schillinge jährlich zinsen[1], sowie mit allem Zubehör gegen 8 rhein.

---

1) Die alte Herrschaft Müllenark, benannt nach dem Schlosse hei Schophoven im Kreise Düren, war zu Anfang des 14. Jahrhunderts an Jülich gelangt, doch gab es auch noch ein Adelsgeschlecht dieses Namens. Hier handelt es sich um Güter, die den Dynasten von Tomburg aus dem Hause Müllenark gehörten, vgl. u. a. Fahne, Geschichte der köln. jül. und berg. Geschlechter Bd. 2, S. 97; Wilh. Graf v. Mirbach, Zur Territorialgeschichte des Herzogthums Jülich Abth. 1, S. 5.

2) Roland von Odenhausen, s. oben no. 220.

3) Strange, Beiträge zur Genealogie Heft 8, S. 2 ff.

4) Besitzungen der im Jahre 1187 von dem Stifte Vilich aus gegründeten Abtei Gräfrath nördlich von Solingen.

Gulden in Erbpacht gegeben haben unter Zustimmung des Kapitels zu Wassenberg und der Laten Johann Schetter d. j. und Godart Krijns Sohn von Wildenrath. **228 A.**

Orig. Perg. mit beschädigtem anhgdm. Siegel der Schöffen von Wassenberg, wie oben no. 222.

1415 Juni 2. — Die Eheleute Winant und Bela zu Gevelsdorf bekennen der Bruderschaft zum h. Georg in der Kapelle zu Hottdorf eine Erbrente von 5 Mark zu schulden und verpfänden dafür 5 Morgen Ackerland in der Gemarkung Gevelsdorf. **229.**

Wir Wynant ind Bela elude van Gevenstorp bekennen oevermitz diesen offenen breyff ind doin kunt allen | luden, dat wir van reichter kenlicher schoult schuldich syn der broderschaff unser liever vrauwen ind sent Georgii | des heylichen ritters ind merteliers in der capellen zo Hoytdorp all jaer erfflich vunff marck paymentz als genge ind geve is zo Hoitdorp in der zijt der betzalingen, ind haynt geloufft ind in goyden truwen geloyven vur uns ind uns erven, die vurschreven vunff marck all jaers up sent Remeyssdage off up alre heylichen dage neyst dairna komen wail zo betzalen. Ind umb sicherheit goyder betzalingen so hain wir zu underpande gesat vunff morgen artlantz: der anderhalffen gelegen synt up der heirstraissen tusschen Raelboyven ind Gevenstorp, ind eyn halff morgen an deme Cruce, ind eyn morgen up dem Merre wege, ind eyn morgen an den Hoeboike, ind eyn morgen hinder deme Tzeindehoyve; were dat an der mayssen dieser vunff morgen lantz vurschreven gebrech, so hain wir eyn veirdel lantz dairzo zo underpande gesat, gelegen tusschen Ysacroide ind des Smeytz beynde in dieser voygen: off wir Wynant, Bela off uns erven diesse vurschreven vunff marck neyt en betzajlden up die vurschreven zijt, id were an eyme deylle off zo maill, dat got verbeide, so mogen ind soillen die broydermeijster der vurschreven broyderschaff des anderen dags na datum der betzalingen vurschreven ir hant slaen an dat vurschreven underpant, so we dat vurgenant is ind gelegen were mit fruchten off aen fruchte, ind daemede doin ind layssen, keren ind wenden zo der broyderschaff beste als mit anderen erve ind gueden der vurschreven broyder-

---

1) Dem Kollegiatstifte zu Wassenberg war schon gleich bei dessen Gründung im Jahre 1118 die Kirche des dicht benachbarten Ortes Wildenrath übertragen worden, Lacomblet, Urkb. Bd. 1, no. 289.

schaff ain eynich hindernisse, krut off wederspraiche unß, unser erven off eymantz van unsen wegen, alle argelist uyssgescheyden. Ind want dit erve vurschreven gelegen is in deme dynckmaijll zo Gevenstorp, so hain wir Wynant ind Bela gebeyden zo eyme getzuge der wairheit die eirbere wysse Iude Gerart Schein, Peter zer Lynden, meister Gerart Smyt, Yngerman Tijlgin Heynrichs sun ind Rijkolff, gemeyn scheffen des dynckstoyls zo Gevenstorp dat sij na yren herkomen dese vurschreven errftzaill, geloffniss ind bekentniss bekonden ind getzugen. Ind want nu uns scheffen vurschreven zo Gevenstorp all diese vurschreven sachen kundich synt ind vur uns gescheit ind dijs ouch urkunde untfancgen hain ind ouch kennen, dat dit vurschreven underpant neit me besweirt en is dan deme lanthern synre schetzungen ind koerengulde als ander lant alda gelegen, ind wir ouch egein eygen segel enhaint, so hain wir gebeyden die wirdiche vrome Iude die gemeyn scheffen van Rodincgen, dat sij yr scheffenstoils segel vur uns an desen breyff hancgen wijllen zo eyme getzuge der wairheit; dat wir gemeyn scheffen van Rodincgen kennen wair syn ind unsen scheffenstoils segel umb beyden wil der gemeynre scheffen van Gevenstorp vurgenant gerne unden an desen breyff gehancgen hain, beheltniss uns leven genedichen hern hertzogen van Gulge ind van Gelre syntz reichtz ind mallich des syns. Datum indt jaer do man schreiff veirtzeinhundert ind vunftzein jare des sundags na sacramentz dage.

Orig. Perg. mit sehr beschädigtem anhgdm. Siegel, auf dem jedoch noch in einem dreieckigen Schilde links ein vierstöckiger Thurm, rechts ein Löwe erkennbar ist.

1415 August 22 (in octavis assumpcionis b. Marie virg. gloriose). Scheiffart von Merode Herr zu Hemmersbach erklärt, dass die Verschreibung des Gutes zu Ohlert (Uylroide)[1] an seinen Schwager Godart Herrn zu Drachenfels in Kraft bleibe ,wie wail derselve her Godart ... na datum des briefs den scheydebrieff zo eynre kunden mit anderen mynen herren ind vrunden tusschen Scheyvart ind Friderich mynen zween sonen besiegelt hait, da ouch dat guyt van Uylroide ynne geschreven steit'.

Es sollen siegeln: Scheiffart, Scheiffart d. j. und Friedrich von Merode. 230 (Drachenfels 50).

Orig. Perg. mit 3 Presseln; Signatur 17. Jhdts.: Drachenfeltz Lit. A. num. 33.

---
1) S. oben S. 272, Anm. 2.

1415 Dezember 9 (des naysten daches na unser vrouwen concepcio). — Ritter Ludwig von Rode und seine Frau Stina treffen Bestimmungen über die Vertheilung ihre Höfe zu Rode und Overlair, zu Saurenbach (Surenbach) und zu (Nieder)cassel unter ihre Söhne Johann, Pilgerim und Ludwig.

Es sollen siegeln: Ludwig von Rode d. ä. und der Pfarrer von Sieglar (Lair) für die Schöffen daselbst. **231** (Rott 7).

Orig. Perg., die linke Hälfte zerstört, mit 2 beschädigten anhgdn. Siegeln, 1: wie oben no. 215.; 2: Kopf mit Heiligenschein. Rückaufschrift 17. Jhdts.: elderliche geifft der gueter Rae 340. 24.

1416 Mai 25 (ipso die b. Urbani pape et martiris). — Goswin zu dem Bongart pachtet von Friedrich von Matlar Herrn zu Tüschenbroich $9^{3}/_{4}$ Morgen Ackerland, die zu dem Hofe in Schlich (Slijker hoff) gehören, auf acht Jahre sowie $43^{1}/_{2}$ Morgen ebendaselbst auf zwölf Jahre, gegen 11 Paar Korn Dycker Masses, halb Roggen und halb Hafer, lieferbar nach Neuss oder nach Tüschenbroich; ‚ouch is gevurwert, dat ich ind myne erven alle jair besseren solen drij morgen lants myt myste off mit mirgel van den vurgenanten veir ind veirtzichsten halven morgen lovelichen nae gwoenden des lants'[1]; vortme so sall ind mach ich Goiswijn vurschreven ind myne erven alle jair diese vurscreven tzwelff jair lanck mit weyde segen veir morgen ind neit in dat gebesserde lant'[2].

---

1) Den Zusammenhang zwischen der Dauer des Pachtverhältnisses und der Mist- oder Dungreise (reisa fimi), d. h. der allmählichen Düngung des ganzen Areals in einem bestimmten Turnus, behandelt in sehr lehrreicher Weise Fr. Gerss, Zeitpachtgüter am Niederrhein, Zeitschrift des Bergischen Gesch.-Ver. Bd. 15, S. 74 ff.; im allgemeinen vgl. K. Lamprecht, Deutsches Wirtschaftsleben Bd. 1, S. 963 ff.

2) Waid ist die bekannte zum Blaufärben verwendete Pflanze (Isatis tinctoria, Sandix), die auch am Niederrhein ehemals viel angebaut wurde; die Waidkultur verschlechterte jedoch das Ackerland, ähnlich wie heutzutage der Zuckerrübenbau, und deshalb wurde sie in den Pachtverträgen häufig ausgeschlossen oder doch beschränkt. So bestimmt ein auch sonst bemerkenswerther Revers für das Kölner S. Apostelstift vom Jahre 1299: ‚in parte agrorum videlicet quatuor iurnalibus et non pluribus singulis annis si voluero sandicem potero seminare et quatuor alios iurnales meliorabo quod vulgariter mirgillin appellatur in recompensacionem quatuor iurna-

Es sollen siegeln: Johann Almer Schöffe und Johann Blanckart Rathsmann zu Neuss ,want ich Goiswijn zo dem Bongart gheyn eygen segel en hain'. **232.**

Orig. Perg. mit 1 Siegeleinschnitt und 1 Pressel, aus einer etwa gleichzeitigen Urkunde geschnitten: ,Ich Hennys Schrage zo Gleen doin kunt allen luden.'

1416 [c. Juni 1]. — Die Brüder Frambach und Simon von Birgel vereinbaren unter Vermittelung ihres Vaters des Erbmarschalls Engelbrecht Nyt von Birgel und ihrer ,oeme' Andreas Smeych von Lissingen Herrn zu Zievel und Johann von Birgel eine Theilung ihrer Erbgüter. **232ᵃ (Birgel 3).**

Kûnt sy alre mallich, dat up dach ind datum dijs breyfs eyne erffdeylûnge ind eyne ewelīche scheidūnge gedenght is thussen Frambach ind Symon | van Birgel gebroederen overmytz ere beyder vrûnt myt namen eren vader heren Engelbrecht Nijt van Birgel erffmarschalck des lantz van Gulche | ind eren oemen heren Andreas Smeichen van Leyssingen · herre zû Zivel ind Johanne van Birgel eren oemen as yan worde zû worde hernae geschreven steit: Item Frambach sal haven die bůrch zû Seive ind Charnoir mit allen eren zubehoeren[1] ind die zweydusent croenen an onsme heren van Lûtge mit den zwen hundert croenen jaers so wie der breyff den wir samen han darup spricht. Vort so sal Symon dat leen van Tricht untfancgen ind Frambach sal it heiven als lange as sin vader leyft ind nae syme dode sal Symon dat leen haven ind geiven Frambach veirtzijch croenen jairs bijs hie sij mit veirhundert croenen affgeloest. Vort sal Frambach han nae ons vader

---

lium cum sandice seminatorum', Westdeutsche Zeitschrift für Gesch. u. Kunst, Korresp.-Blatt. Bd. 2 (1883), S. 75, no. 249; im übrigen s. z. B. Tr. Geering, Handel und Industrie der Stadt Basel (Basel 1886), S. 308.

1) Der Erbmarschall Engelbrecht Nyt van Birgel war um das Jahr 1380 durch seine Verheirathung mit Elisabeth von Brouck, der Erbin von Saive und Charneux, in den Besitz beider Herrschaften gelangt, Poncelet, La seigneurie de Saive S. 25 f.; Strange, Beiträge zur Genealogie Heft 4, S. 57; Heft 5, S. 34 hält irrthümlich ,Zeve oder Scheve und Charnoir oder Scharnoth' für zwei Maastrichter Lehen, während unsere Urkunde ,dat leen van Tricht' besonders aufführt; vgl. übrigens die Urkunde vom Jahre 1429 bei Strange, a. a. O., Heft 8, S. 67.

ind moeder dode dat marschalck ampt ind die burch zu Roede ind allit dat erve ind goit, dat sij samen gehat hant aen dat Symon haven sal, as mit namen hernae geschreven steit. Item Symon sal haven Bovenberch die burch mijt syme artlande beenden buschen wyeren welden so wie dat darzů gehoerende is ind mit deme zinsse ind pachte ind capunen ind hoenren ind penninckgelde dat man jars zů Hoiltzheim ind zů Huchelheim an den zwen enden darup gilt[1], so wie dat vurschreven geleigen is ind mit ingelden ind mit uysgelden, neyt dae an uysgescheiden dan myn Frambachs wijff eren wydům an der vurschreven bůrch ind zůbehoir halff haven sal, ind gebůrt der wydum ere zů besitzen, so sal sij brengen hundert vunff ind tzwentzich gulden renten jairs, der Symon off sine nacomelinge mit gebruchen sullen also lange as sij den wijdum [hat, dar] achter sal die burch ind erve vurschreven an Symon ind sinen rechten erven bliven ind die hundertfunffindzwentzich gulden an Frambachs erven. Vort sal Symon ouch haven nae ons vader dode die bůrch zů deme Broeche as ons die velt mit al yrme zůbehoir so wie die versat is, ind den hoff zů Strijthagen ind dat leen van Heinczberch ind die veirtzich croenen an deme leen van Tricht as vurschreven steit. Vort wat schoilt die ons blyft van vader ind van moeder soelen wir gelich bezalen ind wat ons gebůrt zů doen onsme broeder off susteren, dat sal onser eicklich ouch sin geboer doen van syme deyle vurschreven; ind onser wilghme dijs vurschreven erffs off goetz eit affgeinge mit rechte off mit gewalt, dat sal ons samen affgaen ind dat sal onser ein deme anderen unverzogencklich herstaden, sunderlingen off Frambach an deme leen van Lutge eit affgeinge an myn Symons halven deyle off verzogen wůrde[a] also dat eine jaergulde die ander hervolghde, so sal ich Symon yme genoich doen vur den bruch ind die dusent croenen ind ich mach dat dan vorderen vur mich. Ouch suderlingen wurde Symon off Frambach eit an gewunnen mit rechte an Bovenberch off an syme zůbehoir vurschreven e Frambach Symon daran geerfde, as vurschreven steit, ind in jaere ind dach gewerde, as erfs recht is, dat sal Frambach Symon rijchten. Ind hiemit soelen wir dijs vurschreven vur ons ind onse erven genczlichen

---
a) vurde.

1) Vgl. Beiträge zur Geschichte von Eschweiler und Umgegend Bd. 1, S. 268 ff.; S. 277 f.; S. 378 ff.; Zeitschrift des Aachener Gesch.-Ver. Bd. 4, S. 17, Anm. 4 und 5; Bd. 6, S. 251; und oben no. 191.

ind ewelichen gescheiden sin ind bliven sunder alle argelist ind inzuge ind han alle vůrschreven půnten onser ein deme anderen gesijchert ind geloeft in goeden trůwen vast stede ind unverbruchlich zů halden, ind han, ons des zů overzugen, onser eicklich sin siegel vur ons ind onse erven her an dyssen breyff gehancgen, der wir mallich einen behalden han van worde zů worde as vurschreven steit, ind mit gebeyden zů gezuge over ons zů sigelen onsen vader ind beyde oemen vurschreven, des wir mit namen vurschreven bekennen umb ere beyder beyden wille gedaen han. Datum doen man an schreyff dusent veirhundert ind seyszein jair.

Orig. Perg. mit 1 Pressel und Bruchstücken von 2 anhgdn. Siegeln, 1.: geteilter Schild, unten drei Seeblätter (2:1); 2.: Querbalken, unten ein, oben zwei Löwen wachsend. Rückaufschrift 16. Jhdts.: Item eyn erffscheidunge tuschen Frambach ind Simon van Birgel gebrodere dae inne dat Frambach Scheef zo gedelt wirt.

1416 Juni 1 (des maendages vur deme hilligen pinxsdage). — Frambach von Birgel geborener Marschall zu Jülich fügt dem vorstehenden Vertrage noch hinzu: ‚alle goede die sij nů neyt en hetten noch inwysten ind off in eyman eyt schuldich blevè, dat soelen wir gelich deylen; off it sich geveile, dat mir Frambach die dusent croenen off die hundert des jaers an myme heren van Lůtge neit en woerden ind ein jair dat ander hervolghede, so sal ich mir mit hundert croenen des jaers genoegen laissen . . bijs hie sy mit dusenden affgeloest; were aber sache dat myn here van Brabant Symon neme vurder dan myn genedige here van Brabant selich gedaen haet[1] ind Symon darumb mit yme zů zwist off zů veden queme ind ich myncz leencz darumb enberen moest, so en sal ich Symon neyt varen ind erwarden sincz leencz bijs Symon weder zu vrede kůmpt; so sal ich Symon erven an Bovenberch nae uyswysungen der notelen ind breyven'.

Es sollen siegeln: Frambach, sein Vater Engelbrecht, Andreas Smeich von Lissingen und Johann von Birgel.

233 (Birgel 4).

Orig. Perg. mit 4 Presseln.

---

1) Im Jahre 1415 war Johann IV. dem Herzoge Anton in der Regierung von Brabant gefolgt.

1416 Juni 1 (des maindaigs vur deme heilige pinxdage). — Die Brüder Frambach und Simon von Birgel beurkunden, dass zu der Summe von 5000 rhein. Gulden, die sie gemeinsam dem Herzoge Reinald von Jülich und Geldern und dessen Gemahlin Maria von Harcourt (Harencoyrt)[1] auf die Aemter Nideggen und Zülpich geliehen haben, 1500 Gulden von Frambach beigesteuert sind, während auf Simon und seine Frau Fritze von Turre[2] 3500 Gulden entfallen.

Besiegelung wie oben no. 232ᵃ.   **234 (Birgel 5).**

Orig. Perg. mit 1 Siegeleinschnitte, 1 Pressel, Bruchstücken von 2 abhgdn. und 1 wohlerhaltenen Siegel, 1.: Birgel (wie oben 232ᵃ no. 2). 2.: (schön erhalten) geteilter Schild, unten drei Seeblätter (2:1). Umschrift: s. andreis van liffingen. *3.: wie 1. Rückaufschrift 16. Jhdts.: Inhaltsangabe.*

1417 Januar 20 (up s. Agneten avent der heilger jungferen). — Friedrich Herr zu Wevelinghoven und sein Sohn Wilhelm Herr zu Grebben[3] einerseits, Godart Herr zu Drachenfels und sein Sohn Johann andererseits vereinbaren einen Ehevertrag zwischen Margareta von Wevelinghoven, der Tochter Friedrichs, und Johann von Drachenfels; die Braut erhält eine Mitgift von 2000 rhein. Gulden, von denen die eine Hälfte sogleich oder in einer Jahresrente von 100 Gulden gezahlt werden soll unter Verpfändung des Schlosses Rheindorf bei Walberberg („Ryntorp in der heirlicheit zo sent Walperberge')[4]. während die anderen 1000 Gulden durch Wilhelm von Wevelinghoven nach dem Tode des Vaters zur Auszahlung gelangen; Burggraf Godart überweist dem Bräutigam sein Haus zu Virneburg, das Schloss Neuerburg (Nuweborch)[5],

---

1) Die Ehe war am 5. Mai 1405 vereinbart worden, Lacomblet, Urkb. Bd. 4, no. 30.

2) Fritza von Thorr (im Kreise Bergheim).

3) Am 15. August 1397 heisst auch Friedrich von Wevelinghoven Herr zu Grebben (bei Heinsberg), Fahne, Codex. diplom. Salmo-Reifferscheidan. S. 188 unten.

4) Am 1. April 1410 wird in einem Schiedsspruche zwischen dem Grafen Friedrich von Mörs und Friedrich Herrn von Wevelinghoven bestimmt: ‚Vort so sal der greve van Muerse dem van Wevelkoven Ryndorp dat huyss mit allen synen zubehoerungen widergeven ind ungekrodt volgen lassen', Lacomblet, Urkb. Bd. 4, no. 57; hiernach ist auch F. W. Oligschläger, Annalen d. Hist. Ver. Heft 15, S. 79 zu berichtigen, ebenso Maassen, Geschichte des Dekanats Hersel S. 277.

5) Neuerburg an der Wied.

welches ihm durch den Erzbischof von Köln verpfändet ist, den Hof Stopperich (Stobbergh), den er von dem Junker Wilhelm Herrn zu Reichenstein[1] in Pfandbesitz hat, den Hof zu Eil bei Deutz ('zo Eyll gelegen zo Duytz'), das von der Aebtissin von Essen lehnrührige Gericht Herresbach (Herisbach) zwischen Virneburg und Nürburg[2], 100 Gulden am Zoll zu Bonn ,die ich nam zo hilychsgelde mit wilne hern Scheyffartz dochter myme eligen wijve die myns sons Johans moeder was'[3]; als Witthum werden der Braut bestimmt das Schloss Neuerburg, die Höfe Stopperich und Eil, Haus und Hof des Burggrafen zu Königswinter und endlich der Hof ,genant Eystorp die was wilne hern Wilhems Rupachs ritters[4] gelegen boven Godisbergh in dem kirspel zo Vilpe mit dem zienden' *etc.*

Es sollen siegeln: 1. der Erzbischof von Köln ,want disse hilichsvurworden ind ouch medegave ind wedem geschiet syn mit wist willen inde raede unss alregnedichsten heren', 2. das Domkapitel (Siegel ad causas), 3. Friedrich und 4. Wilhelm von Wevelinghoven, 5. Godart und 6. Johann von Drachenfels, 7. Johann von Lynepe Herr zu Helpenstein Propst zu S. Gereon und Domkanoniker in Köln, 8. Ritter Roilman von Dadenbergh, 9. Johann von Eynenberg Herr zu Landskron, 10. Lambrecht Huntgyn von dem Busch, 11. Arnold von Brempt, 12. Rolant von Odenhausen, 13. Friedrich von Huls.

235 (Drachenfels 51).

Orig. Perg., sehr schön geschrieben, mit einer flott gezeichneten Initiale J, mit 2 Siegeleinschnitten, 8 Presseln und Bruchstücken von 3 anhgdn. Siegeln: 1.: Sekret des Erzbischofs. 2. und 3.: Drache, 3. Umschrift: s. Johan ... *Unter dem Umbug rechts:* De mandato domini Coloniensis Jo. de Susato. *Signatur 17. Jhdts.:* Drachenfeltz Lit. A. num. 34.

---

1) Reichenstein in der Bürgermeisterei Puderbach, Kr. Neuwied; Wilhelm Walpode Herr zu Reichenstein hatte Irmgard, eine Tochter des Burggrafen Wilhelm von Hammerstein, zur Frau, vgl. z. B. Günther, Codex diplom. Rheno-Mosellan. Bd. 4, no. 11, 12 u. ö.; am 27. Oktober 1409 wird er Burgmann des Herzogs von Berg zu Windeck, Lacomblet, Bd. 4, no. 54 u. ö.; Stopperich liegt in der Bürgermeisterei Brennscheid, Kr. Neuwied.
2) S. oben S. 295 Anm. 2.
3) Aleidis von Merode.
4) Aus dem Geschlechte Raubach, das dicht bei Reichenstein ansässig war.

1417 Januar 30. — Johannes von Herten beurkundet als Vormund seines Sohnes Johann von Johann dem Koch von dem Walde und dessen Frau Johanna 20 rhein. Gulden für die halbe Hofstatt bei dem Erftthore nahe der Stadtmauer zu Kaster empfangen zu haben.

236 (Harff 23).

Ich Johannes van Herten doen kont in bekennen, dat ich untfangen ind upgeboirt haen up datum dis briefs as eyn momber in urber ind | behoiff mijns soens Johan van Johan den Kock van den Walde ind Johannen elude[1] alsulchen zwentzich rijnscher gulden alle guet van goulde | *etc. etc.* as sij mir as eyme momber van wegen mijns soens vurschreven nae dode Wilhem Scheleirs deme got genaide geloift hadden zo hantrichten ind zo betzailen as eyme neist gheerve van der halver hoffstat gelegen bij der Arffen-portze bynnen Caster alreneist an der statmûren[2] in alle der maissen gelich der hoiftbrieff danaff sprechende dat cleirlichen ynhelt ind uiswijst, ind schelden daromb as eyn momber van wegen mijns soens vurschreven Johan van den Walde ind Johannen elude vurgenant ind yre erven van den zwentzich rynscher gulden vurgenant quijt los ind ledich zo ewigen dagen zo, ind haen ouch mit as vort vertzegen in vertzijen overmitz desen brieff as eyn mombeir van wegen mijns soens, die ouch intgaenwordich dair bij was as eyn neist erfgename, up die vurgenante hofstat van allen ansprochen die mijn son vurgenant off sijne erven off yemans anders van yren wegen dair aen hedden off haven mochten up den enden ind steden dair ich dat billich ind van rechte doen soulde, so as dat statrecht zo Caster is, buyssen alle argelist. Orkonde der wairheit alre sachen vurschreven so haen ich Johannes van Herten vurgenant as eyn mombeir van wegen mijns soens vurgenant gebeden ind bidden die eirbere wisse lude die scheffen gemeynlichen des scheffenstoils van Caster, dat sij zo eynre konden ind getzuiche der wairheit alre sachen vurchreven yren gemeynen scheffensegel unden an desen brieff willen hangen; dat wir scheffen van Caster *etc. etc* [*Besiegelung*]. Ge-

---

1) Am 31. Juli 1404 wird Johann Koch von dem Walde mit dem Hofe zu Kyckenem belehnt, oben no. 194.

2) Ueber die Oertlichkeiten unterrichtet die „Vroeg der statt Caster" aus dem Anfange des 16. Jahrhunderts, Zeitschrift des Aachener Gesch.-Ver. Bd. 2, S. 304 ff.

geven in den jairen uns hern dusent vierhondert seventziene jaire des satersdaigs nae andach Agnetis virginis.

Orig. Perg. mit Pressel; Rückaufschrift 17. Jhdts.: Dieses originale concernirt eine in Caster bey der Oberpforten gelegene hoffstatt, worauf Johan von Herten lant dieses quitirt de a. 1417.

1417 April 6. — Henselin Senger und Cůneman Burgkelin, Pfleger und Baumeister des Münsters S. Theobald zu Thann beurkunden mit Zustimmung des Ritters Konrad von Lupffen Vogtes Schaffners und Rathes zu Thann, dass ihnen Gottfried Herr zu Drachenfels und sein Sohn Johann 35 Gulden zur Stiftung eines ewigen Lichtes vor den Reliquien des heil. Theobald übergeben haben[1].

237 (Drachenfels 52).

Orig. Perg. mit 1 Einschnitte für das Siegel ‚unsers lieben herren und hijmmelfursten sand Thieboltz'. *Rückaufschriften 15. Jhdts.:* Eyn breyff van Tewalt; *17. Jhdts.:* ‚Ein ewig licht vor s. Tebolt heiligthumb zu Tanne erkaufft von hern Godart von Drachenfeltz vor 30 gl.'; *Signatur 17. Jhdts.:* Drachenfeltz num. 35 Lit. A.

Gedruckt: Annalen d. Hist. Ver. Heft 54, S. 77 ff.

1417 September 20 (up des gueden sent Matheus avent des h. apostels). — Segher von Kessel bestimmt in seinem Ehevertrage mit Aleid, der Tochter des Ailart Estges von Vuerde und seiner Frau Bela, dass die Eltern Aleid ‚huysen ind hoeven soelen end balden sy myt eyten end myt dryncken end cleyden sy als vader end moeder oeren kynde schuldich synt zo doen; end weirt ouch sake dat wir neit eyndrechtich en weren noch en wurden by eyn tho blyven, also dat Segher syn wijff nae eme neme, so sal Ailart end Beil eludé myt Segher deylen alle alsulche erve end goede gelyke halff als sy haven off kryghen mogen', und dass sie dem jungen Ehepaare ferner um 100 Mark eine Rente von 12 Malter Korn verkaufen; dass der längst-

---

1) Cuonemann Birklin wird auch in den Jahren 1386 und 1409 als Baumeister des Münsters zu Thann im Elsass genannt; Pfleger war im Jahre 1417 Johann Gerber. Das neue Chor, mit dessen Bau man damals noch beschäftigt war, wurde am 8. Dezember 1422 feierlich eingeweiht, F. X. Kraus, Kunst und Alterthum in Elsass-Lothringen Bd. 2, S. 635. — Ritter Konrad sagt im Februar 1400 der Herrschaft Rappoltstein ab wegen ihrer Fehde gegen Hans von Lupffen, K. Albrecht, Rappoltsteinisches Urkundenbuch Bd. 2, S. 494, 27.

lebende im Genusse sämmtlicher Güter bleibt und Aleid überdies noch ein Witthum von 400 rhein. Gulden erhält.

Es sollen siegeln: Segher, sein Bruder Wilhelm von Kessel, Rembolt von Slychem und Wilhelm von der Heysze.

238.

Orig. Perg. mit 3 Siegeleinschnitten und 1 anhgdn. Siegel: fünf Rauten in's Kreuz gestellt, Umschrift: ⸿. ſeger van keſſell.

1417 Dezember 11, Bonn (des satersdaghs na u. l. vrauwen dagh concepcionis). — Erzbischof Dietrich von Köln verspricht Godart Herrn von Drachenfels, seinen lieben Rath und Getreuen, der vielfach für ihn Bürgschaft geleistet, schadlos zu halten.

239 (Drachenfels 53).

Orig. Perg. mit beschädigtem anhgdm. Sekret des Erzbischofs: auf dem kölnischen Kreuz in der Mitte der Schild mit Querbalken; unter dem Text: De mandato domini Coloniensis H. de Brylon. Rückaufschrift 15. Jhdts.: Schaedeloess breyff; Signatur 17. Jhdts.: Drachenfeltz Lit. A. sub no. 35.

Gedruckt: Annalen d. Hist. Ver. Heft 54, S. 78.

1418 Juli 27. — Metza von Berg Klosterfrau zu Bürvenich und ihre Schwester Aleit übertragen zusammen mit ihrem Neffen Goswin von Berg den freien Zehnten zu ‚Wilre up der Euen' ihrem Verwandten (neven) Heinrich von Mirbach.

240 (Mirbach 6).

Ich Metza van Berghe cloisterjunffer zo Burvenich[1] ind Aleit van Berghe gesusteren doin kunt allen luden: alsulchen | vrijhen tzienden wir hatten zo Wilre up der Euen[2] den wir gesat ind gestalt hatten in hant hern Goijsswijns van Berghe | unss neven, zo wilchme tzienden Heinrich van Meirbach unse neve eyn reichte erve is na unsme dode, also bekennen wir, dat wir myt hern

---

1) Bürvenich, südwestlich von Zülpich, ein Cistercienserinnenkloster, das im Jahre 1234 durch den Grafen Wilhelm von Jülich gegründet war, Lacomblet, Urkb. Bd. 2, no. 196.

2) Es liegt nahe, den Namen auf Frauweiler bei Bedburg zu beziehen, das ehemals Wylzau (?) oder Wylre-Au geheissen haben soll, Aeg. Müller, Annalen d. Hist. Ver. Heft 30, S. 61.

Goysswijn vurschreven denselven tzienden myt alle syme zobehoire gesat ind gestalt hain, setzen ind stellen oevermitz desen offenen brieff in hant Heinrichs van Meirbach vurschreven ind hain uns bynnen unsme leven danaff enterfft ind Heinrich van Meirbach vurschreven, syne erven off beheldere dys brieffs myt synem willen erfflichen daran geerfft ind hain des uyssgegangen as reicht is, also dat sy damyt soullen ind moigen doin alle yren vrijben willen *etc. etc.* [*Währschaftsformel*]. Ind dys zo urkunde ind gezuge der wairheit, want wir Metza ind Aleit gesusteren vurschreven ind Goysswinus vurschreven egheinen siegele enbain, so hain wir sementlichen gebeiden ind bidden die eirwerdighe in goide vrauwe Ydberch van der goitz genaden abdissa zo Burvenich ind den eirberen hern Johan Pijcken proist zo Nijdecken[1] dat sy beide yre segele vur uns ind unse erven an desen brieff willen hangen uns alle weige damyt davordere zo oeverzûgen; dat wir Ydberch abdissa zo Bûrvenich *etc. etc.* [*Besiegelung*]. Gegeven im jare unss herren M. CCCC ind eichtziene jare up sent Panthaleoins avent.

Orig. Perg. beschädigt und verblasst, mit 1 Pressel und 1 Siegeleinschnitte.

1418 September 14 (op des heiligen cruys daighe exaltacio). — Godart von Harff und Heinrich Tochter zu Broichhausen schliessen unter Vermittelung ihrer Verwandten und Freunde Wilhelm von Harff, Friedrich von Matlar (Metteler) Herrn zu Tüschenbroich, Gerhard von Wedenau und Godart Hoin von dem Pesche einerseits, Johann Herrn zu Broichhausen und zu Werdenberg[2], Wilhelm von Broichhausen Erbhofmeister des Landes Geldern, beide Brüder der Braut, Roilman von Arendal Herrn zu Well[2] und Johann von Broichhausen andererseits einen Ehevertrag: die Braut erhält eine Mitgift von 3000 rhein. Gulden, von denen Godart zu seinem eigenen Witthum 1500 auf seinem

---

1) Johann von Hengebach Propst zu Nideggen soll Sekretär des Herzogs Rainald und jülich'scher Gesandtter zum Konstanzer Konzil gewesen sein, Aeg. Müller, Beiträge zur Gesch. des Herzogth. Jülich Bd. 1, S. 136.

2) Am 2. August 1419 heisst Johann von Broichhausen Herr zu Loe, am 22. Juli 1423 Herr zu Werdenburg, am 23. August 1429 Herr zu Broichhausen, zu Werdenberg und zu Amersoyen; an letzterer Stelle erscheint neben ihm auch Roilman von Arendal Herr zu Well (an der Maas), Lacomblet, Urkb. Bd. 4, no. 120, 151, 192; vgl. noch P. Norrenberg, Geschichte des Dekanats M. Gladbach S. 113.

Hofe Oeckhoven (Oickichaven) im Amte Hülchrath, die anderen 1500 ‚op me Houwe' im Kirchspiel Holzweiler und auf Kobbendal im Lande Wassenberg anlegt, während er seiner Witwe 300 rhein. Gulden jährlich von den genannten Gütern, 44 Gulden von dem Hofe Maelsdorp, 16 Malter Roggen von einer halben Hufe zu Laech sowie die Einkünfte von seinen Besitzungen zu Wanlo und von den zwei Karrenmühlen bei seinem Hause zu Loevenich verschreibt.

Es siegeln: der Bräutigam und die beiderseitigen Zeugen [1].

241 (Harff 24).

Orig. Perg. mit 7 Presseln und 1 Siegeleinschnitte.

1419 Januar 24. — Wilhelm Roilman vom Thurne vergleicht sich mit Lyse von Oetgenbach Witwe des Ritters Roilmann vom Thurne und mit deren Tochter Karissima über Erbzinse, Hofstätten und Gewalten in der Breisiger Mark, über Gerechtsame zu Koblenz und über Kornrenten zu Westum, während über die nachgelassenen Lehen des † Roilmann ein besonderes Schiedsgericht befinden soll.

242.

Ich Wilhelm Roilman vamme Thurne doin kunt allen luden ind bekennen, dat uff desen hudigen dach datum dis brieffs eyne scheyldunge gereet ind gedaedingt is enthuschen vrauwe Lijsen van Oetgenbach wilne elige huysfrauwe hern Roilmans vamme Turne | ritters seligen ind Carismen yrre doichter uff eyne sijte ind mir Wilhem vurschreven uff die ander sijte umb alle anspraichen ind vorderunge die ich Wilhem van schulde weigen off van renten an vrauwe Lijse ind Carismen vorderen moichte bis uff desen hudigen dach, ind vrauwe Lijse ind Carisme desselven gelijchs wederumb an mich, also dat vrauwe Lijse ind Carisme vertzegen haint uff alsulchen errflichen zynss ind curmoede as myne hoyvereichte zo gelden plach die wilne Gerart Vincken was, ind vort uff alsulchen errflichen zynss ind curmoede as die hoyvereichte zo gelden plach, die an Tilman Dumen hoyvereichten lygt die wilne Geert Vincken was; ind vort haint sij vertzegen uff die hoifstat ind in myne hant gegeven zo erfschaff die auch by Tilman Dumen hoyvereichte geleigen is ind heist Copijns hoifstat; ind haint mir ouch mit gegeven eyne halve marcken geleigen in Bryssicher marcken in den gewelden, ind haint die vurschreven vrauwe Lijse ind Carisme ind ich sementlichen belieft alle gifte

---

1) **Strange**, Beiträge zur Genealogie Heft 5, S. 29.

ind kuyt[1] die unser yecklich dem anderen gegeven ind gekuyt mach hain bis uff dese zijt, uyssgescheiden die gifft ind mumberschafft sall stain van dem gude zo Covelentz in behoiff der vurschreven Carismen. Vort is gedadingt, alsulchen korngulde as wir zu Westheim[2] samen gehat hain, die sall ich Wilhem vurschreven dese neeste viere jaire heyven ind dar achter sal Carisme vurschreven yr halffdeill darvan heyven, sij off ere erven, uyssgescheiden die korngulde die Johan Rijsweck da van affgegoulden hait, da ensolen wir geyne vorderunge me hain. Ouch ist gereet ind gedaedingt, alsulchen leene as her Roilman vamme Turne selige gelaissen hait, die blyvent stain as hude zo dage datum dis brieffs ind wilche zijt herna unse vrunt van eyncher partijen darumb reden weulden, da solen wir beide partijen unsen vrunden gevoelgich sijn in reichte off in mynen uns umb die leene zo scheiden. Ind alle dese vurschreven punte solen sijn sonder argeliste. Ind zo urkunde der wairheit hain ich Wilhem Roilman vurschreven mijn ingesegel an desen brieff gehangen ind hain vort gebeden der stede heymeliche ingesegel van Syntziche mit an desen brieff zo hangen ..; des bekennen wir Johan vurme Hoyve zorzijt burgermeister ind Wilhem Koufman behelder des vurschreven segels zorzijt dat id wair is. Datum in profesto conversionis Pauli anno domini millesimo quadringentesimo decimo nono secundum stilum curie Coloniensis.

Orig. Perg. mit Bruchstücken von 2 anhgdn. Siegeln 1.: Schild mit Adler 2.: Adler über einer Stadtmauer mit Thorburg, Umschrift: .. cr .... opi ... Rückaufschrift: Inhaltsangabe 17. Jhdts., Signatur: 132.

1419 März 5. — Johannes Monich von Elsig und seine Frau Guetgijn verkaufen den Eheleuten Thijs Meyrait von Reifferscheid und Ailke eine von dem Herzoge von Jülich ihnen übertragene Wiese zu Elsig. **243** (Harff 25).

Wir Johannes Monich van Eilsich ind Guetgijn syn ewijff doin kunt allen luden ind bekennen oevermitz desen offenen brief vur uns ind unse erven, dat | wir mit gesamender hant mit gudem vurdachtme raide ind umb unss nutz willen, merre schaden zoverhoeden, haven eyndrechtlich vercouft ind verkouffen | vestlich

---

1) kuyt, mnd. kût, Wechsel, Tausch.
2) Westum bei Sinzig.

oevermitz desen offenen brieff vur uns unse erven ind nakomelincge den eirsamen luden Thijs Meyrait van Rijfferschiet ind Ailken syme ewijve den beende den der hogeboren furste in'd herre herczouge zo Gulge ind zo Gelre ind grave zo Zuytphen etc. unse alre gnedichste liefste herre uns gegeven hait ind gelegen is zo Eilsich as umb eyne gewisse summe geltz die dye selve elude Thijs ind Ailke uns gentzlich ind wale zo unsme nutze gelevert ind bezailt haint, dess wir uns van yn bedancken; ind hain yn ouch den brieff den wir up die gift des beendtz van dem egenante unsme gnedigen herren sprechende hain mit desem brieve oevergegeven ind gelevert. Ind wir Johannes ind Guetgijn elude vurschreven syn desselven beendtz uyssgegangen mit hande halm ind mit monde as dat reicht is vur den eirsamen luden Gerart Swinck zerzijt schoultisse ind scheffen, Goeswin van Eilsich ind Henken Wever scheffenen zo Eilsich oevermitz yre urkundspennyncge die sij darup intfangen hant *etc. etc.* [*Enterbung und Anerbung; Währschaftsformel*]. Ind dis zo urkunde der wairheit ind gantzer erfliger stedicheit so hain ich Johannes Moenich vurschreven myn segell vur mich Guetgijn myn vurschreven wyff ind unse erven an desen brief gehangen; wilch myns mans Johannes ingesigell ich Guetgijn vurschreven mit mynem guden willen in desen sachen gebruychen. Ind wir hain vort gesamender hant gebeeden den eirberen man hern Tielman Pluntz perpetuus vicarius zo Euskirchen unsen pastoir zo Eilsich zerzijt, dat hey syn segell der kirchen zo gehoerende mit zo getzuge an desen brief gehangen hait; des erkennen ich Tilman pastoir vurschreven *etc*. Ind want alle sachen vurschreven vur uns schoultisse ind scheffenen vurgenant geschiet ergiet ind bekant synt ind uns kundich is ind unse urkundspennyncge davan intfangen hain ind wir ouch selve geyne segell en hain, so hain wir as van beden wegen Johannes ind Guetgijns vurschreven vort gebeeden den egenanten hern Tilman dat hey ouch synre kirchen segell umb unser kunden willen mit heran zo merre gezuge gehangen hait, beheltnis doch yedermanne syns rechten da anc unverloeren; des erkennen ich Tilman vurschreven *etc*. Gegeven in dem jare unss herren dusent veirhondert ind nuyntzien [a] jare up den sondach invocavit.

Orig. Perg. mit 2 sehr beschädigten anhgdn. Siegeln, 1.: Maueranker? 2.: Passionskreuz — Rückaufschrift 15. Jhdts.: Eylsich beynde.

---
a) nuytzien.

1419 April 9. — Johan Roilman von Huysen verspricht, Heinrich von Mirbach und Peter von Duyffenbach, welche sich für ihn bei Goedart von Mirbach und dessen Frau Berta wegen der Rückzahlung von 70 rhein. Gulden verbürgt haben, schadlos zu halten.

243ᵃ (Mirbach 7).

Ich Johan Roelman van Huysen[1] doen kunt, also as Heynrich van Meirbach ind Peter van Duyffenbach sich | as burgen ind mitsachwalden verlouft ind verbunden haint vur mich zo henden Goedartz van Meirbach ind | Berten sijns ewijfs as vur seventzich gude sware rynsche gulden zo bezalen zo halffasten neist zo kumende na datum dis briefs in alle der maissen as der principaillbrief darup sprechende cleirlich uyswyst, herumb geloyven ich in guden alden truwen ind in eidtstat vur mich ind myne erven, die vurschreven Heynrich ind Peter ind yre erven van deser borczucht ind van allen costen ind schade die sij in eyncherwijs hedden off leden aff zo untheyven, quijt zo schelden ind schadelois zo halden sonder argelist, urkunde mijns segels hieran gehangen. Gegeven in dem jaere uns heren duysent veirhondert ind nuyntzien jaere up palmdach.

Orig. Perg. mit 1 Siegeleinschnitte; die Rückseite war zur Aufzeichnung eines Theiles von einem Mirbach'schen Zinsregister aus der 2. Hälfte des 15. Jhdts. benutzt, die Schrift der Urkunde völlig erloschen und nur durch Anwendung von Schwefelammonium vorübergehend lesbar gemacht.

1420 Januar 2 (des dinstaigs na jairs dage). — Lijsabet vamme Scherfgin zu Köln Witwe Gerhards von Bell erklärt, dass sie wegen des Verkaufs von Gudenau an Godart Herrn zu Drachenfels keine Ansprüche mehr habe[2].   244 (Drachenfels 54).

Orig. Perg. mit kleinem Bruchstücke des abhgdn. Siegels. Signatur 17. Jhdts.: Drachenfeltz Lit. A. num. 36.

1420 Januar 9 (fer. tercia post festum epiphanie domini). — Johann von Efferen und seine Frau Johanna vergleichen sich mit ihrer Schwester und Schwägerin Bela, der Witwe Frankos vom Horne

---

1) Es ist derselbe Roilman von Huysen, der am 30. Mai 1429 mit dem Schlosse Veinau belehnt wird, Annalen d. Hist. Ver. Heft 19, S. 317 f.
2) Der Verkauf war am 13. Mai 1402 erfolgt, s. oben no. 186.

unter Vermittelung ihrer ‚oeme' Arnold und Daniel von Efferen und ihres ‚neven' Johann von Kattervorst wegen alles beweglichen und unbeweglichen Erbes. **245.**

Orig. Perg. mit 3 Presseln und 1 beschädigten anhgdn. Siegel: zwei Querbalken, im Schildeshaupt ein fünflätziger Turnierkragen, Umschrift: arnoilt va effe . . .
Gedruckt: Strange, Beiträge zur Genealogie Heft 9, S. 64f.

1420 Januar 21 (ipso die b. Agnetis virg.). — Friedrich vom Steinhaus (vanme Steynhůs) und seine Frau Hilgin verkaufen Pawin von Leuterath (Luytzeroide) genannt von Nechtersheim[1] das Thoenisgut zu Erp unter der lehnsherrlichen Einwilligung des Kölner Dompropstes Gerhard von Berg.

Es siegeln: Gerhard von Berg, Friedrich vom Steinhaus, Ritter Wolter von Erp. **246** (Velbrück 1).

Orig. Perg. mit 3 anhgdn. Siegeln, 1: Schild geviert von Löwen 2 und 3 doppeltgeschwänzt, im Herzschild zwei Sparren, Umschrift: s. gerardi de mote ppiti . . . . acoui Colon. 2.: *drei Rauten schräglinks, im linken Oberwinkel ein Halbmond, Umschrift:* s. frederich vanme fteinhues. 3.: *unkenntlich, Helmkleinod zwei auswärts gekehrte gezackte Hörner, Umschrift:* s. wolter . . erpe ritter.

1420 Februar 24. — Heinrich von Mirbach nimmt von seinem Bruder Wilhelm Propst zu Prüm dessen Leibrenten in den Dörfern Scheuern, Roth, Kallenborn und Oos, den Hof und Zehnten zu Freilingen, eine Weinrente von 2 Fuder zu Ahrweiler und eine Rente von 6 Malter Roggen zu Kesseling in Pacht und verpflichtet sich dafür, ihm alljährlich 75 rhein. Gulden in zwei Terminen nach Köln zu zahlen. **247** (Mirbach 8).

Ich Heynrich van Mierbach . . dūn kūnt *etc. etc.*, dat ich verpecht und bestanden | hain van dem eirberen myme lieven gemynden broder heren Wilhelm van Meirbach proist sent Salva-

---
1) Nechtersheim ist Nettersheim, nordwestlich von Blankenheim, Luytzeroide, meist Luitrode geschrieben, der Hof Leuterath nördlich von Stadtkyll; über die Herren von Leuterath genannt von Nechtersheim vgl. Schannat-Bärsch, Eiflia illustrata Bd. 1, Abth. 1, S. 277; Bd 2, Abth. 2, S. 128 ff.; Strange, Beiträge zur Genealogie Heft 5, S. 132, Anm.; ders. Genealogie der Herren und Grafen von Velbrüggen (Trier 1878), S. 29.

tor münsters zo Prume sulchen patrimonium und lijffczoicht he
bait in den dorfferen Schuren, Rode, Caldenborn und | Uuse[1] mit
allen yren zobehoren und rechten, erfordert und unerfordert, und
ouch sulchen hoff und zehnden mit yren zobehüren gelegen zo
Frijlincgen, so wie unser beider vader selig gedechtenisse yme
die zogefucht ind syne levedage gegeven hait, und darzo zwey
voder wyns jerlichen zo Arwiller und seß malder rocken zo Kes-
sellinck[2], also dat ich und myne erven die vurschreven zehnden
mit yren zobehoren und vort den wyn und die sess malder rocken
nů an ind vort alle jaire, as lange der egenante myn broder levet,
ane unser beider wederroeffen üffheven ynnemen und zo unsen
notze und urber hanthaven solen. Und darumb so geloven ich
Heynrich vůrschreven vůr mich und m. e. overmitz diesme brieff in
guden trůwen und in eit stat dem egenanten myme broder heren
Wilhelm alle jare syn leven lanck goetlichen zo betzailen und
wailgerechtlichen zo leveren unersoit und ermaent vunffundseven-
tzich gude swere ryntzsche gulden guden goltz und sweren ge-
wiechts uff myne coste, anxst und verlost enbynnen die stat Colne
an den wessel ader yn eyn hůys daselbs dar ich oder die myne
von yme oder den synen ingewiest wůrde uff die zijt und termyne
herna geschreven volgt; dat is zo wissen die somme gelts vunff
und seventzich gůlden so wie die vurschreven steint halff uff sint
Mertyns dach yn dem wynter gelegen niest komen sal ain eyn-
chen langeren vertzoch, und dat ander halffdeil uff sint Walpurgen
dach niest darna volgende in derselven maißen, und also in der-
selver maißen alle jare syn leven lanck uff die termyne ind in der
maißen vůrschreven ane eyncherley wederrede oxheym[3] oder aff-
slach yme da ane zo doin, yd were van mißwais hailslachte brant
oder her so wie die zo qwemen oder komen můchten in geyne

---

1) Scheuern, Roth, Kallenborn und Oos liegen dicht bei einander west-
lich von der Kyll zwischen Hillesheim und Gerolstein; Oos wird bereits im
Jahre 761 erwähnt (Osa) und in dem Kommentar des Caesarius zum Regi-
strum Prumiense als ‚Use iuxta Budensheim' aufgeführt, Beyer, Mittelrhein.
Urkb. Bd. 1, no. 23; S. 193 Anm.; Roth, bekannt durch seine Eishöhle, war
ein Gerolsteinscher Hof, zu dem auch Scheuern und Kallenborn gehörten,
Schannat-Bärsch, Eiflia illustrata Bd. 3, Abth. 2, S. 45, 153, 210 f.

2) Ueber die Kornrente zu Kesseling s. oben no. 210.

3) In einer Urkunde vom 29. Juni 1346 wird verzichtet ‚uf alle vorde-
runge ansprache oxien *etc.*'; das zugehörige Zeitwort heisst geockisien,
Lamprecht, Deutsches Wirthschaftsleben Bd. 3, S. 196, 30; S. 206, 10.

wijs. Und uff dat myn broder her Wylhelm der betzailonge und sommen geltz *etc.* die sicher syn, so hain ich yme zo rechtem mitsachenwalden und bůrgen gesat und overmitz diesme brieve vůr mich und m. e. setzen die eirberen mynen lieven oemen heren Johan van Kerpen dechen Unser Lieven Fraůwen kirchen zo Průme, Claes van Nattenheym mynen swegerherren[1] und meyster Godart Flůcke coch myns gnedigen lieven hertzoge van Guylche und van Gelre, die sich mit mir und glijch mir sementlichen und yre yclicher besunder und vůr all verbunden hant zo henden heren Wilhelms myns broders, *etc. etc.* [*Verpflichtung* ‚eynen knecht mit eyme reisigen perde in leistoncge zu schicken zo Colne in eyne uffenem herberge' *etc. etc.*; *Ersatz verstorbener Bürgen.*] | Und is ouch zo wissen, so welch zijt oder wanne ich Heynrich vůrschreven oder m. e. sůmich vůnden wůrden an der beczailoncgen | *etc. etc.*, so bekennen ich mich, dat diese vurworten und gelieffs niß syn sullen und ich oder m. e. uns daraichter geynre vurworten noch rechtz me da ane vermeßen ensullen, und mach myn broder mit den vůrschreven synen zyhuden wynen und korne zo synem willen doin und laißen oene unser wederspraiche oder erronge in geyne wys, und solent unse mitsachwalden und burgen nyt die myn doin und leisten as vůrschreven steit vur den broch an der betzalunge und darzo den schaden, des were viel oder wenich. Und geloeven ich Heynrich vůrschreven in diesme uffen brieve vur m. und m. e mit der vůrschreven geloeffden alle diese vůrschreven sachen *etc. etc.* zo halden und zo doin, ußgescheiden in diesen sachen allerleye argelist *etc.* Und des zo urkunde und geczůge der wairheit so hain ich Heynrich vurschreven mynen segel unden an diesen brieff gehangen, mich und myne erven altzijt damede zo overzůgen. · Und wir Johan van Kerpen dechen, Clais van Nattenheym nnd Godart Flůcke erkennen uns uffentlichen overmitz diesme brieve diese mitsachwaltschaff und bůrtscheit uff uns und an uns genomen hain und geloven mit derselver geloeffden Heynrich unse principail heufftman vůrschreven in diesme brieve geloifft hait, ane eyncherley wederrede werwort oder verczoch, zo doin und zo halden as vur van uns geschreven steit as ducke und viel des noit gebůrt, ane alreley arglist und geverde; und hain des zo urkůnde und geczůge der wairheit unse dryher segel unden an desen brieff gehancgen uns alczijt damede zo overczůgen. Datum anno domini

---

1) Heinrich von Mirbach war verheirathet mit Mathilde von Nattenheim.

M°. CCCC°. XIX°. secundum stilum Treverensem scribendi ipso die Mathie apostoli.

Orig. Perg., in zwei Streifen zerschnitten, welche aneinandergeheftet waren, die Schrift besonders in der unteren Hälfte stark verblasst, mit 4 Siegeleinschnitten; auf der Rückseite Theile des bereits oben bei no. 243* erwähnten Zinsregisters der Herren von Mirbach.

Erwähnt: J. Strange, Beiträge zur Genealogie Heft 5 S. 41, nach kölnischem Stil zu 1419.

1420 Mai 4. — Burkard Abt des Klosters Einsiedeln beurkundet, dass er von Godart Herrn zu Drachenfels und dessen Sohn Johann 35 Goldgulden zur Stiftung einer ewigen Lampe in der Kapelle der Mutter Gottes zu Einsiedeln empfangen habe.

249* (Drachenfels 55).

Orig. Perg. mit schön erhaltenem anhgdm. Siegel: der Abt in ganzer Figur mit Mitra und Stab, von Engeln gehalten rechts ein Wappenschild mit zwei fliegenden Raben, links ein getheilter Schild, oben drei Pfähle, Umschrift: S. BVRKARDI DEI GRACIA ABBAS MONASTERII HERIMITAR. *Rückaufschrift 15. Jhdts.:* eyn breyff van Unser Frauwen zo Eynssedel gelucht; *Zusatz 17. Jhdts.:* darin Goddart von Drachenfelt edel und wolgeborn geschrieben, belagt mit 35 ggl. *Signatur 17. Jhdts.:* Drachenfeltz no. 36 Lit. A.

Gedruckt: Annalen des Hist. Ver. Heft 54, S. 79.

1420 Mai 28 Neuss. — Bruder Bertrand [von Dorsten] Administrator der Kölner Minoritenprovinz und Professor der Theologie nimmt den Ritter Godart von Drachenfels in die Gemeinschaft des Gebetes und der guten Werke auf. 250 (Drachenfels 56).

Christo deo devoto domino Godfrido de Drachenvelt militi frater Bertrandus fratrum minorum administracionis Coloniensis | minister sacreque theologie professor[1] salutem et pacem in domino sempiternam. Devocionem quam vos ad ordinem | nostrum pia fratrum relacione (gerere) cognovi affectu sincere caritatis acceptans

---

*) no. 248 ist nachträglich an anderer Stelle eingereiht worden.

1) Frater Bertramus de Dorsten, baccalaureus formatus in theologia, ordinis minorum wurde an der Universität Köln im Jahre 1406 immatrikulirt, allein schon im Jahre 1386 war er magister artium in Prag gewesen, Keussen, Die Matrikel der Universität Köln Bd. 1, S. 102, 70. Rekt. no. 1.

Christoque non inmerito acceptabilem fore credens, piis ipsam spiritualium beneficorum vicissitudinibus compensari cupiens, vos ad omnia et singula nostri ordinis suffragia in vita recipio pariter et in morte, plenam vobis bonorum omnium participacionem auctoritate reverendissimi patris nostri generalis michi specialiter indulta tenore presencium tribuendo que per fratres nostros et sorores ordinis sancte Clare in missis oracionibus ieiuniis abstinenciis predicacionibus peregrinacionibus ac aliis laboribus et exerciciis devotis, ubicunque terrarum morentur, operari dignabitur clemencia salvatoris. Datum Nussie anno domini millesimo quadringentesimo die XXVIII[a] mensis maii.

Orig. Perg. mit beschädigtem anhgdm. Siegel in rothem Wachs: unter einem gotischen Baldachin die hh. Dreikönige in halber Figur, zu ihren Häupten auf einer Querleiste: ſtella, *darüber der Stern, Umschrift:* ... tru ... nor ... o.vincie colon .... *Signatur 17. Jhdts*: Drachenfeltz num. 37. Lit. A.

1420 Juni 15. — Richter und Schöffen zu Düren beurkunden, dass Gyme, Pastor zu Derichsweiler, dem Priester Johann Kirshaich für den Altar des h. Nikolaus in der Pfarrkirche zu Düren ein Haus in der Spulsgasse verkauft hat. **251.**

.. Wir Heinrich van Hoempeschs zerzijt richter, Wilhelm Hecht, Wynant Paill, Gerart van Solre, Wilhelm Doetgijn, Wilhelm | Neude, Johan amme Tziendhoyve ind Johan Bendel scheffene zo Dåyren doen kunt allen luden ind tzügen oevermitz desen breyff, | dat vur uns komen ind erschenen is her Gyme, wilne Gymen son zem Swanen dem got genade, pastoir zo Diederichswilre[1], ind hait vur ons offenbeirlich ergeit ind bekant, dat hee vur sich ind syne erven mit goiden moitwillen verkoicht have yn der zijt doe hee dat wale mit rechte doen moichte ind verkoûfft mit desem offenen brieve deme eirberen heren Johanne Kirshaich preister ind rectoir des altairs sent Nyclais in der kirspelskirchen zo Dåyren geleigen[2] syne besserye mit alle dem rechte die hee an dem huyse ind erve hait dat steit ind geleigen is in der Spåyltz-

---

1) Derichsweiler gehörte mit Lendersdorf Arnoldsweiler und Merzenich zu den „vier Gerichten um Düren im Amte Nörvenich", vgl. u. a. Wilh. Graf v. Mirbach, Zur Territorialgeschichte des Herzogthums Jülich Th. 1, S. 11.

2) Vgl. den Stiftungsbrief des Heinrich Rether vom 8. Januar 1409 oben no. 208[A].

gassen[1] genant heren Teilman Roûffsacks hûyss mit alle syme zobehoere bynnen alle synen peylen, dat dem vurschreven heren Gymen zo deylingen syns vederlichen ind moiderlichen erfftz gevallen is; wilch huys ind erve derselve her Johan Kirsshaich gegoûlden hait in urber ind behoeff sent Nyclais altairs vurschreven oevermitz wist willen in consente heren Heinrichs Rether advocate ymme hoeve zo Coelne gelich vur dat huys ind erve dat derselve her Heinrich vurzijts zo dem elter vurschreven gegûet ind yncorporyert hadde gelegen in der Paffengassen[2], also dat id zo dem vurschreven altaire zogehoerende ind incorporyret syn sall zo ewigen dagen, verkoûfft vur eyn ind vûnffzich gulden, dry marck ind vûnff schillinge gerechent vur yeder den gulden, ind vort vur wynckouff ind andere behoerlicher cost die darup is gegangen uyssgegeven tzwaindtzwenzich marke ind alles wale betzailt. Ouch is zo wyssen, dat dit huys ind erve gijlt alle jaire eilff marcke ind vier schillinge erfflichs zijns, die sall her Johan off der rectoir dan zerzijt de dat huys ind erve beseesse van des altairs wegen alle jaire verrichten ind betzalen den luden ind personen, den dat van recht gebûrt off die yre brieve darup sprechende haint. Ind heromb so hait der vurschreven her Gyme erkoiren up sich ind allet dat he hait bewegelich ind unbeweglich ind hait geloyfft in guden trûwen vur sich ind syne erven, dem vurschreven heren Johanne Kirshaich off dem rectoir des altairs vurschreven zo erven ind zo weren na recht ind gewoynden der stat van Duren so wanne yn des noit geburt, beheltenisse mallichs syns rechten. In urkonde uns scheffensegels zo getzûge heran gehangen. Gegeven in dem jaire[a] uns heren dûysent vierhundert ind tzwenzich up des heiligen sent Vitz dach.

Orig. Perg. mit kleinem Bruchstück des abhgdn. Siegels wie oben no. 91, mit Rücksiegel: Löwe in dreieckigem Schilde, Umschrift: ... Dv ... n; Rückaufschriften 15. Jhdts.: „De habitacione altaris sancti Nycolai a." ‚Her Johan Kirsshaich.'

---

a) jaire jaire.

1) Spuelsgasse, auch Allgemeine Nothgasse, zwischen der Oberstrasse und dem ehemaligen Jesuitengarten, Bonn, Rumpel und Fischbach, Materialien zur Geschichte Dürens S. 28.

2) Später Jesuitengasse, enthielt die Wohnhäuser der Pfarrgeistlichkeit, a. a. O., S. 29.

1420 November 20 (post festum b. Martini die nona). — Heinrich von Hompesch Richter, Winant Paille, Gerhard von Soller, Wilhelm Neude, Johann Bendel, Simon von Merken (Marcken) und Gerhard von Thorr (Turre) Schöffen zu Düren beurkunden, dass Bela zom Reymen und ihr Sohn Goswin dem Priester Johann Kirshaich als derzeitigem Rektor des S. Nikolaus-Altars in der Pfarrkirche zu Düren ‚overmitz geheische wist ind willen Wilhelmus van Boichhoult testamentoirs ind truwehenders wilne meister Heynrichs Rether van Duren advocaten des hoefs zo Coelne dem got gnaide'[1] eine Rente von 5 Malter Roggen ruhend auf 9 Morgen Ackerland (5 Morgen ‚tusschen Distelroide ind Unsser Vrauwen huysgin schiessende up Mertzenicher weg', 3 Morgen ‚in dem Roisvelde' 5 Viertel ‚bij wyngarde des pastoirs van Duren'), das Malter zu 15 rhein. Gulden (à 3 Mk. 5 Schill.) gekauft habe. **252.**

Orig. Perg. mit Bruchstück des abhgdn. Siegels wie oben no. 251. Rückaufschriften 15. Jhdts.: Bele vanme Ryemen; 5 maldra siliginis in festo Martini.

1421 März 25 (up u. l. vrauwedach annunciacio). — Die Eheleute Roprecht von Langel und Hanna erklären, dass Pilgerim von Rode und seine Frau Greta die von dem Hofe Rode zu leistende Erbrente von 10 Malter Roggen jederzeit mit 100 rhein. Gulden ablösen können, vorausgesetzt, dass bis dahin die Lieferung richtig erfolgt sei.
253 (Rott 8).

Orig. Perg. mit beschädigtem anhgdm. Siegel: gepanzerter Arm nach rechts[2], *Umschrift:* S. Ro . . . . van Langel.

1421 Juli 22 (dominica proxima ante fest. nativitat. s. Iohannis bapt.). — Abt und Konvent des Cistercienserklosters Heisterbach be-

---

1) Heinrich Rether ist also zwischen dem 15. Juni (oben no. 251) und dem 20. November 1420 gestorben. Sein Testamentsvollstrecker Wilhelm von Bocholt war gleich ihm Notar bei der Kölner Kurie und beurkundet als solcher bereits am 15. Oktober 1405 einen Schiedsspruch zwischen dem Stifte zu Nideggen und dem vicarius perpetuus der Pfarrkirche zu Lendersdorf. Mittheilgn. a. d. Stadtarch. von Köln Heft 14, S. 36, no. 7375; um dieselbe Zeit wurde er an der Universität immatrikulirt, Keussen, Die Matrikel der Universität Köln Bd. 1, S. 100, Rekt. 67, no. 12.

2) Das Rittergeschlecht von Langel führt, wie die von Lülsdorf, einen doppelt gezinnten Querbalken.

urkunden, dass Ritter Godart Herr zu Drachenfels ihrem Kloster 80 rhein. Gulden zur Vertheilung einer Pitanz und zum Geleucht an den Quatertempertagen gestiftet habe, damit alljährlich um dieselbe Zeit am Altare der h. Maria Magdalena in der Klosterkirche, vor welchem sich das Erbbegräbniss derer von Drachenfels befindet, das h. Messopfer mit Kommendation dargebracht werde.

254 (Drachenfels 57).

Orig. Perg. mit Bruchstücken von 2 anghdn. Siegeln, 1.: Rest der Umschrift: . . atis Val . . 2.: Muttergottes mit dem Kinde unter gotischem Baldachin. Rückaufschrift 16. Jhdts: Antreffende der herren zo Drachenfeltz begreffnisse zo Heysterbach; *Signatur 17. Jhdts.:* Drachenfeltz no. 37 Lit. A.

Gedruckt: Annalen d. Hist. Ver. Heft 54, S. 80f.

1421 September 12 (in profesto exaltacionis s. crucis). — Godart von Gudenau schliesst unter Vermittelung von Junker Wilhelm Herrn zu Saffenberg, Godart Herrn zu Drachenfels, Heinrich Herrn zu Arendal, Hermann von Randerath, Hermann Luyffart von Landskron Ritter, Ulrich von Lüppenau und Arnold vom Steine einen Ehevertrag mit Karissima (Crissem) vom Thurne, Tochter des † Ritters Roilman vom Thurne und seiner Frau Lyse von Oetgenbach: die Braut erhält als Heirathsgut alles „dar zo sy geboiren is ind was doe yr vader her Roilman selige starff", einschliesslich aller Pfand-, Schuld- und Erbbriefe; der Hof zu Lützelkoblenz und die Weingülte zu Rhens fallen an Hermann von Randerath und Lyse von Oetgenbach[1]; Godart und Karissima sichern der Frau Lyse eine Leibrente von einem Fuder Rothwein zu, und zahlen ihr und Hermann von Randerath ferner 300 Gulden in drei Terminen; die Innehaltung des Vertrages gewährleistet Godart mit 1000 Gulden unter Bürgschaft Wilhelms zu Saffenberg und Ulrichs von Lüppenau, die sich zum Einlager in Sinzig verpflichten.

Es siegeln: Wilhelm Herr zu Saffenberg, Godart von Gudenau und Ulrich von Lüppenau. 255 (Gudenau 4).

---

1) Lyse von Oetgenbach war also in erster Ehe mit Roilman vom Thurne, in zweiter mit Hermann von Randerath verheirathet, wonach Müller, Zeitschrift des Aachener Gesch.-Ver. Bd. 1, S. 204 zu ergänzen ist. Eine Tochter aus dieser zweiten Ehe, Sophia, heirathete im Jahre 1444 Johann von Hostaden, Strange, Beiträge zur Genealogie Heft 6, S. 68 f.

Orig. Perg., mit 3 beschädigten anhgdn. Siegeln 1.: geviert von Adlern. 2.: quergetheilter Schild (wie unten no. 257, 1.) 3.: Andreaskreuz, Umschrift: vlrich van . . ppenaw.

1421 Oktober 12. — Der Abt Wilhelm Spies (Speis) und der Konvent von Siegburg übertragen den Eheleuten Pilgerim von Rode und Greta zum Danke für mancherlei Wohlthaten, insbesondere für die Anweisung einer Jahrrente von einem Fuder Wein auf den Hof zu Niederkassel, lebenslänglich ihr Haus ‚die Kauwertzyne' in ihrer Stadt Siegburg und geloben, nach dem Tode beider Gatten deren Jahrgedächtniss zu halten ‚ind 'sy in unsse broiderschaff memorienbuch ind rollen' zu schreiben.

Es siegeln: Abt und Konvent.   256 (Rott 9).

Orig. Perg., mit Bruchstücken von zwei anhgdn. Siegeln 1.: doppeltgeschwänzter Löwe in einem mit Jakobsmuscheln bestreuten Schilde 2.: St. Michael mit dem Drachen, Umschrift: ... Siberg.

1421 November 14 (fer. sexta prox. post fest. b. Martini ep.). — Godart von Gudenau und seine Frau Karissima (Crissme) verpflichten sich, ihren Schwiegereltern und Eltern Hermann von Randerath und Lyse von Oetgenbach so lange diese leben alljährlich ein Fuder Rothwein ‚bynnen Syntzich in unsme kelterhuse vur der Yncken in yr vass' zu liefern und gestehen ihnen bei etwaiger Versäumniss das Recht der Pfändung zu[1].

Es siegeln: Godart und die Stadt Sinzig mit ihrem ‚heymeliche ingesegel; des bekennen wir Johan vurme Hoyve burgermeister ind Gerhart Woulfskele beheldere des vurschreven segels zor zijt dat id wair is'.   257 (Gudenau 5).

Orig. Perg. mit 2 anhgdn. Siegeln, 1.: quergeteilter Schild, Umschrift: s. gobart van gobennau 2.: (beschädigt) Adler über einer Ringmauer mit Thor und Wehrgang.

1421 Dezember 2. — Lucia von Ulmen, die von ihrem Grossvater Godart Herrn zu Drachenfels zur Heirath ausgesteuert (‚mit synre groesser gaven uss bestadt') und sonst mit Wohlthaten bedacht worden

---

1) S. oben no. 255.

ist, entsagt allen weiteren Ansprüchen an diesen und an seinen Sohn, ihren Oheim Johann von Drachenfels. **258** (Drachenfels 58).

Orig. Perg. mit Bruchstüek des anhgdn. Siegels: Frauengestalt, in der rechten Hand einen Schild mit Adler; Rückaufschriften: Inhaltsangaben 15. und 17. Jhdts.; Signatur 17. Jhdts.: Drachenfeltz num. 38 Lit. A.

1421 Dezember 8 (dies conecpcionis Marie). — Die Brüder Sybken und Engel Söhne des † Kone in der Brugghen übertragen Seger von Kessel und dessen Frau Aleidis von Fürth (Vurde)[1] ihre Ansprüche an den Nachlass der † Katharina von Krau(t)hûysen sowie dasjenige, was sie von ihrer Muhme (moyn) Bela Vereckers erworben haben.

Es sollen siegeln: · Konrad Ezel Pastor zu Glehn[2], Alart Estas von Fürth und Johann von Hackenbroich.   **259**.

Orig. Perg. mit 1 Pressel und 2 beschädigten anhgdn. Siegeln, 1.: Helmkleinod Büffelhörner, Umschrift: S. Alart van Burde. *2.: Umschrift: . . .* ritter.

1421 Dezember 18. — Ritter Godart Herr zu Drachenfels gibt dem Johann von Hadamar (Hadmair) seine Enkelin Lucia von Ulmen zur Frau und überweist ihr als Aussteuer Haus und Schloss Ulmen mit Gericht, Herrlichkeit und allem Zubehör, während Johann seiner Braut seine gesammten Besitzungen und insbesondere auch das Witthum seiner Mutter Nyngel Witwe des Ritter Syfart von Hadamer nach deren Ableben zusichert; Lucia verzichtet inzwischen auf alle Drachenfelser Erbschaft, es sei denn, dass ihr Oheim Johann kinderlos sterbe, in welchem Falle aber auch über Burg und Berg Drachenfels und über das Gericht Bachem bei Mehlem nach dem Vertrage mit Dietrich Huyste bestimmt werden soll[3].

---

1) Vgl. den Ehevertrag vom 20. September 1417 oben no. 238. Seger von Kessel, Johanns Sohn wird in dem Verbundbriefe der geldrischen Ritterschaft vom 17. April 1436 unter den Herren des Quartiers Roermond aufgeführt, Nijhoff, Gedenkwaardigheden uit de geschiedenis van Gelderland Bd. 4, no. 158, S. 139; am 1. Februar 1449 ist er Zeuge in dem Ehevertrage des Bastards Eduard von Jülich-Geldern a. a. O. no. 248.

2) Der Pastor Konrad Esel ist auch Zeuge am 15. Juni 1429, unten no. 293.

3) Strange, Beiträge zur Genealogie Heft 5, S. 7; über die Burgen zu Ulmen s. oben S. 292 Anm. 1.

Es sollen siegeln: Godart von Drachenfels und Johann von Hadamar, ferner auf Seite der Braut: Junker Salentin Herr zu Isenburg, Ritter Roilman von Dadenberg, Johann von Eynenberg Herr zu Landskron, Johann von Drachenfels und Godart Laner von Breitbach[1]; auf Seite des Bräutigams: Ritter Winand von Holzheim, Konrad Herr zu Brohl (Broell)[2], Heinrich von Hemberg und Wilhelm Cruseler.
260 (Drachenfels 59).

Orig. Perg. mit 9 Presseln und Bruchstücken von 2 anhgdn. Siegeln: 1.: Eynenburg wie unten no. 274, 3; 2.: zehn Kugeln in's Kreuz gestellt, Helmkleinod ein Rosskamm (?); Signatur 17. Jhdts.: Drachenfeltz Lit. A. num. 39.

1422 Januar 15. — Kraft (Cracht) von Saffenberg, Herr zu Tomberg und zu Landskron[3] verpfändet Heinrich von Hemberg zum Ersatz für eine versessene Jahresrente von 9 Ohm Wein oder 18 rhein. Gulden aus dem Tomberger Gute zu Kardorf und für eine Schuldforderung von 60 rhein. Gulden an den † Friedrich Herrn zu Tomberg und zu Landskron seinen Schwiegervater, die Besitzungen zu Kardorf auf zehn Jahre, verspricht ihm die Erstattung von 30 Gulden, die er verbauen soll, und Schadloshaltung, falls die von Rheineck die Kardorfer Güter gerichtlich an sich bringen sollten.

Es sollen siegeln: Kraft von Saffenberg, Johann Blanckart von Ahrweiler und Ludwig von Meckenheim. **261** (Hemberg 1).

Orig. Perg. mit 3 beschädigten anhgdn. Siegeln, 1.: Schild geviert von Adlern, Umschrift: . cracht van saffenberch 2.: ein liegender Hammer, Umschrift: . . . . blanckart. 3.: zwei gekreuzte Lilienszepter, Umschrift: . ludwich van . . . . Rückaufschrift 15. Jhdts.: Tomburch Saffenberg Kardorp antreffent; Signatur 15. Jhdts.: B. no. 116.

---

1) Eingehend handelt über die Herren von Breitbach, insbesondere auch über ihren Zusammenhang mit denen von Drachenfels, Weidenbach, Annalen d. Hist. Ver. Heft 24, S. 70 ff.

2) Konrad und Dietrich von Brohl waren am 30. Juli 1421 zu Erbburggrafen des Schlosses Kallenborn in der Eifel bestellt worden, Günther, Cod. diplom. Rheno-Mosellan. Bd. 4, no. 103.

3) Am 28. September 1422 erkannten Kraft von Saffenberg und Frambach von Birgel das Schloss Tomberg als kölnisches Lehen an, Günther, a. a. O. Bd. 4, no. 109 und besonders auch Anm. 1.

1422 Mai 27. — Gerhard von Meckenheim, Hermann Keverney und Tilmann Clotzgijn Schöffen zu Bonn beurkunden, dass die Eheleute Henkin Kûychen von Seelscheid und Greta von dem Ritter Godart Herrn zu Drachenfels dessen Haus und Hof ‚up der Santkulen gelegen nyest bij erve Heynrich Jungen ind Daniels van Witterslick‛ gegen einen Jahreszins von 14 Mark in Erbpacht genommen und dafür ein Viertel Weingarten ‚in der Molenproffen‛ unterhalb Bonn, lehnrührig von Nesa vamme Houls, Klosterfrau izu Dietkirchen, verpfändet haben.   **262** (Drachenfels **60**).

Orig. Perg. mit anhgdm Siegel der Schöffen von Bonn, wie oben no. 159. Signatur 17. Jhdts.: ‛Drachenfeltz Lit. A. num. 40.‛

1422 Juli 15 (in festo divisionis bb. apostolorum). — Alart von Paipler, für den Philipp von Tüschenbroich Schöffe zu Neuss den Zins von seinem Hause zum Schwan am Markte in Neuss seiner Schwägerin Lysa für 18 jülicher (guilger) Gulden verpfändet hat, verpflichtet sich, einen tüchtigen Knecht mit einem reisigen Pferde in Neuss einreiten zu lassen, wenn er nicht bis Mariae Geburt die Pfandsumme freigestellt habe.   **263.**

Orig. Perg., beschädigt, mit 1 Pressel; Rückaufschrift 15. Jhdts.: Alart van Papeler.

1422 August 29 (des niesten satersdage na s. Bartholomeus dage des h. apostelen). — Johann von Loen Herr zu Heinsberg und zu Löwenburg erklärt, dass er von Hermann von Randerath dessen Gut zu Beeck (Beick) im Lande Randerath ‚in rechten gelouven ind in vruntschaff ym daemit zu behelffen ind sunder einge belenynge‛ sich habe auftragen lassen, dass er es jederzeit auf Verlangen dem rechten Erben zurückgeben und bis dahin einen seiner Diener dort bestellen wolle zur Erhebung der Einkünfte für den Eigenthümer.

      264 (Randerath **3**).

Orig. Perg., mit anhgdm. Siegel Johann von Loen. Umschrift: S. johan van loin . . . heinsberch.

1423 Februar 25. — Abt Wilhelm Spies von Büllesheim und der Konvent des Klosters Siegburg entsagen gegen eine Abfindungssumme allen Ansprüchen auf das Haus Heinsberg am Holzmarkte zu Köln, das der † Abt Pilgrim von Drachenfels laut Urkunde des Schreins Airsberg seinem Bruder Godart Herrn zu Drachenfels testamentarisch verschrieben hat. **265** (Drachenfels 61).

Orig. Perg. mit Einschnitten für die Siegel des Abts und des Konvents; Rückaufschrift 16. Jhdts.: dat huyss zo Cölne belangendt; *Signatur:* Drachenfeltz Lit. A. num. 44.

1423 November 11 (op s. Mertijns dach des heiligen confessoirs). — Sweder von Broechůsen verspricht, seinen Schwager Godart von Harff, der für ihn bei Seger von Betgenhusen wegen einer Summe von 300 alten oberländischen Gulden Bürgschaft geleistet hat, alles etwaigen Schadens zu entheben. **266.** (Harff 26).

Orig. Perg. mit 1 Pressel; Rückaufschrift 16. Jhdts.: Seger van Betgenhusen eyn schadeloisbreiff.

1424 Juli 14 (des nyesten daghs nae der h. junffrauwen s. Margraten dage). — Arnold von Sasserath (Sassenroide) genannt von Irnich (Yrnich)[1] bekennt sich gegen Johann von Sleichoiltz genannt Hyckel zu einer Schuld von 73 rhein. Gulden, für deren Erstattung auf S. Johannistag [24. Juni 1425] er Heinrich Schalle von Buylwich und Thijs van den Heysteren als Bürgen stellt mit der Verpflichtung, bei Zahlungsversäumniss je einen Knecht in Reifferscheid oder Schleiden einreiten zu lassen.

Es sollen siegeln: der Aussteller und seine Bürgen. **267.**

Orig. Perg. mit 1 Pressel (Heyssteren) *und 2 beschädigten anhgdn. Siegeln*, 1.: *Hirschgeweih von acht Enden, dazwischen ein Stern, Umschrift:* . . . olt van faſſenro . . .

1424 Juli 24 (up s. Marien Magdalenen dach). — Frambach von Birgel Erbmarschall des Landes Jülich bescheinigt seinem Bruder Simon, dass er den vertragsmässigen Antheil an den hinterlassenen,

---

1) Sasserath bei Mudscheid, unfern Münstereifel.

auf 3758 Gulden berechneten Schulden ihrer † Eltern entrichtet habe, verpflichtet sich, ihm Streithagen zu übergeben und die Belehnung damit zu erwirken und übernimmt die Zahlung der Leibrente von 62 Gulden an die Jungfern von Ehrenstein [1].

Es sollen siegeln: Frambach, sein Bruder Baldewin von Birgel und Wilhelm von Hasewert genannt von Neyrsteyn.

268 (Birgel 6).

Orig. Perg. mit Bruchstücken der beiden Birgelschen Siegel und 1 Pressel.

1424 Juli 24 (up den abend des h. apostolen sente Jacops). — Der Knappe (knabe van den wapen) Hermann von Myddeldorp[2] bekennt, von Godart Herrn zu Drachenfels eine Entschädigung von 40 rhein. Gulden erhalten zu haben ‚damyt ich mich uiss deme gefencknisse geloest hain also as mich Dyderich van Hetterscheit gefangen hatte in der czijt doy hey amptman was zo der Nuwerstat[3] myt syner geselschaff dy doy zu der czijt myt yme yn syme dijnste weren as ich Johanne van Plettenbrecht gedynet was'.

Es siegeln: der Aussteller und Godart von Gudenau.

269 (Drachenfels 62).

Orig. Perg. mit 2 wohlerhaltenen anhgdn. Siegeln, 1.: sechs Querbalken, auf den beiden obersten ein gekrümmter Arm, Umschrift: S. herman v. mybbelenborp. *2.: wie oben no: 257,1. Rückaufschrift:* Drachenfeltz Lit. A. num. 42.

1425 Januar 30. — Die Eheleute Clais von Vellrath (Velroide) und Dietrich von Eyll übertragen Gerhard Mussche und Hennis Roisken zu Glehn 12 Morgen Broich ‚geheiten Sobbenbroich under dem kyrspel van Glene' zur Benutzung in zwei gleichen Hälften gegen einen ‚durthynss' von je 6 brabantischen ₰, der entweder nach Neuss ‚in onse

---

1) S. die Birgelschen Erbverträge oben no. 232ᵃ—234.
2) Wohl von Mitteldorf im Siegkreise, Bürgermeisterei Neunkirchen.
3) Neustadt im Kreise Gummersbach; wann Dietrich von Hetterscheid dort Amtmann gewesen, hat sich nicht feststellen lassen; am 13. Juli 1419 erscheint er in dem Bündnissvertrage zwischen Gerhard von Kleve und Adolf von Berg unter anderen bergischen Edlen ohne ein Amt, Lacomblet, Urkb. Bd. 4, no. 119.

woenynghe off zo Bevichusen in den hoff wanne wir neit in Nuisse woenachtich en sijn', zu liefern ist.

Es sollen siegeln: Clais von Vellrath, Philipp von Tüschenbroich Schöffe und Heinrich Blanckart Rathmann zu Neuss ‚gehulde man onss gnedighen Herren van Colne'. 270 (Velbrück 2).

Orig. Perg. mit 3 anhgdn. Siegeln, 1.: drei Rauten (2:1); Rechtsschrägbalken mit fünflätzigem Turnierkragen; 3.: undeutliche Figur, ähnlich einem Treppengiebel, Umschrift: S. Henrici Blanckart.

1425 Februar 1 (des eirsten daghes in den sporkel). — Willem von Diest vergleicht sich mit Alart Estas von Fürth (Vûyrde) und dessen Frau Bela, seinen ‚lieven oemmen ind moynnen' dahin, dass diese ihm als Leibzucht jährlich 4 Malter Roggen und 4 Ellen Tuch zu einem Rocke liefern sollen.

Es siegeln: ‚Johann vanme Lyelachen vocht nu ter tijt zo Libborch[1] ind Henrich vanme Steen'. 271.

Orig. Perg. mit Pressel und Bruchstück 1 anghdn. Siegels: drei fünfblätterige Rosen.

1425 April 4 (fer. quarta post fest. palmarum). — Johann von Seendorp ‚zynsemeister' und Bürger zu Köln[2] bekennt, von seinen Schwiegereltern Johann von Alpen und Johanna das versprochene Heiratsgut seiner Frau Metzgin im Betrage von 550 rhein. Gulden empfangen zu haben. 272 (Harff 27).

Orig. Perg. mit Bruchstück des anhgdn. Siegels: Querbalken, darüber zwei Kugeln, darunter eine, Umschrift: . . . dorp.

---

1) Ein Thijs vamme Lylachen wird am 21. Dezember 1405 unter den Burgmännern von Erprath genannt, Lacomblet, Urkb. Bd 4, no. 40 S. 42; Johann von Lylaken begegnet um 1420 als Vogt zu Liedberg, Fr. Verres, Niederrhein. Geschichtsfreund 1881, S. 122; vgl. auch Strange, Beiträge zur Genealogie Heft 5, S. 70.

2) Johann von Seendorp heisst am 20. Dezember 1432 ‚zynsemeister und gruysser der steide van Colne', unten Bd. 2, no. 310; er war hiernach Verwalter einer städtischen Accise und später auch der Gruth; vgl. über diese Einrichtungen u. a. Ennen, Geschichte der Stadt Köln Bd. 3, S. S. 640 ff.

1425 November 30 (up s. Andreis dach). — Wilhelm von Loen Graf zu Blankenheim[1] verpflichtet sich, Reinken von Harff den Betrag von 100 rhein. Gulden aus seinem auf S. Martinstag fälligen Mannlehen am Zolle zu Bonn zu erstatten und stellt dafür Heinrich von Gunderstorp und Konrad von Duyne genannt Zolver[2] als Bürgen, die sich gegen Zusage der Schadloshaltung zum Einlager in Düren oder Münstereifel verbinden. 273 (Harff 28).

Orig. Perg. mit 1 Pressel.

1425 Dezember 1. — Ritter Roilmann von Dadenberg und Lysa von Drachenfels seine Gattin stellen das Heirathsgeld von 2140 rhein. Gulden, das ihnen ihr Schwiegervater und Vater Ritter Godart Herr zu Drachenfels gezahlt hat, unter Verzicht auf alles andere Erbe für den Fall ihres kinderlosen Absterben sicher durch ihre Höfe zu Klein-Vilipp (1200 Gulden) und zu Wadenheim (940 Gulden).

Es siegeln: Roilman von Dadenberg, Ritter Wilhelm von Buschfeld und Johann von Eynenberg Herr zu Landskron.

274 (Drachenfels 63).

Orig. Perg. mit 3 anhgdn. Siegeln 1.: Adler, Umschrift: s. roilman van dadenberch ritter. 2.: Querbalken belegt mit einem Schrägggitter, auf dem gekrönten Helme ein Hunde(?)kopf, Umschrift: s. wilhem van büsche .... 3.: gevierter Schild, 1. und 3. Feld mit Schindeln bestreut, darin je ein Rechtsschrägbalken, 2. und 4. dreiblätterige Krone. auf dem gekrönten Helm ein Baum wachsend, Umschrift: .... here zo lantcrone. Signatur 17. Jhdts.: Drachenfels Lit. A. num. 43.

1426 Januar 17 (up s. Anthonijs dach des hijlgen abdz). — Heinrich Kolff von Vettelhoven (Vetloeven) und seine Frau Oeda verkaufen Pawyn von Nechtersheim ihr Ackerland in der Gemarkung Erp (in Erper plegen ind velde) und zwar: 1 Morgen ‚enboven dem Wissumers wege', 2 Mgn. ‚noch her up dem Berge', 4 Mgn. ‚schesent up den Harrichger wech', 1½ Mgn. ‚an der Kemenaden', 2 Mgn. ‚an des

---

1) Die Beziehungen Wilhelms von Loen zu der Grafschaft Blankenheim sind erläutert bei Schannat-Bärsch, Eiflia illustrata Bd. 1 Abth. 1, S. 274 ff.

2) Die von Dune oder Daun genannt Zolver sind ein Blankenheimisches Ministerialengeschlecht, Schannat-Bärsch a. a. O. Bd. 1, Abth. 1, S. 439; Abth. 2, S. 570 f.; Bd. 2, Abth. 1, S. 12, S. 79.

Waelen Steyne', 1 Mgn. ‚enboven dem oversten Schurenre wege', 4 Mgn. ‚an Zulpger wege', 4 Mgn. ‚an Bůrnre bussche'. 1 Mgn. ‚an der straesen', 1 Viertel ‚an Schurenre wege', 3 Mgn. ‚an uns junckeren acker van der Sleyden', 3 Viertel ‚an dem Disternicher Wege', 4 Mgn. ‚an Buxs busche', 1½ Mgn. ‚hinter Buxsbusch', 2 Mgn. ‚an Hoesen wijden', 1½ Mgn. ‚an der Woedenmaer', ½ Mgn. ‚an dem Loerren wege', 3 Viertel ‚up der Oershoeven', 1 Mgn. daselbst, 3 Mgn. daselbst, 7 Viertel ‚hynderwert zu dem dorpe wert', 1½ Mgn. ‚up der Hadelen', 1 Viertel hinter dem Kirchhofe, 4 Mgn. Busch im Friesheimer Busche. Es sollen siegeln: Heinrich Kolff, Heinrich von Hemberg (für Oda); das Kapitel von S. Andreas zu Köln ‚want dese erve ind gude hoeffsgude synt der eyrwyrdiger unser liever herren der herren von sent Andre enbynnen Colne'. 275 (Velbrück 3).

Orig. Perg. mit Bruckstücken von 3 anhgdn. Siegeln. 1.: drei Hämmer (2:1), Umschrift: .. hcinr. . . . . 2.: drei Muscheln (2:1) 3.: nur der Kopf des h. Andreas erkennbar.

1426 Januar 17 (up s. Anthonijs dach). — Dieselben verkaufen demselben ferner in der Gemarkung Erp: 3 Morgen im Pingsheimer (Pyntzhumher) Felde ‚up dem Wissumers wege', 1½ Mgn. ‚enboven der Kemenaden', 4 Mgn ‚in dem Achterdale', 1 Mgn. ‚an Pynczhumher hecgen', 1 Mgn. ‚an dem understen Schurenre wege', 3 Viertel an dem oeversten Schurenre wege', 1½ Mgn. ‚an der straessen', 1½ Mgn. ‚an Mulstroess Kulen', 2 Mgn. ‚an uns lieven juncheren acker van der Sleyden', 4 Mgn. ‚an dem Disternicher Wege', 1 Mgn. ‚darenboeven', 1½ Mrgn. hinter Buxsbusch, 2 Mgn. ebenda, 3 Viertel hinter ‚Hoesenwijden', 1 Viertel ebenda, 1 Mgn. ‚hijnder der Kabelerssen zuyne', 5 Viertel ‚an dem Loerre wege', 1 Mgn. ebenda, 3 Mgn. ebenda, 2 Mgn. ‚an der straessen', ½ Mgn. ‚an dem Hoever wege', ½ Viertel am Zülpicher Wege, 4 Mgn. Busch im Friesheimer Busche.

Besiegelung wie in no. 275, jedoch statt des Kapitels von S. Andreas ‚juncher Johan Herre zur Sleyden ind zu Nuwensteyn'[1] als Lehnsherr. 276 (Velbrück 4).

Orig. Perg. mit 3 anhgdn. Siegeln, 1. und 2. wie oben no. 275, 3.: Löwe, Helmkleinod: Büffelhörner, dazwischen ein sitzendes Windspiel.

---

1) Nachdem die Herren von Erp im Jahre 1414 ausgestorben waren, fiel ihr Stammsitz an die von Schleiden, vgl. u. a. Schannat-Bärsch Eiflia illustrata Bd. 1, Abth. 2, S. 1017 Anm.

1426 März 26 (tercia feria post fest. palmarum). — Johann von Hoichsteden und seine Frau Mettelgin geben den Eheleuten Henken Loversmyt und Mettel ihr Gut ‚der Dam' im Kirchspiel Wevelinghoven mit Zubehör und Wiesen gegen 12 brabant. Mark jährlich in Erbpacht ‚myt deser vurwerden, dat Henken ind Mettel dat guet ind erve sullen raden bouwen ind besseren nae dem besten oerber ind myt wydengewas paessen'.

Zeugen: ‚her Zeger cappellaen tzo Noethuysen', Gerhard Vyscher von Kapellen und Gerhard von Jülich.

Es siegelt: Johann Frentz ‚knap van waepen'.

277 (Hostaden 14).

Orig. Perg. mit 1 anhgdn. Siegel: Kreuz, Umschrift: Johan raytz.

1427 August 14. — Die Schöffen des Dingstuhls zu Kirchherten ertheilen auf Antrag des Junkers Godart von Harff eine Rechtsweisung über die Kurmedepflicht eines Hofes zu Ophertenz der zu dem Rellinghauser Hofe in Kirchherten gehört und beurkunden zugleich eine zwischen Junker Godart als dem Schultheissen jenes Hofes und Junker Winrich Bucks von Embt vor ihnen geführte — sehr bewegte — Gerichtsverhandlung in der gleichen Angelegenheit. 278 (Harff 29).

Wir scheffen mit namen Goiswin Vilman van Kircherten, Mais zer Linden, Hencken Banczeler, Arnolt van Uppendorp ind vort die scheffen semenklich des gerichtz ind dincstoils zo Kircherten gelegen in dem lande ind ampt Caster doin kunt, dat | yn der zijt joncker Dederich van Gulge vait zo Gusten amptman zo Caster[1] ind Heinrich Hurenschoewe van Rodingen vait des vorschreven lautz ind amptz Caster waren[2], up eynen riechten dincklichen richtlichen dach des vurschreven gerichtz ind dinckstoils | komen ind erschenen is joncker Goedart van Harve, as der vait ind wir

---

1) Die Vogtei zu Güsten wurde von der Abtei Prüm besetzt; im Jahre 1429 erhielt sie Johann von Loen Herr zu Heinsberg und Mitherr zu Jülich als Erblehen, Wilh. Graf v. Mirbach, Zeitschrift des Aachener Gesch. Ver. Bd. 1, S. 95.

2) Ein Heinrich Horenschoe von Rödingen ist während der Jahre 1392 bis 1394 Söldner im Kriegdienste der Stadt Köln, Mittheilgn. a. d. Stadtarch. von Köln Heft 9, S. 72 no. 4614/17; S. 90 no. 5280; S. 95, no. 5382; S. 96, no. 5395.

scheffen vorschreven zo gerichte ind yn gespannener banck saissen zo dingen ind zo richten as des vorschreven dinckstoils ind gerichtz recht herkomen ind gewonheit lange geweist ind noch is, ind hait vor richter ind uns scheffen vorschreven braicht allde reister des hoffs van Relinckhussen gelegen zo Herten vorschreven[1], die reister dem richter ind uns scheffen doyn lesen, die inhalden ind spraichen up gut zobehorende dem alden Dutschen van Ousheym[2], juncker Wijnrichs Bucks van Emme swegerheren was, ind gelegen zo Uphert en, dat hoffs- ind kormedegut up den hoff van Relinckhussen vorschreven ind davan mit dode des Dutschen vorschreven dem hove ind eme as eyme scholtessen van des hoffs wegen kormede gevallen ind erschenen were, ind hait up die zijt an dem richter vorschreven gesonnen, as des hoffs reicht ind allde herkomen is, uns scheffen zo manen na inhalt des reisters unsser ind unser vorvaren scheffen des vorschreven gerichtz konden, want unsse vorfaren ind wir scheffen des gerichtz dem hove gehuldet ind gesworen weren, des hoffs reicht zo halden ind zo wijsen, wat uns dan van dem vorschreven goede der gevallener ind erschenen kormeden ind des hoffs reichte kondich were ind wat wir darup wijsden. Doe hait uns der richter, as eme dat van uns lantheren ind des hoffs ind scholtessen wegen geburde, gemant, wat uns davon kondich were? Darup hain wir raitz gesonnen, der uns worden is, ind syn upgestanden, uns gesprochen ind beraden up die sachen na inhalt des reisters ind des wir davon kondich waren, ind hain gewist dem hove, dem scholtessen van des hoffs wegen eyne gevallen ind erschenen kormede van dem goede ind dode vorschreven, die gebraicht ind gericht zo werden an die stede ind ende sich dat van des hoffs wegen geburt,

---

1) Das Stift Rellinghausen bei Essen besass in Kirchherten einen Fronhof und vergab mit dem Kölner Domstifte zusammen die Pfarrerstelle, Lacomblet, Urkb. Bd. 2, no. 269; Liber privilegior. maior. ecclesie Coloniensis S. 388, no. 369.

2) Die hier erwähnten Register (reister) liess Daem von Harff im Jahre 1475 erneuern und auch da finden sich noch die Eintragungen: „(5.) Goedert Duytzsche van der Kuylen ind Rutger Kremer van Tijtze des jars 4 schill., eyn curmode van deme goede Eggenrode (6.) Johan ind Goedart Rutter gebrodere des jars 30 ₰, eyn curmode van yrme guede zo Uphert en; noch des jars 30 ₰ eyn curmode van Bucks goede', Orig. Perg., Archiv Harff, Urbare no. 7.

van den ghenen, die sich des erffs des hoffsleyns underwinden ind annemen woulden off annemen; deden sij des so neit, so soulde man van unsser lantheren wegen den scholtessen van des hoffs wegen an dat goedt voeren, da an halden ind gewalt afdoyn as lange dat dem hove ind scholtessen die kormede gericht ind genoich gedain were, as sich gebort. Dat verbant joncker Goedart scholtesse des hoffs an uns scheffen mit urkonde ind gesan an dem richter der richtongen yn maissen sich dat van des hoffs wegen geburde ind wir scheffen gewist hadden. Doe badt der richter joncker Goedart, dat hie umb synre beden wille ind neit van reichtz wegen, behalden doch dem hove ind eme des gewisden reichtz, die sachen veirzeyn dage resten ind so stain laissen woulde: hie woulde noch jonker Buck laissen wissen zo den veirzeyn dagen darbij zo komen. Darup meynde joncker Goedart, hie hedde des neit noit, eme stoynde des ouch neit zo doyn. Doch dadingede der richter also lange mit joncker Goedart, dat die sachen also veirzeyn dage stayn bleven. Zo den veirzeyn dagen quamen die partijen beide an dat gerichte, da der vait ind wir scheffen zo gerichte yn gespannener banck saissen zo dingen ind zo richten as des gerichtz ind dinckstoils reicht herkomen gewonheit ind recht was ind is. Doe gesan ind leys joncker Goedart zo dem anderen malle vor richter ind scheffen lessen die reister as die zo den eyrsten veirzeyn dagen vor gerichte gelesen waren, ind gesan ouch, as eme van des hoffs wegen geburde, an dem richter, dat hie uns scheffen mande, wat uns van den sachen kondich were ind wie id stain soulde na den reisteren unsser konden ind vorbrengen beider partijen. Darweder saichte jonker Buck ind braichte vor eynen besegelden breiff mit anhangenden segelen des hie gesan gelessen zo werden, dat ouch geschach. Do dat gescheit ind der breiff gelesen was, saichte joncker Buck darzo mit veil worden, dat were syn hilichsbreiff, den hedde der alde Dutsche van Ousheym syn swegerheren eme myt synre dochter synre eliger husfrouwen gegeven ind eme dat goit yn synen hilichsvorwarden, as man in dem breve waile hoirde, vor vrij gout gegeven ind besegelt hedde. wilchen breiff heren Werner van me Rode, joncker Johan van Harve, beide joncker Godartz omen, myt anderen as hilichslude besegelt hedden, ind na dem were hie ummer van des goutz wegen, want dat na ynhalt des vorschreven breiffs vrij were, dem hove noch scholtessen sulche kormede neit schuldich. Joncker Goedart antworde up den breiff ind joncker Bucks wederrede ind saichte, hie en hedde neit zo doin noch zo schaffen, wat Bucks swegerheren der Dutsche eme yn yrren hilichsvorwarden zogesaicht off verschreven hedde, dan hie heilde sich der sachen an reister ind kondschaff der scheffen. Darweder saichte joncker Buck, ind hadde eyn tessche umb die hie vor sich zouch, dede die up ind nam da us vaste gulden die hie vor richter ind uns scheffen up eynen disch tusschen uns steynde, as des gerichtz gewonheit is, warp ind saichte zo joncker Goedart: hie woulde umb die sache mit eme zo Gulge vor dat houfft komen ind des houfftz reicht ind urdel darumb nemen, ind off hie neit urdelgelt enhedde, hie woulde eme syn urdelgelt lenen, da lege geltz genouch zo yrre beider urdellgelde. Up die sachen antworde joncker Goedart ind saichte: eme were neit noit, so van moitwillen zo Gulge umb urdell zo komen, eme genouchde myt, dat wir scheffen wisden; dan gesonnen off heisschen wir scheffen, da an die sache stoinde, uns der sachen an unsse boufft, des wailde hie gehoirsam syn, volgen, urdelgelt legen ind doin, des wir da ynne gesonnen ind vor reicht wisden, vorder yn stoinde eme neyt dorch moitwillen off anders zo varen. Ind gesan vort an dem richter, uns scheffen zo manen, wie id myt den sachen stain soulde na reden wederreden in kontschaft vorschreven. Der richter mande uns scheffen darumb: wir gesonnen raitz, der uns wart, ind stoinden up, bespraichen ind bereden uns semenklich up die sachen. Want wir dan in den reisteren hoirden verstoinden ind ouch unssen vorvaren scheffen des gerichtz ind ouch uns kondich was, dat dat gout eyn hoffs ind kormede gout des vorschreven hoffs was ind is, ind die kormede ouch van dode des Dutschen vorschreven gevallen ind erschenen was, so wisden wir, as wir ouch zo veirzein dagen vor gedain hadden, dem hove ind scholtessen die kormede zo richten, ind wer sich des goutz anneme, soulde die kormede richten vorbrengen ind stellen as des hoffz gewonheit reicht ind herkomen is; geschege des neit in der zijt sich dat geburt, so solde t gerichte joncker Goedart as eynen scholtessen van des hoffs wegen an dat gout voeren, richten halden ind gewalt afdoyn also lange dem hove syn reicht ind eme as eyme scholtessen die kormede gericht ind genouch gescheit as des hoffs reicht ind herkomen were. Ind want wir scheffen des dinckstoils ind gerichtz van Kircherten eghein segell en hain zo behorende dem gerichte ind scheffenstoele, so hain wir gebeden, as wir zo doin plegen ind gewonlich syn, die eirsame Iude die scheffen van Rodingen gemeynlich, dat sij zo ge geczuge aller vorschreven sachen, want die, as vorschreven is, vor uns gescheit ind ergangen synt, yrs scheffenstoils segell an desen breff gebangen haven; des wir scheffen van Royngen kennen ind gerne gedain haven umb beden wille der scheffen van Kircherten unsser goeder vronde, beheltenisse unsen lieven genedigen lantheren ind mallich syns reichtz. Gegeven as man schreiff na goetz uns heren geburt veirtzeynhondert ind sevenindtzwentzich jare up unser liever vrouwen avent assompcio.

Orig. Perg. mit sehr beschädigtem Siegel, auf dem nur noch rechts der Löwe, links ein Kirchthurm zu erkennen ist.

1428 Januar 29 (feria quinta post b. Pauli ap. conversio secundum stilum Coloniensem). — Johann von Emme und seine Frau Fya verkaufen dem Ritter Godart Herrn zu Drachenfels eine Erbrente von 12 Malter Korn bonner Masses, die sie alljährlich auf S. Remigiustag dem Drachenfelser Kellner an die Fähre zu Mehlem (Meilenheym) in ihren eigenen Säcken liefern und in Königswinter aufmessen sollen, und verpfänden dafür:

Den von der Abtei Siegburg lehnrührigen Alten Vogts-Hof an der Kirche zu Muffendorf[1] mit Zubehör: einem Baumgarten zu Mehlem am Bache und 3 Viertel Land am Godesberger Wege unterhalb Muffendorf genannt der Snycker; 1/2 Mgn. Weingarten an der Luynczgasse zu Muffendorf, genannt Stempels Hofstatt; 1/3 Mgn. Weingarten genannt „dat Manwerck" neben dem Weingarten der Deutschherren[2]; Erbrenten von 1/2 Fuder Wein und von 1 Ohm Wein, die Reinhard Elffloch und Henne Malsz liefern; 1/8 Mgn. Weingarten neben Wilhelm dem Boten; 26 Viertel erblicher Weinpacht, die Peter von Frechen genannt Cleyfsadel Erbthürwärter des Erzstiftes Köln von 1/2 Mgn. Weingarten ober der Luyntzgasse zu liefern hat, belastet mit einer Abgabe von 1 Mark an den Hof der Abtei Siegburg zu Muffendorf; 4 Malter Korn von einer Hofstatt zu Godesberg und 4 Mgn. Land unterhalb Godesberg „by Wasserhuysen'; 1 Malter Korn: den „Keůllartzwijden'; 1/2 Malter Korn: 1 1/2 Mgn. Land an dem Dryftwege; 1 Sümmer Korn: 3 Viertel Land ebenda;

---

1) Güter zu Mofindorp werden schon in den Stiftungsurkunden von 1064 der Abtei Siegburg überwiesen, Lacomblet, Urkb. Bd. 1, no. 202, 203.

2) Der Deutsche Orden hatte am 18. Oktober 1254 von der Abtei Siegburg Besitzungen zu Muffendorf erworben, auf denen später eine mit der Kommende Köln verbundene Niederlassung entstand, Lacomblet Urkb. Bd. 2, no. 405.

1 Sester Korn: 1½ Mgn. Land ‚op deym Royde an deym Schiffeler'; 1 Sümmer Korn: 1 Mgn. Wiese und Land unter dem Hackenpesch; 1 Sümmer Korn: 2 Mgn. Land unter dem Roitgin neben den Ländereien Godarts [von Drachenfels]; 3 Sester: 2 Mgn. ebenda; ferner verpfänden Peter von Emme und seine Frau Nesa: den Seilbacher Hof zu Mehlem, der an den Essig anstösst; 1 Mgn. Weingarten zu Mehlem ‚up dem Moelshaen ghaen der boifstat her Johans van Zefel'; 3 Mgn. Land ‚in der Nederster Auwen' oberhalb Mehlem, darunter ein Stück am Molenarker Gute; 1 Mgn. Land ‚in der overster gewanden genant Knaüen lant'; 3 Mgn. Land ‚op dem Kesterfelde boven Nesselberg'; 1 Mgn. Land ‚boeven Plenczeren langz Dorns guit; ‚ind dit vurschreven huyss hoff ind waninge gnant Seilbacher ysz zoesaemen capellenguit op die burch zoe Drachenfeltz ind gilt man alle yare davan eym cappellaen op dieselve burch eyne ame wijns ind helt eme 1 geswoiren boiden ind gilt man yairs van deym morgen wingartz op deym Moelshaen deimselven cappellain 8 penninge zinss ind in Molenarcker hoff 16 veirdelle wijns; die ander vurschreven guede sint fry eygen.

Luckart von Emme Klosterjungfer zu Kottenforst[1] gibt als Schwester Johanns und Peters ihre Einwilligung zu der Verpfändung.

Es sollen siegeln: Johann und Peter von Emme, Wilhelm Spies von Büllesheim Abt zu Siegburg, die Schöffen zu Godesberg, Johann Laner von Breitbach als Verwalter (bewarre) des Hofes zu Muffendorf und die Schöffen zu Mehlem.   279 (Drachenfels 64).

Orig. Perg. mit 1 Siegeleinschnitte und 5 anhgdn. Siegeln, 1.: quergetheilt, unten Schräggitter, oben ein gehender Fuchs (Hund?), Umschrift: peter van ... me; *2.: im Vierpass über dem Spies'schen Wappenschilde (oben no. 256, 1) der Abt in halber Figur mit Stab und Buch, Umschrift:* s. wilhelmi spies abbatis Siberge. *3.: (beschädigt) spitzoval, Heiliger mit Stab und Buch, zu seinen Füssen ein Wappenschild mit einem Querbalken, Umschrift:* Schabini .... *4.: Schild mit dem kölnischen Kreuz, Umschrift* Scabini ... Ineheym *5.: feuerspeiender Drache nach rechts, Umschrift:* s. jacob laner v. b'tbach[2].

1428 März 12 (up sent Gregorius dach). — Hermann Pynsel der Junge nimmt von dem Ritter Andreas Smeich von Lissingen Herrn

---

1) Das Kloster S. Marien im Kottenforst gehörte damals noch dem Praemonstratenser-Orden an, J. H. Hennes, Annalen d. Hist. Ver. Heft 32 S. 72 ff.

2) Ueber den Zusammenhang der Laner von Breitbach mit denen von Drachenfels s. oben S. 323, Anm. 1.

zu Zievel und dessen Frau Guitgin von Nievenheim den Hof zu Katzem („Katzeym bij Haeghe ind was wilne Moirsen gewest')[1] nebst neun Morgen Ackerland, gelegen ‚up deme Meynwiege' ‚by deme Heczelsdalle' ‚up den Deelen' und ‚bijnder Tersmans hoeve by Krancken lande' gegen 5 Malter Roggen jährlich in Erbpacht, verpflichtet sich zur Lieferung ‚bynnen dat kirspell· van Loevenich, so war sy willent, up eynen solre sy uns wijsent off wijsen doynt ind alda zo messen ind zo weiren myt der maissen die zo Loevenich genge ind gemeyne is' und verpfändet dafür: 2 Morgen Land ‚an deme Meynwege', 1 Mgn. ‚lanx Kroetz garden ind geit up die straisse', und $^1/_2$ Mgn. ‚entghein her Otters wier[2] by Boessellars broiche'; der Vertrag soll in Geltung bleiben, auch wenn die Urkunde ‚nass off locherich worde van valden van netzten off van mottenlocheren' *etc. etc.* — Guitgin von Nievenheim behält sich die Rente als Witthum aus.

Es sollen siegeln: die Schöffen von Loevenich, Heyn Pijll, Alart Mays, Henken up der Hoestart, Wymer Kŭczs, Clais Philipps, Wilhelm Rudinckt ind Henken Smyt mit dem Siegel von Lövenich.

280 (Harff 30).

Orig. Perg. mit 1 Pressel.

1428 Mai 1 (up s. Walbergh dach). — Die Eheleute Pilgerim von Roede und Greta von der Horst verpfänden Pilgrims Bruder Ludwig einen Weiher nebst Busch und Ackerland im Altenforst und verpflichten sich, ihn auf S. Michaelstag mit 5 Gulden und 16$^1/_2$ Weisspfennigen wieder einzulösen, bestimmen jedoch ‚off Lodewich vysche yn den wyer sette, de sulden Lodewichs sijn bis zo drijn jairen dat sich geburde den wyer zo vyschen ind de vysche sulden Lodewichs bliven'; ebenso soll jede etwaige Verbesserung vergütet werden.

Es siegeln beide Gatten. 281 (Rott 10).

Orig. Perg. mit 1 Pressel und 1 beschädigten anhgdn. Siegel.

1428 Juli 1 (in vigilia visitacionis b. Marie v. gloriose). — Philipp von Morken und seine Frau Sara nehmen von Heinrich Buysch,

---

1) Katzem, dicht bei Lövenich, südlich von Erkelenz.
2) Vielleicht benannt nach dem zu Anfang des 14. Jahrhunderts lebenden Hermann Ottir von Nievenheim, vgl. z. B. Lacomblet, Urkb. Bd 3, no. 14.

Katharina der Tochter des Tiell Buysch und von Johann dem Sohne des Peter Buysch deren Haus und Hof zu Morken ‚an dem Mertynsbroiche' gegen 1 Gulden von 20 Weisspfennigen köln. Pagaments oder 20 köln. Weisspfennige in Erbpacht mit der Verpflichtung ‚dem vicario curato sancti Martini zo Morcke' die auf dem Hause ruhende Abgabe von acht Hühnern jährlich zu entrichten.

Es siegelt: ‚Goedart perpetuus vicarius curatus der kirspelskirchen zo Morke'.   282 (Harff [Morken] 31).

Orig. Perg. mit 1 Pressel.

1428 Juli 16. — Ruprecht Jungherzog von Jülich und Berg verspricht dem jüngeren Gerhard von Lievendal, der ihm Hilfe gegen Arnold von Egmond zugesagt und sein Haus Immerath geöffnet hat, völlige Schadloshaltung und Sicherheit.

283 (Herzogthum Jülich 4).

Wir Roprecht van gods genaiden joncgherczouge zo Guilche ind zo dem Berge etc. doin kont ind bekennen, dat wir overdragen syn mit Gerart | van Lievendail deme joncgen, dat he uns helpen sal intgaen Arnolt van Egmont de sich schrijfft hertzouge zo Gelre ind zo Guilche ind greve zo Zutphen[1] | ind intgaen die lande van Gelre ind intgaen alle die ghene die in der veden synt off daryn komende werdent; ind sal uns offenen syn huys ind hoff Emeroide unse cost da up zo haven so grois ind so cleyne as wir der desen kreich durende behoeven syn, ind mit unsen vrunden overdragen dat wir dae haven willen, ind wir soilen dat huys ind hoff desen kreich durende op unse cost doin vesten hoeden ind wachen as des noit syn sal. Ind vant Gerart vurschreven des jairs seessich gulden geltz zo Weckberck bait in deme lande van Gelre[2], die he umb unser bulpen wille verliessen mach, so soilen wir eme gonnen dat he darzo helpe, dat die van Weckberck sich redelichen brantschatzen ind sijnre geneissen, so dat dairynne vervangen werde dat eme syne rente volge. Ind off Johan van Wickraide unse vyant wirt, so sal Gerart vurschreven

---

1) Der Kaiser hatte Arnold von Egmond bereits am 24. Mai 1425 mit Jülich Geldern und Zutfen belehnt, Lacomblet, Urkb. Bd. 4, S. 209 Anm. 1. Eine kurze übersichtliche Darstellung der Kämpfe findet sich bei Lacomblet, Archiv für die Gesch. des Niederrheins Bd. 4, S. 236 ff.

2) Wegberg, nördlich von Erkelenz.

eme sijn manleen upsagen ind uns intgaen yn helpen, ind asdan soilen wir eme jairs betzailen ind hantricken also viel as dat leen wert is ind he umb unsen willen overgegeven hedde, as he van Johan vurschreven zo leen haldende is ind dat also lancge bis he weder zo syme leen kompt, ind allet sonder indracht ind argelist. Ouch so haen wir alle korn hart ind weich in den hoff zo Emeraide vurschreven gehoerende van Gerart vurschreven zo pachte genomen umb unss legers wille, ey eynen morgen vur zwey malder, ind tzwentzich morgen in den kouff, zo wissen: weiss vur weiss ind spelcz ind gerste darvur weyss zo geven, rocge vur rocge, evenen vur evenen ind ertze ind wicke vur even; ind wir soilen eme den paicht unsen rentmeister doin geloeven ind betzailen tuschen dit ind sent Mertyns dage ind unse best mit deme korn vur doin keren. Ouch soilen wir Gerart vurgenant vur alle verlust eyn guet houftbere syn ind yn guetlich belegen, sonder indracht ind argelist. Ind dis zo getzuige der wairheit haven wir Roprecht joncghertzouge vurgenant unsen segel mit unser rechter wist ind willen an desen brieff doin hancgen, in den jairen unss hern dusent vierhondert echtindtzwentzich des vridages nae divisionis apostolorum.

Auf dem Bug: Per domicellum ducem iuniorem presentibus de consilio dominis Andrea de Liessincgen domino in Tzevell necnon Theoderico de Lancgell militibus, Symone de Birgell armigero ac Iohanne Krac reddituario.

Orig. Perg. mit beschädigtem abhgdm. Helmsiegel, rechts Helm mit Hundekopf, links, gekrönt, mit Pfauenwedel, Umschrift: . . . ropti duc . . . . . s et mōtēs.

1428 Dezember 5 (des naesten sundages vur unser liever vrauwen dage concepcionis). — Johann von Loen Herr zu Jülich zu Heinsberg und zu Löwenburg belehnt auf Ansuchen des Ritters Johann von Harff dessen Vetter (neyven) Godart mit dem Hause Harff, „dat an uns ind zo Heynsberch an unse burch zo leen roerende ind gehoerich is' indem er Bezug nimmt auf einen durch Wilhelm Grafen von Limburg Herrn zu Bedburg und Broich vermittelten Ausgleich zwischen den Brüdern Johann und Heinrich sowie auf den Tauschvertrag Johanns mit Godart[1].

---

1) Strange, Beiträge zur Genealogie Heft 5, S. 30.

Es siegeln: Johann von Loen nebst den Mannen Stephan von Lyeck und Bernt von Weforden genannt Bulver.

284 (Harff 32).

Orig. Perg. mit 3 Presseln.
Gedruckt: Strange, Beiträge zur Genealogie Heft 5, S. 112 ff.

1428 Dezember 7. — Johann Corney von Fléron überträgt Colar von Sart (Sair) zu Housse (Housez) seinen Antheil an dem Gute La Motte (delle Motez) mit der Verpflichtung, dem Junker Heinrich Herrn zu Groulle Rengelberg Oupeye (Uppey) und Herstal eine Erbrente von 23 Mud Spelt zu leisten.

Zeugen: ‚Fastreit de Geneistre ly parlier et Colin filz le clerc de Housez'. **285** (Saive 18).

Orig. Perg. mit 1 Pressel.

1428 Dezember 10. — Ulrich von Lüppenau und seine Frau Lukarde belehnen die Eheleute Heinrich Decker und Gutgin von Meschenich erblich mit 7 Morgen Land in der Gemarkung Meschenich gegen Uebernahme aller Lasten und Pflichten und gegen die Lieferung eines Kapauns und eines Zinshuhnes nach Burbach oder Brühl.

286.

Ich Oelrich van Lupenauwe inde Lukart myne elige huesfrauwe doin kunt inde bekennen vur uns inde unse | erven dat wir Heinrich Decker van Messijngen inde Goetgine syme eligen wijfe off eren erven erffligen | uyssgedain inde geleent han zo ewijgen dagen seven morgen lands gelegen in Messynger velde[1], item vunff morgen lands genant die Spindersmar, item zwene morgen lands up dem berge tuschen Messyngen inde Engendorff[2]; inde darumb solen die vurschreven Heinrich ind Goetgin elude off yre erven alle jare erfflichen leveren inde bezalen zo Rondorp in den vroenhoff[3] seys sumberen even, nucnzien schijllinge coelsch pagij-

---

1) In einer Urkunde für das Kloster S. Mauritius zu Köln vom 8. August 1166 heisst der Ort ‚Meschingin', Lacomblet, Urkb. Bd. 1, no. 418.

2) An Engendorf erinnert noch der Engdorfer Hof südlich von Meschenich.

3) Hier ist der Fronhof des Kölner S. Cäcilienstiftes zu Rondorf gemeint; am 9. September 941 schenkte Erzbischof Wichfried dem nach der normannischen Verwüstung wieder hergestellten Stifte elf Hufen ‚in villa Rummentorp nuncupata', Lacomblet, Urkb. Bd. 1 no. 93.

mentz, vůnff hoenre, drij inde zwenzichstehalff ey, ind solen uns selver leveren inde bezalen eynen capun inde ein zinshoen erffligen; inde wijlcherkunne kirspels ader anders rechtz dat vurschreven lant inde erve jairs gijlt off dat man davan schuldich ijs zo doin, des ensolen wijr Oelrich inde Lukart noch unse erven nyet zo schaffen han genichwijs. Inde den vurschreven capun ind dat hoin solen Heinrich ind Goetgin elude vurschreven off yre erven uns ind unsen erven alweege erffligen jairs brengen zo Bůrbach off zo dem Brůele. Inde dys zo urkunde alre vurschreven sachen so han ich Oelrich vurschreven mijn ingesegell vur mych inde myn wijff vurschreven ind vur unse erven an desen brieff gehangen, der gegeven wart in den jaren uns heren dusent vierhundert inde eichte inde zwenzich jare des nesten vridages na unser liever vrauwen dage concepcio *etc. etc.*

Orig. Perg. mit 1 Pressel.

1428 Dezember 24 (up den hilgen kirstavent). — Adolf Herzog von Jülich und Berg Graf von Ravensberg bekennt, dem Ritter Dietrich von Langel Erbmarschall des Landes Berg 1051$^1/_2$ rhein. Gulden an Darlehen und Auslagen schuldig zu sein und verpflichtet sich zur Rückzahlung in Jahresfrist unter Mitbesiegelung seine Sohnes Ruprecht.

Auf dem Bug: Per commissionem domini Bernhardi de Burtscheit et domini Ailberti prepositi Kerpenensis[1]. Per Schr.

287 (Herzogthum Jülich 5).

Orig. Perg. mit 1 Pressel und anhgdm. Siegel des Herzogs Adolf.

1428 Dezember 28. (op alre kijnder dage)[2]. — Goswin Brauwer, Johann Aben und Arnold Scheyvendail Schöffen der Stadt Heinsberg beurkunden, dass Johann Huynken und seine Frau Katharina den Eheleuten Dietrich Manen und Katharina eine Erbrente von einem Malter Roggen verkauft und dafür ihr Erbe an der Beeck binnen Heinsberg verpfändet haben ,tuschen veiren zer eynre siden Merten

---

1) Bernhard von Burtscheid ist später Drost des Landes Berg, s. z. B. Lacomblet Urkb. Bd. 4, no. 208; Albert Zobbe Propst zu Kerpen erscheint in den jülich-bergischen Staatsverträgen der Zeit fast ständig unter den Räthen des Herzogs, a. a. O. no. 195; 208 u. ö.

2) Ich nehme für Heinsberg Datirung nach Lütticher Stil an (Jahresanfang mit der Ostervigil).

van Lieck ind zer andere siden Greven ind mit eynen houft op die Beek ind achten op den Poele, wilch underpant jairlichs gilt onsme genedigen lantzheren twe capuyn'. **288.**

Orig. Perg. mit anhgdm. Siegel: doppeltgeschwänzter Löwe, Umschrift: Scabini de Heynsbergh; *Rückaufschriften aus dem 16. Jhdt.:* Thijs (?) Wyndelwever 1 mald. siliginis; nun Johan Zuynssen kynder.

Hierzu Transfixe von 1507 November 22 und 1606 November 30.

1429 Februar 10 (up den tzyenden dach des maindtz februarii den man noempt zo duytschen spurckell). — Adolf Herzog von Jülich und Berg Graf zu Ravensberg verspricht, die Summe von 3000 oberländ. Gulden, die er nach dem Ausspruche des Grafen Ruprecht von Virneburg, Richard Hurt und anderer jülicher Räthe seinem Sohne dem Jungherzog Ruprecht zahlen soll, entweder auf S. Michaelistag nach Köln zu liefern oder aber ihm alljährlich 300 Gulden zu zahlen, die auf die landesherrlichen Einkünfte im Herzogthum Jülich angewiesen werden.

Rechts auf dem Bug: De mandato domini ducis presentibus de consilio domino Bernhardo domino de Burtscheit et domino Ailberto Zobbe preposito Kerpensi etc. — P. Schr.

289 (Herzogthum Jülich 6).

Orig. Perg. mit schön erhaltenem Siegel.

1429 Februar 10 (op den zienden dach des maintz februarii den man noempt zo duytschen spurckell). — Johann von Loen Herr zu Jülich zu Heinsberg und zu Löwenburg verspricht, die Summe von 1000 Gulden[1], die er nach dem Ausspruche des Grafen Ruprecht von Virneburg [*etc. wie in no. 289*] dem Jungherzog Ruprecht von Jülich und Berg, seinem ‚lieven gemynden neven' zahlen soll, entweder auf S. Michaelistag in Köln zu entrichten oder aber ihm jährlich eine Jahresrente von 100 Gulden auf seine Einkünfte im Lande Jülich anzuweisen.

290 (Herzogthum Jülich 7).

Orig. Perg. mit 1 Pressel, von demselben Schreiber wie no. 289.

---

1) Vor der Zahl ‚dusent' findet sich in der Vorlage überall eine Rasur; der Schreiber hatte offenbar das ‚drydusent' der vorhergehenden Urkunde im Sinne.

1429 April 15, Waldorf (indictione septima sec. stil. curie Coloniens. die veneris hora nonar .pontif. Martini pape quinti a. duodecimo). — Ida von Dorn Witwe des Ritters Rabodo von Odenkirchen trifft in ihrem Hause ten Dorn zu Waldorf ‚sedens in coquina prope ignem' letztwillige Verfügungen, um allem Zwist unter ihren drei Söhnen und ihren sonstigen Erben vorzubeugen: ihr Begräbniss wählt sie in der Pfarrkirche zu Waldorf; **einmalige Zuwendungen** erhalten: der Dom zu Köln (fabrica ecclesie Coloniensis) 18 sol.; jeder Konvent der Bettelorden 1 rhein. Gulden; der Pfarrer zu Waldorf 1 Malter Weizen ‚et unam vaccam fetam vel non fetam, ad finem quod ipse singulis mensibus unius anni peragere debeat tricesimum ipsius testatricis'; die Kirche zu Waldorf 2 Gulden zum Geleucht; der Glöckner daselbst ½ Malter Roggen; **dauernde Legate**: die S. Marienkirche zu Odenkirchen den Zins von 3 Morgen Ackerland bei dem Kreuze daselbst zum Geleucht; ihr ältester Sohn Wilhelm von Bell alles, was sie zu Odenkirchen von Rabodo, ihrem ersten Manne, und von ihrer † Tochter Philippa ererbt hat, sowie 9 Goldgulden Jahreszins zu Clyppelrayd; in den übrigen Nachlass teilen die drei Brüder Wilhelm Johann und Gottfried, die zugleich zu Testamentsvollstreckern ernannt werden, sich gleichmässig.

Zeugen: Knappe Matthias von Randerath ‚familiaris Wilbelmi' [de Bell] *etc. etc.*[a] **291**.

[1] *Bruchstück eines Notariatsinstruments, das als Umschlag für ein Neurather Zinsregister gedient hat.*

1429 Juni 3 (op s. Herasmus daghe des b. mertelers ind confessoers). — Heinrich von Berenbroick bewilligt in Gegenwart seiner Verwandten und Mannen Iwan und Wilhelm von Berenbroick[1] der Johanna von Alpen auf Bitten ihres Mannes Johann genannt Kaexken eine Leibrente von 20 Paar Korn aus dem von ihm lehnrührigen Hofe yn ghen Kykenam.

Es sollen siegeln: Heinrich Iwan und Wilhelm von Berenbroick.

292 (Halff 33).

Orig. Perg. mit 2 Siegeleinschnitten und 1 Pressel.

a) *Unterer Rand mit Text abgeschnitten.*

1) Heinrich, Loeff und Iwan von Berenbroeck werden 1436 unter der Ritterschaft des Quartiers Roermonde genannt, Nijhoff, Gedenkwaardigheden uit de geschiedenis van Gelderland Bd. 4, S. 139 f.; vgl. oben no. 194 u. 236.

1429 Juni 15 (ipso die bb. Viti et Modesti martirum). — Katharina von der Lieten und ihr Ehesohn Hermann von Lievendal[1] verkaufen den Eheleuten Peter van der Blomen und Nesa ‚alsulchen erfrecht ind gerichtserfschaff als wir . . . gehadt han zo Glene an Lisen Gerlachs hoifrechten ind an allen sterfgueden zijnsen ind erffgulden darop gehorende' und versprechen zugleich den ungestörten Besitz aller ehemals dazu gehörigen Sterbgüter: ‚der Grefynnen bende zo Glene hinder oeren hoeve gelegen' erträgt jährlich 8 Kapaunen, der Hof 1 Huhn und 1 Mörchen, Hillen Gisen Gut 2 Hühner 2½ Mörchen, Bertrams Gut 1 Huhn 1 Mörchen; Gerhard von Epsendorf und Lambert Scharant haben 5 Morgen, Gobel Wolff 4 Mgn., Rabot von Scherfhausen 14 Mgn., Henkin und Hermann in der Moelen 7 Mgn., Gerhard Rabots von Scherfhausen 5 Mgn., Hermann Wever und Binsvelt 5 Mgn., Tuyl von Elsen 5 Viertel; ‚Vrische Johann gilt järlichs eynen luibschen'; Peter von Scherfhausen hat 3 Viertel, Christian Beschaete ½ Mgn.

Zeugen: Konrad Esel Pastor zu Glehn, Lambert Scharant, Hermann in der Moelen, Gerhard Rabotz Sohn von Epsendorf, Rabot von Scherfhausen, Gobel Wolff von Scherfhausen, Hilla Gijsen ‚as leynlude van sterffguden'.

Es sollen siegeln: Katharina und Hermann, Ritter Gerhard Sohn zu Rheidt und Zeris von Kalichem. **(293 (Epsendorf 3).**

Orig. Perg. mit 1 Siegeleinschnitt, 2 Presseln und Bruchstück 1 anhgdn. Siegels: Querbalken, darüber zwei Sterne, darunter einer.

1429 Juni 25, Schloss Ehrenfels. — Heinrich Ebrenfels (Henricus Ernfils) Propst von S. Viktor zu Mainz[2] kommissarischer Richter in dem Rechtsstreite, der zwischen der Deutschordens-Kommende zu Koblenz und dem Stifte S. Paul zu Worms bei dem Kölner Offizial Dr. decretorum Albert Varretraff[3] anhängig ist, befiehlt, unter Bezug-

---

1) Die von Lieten gehören zum Adel der Grafschaft Mark; über die von Lievendal vgl. u. a. Fahne, Geschichte der köln. jül. und berg. Geschlechter Bd. 1, S. 247; Bd. 2, S. 86 f.; oben no. 283 u. ö.

2) Derselbe Heinrich Erenfels begegnet im Jahre 1436 auch als Scholaster von S. Maria ad gradus zu Mainz, St. Würdtwein, Dioecesis Moguntina Bd. 2, S. 444, 445.

3) Albert Varrentrapp von Münster, im Jahre 1409 der letzte deutsche Dekan der Universität Prag, später Gesandter der Universität Leipzig zum Konstanzer Konzil, Domherr zu Lüttich und Offizial zu Köln, ein Gelehrter

nahme auf das eingerückte Mandat des Erzbischofs Dietrich von Köln als Privilegienbewahrers der Deutschherren d. d. Rheinberg (Berck) 1425 Mai 25, den Pfarrern von S. Ruprecht zu Worms, von Osthofen und von Eich (Eychen)[1] mit Androhung kirchlicher Strafen gegen das Kapitel von S. Paul einzuschreiten, da dieses, die geistliche Gerichtsbarkeit verachtend, den Beistand des Hobsgerichtes und der Hofschöffen zu Ibersheim (iudicium hubaticum seu curciale infra villam Yberensheym) gegen den Deutschen Orden in Anspruch genommen hat[2]. — *Unterschrift vom Schreiber des Textes:* Petrus Friderici de Heimbach notarius.

Auf der Rückseite zwei Protokolle des Notars Rudolf Remstete über die am 28. Juni erfolgte Verlesung des Mandats vor dem Kapitel von S. Paul und vor dem dort anwesenden Hobsgerichte von Ibersheim.

294.

Orig. Perg. mit abhgdm. Siegel, auf dem nur noch die Gestalt des h. Viktor erkennbar ist.

1429 August 14. — Thijs Quetzbier und seine Frau Katharina Bürger zu Kaster verkaufen Johann von Lich drei Morgen Ackerland welche ehedem Heinsbergisches Lehngut des Hauses Harff waren, durch Junker Godart von Harff aber jetzt von allen Diensten und Lasten erblich befreit sind. **295 (Harff 34).**

Wir Thijs Quetzbier ind Kathrijna elude burgere zu Caster doin kont *etc. etc.*, | dat wir mit gueden vurraide ind wailbedachten moide in der zijt doe wirt wail doin | mochten wisslichs ind beschiedelichs koufs verkouft hain ind verkouffen Henken van Lijch ind synen rechten erven drij morgen artlands gelegen bij unsme in des Duytschen[3] lande ind is kurmede leenguet joncher Godarts

---

von hervorragendem Ansehen, Keussen, Die Matrikel der Universität Köln Bd. 1, S. 202, Rekt: 139, no. 28.

1) Osthofen liegt auf dem linken Rheinufer nordwestlich von Worms, Eich westlich von Gernsheim.

2) Die Streitigkeiten zwischen den Deutschherren und dem Kapitel von S. Paul wegen der Güter zu Ibersheim bei Alzei reichen bis in das 13. Jahrhundert zurück, J. H. Hennes, Urkundenbuch des Deutschen Ordens Bd. 1, no. 343—45; vgl. Baur, Hessische Urkunden Bd. 3, S. 396 ff.; Grimm, Weistümer Bd. 4, S. 630 ff.

3) Es ist der Duytsche, der auch in dem Kirchhertener Weistum vom 14. August 1427, oben no. 278, erwähnt wird.

van Harve gehoirende up sijnen hoff zo Harve ind wanne gehoiren plach zo Heinsberg umb eyne beschieden summe geltz, die sij uns darvur wail betzailt ind guetlichen gelevert haint, des wir uns van eme bedancken, also dat der vurgenante Johan van Lijch ind syne rechte erven die vurgenante drij morgen artlands van nu vortan haven behalden besitzen ind zo yren besten nutz ind orber erfflichen ind ewelichen gebruichen ind geneissen sollen as yren vryen eigen erfs ind guetz sonder ennicherkunne sachen off dienst demme leenhern off yemant danaff zo doin, ind wir sijn des uisgegangen vur dem leenhern ind synen geswoiren an allen enden ind steden dae sich dat geburde *etc. etc.* [*Enterbung und Anerbung.*] Ind wir geloven ouch deme vurschreven Johan ind synen erven an dem vurgenanten artlande alle gerechte anspraiche aff ind werschaff dae an zo doin jair ind dach as erfs recht ind gewoende is, sonder alrekunne argelist ind geverde. Dis zo getzuige der wairheit ind vaster stedicheit so hain wir elude vurschreven vur uns ind unse erven gebeden ind bidden den eirberen joncher Godart van Harve vurschreven, want dat vurschreven artlant sijn leengut is, dat he dat nu vortan vrijen ind van allen sachen ind diensten, dem hoeve ᵃ (off) eme danaff geborende seulde, erfflichen ind ewelichen vrij halden wille ind des zo getzuige synen segel an desen brieff hancgen wille. Dat ich Godart van Harve *etc. etc.* [*Befreiung von Kurmeden und Diensten.*] | beheltenis doch mir ind mynen erven an den anderen erve ind guede in dat selve hoev gehoirende uns rechts, orkonde myns segels an desen brieff gehancgen. Ind zo noch meirre stedicheit alre sachen vurschreven so hain wir elude vurgenant gebeden ind bidden die eirbere Johan Panen van Torre ind Wilhelm Noude van Harve as geswoiren up den vurschreven hoff, want alle sachen vurschreven vur yn erkant ind geschiet sijnt, dat sy yre segele ouch an desen brieff willen hancgen; dat wir Johan Pane ind Wilhelm Noude *etc.* [*Besiegelung.*] Gegeven in den jairen unss hern dusent vierhondert nuyn ind tzwentzich up unser liever vrauwen avont assumpcio.

Orig. Perg. mit 3 Siegeleinschnitten.

1429 September 30 (in profesto b. Remigii confessoris). — Otto von Efferen vergleicht sich mit seiner Schwester Bela der Witwe

---

a) dem hoeve *am Rande.*

Frankos vom Horne und entsagt gegen eine Leibrente von 4 Gulden allen Ansprüchen an ihr Erbe und Heiratsgut[1].

Es sollen siegeln: Otto von Efferen, Cracht von Derne und Gerhard Anxstenberg. **296.**

Orig. Perg. mit 2 Siegeleinschnitten und 1 anhgdn. Siegel: Rabe mit gespreizten Flügeln nach rechts, Umschrift: ... anxſtenberch.

1430 März 12. Longwy. — René Sohn des Königs von Jerusalem und Sicilien Herzog von Bar Markgraf von Pont und Graf von Guise schliesst mit Wilhelm von Orley Herrn zu Beaufort einen Vergleich wegen gegenseitiger Schädigung in den vergangenen Kriegen.

297 (Orley 4).

Rene filz de roy de Jerusalem et de Sicile duc de Bar marquis de Pont conte de Guise a tous ceulz qui ces presentes letres verront | salut. Comme a l occasion de lu guerre qui par long temps nous a este faicte et continuee sur nostre pays et sengnourie hommes | et subgez par Willaume d Orlee sengnour de Beffort nous ayent este par le dit Willaume ses aidans servans et complices[2] fais et portez pluseurs maulx et dommaiges tant en hommes mors en feux boutez en prinse de corps dommes de chevalz vaches pors comme en pluseurs autres et diverses manieres et en contrevengent ayent par noz gens et officiers aidans servans et complices hommes et subgez fais et portez au dit Willaume, ses terres hommes et subgez servans aidans et complices pluseurs maulx et dommaiges en feux boutez en prinse de corps dommes de chevaulx vaches pors et autrement en pluseurs et diverses manieres, et soit ainsy, que par le moyen d aucuns des gens de nostre conseil et d aucuns des parens et amis dudit Willaume soyens cheus et condescendus au regard de la dicte guerre et des circonstances et dependences d icelle en accord et paix finable, savoir faisons, que

---

1) Vgl. oben no. 157.
2) Es handelt sich um den berühmten Aepfelkrieg (guerre de la hottée de pommes), der in den Jahren 1426 bis 1431 das Gebiet der Stadt Metz verwüstete. Wilhelm von Orley wird gleich zahlreichen anderen Edlen der Nachbarschaft auf Seiten der Bürger gegen den Herzog von Lothringen gestanden haben; zur Sache vgl. u. a. Calmet, Histoire de Lorraine Bd. 5, Sp. 7 ff.; Preuves Sp. XLI ff.; Westphal, Geschichte der Stadt Metz Bd. 1 (Metz 1875), S. 228 ff.

moyennant la dicte paix et accord fais entre nous et le dit Willaume par la maniere dessus dicte nous icelleis Willaume ses dis aidans servans et complices avons quitte et quittons plainement purement et absolument de bonne et loyal quittance de tous les maulx et dommaiges quelxconques qui par eulz et pour raison de la dicte guerre nous ont este fais et portez par la maniere cy dessus declairie et divisee et autrement en quelque maniere que ce soit ou puist estre. Et ceste presente quittance avons nous promis et promettons pour nous et nos successeurs loyaulment en bonne foy tenir enternier et accomplir sans l enfraindre ne aler au contrayre ores ne on temps a venir en aucune maniere et tout sans malengin. En tesmoing de ce nous avons fait mettre nostre scel a ces presentes. Donne a Longwy le XII. jour de mars.

Links unter dem Bug: Par monsieur le duc *Rechts:* N. C. Noel.
Presens: messire Ferry de Chambly [1], messire Philippe de Nouroy le bailhi de St. Mihiel [2], Francque de Housse [3] et autres.

1430 März 13. — Friedrich von Matteler Herr zu Tüschenbroich verspricht seinem „neyven' Godart von Harff ein Darlehen von 42 Kaufmannsgulden auf S. Martinstag nach dem in Kaster oder in Bergheim geltenden Kurse zu erstatten und dafür spätestens acht Tage nach Ostern einen Bürgen zu stellen, widrigenfalls aber in Kaster

---

1) Die Geschwister Ritter Ferry Herr von Chambley Johann von Chambley und Margareta von Fléville schliessen am 24. Oktober 1426 einen Erbvertrag, Chartes de la famille de Reinach (Publications de la Sect. histor. de l' Institut de Luxembourg Bd. 33 [N. F. Bd. 11]) n. 1370.

2) St. Mihiel bei Commercy an der Maas ist die Hauptstadt des Herzogthums Bar; Philippe de Norroy steht im Jahre 1404 auf Seiten des Konrad Bayer von Boppard im Kampfe gegen Ludwig von Orléans; am 28. Januar 1413 erhält er in Anerkennung getreuer Dienste von Herzog Eduard von Bar eine Jahrrente; am 30. März 1433 erscheint er als Herr von Pont sur Seille, a. a. O. no. 1075, 1211, 1437, 1439; vgl. auch Dumont, Nobiliaire de Saint-Mihiel Bd. 1 (Nancy-Paris 1864), S. 105.

3) Als Mutter des Knappen Franque de Housse wird im Jahre 1396 genannt ‚Ysabel de Bolenges demeurant a la Chaulcie veuve de Willet Davoy prévot de la Chaucie', Chartes de la famille de Reinach a. a. O. no. 961.

oder Bedburg selber einzureiten oder zwei reisige Knechte in das Einlager zu schicken.

Es siegeln: der Aussteller und Godart von Oyrlo.

298 (Harff 35).

Orig. Perg. mit Bruchstücken von 2 anhgdn. Siegeln, 1.: wie oben no. 223, 2.: Querbalken(?).

1430 Juli 25 (en mois de fenal le XXVe jour). — Es wird beurkundet, dass Heinrich Cornez von Fléron am 16. April 1430 dem Colar de Sart seinen Hof zu Lamotte gegen eine mit 60 Griffons[1] ablösbare Jahresrente von 4 Mud Spelt übertragen habe.

Es sollen siegeln: ‚sire Johans delle Cambre caplain delle parroche sains Remey, Ernolz cler delle dicte parroche et Henry Cornez'.

299 (Saive 19).

Orig. Perg. mit 3 Presseln.

1430 Juli 21 (up s. Marien Magdalenen avent): — Margaretha von Merode (Greitgin van me Royde) Witwe Heinrichs von Hemberg überträgt ihrem Schwager Johann von Ringsheim (Rynssheym)[2] mit Einwilligung des Erzbischofs von Köln als obersten Lehnsherrn das Burglehen und die Pfandschaft zu Kardorf, welche sie und ihr † Gatte von dem † Friedrich von Tomberg und dessen gleichfalls † Tochter Elisabeth sowie von deren Gatten Kraft von Saffenberg innehatten, nebst dem kölnischen Lehngute Hoven (Hoyven) zum Ersatz für die

---

1) Silbermünze mit dem Bilde eines Greifen; näheres bei K. Stallaert, Glossarium van verouderde rechtstermen Bd. 1, S. 536.

2) Im Jahre 1433 bittet der kölnische Erbkämmerer Arnold von Hemberg und dessen Frau Itzchen von Oirsbeck den Herzog Adolf von Jülich-Berg, dass er ihren Neffen und Schwager Johann von Rynsheim mit Gütern zu Hasselt (wohl Hasselsweiler) und Ehresheim belehne, Fahne, Geschichte der köln. jül. und berg. Geschlechter Bd. 2, S. 120; ein Ritter Johann von Kettig genannt von Rynsheim besitzt vor der Mitte des 15. Jahrhunderts mit andern zusammen pfandweise die bergischen Aemter Bensberg und Porz Harless, Annalen d. Hist. Ver. Heft 25, S. 192; am 5. Juni 1445 bescheinigt wiederum ein Johann von Rynschen dem Herzoge von Berg den Empfang einer Weinrente, Fahne, Forschungen Bd. 3, Heft 2, no. 120, doch siegelt dieser mit einem Adler, während das bei Fahne, Geschichte der Geschlechter a. a. O. abgebildete Wappen einen Querbalken mit Turnierkragen zeigt.

600 Gulden die Johann von Ringsheim als Bürge für den † Heinrich von Hemberg hat zahlen müssen.

Es sollen siegeln: der Erzbischof, Margareta von Merode, sowie auf Befehl des Erzbischofs Lutter Quadt und Johann Wolff von Rheindorf.

300 (Vlatten 4).

Orig. Perg. mit 2 Presseln und Bruchstücken von 2 Siegeln 1.: gespaltener Schild, rechts drei Spiegel (2:1), links vier Reihen Münzen, 2.: Wolff von Rheindorf. Rückaufschrift 15. Jhdts.: ‚Eyn breyff Greitgen van Hemberg dat goit zo Kardorp ind zo Hoven antreffend dat myns heren gnaide van Colne mit synen mannen mit besegelt hait'.

Verzeichnet: *Richardson, Geschichte der Familie Merode Bd. 2, S. 367.*